"十三五"国家重点出版物出版规划项目
智慧物流：现代物流与供应链管理丛书

智慧物流与现代供应链

施先亮　主编

机械工业出版社

本书共16章，以物流的要素以及现代供应链的形式为线索，结合企业的物流管理与供应链管理实务，系统阐述了智慧物流与现代供应链的理论与实践。智慧物流部分的内容包括智慧物流概述、智慧仓储、智慧运输、智慧配送、智慧物流信息系统、智慧物流关键技术、智慧物流需求预测、智能制造与智慧物流、新零售与智慧物流、智慧物流应用案例。现代供应链部分的内容包括现代供应链概述、供应链协同、精益供应链、敏捷供应链、绿色供应链。

本书每章章末有思考题，以便开展教师讲授和学生探索相结合的启发式教学，同时本书还有丰富的案例，且案例分析均围绕现实企业的智慧物流与现代供应链相关问题展开。

本书适合高等学校物流管理、供应链管理相关专业的教师和学生使用。

图书在版编目（CIP）数据

智慧物流与现代供应链/施先亮主编．—北京：机械工业出版社，2020.4（2024.2重印）

（智慧物流：现代物流与供应链管理丛书）

"十三五"国家重点出版物出版规划项目

ISBN 978-7-111-64825-3

Ⅰ. ①智⋯ Ⅱ. ①施⋯ Ⅲ. ①互联网络-应用-物流管理②智能技术-应用-物流管理③互联网络-应用-供应链管理④智能技术-应用-供应链管理 Ⅳ. ①F252-39

中国版本图书馆CIP数据核字（2020）第031312号

机械工业出版社（北京市百万庄大街22号　邮政编码100037）
策划编辑：易　敏　责任编辑：常爱艳　易　敏　刘　静　商红云
责任校对：陈　越　封面设计：鞠　杨
责任印制：刘　媛
涿州市京南印刷厂印刷
2024年2月第1版第7次印刷
185mm×260mm·19印张·448千字
标准书号：ISBN 978-7-111-64825-3
定价：49.80元

电话服务　　　　　　　网络服务
客服电话：010-88361066　机　工　官　网：www.cmpbook.com
　　　　　010-88379833　机　工　官　博：weibo.com/cmp1952
　　　　　010-68326294　金　书　网：www.golden-book.com
封底无防伪标均为盗版　机工教育服务网：www.cmpedu.com

前　　言

现阶段，我国信息化建设和电子商务的不断崛起，使物流业发展突飞猛进，我国已经成为世界上最大的物流市场。2014—2018 年，我国社会物流费用占 GDP 的比例从 17.8% 降至 14.6%，实现了五连降，但较发达国家 8% 和全球 13% 的水平仍有差距。供给侧结构性改革、物流业降本增效不断推动物流业的快速变革，物流渠道体系越来越密，物流业态和层次体系越来越丰富，并使现代物流业与国民经济其他行业之间的联系越来越紧密，逐步成长为国民经济的基础性、战略性、先导性产业。

随着物流基础设施的不断完善，智慧物流开始萌芽。传统物流更多的是转移和实现价值，而智慧物流更多的是挖掘、提升和创造价值。德勤中国在《2017 年中国智慧物流发展报告》中指出，中国智慧物流市场发展惊人，预计到 2025 年规模将超 1 万亿元，整个行业正由自动化、无人化向数据化、智能化发展。云计算、大数据及物联网等技术的运用，更加强化了这种趋势。无人机、机器人与自动化、大数据等已相对成熟，即将商用；可穿戴设备、3D 打印、无人货车、人工智能等技术在未来 10 年左右逐步成熟，将广泛应用于仓储、运输、配送等物流环节。

现代物流与商流、信息流、资金流越来越紧密地结合在一起，物流业越来越多地参与到产业链、价值链和创新链的再造过程中。《国务院办公厅关于积极推进供应链创新与应用的指导意见》指出：发展现代供应链要以提高发展质量和效益为中心，以供应链与互联网、物联网深度融合为路径，以信息化、标准化、信用体系建设和人才培养为支撑，创新发展供应链新理念、新技术、新模式，高效整合各类资源和要素，提升产业集成和协同水平，打造大数据支撑、网络化共享、智能化协作的智慧供应链体系，推进供给侧结构性改革，提升我国经济全球竞争力；到 2020 年，形成一批适合我国国情的供应链发展新技术和新模式，基本形成覆盖我国重点产业的智慧供应链体系；供应链在促进降本增效、供需匹配和产业升级中的作用显著增强，成为供给侧结构性改革的重要支撑；培育 100 家左右的全球供应链领先企业，重点产业的供应链竞争力进入世界前列，中国成为全球供应链创新与应用的重要中心。

在此背景下，本书构建了理论与实践结合的智慧物流与现代供应链体系。本书吸纳了一般物流与供应链管理类教材的优点，突出体系完善、内容全面的特点，结合编者多年从事物流专业本科、研究生教学的经验，并考虑了教学课时的限制。

本书的编者均来自北京交通大学，具体分工如下：第 1 章、第 2 章、第 12 章由施先亮编写，第 3 章、第 4 章由华国伟编写，第 5 章、第 10 章、第 11 章由宋光编写，第 6 章、第 7 章、第 9 章由黄安强编写，第 8 章、第 16 章由兰洪杰编写，第 13 章由黄帝编写，第 14 章由易华编写，第 15 章由李伊松编写。参与本书资料整理的还有宋少华、邢蕊蕊、徐冉、李乐晶、李晨兴、柳清溪、康雨轩、王川、黄可、黄纪凯、钱雪琪、王紫嫣、薛亚茹、杜莉莉、徐蓉蓉、李晶晶。

在本书编写过程中，编者参阅了大量中外文献及资料，已在参考文献中罗列。在此向有关作者表示衷心的感谢；对于因我们的疏漏而未列入参考文献的，希望得到作者的谅解。

由于编者水平有限，书中不妥和疏漏之处在所难免，恳请各位读者批评指正。

编　者

本书作者制作了配套 PPT 等资源，供授课教师参考，订购了本书做教材的教师可登录机械工业出版社教育服务网注册下载（www.cmpedu.com）。

目 录

前 言
第1章 新时代召唤智慧物流与现代供应链 ·········· 1
    引言 ·········· 1
    1.1 新时代下的物流与供应链发展 ·········· 1
    1.2 物流发展阶段与智慧物流的产生 ·········· 6
    1.3 供应链发展历程与现代供应链的提出 ·········· 13
    思考题 ·········· 17
    参考文献 ·········· 17

第2章 智慧物流概述 ·········· 18
    引言 ·········· 18
    2.1 智慧物流的概念、内涵与特征 ·········· 18
    2.2 智慧物流的体系结构 ·········· 23
    2.3 智慧物流的发展方向及应用前景 ·········· 32
    思考题 ·········· 33
    参考文献 ·········· 34

第3章 智慧仓储 ·········· 35
    引言 ·········· 35
    3.1 智慧仓储概述 ·········· 35
    3.2 智慧仓储的设施设备 ·········· 37
    3.3 智慧仓储决策 ·········· 43
    思考题 ·········· 47
    参考文献 ·········· 47

第4章 智慧运输 ·········· 48
    引言 ·········· 48
    4.1 智慧运输概述 ·········· 48
    4.2 智慧运输技术与设施设备 ·········· 55
    4.3 智慧运输决策 ·········· 62
    思考题 ·········· 64
    参考文献 ·········· 64

第5章 智慧配送 ·········· 66
    引言 ·········· 66

智慧物流与现代供应链

5.1 智慧配送概述 ·· 66
5.2 智慧配送的设施设备 ······································ 70
5.3 智慧配送决策 ·· 75
思考题 ·· 82
参考文献 ·· 82

第6章 智慧物流信息系统 ······································ 84
引言 ·· 84
6.1 智慧物流信息系统概述 ···································· 84
6.2 智慧物流信息系统架构 ···································· 90
6.3 智慧物流信息系统核心业务模块 ························ 92
6.4 案例——京东智慧物流信息系统 ························ 96
思考题 ·· 98
参考文献 ·· 98

第7章 智慧物流关键技术 ······································ 100
引言 ·· 100
7.1 物联网技术 ·· 100
7.2 云计算技术 ·· 103
7.3 大数据技术 ·· 108
7.4 人工智能技术 ·· 113
思考题 ·· 119
参考文献 ·· 120

第8章 智慧物流需求预测 ······································ 121
引言 ·· 121
8.1 智慧物流需求预测理论 ···································· 121
8.2 智慧物流需求预测的主要内容 ··························· 124
8.3 智慧物流需求预测方法 ···································· 128
思考题 ·· 135
参考文献 ·· 135

第9章 智能制造与智慧物流 ···································· 137
引言 ·· 137
9.1 智能制造概述 ·· 137
9.2 智能制造下的智慧物流 ···································· 141
9.3 智能制造中的智慧物流实例 ······························ 147
思考题 ·· 151
参考文献 ·· 151

第10章 新零售与智慧物流 ······································ 153
引言 ·· 153
10.1 新时代下的新零售 ······································· 153
10.2 新零售下物流的演化及特征 ··························· 157

    10.3 新零售智慧物流实例 ········· 162
  思考题 ········· 166
  参考文献 ········· 166

第 11 章　智慧物流应用案例 ········· 169
  引言 ········· 169
  11.1　DHL 智慧物流 ········· 169
  11.2　亚马逊智慧物流 ········· 174
  11.3　京东智慧物流 ········· 180
  11.4　菜鸟智慧物流 ········· 185
  11.5　日日顺智慧物流 ········· 189
  思考题 ········· 193
  参考文献 ········· 194

第 12 章　现代供应链概述 ········· 195
  引言 ········· 195
  12.1　现代供应链的基本概念 ········· 195
  12.2　现代供应链的体系结构 ········· 205
  12.3　现代供应链的创新路径 ········· 209
  思考题 ········· 211
  参考文献 ········· 211

第 13 章　供应链协同 ········· 212
  引言 ········· 212
  13.1　供应链协同的基础知识 ········· 212
  13.2　供应链协同的内涵 ········· 216
  13.3　供应链协同度评价 ········· 222
  13.4　供应链协同案例 ········· 232
  思考题 ········· 234
  参考文献 ········· 234

第 14 章　精益供应链 ········· 236
  引言 ········· 236
  14.1　精益供应链的提出 ········· 236
  14.2　精益供应链管理技术框架 ········· 240
  14.3　精益供应链的实现 ········· 245
  14.4　精益供应链的发展实践 ········· 251
  思考题 ········· 255
  参考文献 ········· 256

第 15 章　敏捷供应链 ········· 257
  引言 ········· 257
  15.1　敏捷供应链概述 ········· 257
  15.2　敏捷供应链管理 ········· 260

15.3　敏捷供应链运作模式 …………………………………………………… 265
15.4　敏捷供应链的实践案例 ………………………………………………… 273
思考题 …………………………………………………………………………… 278
参考文献 ………………………………………………………………………… 278

第 16 章　绿色供应链 …………………………………………………………… 280
引言 ……………………………………………………………………………… 280
16.1　绿色供应链概述 ………………………………………………………… 280
16.2　绿色供应链的构成 ……………………………………………………… 283
16.3　绿色供应链的实践 ……………………………………………………… 290
思考题 …………………………………………………………………………… 295
参考文献 ………………………………………………………………………… 295

第1章　新时代召唤智慧物流与现代供应链

引言

近年来，为了提高国民经济运行效率及发展质量，国家大力推进物流与供应链的创新与应用，这从理论层面提出了更高的要求。本章将围绕新时代下物流与供应链的重要性，深度剖析物流行业的变革之路，提出新时代下供应链的发展方向，从科学的角度解释智慧物流产生的重要性与必要性。此外，引入"供应链创新"概念，系统地介绍供应链创新的理念与特征，分析总结了现代供应链产生的重要性与必要性。

1.1　新时代下的物流与供应链发展

1.1.1　新时代下物流与供应链的重要性

近年来，中央印发的各项政策已将物流与供应链提升到国家发展战略的高度。一方面，体现了中央及社会各界对物流的高度重视；另一方面，在新形势下，推动物流与供应链创新发展与国民经济运行效率及发展质量息息相关。

1. 培育经济发展新动能

新时期下供应链的基本理念是"包容、开放、共享"，其本质就是创新供给体系，优化供给质量，发展现代供应链要以需求驱动，完善供给体系，创新有效供给，为社会大众创造新的消费空间，从而创造新价值、新财富、新动能。

2. 提高经济发展质量

提高经济发展质量，首先要降低成本。从宏面层面上看，成本主要由劳动力成本、原材料成本和物流成本三个方面构成。长期来看，劳动力和原材料成本上升是不可逆转的，因此降低物流成本则成为国民经济发展质量提升的基本保障。

3. 推进供给侧结构性改革

供应链通过资源整合和流程优化，促进产业跨界和协同发展，有利于加强从生产到消费等各环节的有效对接，降低企业经营和交易成本，促进供需精准匹配和产业转型升级，全面提高产品和服务质量。

4. 提升全球化竞争力

随着供应链全球布局的推进，加强与伙伴国家和地区之间的合作共赢，有利于我国企业更深更广融入全球供给体系，推进"一带一路"建设落地，打造全球利益共同体和命运共同体，提高我国在全球经济治理中的话语权，保障我国资源能源安全和产业安全。

1.1.2 新兴技术对物流与供应链的影响

中国物流新时代正在随新技术的不断创新而到来，并且日新月异。当前，中国及全球物流产业正处在新技术、新业态、新模式的转型升级之际，做大、做强、做精、做细的同时，也需要进一步成为经济发展支撑的新动能。

1. 新兴技术概述

近年来，利用信息技术使装备与控制智能化，代替人力的物流与供应链管理新模式，在大幅提升效率、降低成本、增强消费者体验等方面有着重要作用，其快速发展与物联网（IoT）、云计算、大数据、人工智能（AI）等新兴技术密切相关。

（1）物联网是一个基于互联网、传统电信网等信息承载体，让所有能够被独立寻址的普通物理对象实现互联互通的网络。在全球范围看，物联网正处于快速发展阶段，并在部分领域取得了显著进展，从技术发展到产业应用已显现了广阔的前景。应用场景主要有以下五个方面：车辆调度、货物追溯、全程冷链、安全驾驶、供应链协同。

（2）"云"可以通过利用分散的内存来增加可用性、减少交互服务的延迟。云计算作为一种变化的、动态的计算机服务体系，可部署并按一定的要求分配服务资源，并可实时监控资源的使用状况。在信息激增的时代，商家积累了大量的消费数据和物流数据，通过高性能、大容量云储存系统，实现信息资源的有效管理，提高企业物流系统思维、感知、学习、分析决策和智能执行的能力。

（3）大数据已经成为众多企业重点发展的新兴技术，多家企业已成立相应的大数据分析部门或团队，进行大数据分析、研究和应用布局，各企业未来将进一步加强对物流及商流数据的收集、分析与业务应用。大数据技术主要有以下几个物流应用场景：物流需求预测、物流全程可视化、车辆智能调度等。

（4）人工智能技术主要由电商平台推动，尚处于研发阶段，除图像识别外，其他人工智能技术距离大规模应用尚有一段时间。主要有以下五个物流应用场景：智能运营规则管理、仓库选址、决策辅助、图像识别、智能调度。

2. 技术进步对物流与供应链的影响

无人机、机器人与自动化、大数据技术等已相对成熟，即将商用；可穿戴设备、3D 打印、无人货车、人工智能等技术在未来 10 年左右逐步成熟，将广泛应用于仓储、运输、配送等各物流环节。物流科技在智能化作业流程中的应用如图 1-1 所示。

图 1-1　物流科技在智能化作业流程中的应用

21 世纪是电子商务快速发展的时期，企业竞争已经成为供应链的竞争。企业若想赢得客户抢占商机，必须能够更好地整合供应链网络中的各个环节、优化操作流程、提

第1章 新时代召唤智慧物流与现代供应链

高运作效率。以京东为例,在供应链前端,京东通过大数据的运用,设计采用不同模型来进行需求预测、价格预算等,同时进行整体库存分析实现自动补货与自动调拨。在与供应商的合作上,京东采用了协同规划、预测与补货(Collaborative Planning Forecasting and Replenishment,CPFR),即协同式供应链库存管理,实现了供应链的协同采购与供应商的协同管理,与供应商形成了紧密的合作关系。在科学技术不断革新的新时代,京东利用科技的发展不断创新,打造智能化供应链体系。在大数据的驱动下,京东基于分析行业、合作伙伴及自身的数据,预测消费的趋势从而确定采购的品种与数量,实现选品战略的智能化;通过利润最大化的考虑,分析库存周转与处理来实现智慧定价。电子商务企业的不断创新使企业自身及企业所在的供应链整体竞争力不断增加,为整个供应链网络实现价值增值。

1.1.3 新时代下物流产业的变革之路

1. 物流产业变革的机遇

现如今,随着国民经济快速发展以及国家宏观战略的相继出台,我国物流产业将面临重大机遇,包括物流需求规模的快速增长、需求结构的转型升级、城市群战略对物流行业的高标准高要求以及经济发展全球化等,促使我国物流业更好更快地发展。

(1)物流需求规模日益增大。中国未来一二十年将成为世界第一大经济体,由此将成为物流需求增量和物流市场规模最大的国家。未来一二十年,中国将基本实现工业化,工业化推进过程中工业体系仍将有较大发展,大宗能源、原材料和主要商品的大规模运输方式和物流需求仍将旺盛。同时,产业结构将从"二、三、一"进入到"三、二、一"阶段,服务业和工业一道共同推动中国经济增长。产业结构的变化和逐步升级,生产方式的变化,将带来"短、小、轻、薄"商品以及小批量、多频次、灵活多变的物流需求快速增加。2030年,中国将成为全球贸易巨人,中国与主要经济体、新兴经济体、发展中国家的贸易会进一步提升,中国的国际物流规模会有更大的扩张。中国从中等收入迈向高收入国家,中产阶级规模的进一步扩大,广大居民消费的水平、心理、方式和结构的变化,要求物流发展更加注重服务质量、效率、品牌、特色、个性和体验,基于更高时间和空间价值的物流需求会越来越大。

(2)城镇化进程加快。中国正经历着规模宏大的城市化,推动着物流活动集中于城市群、城市带、大中小城市和城际间,不断增加的物流量、机动车量以及能源短缺、环境污染、交通拥堵和道路安全等问题,迫切要求提升城市内、城际间的物流效率,构建符合"以人为本、城乡统筹、大中小城市相协调"的新型城市化要求,建设功能强大、高效集约的城市物流和配送体系。区域经济协调发展以及一体化要求将加快区域物流一体化,构建有利于东中西协调发展的物流服务体系。中西部区域增长新格局,要求中西部加快物流业发展,改变物流业长期制约中西部地区发展的状况。未来网络零售市场除了在沿海发达地区、一二线城市市场继续保持稳健增长外,还将呈现出由沿海地区向内陆地区逐渐渗透,由一二线城市向三四线城市及县域渗透的趋势。随着网络零售市场的渠道下沉,三四线城市、县乡镇、农村电子商务将发展迅猛,将对农村和三四线城市及县乡镇的电子商务物流发展提出更大更高的需求。

(3)全球化程度加深。全球化推动中国与世界经济的联系和相互作用日益加深,

智慧物流与现代供应链

要求中国与世界各国间有更好的交通运输、物流、通信、信息等基础设施连接。中国除与发达经济体继续保持密切经贸往来外，与新兴经济体以及发展中国家的贸易增长将会成为新的亮点，贸易格局的变化将带动国际物流活动此消彼长。中长期看，中国国际贸易仍将有稳健增长，带动中国国际物流继续较快发展，尤其是跨境电子商务物流会有更快的发展。

2. 物流产业变革面临的挑战

随着城镇化进程的不断发展、人口老龄化问题的不断凸显，我国物流行业变革主要面临的问题可以分为以下几个方面：人口红利逐渐消失导致劳动力成本升高，作为主要运输方式的公路运输效率亟待提升，作为主要物流设施的仓库面临高租金高空置率的窘境。

（1）人口红利逐渐消失。人口红利正在消失，加快转变发展方式成为突围的关键。中国劳动力人口比例持续下降，老龄化程度加剧，劳动力成本也在不断升高。据国际劳工组织数据显示，在新兴 G20 国家中，中国劳动者的平均实际工资指数增幅最大，超过 2 倍。中国经济的发展腾飞部分得益于"人海战术"，如今人口红利的逐渐消失，使得原本推动经济发展的方式发生变化，未来再依赖要素投入促进经济增长的模式已经不可能持续，通过技术进步、生产力和劳动者素质提高加快转型，才是科学的解决方法。

（2）公路运输体系不完善。公路货运"小、散、乱、差"，运输效率亟待提升。我国的公路物流体系承担运输体系中 75% 以上的货物运输，对物流业的蓬勃发展起到重要的支撑作用，但公路货运存在的痛点也显而易见。区别于美国的大车队模式，中国的公路货运个体户居多，行业极度分散，彼此间信息不对称，依赖传统线下物流园等货揽货，信息化应用程度较低。另外，货物、车型、价格、作业流程等尚未标准化，又缺乏诚信体系保障驾驶员、货主双方的利益，削弱了运行效率，也加大了管理的难度和成本。

（3）物流设施供需矛盾明显。高租金和高空置率同时存在，物流设施供需矛盾凸显。近年来，我国仓储能力与需求相比存在较大差距，全国人均通用仓储面积偏低。同时，高标准仓储设施较为短缺。近年来，由于供给短缺，我国仓库租金呈加速上涨趋势，与此同时部分地区仓库空置率居高不下，如兰州、昆明、重庆，均超过了 25%，呈现明显的供大于求的情况；北京、上海、深圳等一线城市仓储市场淡季不淡，供需匹配度较高，仓库空置率均在 10% 以下，苏州及合肥的仓库供应紧张，空置率最低，不足 5%。仓储设施短缺主要面临物流用地供给不足的问题。由于物流用地投入大、回报慢、收益相对偏低，导致用地难规划、难审批、开发与运营成本过高，单纯经营物流业务难以达到要求，物流企业用地难、用地贵等问题比较突出。

3. 物流产业变革的战略方向

（1）降成本、减负担，打造高效物流服务体系。增加财政对公共产品和服务的投入，将收费公路养护费纳入财政预算，降低收费公路的收费标准，下调过路过桥费占运输成本的比重。推行精益物流等现代管理技术，降低工商企业存货水平，减少生产和流通环节的库存浪费。

（2）全链条、一体化，推进物流网络互联互通。推进多种运输方式的协同发展，打破链条各环节间的瓶颈，调整运输组织结构，提升铁路运输、内河航运在多种运输方式中的货运比重，加强不同运输方式之间的衔接，支持在物流节点城市建设多式联运枢纽。

（3）新技术、新模式，支持智慧物流创业创新。推动物流业与互联网融合发展，鼓励互联网平台创新创业。要推动智慧仓储、智慧运输、智慧配送等智慧物流的发展，鼓励物流企业应用物联网、云计算、大数据、移动互联网等先进技术，研究推广物流云服务。

1.1.4 新时代下供应链的发展方向

随着工业互联网、智能制造的发展，生产端越来越信息化、数据化和云化，这促进了末端流通信息与前端生产信息的快速融合，供应链的发展正在从末端走向前端。

1. 协同

供应链协同是供应链中各节点企业实现协同运作的活动，包括树立"共赢"思想，为实现共同目标而努力，建立公平公正的利益共享与风险分担的机制。供应链协同有三层含义：①组织层面的协同，由"合作-博弈"转变为彼此在供应链中更加明确的分工和责任——"合作-整合"；②业务流程层面的协同，在供应链层次即打破企业界限，围绕满足终端客户需求这一核心，进行流程的整合重组；③信息层面的协同，通过Internet技术实现供应链伙伴成员间信息系统的集成，实现运营数据、市场数据的实时共享和交流，从而实现伙伴间更快、更好地协同响应终端客户需求。

2. 精益

供应链精益是追求消灭包括库存在内的一切浪费，利用尽可能少的资源创造尽可能多的价值。精益供应链提供了一种新的思维方式，包括："以顾客需求为中心"，要从顾客的立场，而不是仅从企业的立场或一个功能系统的立场来确定能否创造价值，对价值链中的产品设计、制造和订货等的每一个环节进行分析，找出不能提供增值的浪费所在；"及时创造仅由顾客驱动的价值"，一旦发现有造成浪费的环节就及时消除，持续进行改进，努力追求完美。

3. 敏捷

供应链敏捷是把提高服务水平视为重中之重，强调供应链的"灵敏性"和"反应性"，即应需而变，它要求供应链能够在最短的时间内对市场的变化和顾客的需求做出反应，并提供优质服务。敏捷供应链的实质是信息技术、计算机技术和先进管理模式等综合技术支持下的多企业的集成，是融合了多种管理思想和先进技术而发展起来的一套适合多变企业环境的全新供应链管理模式。

4. 绿色

供应链绿色是基于市场的创新型环境管理方式，依托上下游企业之间的供应关系，以核心企业为支点，通过绿色供应商管理、绿色采购等工作，向上下游企业持续传递绿色要求，引导相关企业参与绿色发展工作，进而带动全产业链绿色化水平持续提升。绿色供应链关注的是产品全生命周期，通常会综合考虑从产品设计、生产、销售、使用、回收、处理到再利用等各个环节的生态环境影响，特别是过了使用寿命产品的再利用，往往通过拆解再生利用方式，推动过了使用寿命的产品的循环再利用。

5. 智慧

供应链智慧是以互联网为依托，在供应链领域广泛应用大数据、物联网、云计算、人工智能等新一代信息技术与设备，提高物流系统思维、感知、学习、分析决策和智能执行的能力，通过精细、动态、科学的管理，提升整个物流系统和过程控制的智能化、自动化水平，部分或全部代替人力和人工决策，提升物流运作效率和服务水平，降低成本。

1.2　物流发展阶段与智慧物流的产生

1.2.1　物流业发展历程

物流的概念最早是在美国形成的，起源于 20 世纪 30 年代，原意为"实物分配"或"货物配送"；20 世纪五六十年代引入日本，日文意思是"物的流通"，到 1965 年日本的"物流"一词取代了"物的流通"；我国自 20 世纪 80 年代初由日本引入物流概念，物流发展迅速。

1. 美国

一般来说，美国的现代物流发展分为五个时代，即 20 世纪 30—50 年代、60 年代、70 年代、80 年代和 90 年代以后。

（1）第一阶段：30—50 年代。20 世纪 30 年代，物流概念在美国提出，但直到 50 年代美国的物流一直处于休眠状态，其特征是这一领域并没有一种处于主导的物流理念。在企业中，物流的活动被分散进行管理，例如，在企业中运输由生产部门进行管理，库存由营销部门管理。其结果使物流活动的责任和目的相互矛盾。

（2）第二阶段：60 年代。美国 60 年代的主要经济发展目标是向"富裕的社会"前进。其间是美国历史上的繁荣时期。虽然当时东西方处于冷战状态中，但美国国内的经济发展速度很快。当时支撑美国经济发展的主要动力是以制造业为核心的强有力的国际竞争力。美国的工业品向全世界出口，MADE IN USA 成为优质品的代名词。因此，美国 60 年代是大量生产、大量消费的时代。生产厂商为了追求规模经济进行大量生产，而生产出的产品大量地进入流通领域。大型百货商店、超级市场纷纷出现在城市的内部和郊区。

（3）第三阶段：70 年代。70 年代的美国经济发生了重大变革。两次石油危机对美国经济产生了深刻的影响。这样，外部环境的变化，一方面给企业自身带来了改善物流系统的推动力，同时，也促使政府开始修改高物流成本温床的管理政策。企业的经营者也开始意识到传统的物流政策已经限制了自由竞争，不利于经济的发展。以 1978 年航空货物运输政策改善为契机，80 年代美国政府出台了一系列鼓励自由竞争的政策，受到了企业的欢迎。

（4）第四阶段：80 年代。80 年代，美国政府出台了一系列物流改善政策，给美国物流业的发展带来了极大的促进作用。在这一进程中，物流在企业经营战略中的地位也逐渐被企业接受，一些大型企业开始主动、积极地改善企业的物流系统，它们对物流的理解从 Physical Distribution 向 Logistics 转化。Logistics 是指企业从原材料的采购到产品的销售整个过程的效率化，而不是个别功能的效率化，美国企业自此全面进入物流领域的时代。另外，在这一时期，运输行业出现了很多革新，比如以铁路运输为主的多式联

第1章　新时代召唤智慧物流与现代供应链

运（Intermodal Transport）、双层集装箱运输（Double Stack Train）方式，航空运输方面继联邦快递（Federal Express）公司之后，涌现了诸如 UPS、DHL 等众多航空快递企业。

（5）第五阶段：90 年代以后。进入 90 年代，美国企业的物流系统更加系统化、整合化，物流也从 Logistics 向供应链管理（SCM）系统转化。物流与供应链管理的区别在于，物流强调的是单一企业内部的各物流环节的整合，而供应链并不仅是一个企业物流的整合，它所追求的是商品流通过程中所有链条企业的物流整合，具体指的是商品到达消费者手中，中间要经过零售商、批发商、制造商、原材料零件的供应商等各环节，而物流则贯穿整个链条中。为了能够低成本、快速地提供商品，仅考虑单一企业内部的物流整合是远远达不到目的的，必须对链条上所有企业的物流进行统一管理、整合才能实现上述目标，这就是供应链管理的基本概念。

2. 日本

（1）物流概念的导入和形成期：1956—1964 年。自 1956 年日本流通技术考察团考察美国开始引入物流理念后，1958 年 6 月，日本又组织了技术国内考察团对日本国内的物流状况进行了调查，大大推动了日本物流的研究。从 1961 年到 1963 年前半年，日本将物流活动和管理称为 PD，到 1963 年后半年"物的流通"一词开始登场。到 1965 年，"物流"一词已正式为理论和实践界全面接受。

（2）物流近代化时期：1965—1973 年。这段时间是日本大量物流设施建设、构筑的时代，但同时也是日本经济高速成长、大量生产、大量销售的时代。1965 年 1 月在日本政府《中期五年经济计划》中强调要实现物流的近代化，日本政府开始在全国范围内开展高速道路网、港湾设施、流通聚集地等各种基础建设。同时，各厂商也开始高度重视物流并积极投资物流体系的建设。各企业都建立了相应的部门积极推进物流基础建设，目的在于构筑与大量生产、销售相适应的物流设施。因此可以说这一时期日本厂商的共同战略是增大物流量、扩大物流处理能力。

（3）物流合理化时期：1974—1983 年。第一次石油危机后，日本迎来了减量经营的时代，经营成本的降低成为经营战略的重要课题。"物流利润源学说"揭示了现代物流的本质，使物流能在战略和管理上统筹企业生产、经营的全过程并推动物流现代化发展。在实践上，这一时期对应于理论发展，开始广范围地设立合理化工程小组，实行物流活动中的质量管理。互联网物流也在蓬勃发展，其宗旨在于加速订货、发货等业务的迅速化，以及削减物流人员，减少劳动力成本，特别是以大型量贩店为中心的网上订、发货系统的建立在这一时期最为活跃，这是物流合理化在技术上的反应。

（4）物流纵深发展时期：20 世纪 80 年代以后。80 年代以后，日本的生产经营发生了重大的变革：消费需求差异化的发展。尤其是 90 年代日本经济泡沫的崩溃使以前那种大量生产、大量销售的生产经营体系出现了问题。生产的多品种化和少量化成为新时期的生产经营主流，这使得市场的不透明度增加，物流合理化的观念面临着进一步变革的要求，其结果是整个流通体系的物流管理发生了变化，即从集货物流向多频度、少量化、进货短时间化发展。在销售竞争不断加剧的状况中物流服务作为竞争的重要手段在日本得到了高度重视。这表现在 80 年代后期日本积极倡导高附加价值物流、准时制（Just-in-time）物流等方面。

如何克服物流成本上升、提高物流效率是90年代日本物流业面临的一个最大的问题。1997年4月4日，日本政府制定了具有重要影响力的《综合物流施策大纲》。自1997开始，日本由经济产业省和国土交通省每四年共同制定一次《综合物流施策大纲》。《综合物流施策大纲》作为日本物流业的纲领性政策文件，成为引导日本物流业发展的指导性文件，积极地促进了日本物流管理和物流成本的有效控制。

3. 中国

20世纪70年代以前，中国的经济研究中几乎没有使用过"物流"一词。自80年代初由日本引入物流概念之后，开始了对物流的研究。经过30多年的发展，物流已成为我国经济发展的重要因素，并成为企业创造利润的源泉。

物流概念本身作为舶来品，被引入我国的时间并不长，但物流各环节的运动很早就存在于国民经济的各个领域。80年代初，在物资部专业刊物《物资经济研究通讯》上刊登了由北京物资学院王之泰教授撰写的《物流浅谈》一文。文章较为系统地讲述了物流的概念、物流的管理、物流的结构以及物流信息等，第一次较为完整地将物流概念介绍进我国。从那以后在我国的报纸、杂志、词典以及论著中，开始出现物流一词。

进入90年代后期，随着中国经济体制的改革，企业产权关系的明确，生产企业及其他流通企业开始认识物流，同时，对物流的研究也从流通领域向生产领域渗透。特别是近几年网络经济的发展，电子商务对物流提出了新的要求，使物流走进了千家万户。中国现代化物流发展阶段如图1-2所示。

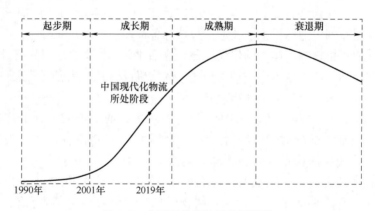

图1-2 中国现代化物流发展阶段

21世纪开始，随着互联网、物联网、云计算、大数据、人工智能、区块链等信息技术的高速发展，基础设施开始软硬结合、虚实一体，向智能化、网络化方向发展，进一步推动了互联网与物流成为新时代经济社会的基础支撑，成为新的基础设施。

1.2.2 经济新常态下的物流产业转型升级

1. 物流产业转型升级的驱动力

在大发展、大变革、大调整的时代，社会变革创新的脚步从未间断，世界经济增长需要新动力，物流业发展也需要创新动力晋阶新的层级。物联网、云计算、大数据、共享经济等新生力量，正悄然改变着行业，并成为产业转型升级的新动能。

首先，我国物流业在追赶型增长方面存在巨大的发展潜力。我国物流业在过去几十

第1章 新时代召唤智慧物流与现代供应链

年有了较快发展，但是从结构、发展效率上仍然与发达国家的物流业具有一定的差距。特别是在物流内部结构上，我国仍以交通运输为主，以更多依靠专业化服务、更加细腻细分的行业为主导的新产业结构尚未形成。

其次，我国物流业在前沿拓展新动能的形成方面具有更大的增长空间，或者说这样的动能更加强劲。在全球新一轮技术革命背景下，以互联网、大数据为代表的新一代信息技术，以高速铁路、航空航天技术、智能交通为代表的新一代交通技术，以新能源为代表的能源技术正在改变着全球乃至我国经济的运行格局、联通格局，也改变着全球和我国物流业的发展格局。

最后，经济全球化深入发展的过程，将为物流业带来空间重塑的新动能。随着"一带一路"倡议的提出，全球化的发展正在进入新一轮发展阶段，而且该倡议的实施会更加深刻改变全球网络、基础设施的联通性，特别是交通和物流行业发展的环境和条件，极大地拓展全球交通和物流发展的网络空间，这也为我国物流企业加快进入全球市场，构建国内、国际两个网络，实现两个网络的融合发展创造了巨大的机遇和发展的空间。

2. 物流产业转型升级的方向

在经济新常态下，随着居民消费水平的提升，物流需求规模扩大，同时呈现多样化、个性化的特点，智慧化成为物流产业转型升级的战略方向。通过云计算、大数据、物联网、人工智能、5G等信息化新技术在物流作业场景下的探索和应用，实现物流活动自主化、物流主体互感知、物流系统自学习。物流行业智慧化将从以下几个方面促进行业转型升级：

（1）先进信息技术的应用。智慧物流运用先进的物流信息技术将供应链上所有成员的各个物流环节都紧密地联系在一起，以此实现供应链一体化运作，这就需要建立统一的信息标准，才能消除跨部门、跨行业、跨企业之间的信息沟通障碍，为智慧物流的发展提供坚实的基础。一方面，要通过制定条码、射频识别（RFID）等物流信息采集标准，不同信息系统之间的对接、信息交换的规范等，使不同的物流技术在仓储、运输、配送等物流业务中的应用标准得到统一。另一方面，要通过智慧物流标准化体系建设，形成物流作业在跨部门、跨行业、跨企业之间的标准运作，推动物流业务流程标准化管理和营运。

（2）智慧物流云平台的建设。智慧物流的高效运作离不开智慧物流云平台的建设，通过运用物联网技术、云计算技术等先进物流技术构建的智慧物流云平台，可为跨部门、跨行业、跨企业提供不同的配送车辆信息、货物信息、客户信息等物流信息服务，具备了快速、及时、准确传递物流信息的功能，有效实现了信息共享，有效解决了传统物流信息不对称和资源配置不合理等问题，满足了企业、客户、政府等多方需求。这不仅为多方互相协作和规范市场化运作提供了有力的支持，还将仓储、运输、配送等多个物流环节紧密联系在一起，从而使生产、流通和消费实现无缝对接，从整体上有效降低物流成本，最大限度地进行了物流资源整合和优化，实现供应链一体化高效运作的目标，提高了物流专业服务能力。

（3）智慧物流模式的产生。在末端智能配送这一块，首先要积极鼓励电子商务、物流配送等企业共同合作，利用物联网、云计算、大数据等先进物流信息手段有效整合物流资源，借助智慧物流信息化平台，通过共同配送、无人机配送等智慧物流模式，达

智慧物流与现代供应链

到末端物流配送集约化目的，解决最后一公里难题。其次通过自动化仓库、自动化分拣机、电子标签拣选系统、拣选机器人等自动化设备，实现快速存取、分拣、搬运等物流作业，提高末端物流配送效率。最后支持物流配送企业、快递企业与连锁便利店、社区服务站、学校等单位共同合作，发展共享型的智能快递柜、智能快递站等智慧物流末端配送设施，提高末端自动化、智能化的服务水平，使末端物流作业变得高效且低成本。

（4）物流资源的充分利用。智慧物流理念追求的是物流资源的共享合作。为了打造社会物流资源共享的合作模式，一方面需要企业在相互信任的基础上，将企业物流信息透明化、公开化；另一方面借用物联网技术，通过大数据分析，可将企业闲置的仓库、车辆、托盘、集装箱等物流设施设备进行合理的配置、有效的整合。这不仅能消除企业信息孤岛，深入促进企业的专业化分工，而且企业间的物流资源也得到充分利用，避免了企业物流资源的重复投入和建设。而与资源共享形式联系在一起的供应链上所有企业，不仅盘活了整个供应链条的物流资源，也增强了企业供应链的整体竞争能力。

1.2.3 物流新业态与智慧物流

当前物流产业正面临着从互联网到物联网时代转型的新拐点，工业4.0已广为人知，并自然而然地融入物流仓储自动化领域。近几年物流仓储自动化、智慧仓库等现代化科技的出现，将原本独立运作的自动化模块通过信息技术紧密地联系起来，从而带动整体系统质的飞跃，这也催生了智慧物流的快速发展。大数据与智慧物流不断践行大数据技术与供应链创新模式在物流管理中的应用，包括销量预测、自动补货、拆单控制、拣货全局优化、配送商解析、市内智能派车等模型，以及供应商物流中心（SLC）、托盘循环共用等创新模式。

1. 物流发展新业态

物流业是国民经济的战略性、基础性和先导性产业。在经济形势驱动下新一轮科技革命创新热潮在全球兴起，越来越多的人关注大数据、云计算、人工智能、物联网、区块链、无人驾驶、新能源等新兴技术，催化了一系列先进物流技术的发展与成熟，推动物流行业发展进入量质齐升的新业态阶段。物流行业新业态可总结为以下几个特点："互联网+"高效物流、人工智能+大数据赋能、物联网+人工智能。

（1）推进物流新业态，发展"互联网+"高效物流。近年来，发改委、工信部、财政部、央行多次发文，以落实好《政府工作报告》提出的各项降成本重点任务，推动物流业和制造业深度融合发展，降低制造企业物流成本，发展"互联网+"高效物流；支持基于大数据的运输配载、跟踪监测、库存监控等第三方物流信息平台创新发展，实现跨部门、跨企业的物流管理、作业与服务信息的共享，加快建设国家物流大数据中心。

（2）人工智能+大数据赋能产业升级，推动物流行业资源联动。基于大数据、云计算、物联网、人工智能技术的成熟发展，可以对物流各环节进行信息化、高效率的管理，提高运输、配送效率、减少损耗，并可指导生产制造，为顾客提供更好的服务体验，推动物流供应链智慧化升级。物流行业新技术的应用如图1-3所示。

第 1 章 新时代召唤智慧物流与现代供应链

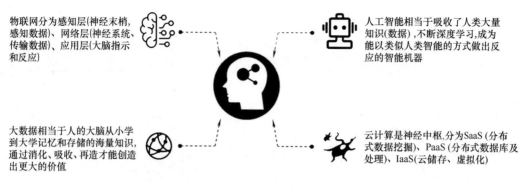

图 1-3 物流行业新技术的应用

（3）物联网 + 人工智能驱动着物流业新旧动能加快转换，重塑物流行业版图。截至 2017 年年底，我国已有超过 500 万辆载重货车安装了北斗定位装置，智能快件箱超过 19 万组，还有大量托盘、智能柜、货物接入互联网。无人仓、无人港、无人机、无人驾驶、物流机器人等在物流领域得到试验应用。物流数字化、在线化、可视化成为常态，人工智能快速迭代，"智能革命"将重塑物流行业新生态。

2. 智慧物流发展的驱动因素

（1）新需求。近 10 年来，电子商务、新零售、C2M 等各种新型商业模式快速发展，同时消费者需求也从单一化、标准化向差异化、个性化转变，这些变化对物流服务提出了更高的要求。

1）电子商务快速发展。行业爆发式增长的业务量对物流行业更高的包裹处理效率以及更低的配送成本提出了要求。2018 年中国网络零售额超过 9 万亿元人民币，已跃升成为全球第一大网络零售大国。移动互联网、社交电子商务、共享经济等新模式的不断发展，推动电子商务行业的高质量发展与创新。

2）新零售兴起。新零售是指企业以互联网为依托，通过运用大数据、人工智能等先进技术手段，对线上服务、线下体验以及现代物流进行深度融合的零售新模式。这一模式下，企业将产生如利用消费者数据合理优化库存布局，实现零库存，利用高效网络妥善解决可能产生的逆向物流等诸多智慧物流需求。

3）C2M 兴起。C2M 由用户需求驱动生产制造，去除所有中间流通加价环节，连接设计师、制造商，为用户提供顶级品质，平民价格、个性化且专属的商品。这一模式下，消费者诉求将直达制造商，个性化定制成为潮流，对物流的及时响应、定制化匹配能力提出了更高的要求。

（2）新技术。物流业的发展经历了人工生产、机械化、自动化再到智慧化的历程。人工生产的比例逐渐降低，物流作业过程中的设备和设施逐步自动化，但总体上与美国、德国等西方发达国家相比差距较大。工业 4.0 的提出，强调利用物联信息系统将生产中的供应、制造、销售信息数据化、智慧化，最后达到快速、有效、个性化的产品供应。对于物流科技而言，就要整合传统和新兴科技，以互联网、大数据、云计算、物联网等现代信息技术提升物流智能化程度，增强供应链柔性。

2019 年物流应用技术成熟度曲线如图 1-4 所示。

智慧物流与现代供应链

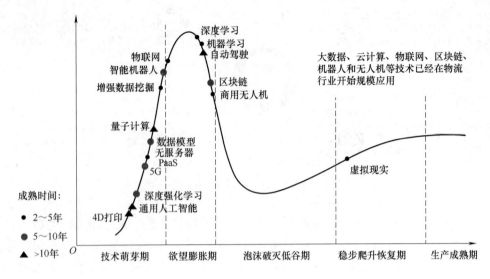

图1-4　2019年物流应用技术成熟度曲线

（3）新模式。互联网时代下，物流行业与互联网结合，改变了物流行业原有的市场环境与业务流程，推动出现了一批新的物流模式和业态，如车货匹配、运力众包等。基础运输条件的完善以及信息化的进一步提升激发了多式联运模式的快速发展。新的运输运作模式正在形成，与之相适应的智慧物流快速增长。

1）车货匹配。可分为两类：同城货运匹配、城际货运匹配。货主发布运输需求，平台根据货物属性、距离等智能匹配平台注册运力，并提供各类增值服务。实现车货匹配对物流的数据处理车辆状态与货物的精确匹配度能力要求极高。

2）运力众包。主要服务于同城配送市场，兴起于O2O时代，由平台整合各类闲散个人资源，为客户提供即时的同城配送服务。平台的智慧物流挑战包括如何管理运力资源，如何通过距离、配送价格、周边配送员数量等数据分析进行精确订单分配，以期望为消费者提供最优质的客户体验。

3）多式联运。包括海铁、公铁、铁公机等多类型。多式联运作为一种集约高效的现代化运输组织模式，在"一带一路"国家战略的布局实施过程中，迎来了加速发展的重要机遇。由于运输过程中涉及多种运输工具，为实现全程可追溯和系统之间的贯通，信息化的运作十分重要。同时新型技术如无线射频、物联网等的应用大大提高了多式联运换装转运的自动化作业水平。

3. 智慧物流的产生

发展智慧物流，是指通过智能硬件、物联网、大数据等智慧化技术与手段，提高物流系统分析决策和智能执行的能力，提升整个物流系统的智能化、自动化水平。智慧物流集多种服务功能于一体，体现了现代经济运作特点的需求，强调信息流与物质流快速、高效、通畅地运转，从而实现降低社会成本、提高生产效率、整合社会资源的目的。

智慧物流的产生如图1-5所示。

第 1 章 新时代召唤智慧物流与现代供应链

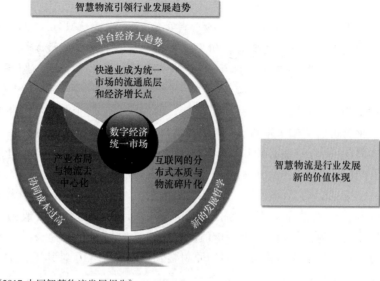

资料来源：阿里研究院：《2017 中国智慧物流发展报告》

图 1-5 智慧物流的产生

本书第 3～11 章将从流程层面、运作层面以及应用层面系统地介绍分析"智慧物流"理论体系。其中，流程层面是指智慧物流三大主战场——仓储、运输及配送，将从概念界定、特征分析、核心技术以及实现方法等方面介绍；运作层面是指支撑物流三大环节高效运转的智慧物流信息系统、关键技术以及需求预测；应用层面是指智慧物流与其他产业深度融合的实践结果，如智能制造与智慧物流、新零售与智慧物流等。智慧物流框架图如图 1-6 所示。

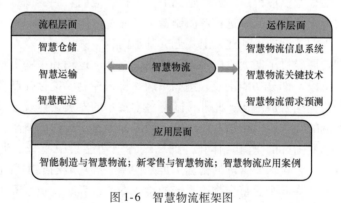

图 1-6 智慧物流框架图

1.3 供应链发展历程与现代供应链的提出

1.3.1 供应链发展历程

1. 供应链概念

供应链（Supply Chain）的概念是在 20 世纪 80 年代提出的，其发展经历了三个

智慧物流与现代供应链

阶段。

第一阶段，1985 年，美国学者迈克尔·波特（Michael Porter）在《竞争优势》一书中提出了价值链的概念。价值链将企业运营分解为与战略性相关的许多活动，其中基本活动包括内部物流、生产作业、外部物流、市场和销售与服务。辅助活动包括采购管理、技术开发、人力资源管理、基础设施管理。1992 年 Jack Shank 和 V. Govindarajan 所描述的价值链比波特的范围广一些，他们认为任何企业都应该将自身的价值链放入整个行业的价值链中去审视，"从最初的供应商所需的原材料直到将最终产品送到用户的全过程"。同时企业必须对居于价值链相同或相近位置的竞争者进行充分的分析，并制定出能保证企业保持和增强竞争优势的合理战略。

第二阶段，1996 年，詹姆斯·沃迈克（James Womack）和丹尼尔·琼斯（Daniel Jones）的《精益思想》一书问世，精益生产方式由经验变成为理论，价值链概念进一步被拓展为价值流。"所谓价值流，是指从原材料转变为成品，并给它赋予价值的全部活动，包括从供应商处购买的原材料到达企业，企业对其进行加工后转变为成品再交付客户的全过程，企业内以及企业与供应商、客户之间的信息沟通形成的信息流也是价值流的一部分。"

第三阶段，C. Poirier 和 E. Reiter 于 1996 年在整合了价值链和价值流思想的基础上，首次提出了供应链的定义：供应链是一个实体的网络，产品和服务通过这一网络传递到特定的顾客市场。我国国家标准 GB/T 18354—2006《物流术语》对供应链的定义为"生产及流通过程中，涉及将产品或服务提供给最终用户所形成的网链结构"。

2. 供应链管理

供应链管理（Supply Chain Management，SCM）：就是指在满足一定的客户服务水平的条件下，为了使整个供应链系统成本达到最小而把供应商、制造商、仓库、配送中心和渠道商等有效地组织在一起来进行产品制造、转运、分销及销售的管理方法。供应链管理包括计划、采购、制造、配送、退货五大基本内容。

供应链管理发展经过了四大阶段：第一阶段，储存、运输和采购等功能分离，各自单独经营。第二阶段，部分功能集成，例如采购和物料控制、库存控制功能结合成物料管理，送货与分拨等结合成配送，此外，随着科学技术的发展，以及连锁经营的出现与兴起，企业对物流的要求也发生了变化，这一阶段，提出了配送的概念，出现了配送中心。第三阶段，企业内部的物流一体化，把物流各项功能集中起来，当作一个系统管理，发展到本阶段，企业物流管理的目标不再是使哪一种功能的成本最小，而是要通过所有功能之间的平衡降低企业整个物流系统的总成本，或者在一定服务水平上使物流成本合理化。第四阶段，供应链管理兴起，随着企业界物流管理实践的深入，企业家开始认识到产品的竞争力并不是一个企业能左右的，而是由产品的供应链所决定的。

3. 我国供应链发展现状及趋势

我国现代物流及供应链管理行业仍处于初级发展阶段，行业供应商功能单一，增值服务薄弱。目前，物流及供应链外包服务商的收益主要来自于基础性服务，如运输管理和仓储管理等，增值服务如供应链整合服务、供应链金融服务以及供应链平台建设等服务收入占比较小。在过去 10 年的发展中，传统的中国供应链已经陆续出现破壳裂变的种种迹象，一些具有创新思维的供应链模式正蓄势待发。

第1章 新时代召唤智慧物流与现代供应链

随着供给侧结构改革的不断深入，国家相关配套政策陆续出台及完善，供应链迎来历史发展的重要机遇期。作为全球第二大经济体，我国新流通领域的创新发展正走向世界前列，线上线下相融合的现代供应链服务体系正在形成，为我国经济增长注入新动力。

1.3.2 供应链创新的理解与阐释

在新形势下，与国民经济运行效率和发展质量相关的供应链改革发展，必将推动我国现代供应链创新与实践进入全新的发展阶段。可以从以下六个方面来理解供应链创新的基本理念及内涵：

1. 供应链创新的基本理念

供应链要摒弃单一的竞争理念，提倡包容、开放和共享的理念，不包容就没法开放，不开放就无法共享，推动包容、开放、共享的程度更加深入，范围更加广阔，水平更加提升。

2. 供应链创新的关键

供应链创新的关键在于整合和优化。通过供应链去整合资源，包括客户资源、市场资源、技术资源、人力资源和物流资源等，在整合资源的基础上实现资源共享、资源分享。资源的整合并不是简单的堆砌，而是要形成有机的整体，是要达到 $1+1$ 大于 2 的效果，是要在整合资源的基础上进行优化，包括布局的优化、资源的优化、流程的优化等。通过整合和优化，互联互通会更加有效率，更加具有能动性。

3. 供应链创新的核心

供应链创新的核心在于"协同"，协同包括三个层次：一是运行层面的协同；二是管理层面的协同；三是战略层面的协同。

4. 供应链创新的基本目标

传统的规模速度型的经济发展方式，已经不适应我国在新时代国民经济发展的要求，供应链创新的基本目标为提高经济发展的效益和效率。

5. 供应链创新基本趋势和方向

智慧化、智能化是供应链未来的发展趋势。这就必须要和创新驱动、科技创新结合起来，与人工智能、无人机、大数据、云计算、区块链等先进技术深度融合，推动提升供应链的智能化和智慧化水平。

6. 供应链创新的本质特征

发展供应链的本质是价值创造。在"稳增长、调结构"的新形势下，我国经济正处在"高成本、高增长"向"低成本、中高增长"转变的关键阶段。因此要避免过多依靠资源要素的高投入、高能耗，改变高增长的传统发展模式，依靠创新加快形成新的内生增长动力。

1.3.3 现代供应链的产生

供应链是以客户需求为导向，以提高质量和效率为目标，以整合资源为手段，实现产品设计、采购、生产、销售、服务等全过程高效协同的组织形态。经济发展新常态下，从客户层面、产业层面、技术层面、生态环境层面对供应链发展提出了新要求、新

智慧物流与现代供应链

标准,催生现代供应链的形成。

1. 客户需求的变化

现阶段,供应链整个网链结构的重心正在逐步向后端移动,促使对供应链的管理视角发生变化,以需求为导向的思想开始渗透到供应链各个主体。对消费者行为特征进行分析和预测,对物流需求进行精准、实时预测,是现代供应链管理的基础,是减少库存积压以及供求偏差,保持供应链高度灵活的首要条件。

2. 产业发展的要求

中国产业发展将进入"供应链+"的新阶段。"供应链+制造"将促使制造业利用供应链管理方法推动行业创新和发展,提升制造业竞争力;"供应链+服务"将使服务业在供应链模式下更加细分和融合,实现服务业升级;"供应链+物流"将激励一批供应链管理型物流服务企业的服务创新与变革;"供应链+金融"将实现物流金融与互联网金融齐头并进,共谋发展;"供应链+技术"将促进大数据等新兴技术推动供应链管理模式的全面转型。

3. 技术进步的催化

人工智能等新兴技术在供应链领域的应用催生现代供应链。首先,技术进步解决了个性化需求,单个的需求和供给可以低成本、高效率、精准对接且形成规模化。其次,拓宽了收入渠道。在传统的供应链当中,只有一个最终消费者作为现金流的收入。而现代供应链中,从供应商到生产商到流通商等,都有可能是收入源泉。最后,技术进步促进供应链主体实现万物互联、精准预测以及自主决策,重塑供应链体系结构。

4. 生态环境的约束

传统供应链是巩固和提高市场竞争力的工具,比起现代供应链,它更注重追求经济效益,忽视甚至牺牲社会效益和生态效益,代表了大量消耗、大量生产、大量抛弃的单程式经济发展模式。要实现人与自然的共同繁荣,必须抛弃片面追求经济发展速度的狭隘思想,注重对自然环境和生态资源的合理保护。2017年10月,国务院办公厅印发的《关于积极推进供应链创新与应用的指导意见》也明确指出,要通过大力倡导绿色制造、积极推行绿色流通,建立逆向物流体系等途径,倡导和构建绿色供应链。

2017年10月18日,党的十九大报告提出,"加快建设制造强国,加快发展先进制造业,推动互联网、大数据、人工智能和实体经济深度融合,在中高端消费、创新引领、绿色低碳、共享经济、现代供应链、人力资本服务等领域培育新增长点、形成新动能。支持传统产业优化升级,加快发展现代服务业,瞄准国际标准提高水平。"加快供应链创新,建设现代供应链,已成为深化供给侧结构性改革、建设现代化经济体系的重要内容,将极大地推动我国现代供应链创新与实践进入一个新的发展阶段,同时也表明我国经济在转型升级发展过程中,进入供应链创新时代。

本书第12~16章将从理论基础和典型模式两方面系统性地介绍分析"现代供应链"理论体系。其中,理论基础主要包括四部分内容,分别是概念界定、特征分析、体系结构以及变革趋势。之后,遵循现代供应链协同的基本理念,以精益供应链、敏捷供应链、绿色供应链三种典型基本模式为核心,从提出背景、概念内涵、关键技术、运作模式等方面展开分析。现代供应链框架图如图1-7所示。

第1章 新时代召唤智慧物流与现代供应链

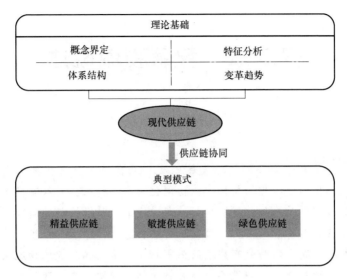

图 1-7 现代供应链框架图

思考题

1. 新时代下物流与供应链的重要性体现在哪些方面？
2. 新时代下物流产业变革主要面临哪些机遇与挑战？
3. 新时代下供应链有哪几个主要发展方向？
4. 经济新常态下物流产业转型升级可以从哪几个方面展开？
5. 在经济新常态背景下，智慧物流发展的驱动因素有哪些？
6. 我国对"供应链"的定义是什么？它与"供应链管理"有何区别？
7. 经济新常态下供应链创新的本质是什么？
8. 现代供应链的产生原因可以从哪几个方面来解释？

参考文献

[1] 全国物流标准化技术委员会. 物流术语：GB/T 18354—2006 [S]. 北京：中国标准出版社，2007.
[2] 智研咨询集团. 2017—2022年中国智慧供应链服务市场深度评估及投资战略咨询报告 [R]. 北京：智研咨询集团，2017.
[3] 艾瑞咨询. 2017年中国物流科技行业研究报告 [R]. 北京：艾瑞咨询，2017.
[4] 德勤中国. 2017年中国智慧物流发展报告 [R]. 上海：德勤中国，2017.
[5] 阿里研究院. 2017中国智慧物流大数据发展报告 [R]. 北京：阿里研究院，2017.
[6] 郭思远，董艺璇，王京焱. 供应链创新应用促经济改革：专访北京大学光华管理学院陈丽华教授 [J]. 人民周刊，2017 (23)：36-37.
[7] 何黎明. 推进供给侧结构性改革 培育物流业发展新动能 [J]. 中国流通经济，2016 (6)：5-9.
[8] 王雅楠. 物流供应链管理技术的发展创新及其应用 [J]. 中国商论，2018 (35)：9-10.
[9] 宋华. 新兴技术与"产业供应链+"："互联网+"下的智慧供应链创新 [J]. 人民论坛·学术前沿，2015 (22)：21-34.

第 2 章 智慧物流概述

引言

随着国民经济及电子商务的快速发展以及"互联网+"及新技术的不断引入,智慧物流这一以数据化、智能化、柔性化、协同化为主要特征,引入新技术、新模式、新管理,实现物流过程即时感知、智能分析、科学决策与精准执行的新型物流创新模式日益受到政府、企业及消费者的重视。目前,智慧物流凭借技术、组织、管理、模式以及政策等多个层面的创新,借助分布广泛的先进物流设施网络、智慧物流设备集群以及智慧物流信息平台等智能物流设施设备,在智慧仓储、智慧运输、智慧配送等多个领域取得了初步应用。预计未来,随着新技术、新管理、新模式的不断成熟,物流业将焕发出新的活力,智慧物流将更加注重体验升级、智能升级、绿色升级及供应链升级。同时,人工智能技术的普及、智慧化平台的升级、数字化运营的加深以及智能化作业的广泛应用将促进智慧物流的快速发展。本章将对智慧物流相关理论及应用进行阐述,主要包括三部分内容:智慧物流的概念、内涵及特征;智慧物流的体系结构;智慧物流的发展方向及应用前景。

2.1 智慧物流的概念、内涵与特征

2.1.1 智慧物流的产生背景

中国是全球第二大经济体,近年来随着国民经济的发展,特别是由内需引发的电子商务零售行业的快速发展,物流行业发展迅猛。目前,我国物流业市场规模位居全球第一,成为全球最大的物流市场,物流业在国民经济中的基础性、战略性地位日益显现。2013 年以来,"互联网+"思维的普及以及新技术的不断引入,引发了物流领域新一轮的创新改革潮流,智慧物流这一以精细、动态、科学的管理实现物流的自动化、可视化、可控化、智能化、网络化,从而提高资源利用率和生产力水平的新型物流创新模式日益受到政府和众多物流企业的重视。

智慧物流概念的提出最早追溯到 IBM 在 2008 年提出"智慧的地球"这一概念。IBM 作为一家信息技术研究公司对智慧物流的最初理解是建立于信息技术的支撑,最初的智慧物流概念是指物流系统的各个环节,如运输、仓储、包装、装卸以及加工配送等都是以信息技术为基础,都纳入信息系统的控制之下,实现系统全面的感知、及时处理和自我调整,从而实现物流规整智慧、发现智慧、创新智慧和系统智慧的现代综合性物流系统。这一概念一经提出,就在全球开始受到各个国家的关注。

2009 年,我国政府提出了"感知中国",2010 年,物联网被正式写入《政府工作

第 2 章　智慧物流概述

报告》。我国从 2009 年正式开始了智慧物流的探索和发展，智慧物流也入选 2010 年物流业十大关键词。近年来，以互联网、大数据、云计算等现代信息技术为引导的智慧物流逐渐上升到国家层面，多项国家政策提出要推动互联网、大数据、云计算等信息技术与物流深度融合，推动物流业乃至中国经济的转型升级，部署推进"互联网+物流"。同时电商物流、医药物流、药草物流、冷链物流等先进物流领域的快速发展也使得智慧物流的发展和应用不断深入，以互联网和物流大数据为依托，通过共享、协同、创新模式和人工智能先进技术，重塑产业分工，转变产业发展方式的智慧物流成为物流行业新的发展方向。

2.1.2　智慧物流概念及内涵

1. 智慧物流概念综述

"智慧物流"是 2009 年 12 月由中国物流技术协会信息中心、华夏物联网、《物流技术与应用》编辑部联合提出的物流新概念。智慧物流以互联网为依托，广泛应用物联网、大数据、云计算、人工智能等新一代信息技术，将物联网与现有的互联网整合起来，通过精细、动态、科学的管理，实现物流的自动化、可视化、可控化、智能化、网络化，从而降低物流成本，降低环境压力，提高企业利润，实现更丰富的社会价值。

目前，智慧物流得到了全球各国以及社会各界的广泛关注和讨论，但对于智慧物流的概念并没有一个统一的标准。而有关智慧物流中"智慧"的理解，秦璐认为物理世界的"智慧"是感知、交互、分析、发现、决策的综合。"智慧"以增强系统内外的感知量为基础，通过建立万物间的深度关联，自动发现新规律，将感知、认知、决策相结合，建立真正独立完成操作并自动进行决策的自制系统。"智慧"一定是可以获得、可以传导、可以分析、可以决策并可以行动的自动过程。

从现有智慧物流相关文献和资料来看，目前国内对于智慧物流的理解主要可以分为以下三类观点：

观点一：智慧物流是依托信息技术的一种现代化的综合性物流系统，见表 2-1 中章合杰与王继祥的观点。

观点二：智慧物流使物流系统具有自行解决物流问题的能力，见表 2-1 中中国物联网校企联盟的观点。

观点三：智慧物流是使物流业具有整体智慧特征的创新形态和发展状态，见表 2-1 中汪鸣和李芏巍的观点。

智慧物流概念汇总见表 2-1。

表 2-1　智慧物流概念汇总

提出者	年份	概　　念
中国物联网校企联盟	2009	智慧物流是利用集成智能化技术，使物流系统能模仿人的智能，具有思维、感知、学习、推理判断和自行解决物流中某些问题的能力，即在流通过程中获取信息从而分析信息做出决策，使商品从源头开始被实施跟踪与管理，实现信息流快于实物流。智慧物流可通过 RFID、传感器、移动通信技术等让配送货物自动化、信息化和网络化
王继祥	2009	智慧物流指的是基于物联网技术应用，实现互联网与物流实体网络融合创新，实现物流系统的状态感知、实时分析、科学决策和精准执行，进一步达到自主决策和学习提升，拥有一定智慧能力的现代物流体系

智慧物流与现代供应链

（续）

提出者	年份	概　　念
章合杰	2011	智慧物流是指一种以信息技术为支撑，在物流的运输、仓储、包装、装卸搬运、流通加工、配送、信息服务等各个环节实现系统感知、全面分析、事实处理及自我调整功能，实现物流规整智慧、发现智慧、创新智慧和系统智慧的现代综合性物流系统
汪鸣	2011	智慧物流是指在物流业领域广泛应用信息化技术、物联网技术、智能技术和匹配的管理和服务技术基础上，使物流业具有整体智能特征和服务对象之间具有紧密智能联系的发展状态
李芏巍	2014	智慧物流是一种将互联网与新一代信息技术应用于物流业中，实现物流的自动化、可视化、可控化、智能化、信息化、网络化，从而提高资源利用率服务模式和提高生产力水平的创新形态

综合智慧物流已有概念及相关研究来看，智慧物流应具备以下几点要素：

（1）智慧物流是大数据、云计算、物联网等新技术与传统物流系统的融合创新。大数据、云计算、物联网以及人工智能等新技术是物流系统可以实现智慧的前提，集成化的智能技术和优化算法可以使得物流系统实现状态感知、实时分析、科学决策和精准执行，进而提高物流效率。

（2）智慧物流具有一定的智慧能力，可以实现自感知、自学习以及自决策。智慧物流区别于传统物流最重要的一点是智慧物流系统可以模仿人的智慧，在无人指引的情况下可以借助智能技术和算法实现自动感知、自主学习以及智慧决策。

（3）智慧物流可以实现物流的自动化、可视化、智能化与网络化，从而提高物流效率，降低物流成本。物流智慧化的最终目标依旧是降本增效，提供良好服务，物流的自动化、可视化、智能化与网络化的实现都是以此为目的。

2. 智慧物流的概念

智慧物流是具有感知、分析和思维能力，可进行自主决策的物流形态。智慧物流是以实现智能、高效、绿色为目标，综合运用物联网、大数据、云计算和人工智能等新技术，通过物流操作无人化、物流业务数据化、物流流程可视化等新模式，运用精准计划、高效组织、全面协调、集中控制等新管理，实现物流需求即时感知、物流数据实时分析、物流方案科学决策和物流任务精准执行的现代综合物流体系。智慧物流体系框架如图 2-1 所示。

"智慧"是以增强系统内外的感知量为基础，通过建立万物间的深度关联，自动发现新规律，将感知、认知、决策相结合，建立真正独立完成操作并自动进行决策的自制系统。智慧物流中的新技术、新管理、新模式是智慧物流区别于传统物流的主要方面，物联网、大数据、云计算以及人工智能等新技术使得物流的无人化、数据化、可视化成为可能，而物流的无人化、数据化、可视化也使得物流中感知、分析、决策、执行等各环节更加精准高效。不同于传统物流，智慧物流不仅实现了物流自动化，同时在自动化的基础上可以实现即时感知、实时分析、科学决策以及精准执行的物流智能化，进而实现自主学习、自主优化、自主决策的物流智慧化。

第 2 章　智慧物流概述

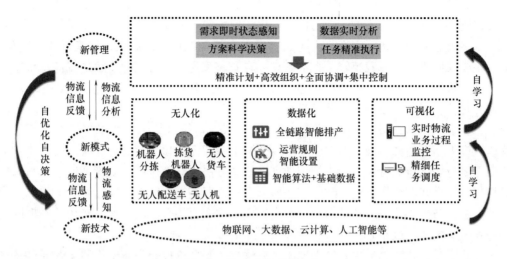

图 2-1　智慧物流体系框架

3. 智慧物流的内涵

智慧物流是由新技术、新模式、新管理组成的耦合系统。新技术、新模式、新管理在物流领域的应用是智慧物流区别于传统物流的主要特征，物流新技术的出现催生新模式，而新模式的应用需要新技术的加持。新模式的出现促进新的管理方式的产生，而新模式的运营需要新管理的控制与协调。新管理方式的出现带动了物流新技术的创新和研发，而新管理方式的实施也需要新技术的保障。

智慧物流内涵示意图如图 2-2 所示。

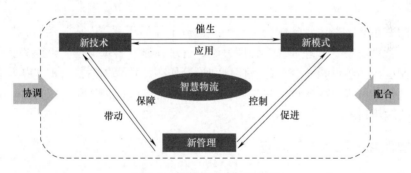

图 2-2　智慧物流内涵示意图

（1）新技术催生新模式，新模式应用新技术。大数据、云计算、物联网、人工智能等新技术的发展，为物流行业的发展赋予了新的能量，激发了物流行业商业模式创新和市场新进入者的参与，催生出互联网＋车货匹配、互联网＋合同物流、互联网＋货运经纪、互联网＋库存管理等新模式，成为物流业大众创业、万众创新的重要源泉。同时，新技术的应用也促使更多的物流创新模式得以实现：物联网使仓储生产自动化，从理论变成了现实；人工智能能实时识别场站堆积、作业情况，加速物流场站的流转速度；柔性自动化的出现第一次从真正意义上解放了人类的双手，帮助人们走出流水线；自动驾驶和生物识别使物流行业走向智能运输，也更加安全。

智慧物流与现代供应链

与此同时,智慧制造、新零售、共享平台、无人化、自动化等物流领域新模式的产生也促进了物流行业技术的创新与应用。出于对物流行业无人化、智能化运作模式的要求,众多企业纷纷投入无人车、无人机、无人仓等设施设备的研发,物流行业共享化、平台化模式使得以可自我感知、自我处理、自我决策为主要特点的智慧物流信息系统得以设计并研发,大型制造企业的智慧化发展也促使3D打印、VR/AR(虚拟现实/增强现实)等相关技术开始应用于物流领域。

(2)新模式促进新管理,新管理控制新模式。新技术的引入使得物流行业新的运营模式产生,而诸如智慧制造、新零售、共享平台、无人化、自动化等新模式的正常运营则需要与之适应的管理思想、管理理念、管理方法、管理体制以及管理流程,与旧模式相比,新模式在组织管理方式、产业形态、经营形态等方面有新的发展和突破。管理的革命总是与技术及模式的革命相伴而生,模式的变化势必推动管理的变化,管理的变革必须适应模式的进步。

与此同时,智慧物流中新管理理念、方法、体制及流程等为新模式的运营提供了标准和规则,如何保障业务模式的有效运营、随时交互的客户沟通、超越客户预期的体验、重塑生产满足客户需要、客户与合作伙伴相互渗透等都需要新的管理方式的运用。

(3)新管理带动新技术,新技术保障新管理。新的管理方式为新兴技术从体制、组织、战略、领导、环境、运作方式、资源配置效率等方面提供保证。先进的管理促进技术创新,技术创新能否给企业带来预期的绩效、能否提高创新工作效率,在很大程度上取决于能否同管理创新协同与匹配,能否同组织创新、文化创新、体制创新、运行机制创新等机制等协同与匹配。智慧物流中,新兴的管理方式需要与之配套的新技术加以辅助,如无人化、智能化设施设备的管理需要追踪导航、信息控制等相关技术的辅助。

技术的变革与创新为管理的变革与创新创造了外部环境和内在驱动力,技术的创新与进步带来管理思想、管理理念、管理方法、管理体制、管理流程、组织模式的变革与创新,为深层次的组织模式变革起着促进和推动作用。技术创新是管理变革与创新的技术基础与必备的技术支撑条件,先进的技术为科学的管理和管理的创新提供了科学的、先进的方法与手段。

2.1.3 智慧物流的功能及特征

1. 智慧物流的功能

智慧物流的功能包括即时感知、智能分析、科学决策、精准执行。

(1)即时感知。运用物联网、大数据及RFID等先进技术实现物流数据的实时感知与获取,使得参与各方准确掌握货物、车辆和仓库等相关信息,实现数据的实时收集传输。

(2)智能分析。利用大数据、云计算及智能处理系统等先进技术,对实时物流数据进行分析,挖掘数据特点,监控数据状态,随时发现物流作业活动中的漏洞或者薄弱环节。

(3)科学决策。结合特定需要,综合评估物流成本、配送时间、服务质量、服务能力及其他标准,预测物流需求,制订配载方案,规划配送路线,评估风险概率,协同

第 2 章 智慧物流概述

制定决策，提出最合理有效的解决方案。

（4）精准执行。智慧物流中各个系统之间密切联系，共享数据，实现资源优化配置，能够按照最有效的解决方案，自动遵循快捷有效的路线运行，并在发现问题后自动修正，备用在案，方便日后查询。

2. 智慧物流的特征

智慧物流的特征包括数据化、智能化、柔性化、协同化。

（1）数据化。"数据化"反映了智慧物流以"数据"驱动决策与执行的运作原理。通过物流信息及业务的数据化，促进信息在物流各环节、各节点之间的互联互通和信息共享，实现物流系统全过程的透明化和可视化，并利用大数据、云计算及各种智能信息系统实现数据的科学分析及决策。

（2）智能化。"智能化"是智慧物流的典型特征，贯穿于智慧物流活动的全过程。智慧物流通过人工智能技术、自动化技术及移动通信等技术的应用，可实现整个物流过程的自动化及智能化管理，主要表现为需求及库存水平的精准预测、车辆及道路的智能配置以及分拣、搬运及监控过程的智能控制等。

（3）柔性化。"柔性化"反映了智慧物流"以顾客为中心"的服务理念。人们的个性化需求不断增加，对于物流服务的需求也呈现出明显的差异化，柔性化在物流服务中的重要性开始凸显。主要表现为根据用户需求制订行之有效的物流方案，实时监控并适时调整，从而为用户提供高度可靠的、及时的、高质量的物流服务。

（4）协同化。"协同化"指的是物流领域跨集团、跨企业、跨组织之间深度协同。随着时代发展，单一孤立的物流组织弊端逐渐凸显，物流组织之间协同化程度不断加深。智慧物流基于物流系统全局优化思想，打破传统企业边界，深化企业分工协作，实现存量资源的社会化转变与闲置资源的最大化利用。

2.2 智慧物流的体系结构

2.2.1 智慧物流体系的总体架构

智慧物流体系包括支撑层、核心层、应用层（见图2-3）。支撑层是智慧物流发展的软件基础，主要包括创新性的技术、组织、管理、模式、政策等；核心层是智慧物流发展的硬件基础，主要可概括为先进物流设施网络、智慧物流设备集群以及智慧物流信息平台；应用层是智慧物流的发展及应用方向，智慧物流目前已经在多个行业多个领域得到了初步应用，本节将具体介绍智慧物流在智慧仓储、智慧运输、智慧配送三个物流关键环节的应用场景及发展方向。

2.2.2 智慧物流体系支撑层

技术、组织、管理、模式及政策的创新使得物流智慧化成为可能，是智慧物流发展的创新来源和动力支撑，也是促进物流业高效稳定发展的重要保障，它们共同构成了智慧物流体系的支撑层。因此本节将分别从技术创新、组织创新、管理创新、模式创新以及政策创新五个维度概述智慧物流体系的支撑层。

智慧物流与现代供应链

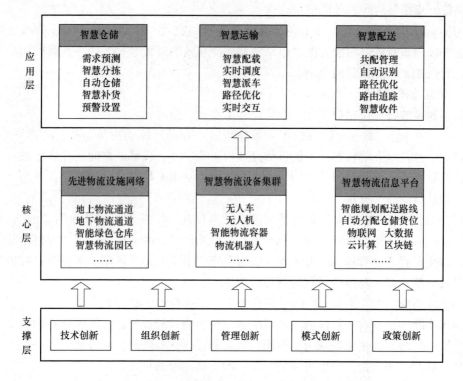

图 2-3 智慧物流体系的总体架构

1. 技术创新

技术创新是物流业实现智慧化的基本条件。随着社会物流总量的持续增加以及人们对于物流服务质量的要求逐渐提高，自动化、智能化技术在提高物流运作效率、降低物流成本等方面的优势逐渐凸显，成为智慧物流中的一个显著标志。智慧物流中的技术主要可以概括为感知技术、数据处理技术、数据计算技术、网络通信技术、自动化技术五大类。

（1）感知技术。感知技术是物联网核心技术，感知技术的应用可以实现物流信息的实时收集与物流状态的实时追踪，是实现物品自动感知与联网的基础。智慧物流中运用较为广泛的感知技术主要包括编码技术、自动识别技术、传感技术以及追踪定位技术等。

（2）数据处理技术。信息时代消费及物流数据激增，高性能数据处理技术的应用，可以实现信息资源的有效管理，提高企业物流系统思维、感知、学习、分析决策和智能执行的能力。智慧物流中的数据处理技术主要包括大数据技术、机器学习技术以及区块链技术等。

（3）数据计算技术。智慧物流中的数据计算技术主要以大数据、云计算技术为核心，运用智能算法挖掘物流大数据中的有效信息，预测用户需求，结合实际的智慧物流应用场景，实现更快速的反应和实时操作，达到统筹资源、快速响应的目的。

（4）网络通信技术。网络通信是智慧物流的神经网络，是智慧物流信息传输的关键，智慧物流以信息协同共享为主要前提，对于网络通信技术的要求也较高。智

第 2 章 智慧物流概述

慧物流中运用较为广泛的网络通信技术主要包括无线局域网技术以及物联网技术等。

（5）自动化技术。自动化技术是智慧物流系统的应用层执行操作的基础，自动化技术在物流领域的应用，可以在很大程度上解放人力，提高物流运作效率，进而降低物流成本。智慧物流中的自动化技术主要包括自动分拣技术、智能搬运技术、自动化立体库技术以及智能货运与配送技术等。

2. 组织创新

随着经济全球化的发展，供应链上各企业之间的横向以及纵向合作逐渐加深，相比于传统物流而言，智慧物流更加强调组织的柔性化以及组织成员之间的协同化，各物流组织之间的界限逐渐模糊，组织结构也更加灵活多变。智慧物流中的组织创新主要表现为：组织边界网络化、管理层级扁平化、组织结构柔性化、组织环境全球化。

（1）组织边界网络化。随着物流企业之间合作的加深及供应链上企业之间的协同化发展，企业不再以单独个体进行组织和管理，企业内部及企业之间的界限开始变得模糊，组合边界也呈现出网络化的特点。

（2）管理层级扁平化。为了提高物流组织的管理效率，智慧物流的组织结构由原先的单中心化向多中心化发展，管理层级趋向于扁平化，这样的组织结构能够使得组织的运营变得更加灵活、敏捷，最终达到管理效率和效能的提高。

（3）组织结构柔性化。为了满足消费者多元化的物流需求，为用户提供更加高质量的物流服务，智慧物流要求相关物流组织能够根据环境的变化，迅速、有效地配置其所属资源，从而有利于发挥组织的整体资源优势，以解决组织发展中所面临的特定问题。

（4）组织环境全球化。随着经济全球化的发展，人们的消费需求更加趋向于多元化，人们可以选择多个国家及其市场的产品和服务，而产品的空间转移则需要物流活动的支持，因此物流行业的发展也随之呈现出全球化的特征。

3. 管理创新

随着消费者需求逐渐向个性化、定制化转变，对于物流的需求也随之发生变化。与此同时，新的技术和模式被应用于物流领域，而技术的变革以及模式的创新随之带来的则是管理方式的变革。随着物流业智慧化程度的逐渐加深，智慧物流管理方式开始呈现出精细化、标准化、协同化以及无人化的特征。

（1）精细化管理。智慧物流对于物流的时效性及经济性要求更高，传统的粗放式物流管理方式并不能满足需求。同时，随着大数据及物联网技术的应用，物流运作方式更加透明，精细化的管理方式开始受到物流企业的重视。企业通过精细化的物流操作、流程控制及分析核算，构造快速响应、有弹性的精细化物流管理体系。

（2）标准化管理。智慧物流强调各环节、各组织之间的有效衔接，随着国际物流合作的不断加深以及多式联运的发展，物流标准化的重要性开始凸显。智慧物流的标准化管理存在于运输、配送、包装、装卸、保管、流通加工、资源回收及信息管理等物流各个环节中，对于提高物流运作效率以及物流组织间的有效协调具有重要意义。

（3）协同化管理。智慧物流的核心是"协同共享"，协同共享理念打破了传统企业

智慧物流与现代供应链

边界,深化了企业分工协作,实现了存量资源的社会化转变和闲置资源的最大化利用。协同共享的发展模式也促使了物流协同化管理思想和管理方式的产生,智慧物流的发展更加注重企业之间、部门之间与组织之间的协同管理,可实现互利共赢。

(4) 无人化管理。随着自动化、智能化设施设备在物流行业的应用逐渐加深,物流运作开始呈现出无人化趋势。越来越多的自动化、智能化设施设备可以依赖系统及各种智能算法实现自主控制及决策,管理人员在设施及设备的运作过程中起到的作用越来越少,无人化的管理方式开始出现。

4. 模式创新

互联网时代下,物流行业与互联网的融合,改变了物流行业原有的市场环境与业务流程,催生了一批新的物流模式。大数据、云计算、物联网以及人工智能技术的成熟和应用,也为物流行业中新的物流运作模式提供了发展条件。智慧物流中出现的创新模式主要包括平台模式、全渠道模式、即时配送模式以及主动配送模式。

(1) 平台模式。平台模式是指借助互联网建立一个开放、透明、信息共享的数据应用平台,从而为物流公司、发货企业或个人车源、货源等提供一个高效业务对接的平台,促进物流资源的整合集聚及信息共享。智慧物流平台运用大数据可为用户带来更多优质的选择与服务,提高物流服务质量的同时提升用户的业务量。

(2) 全渠道模式。全渠道模式是指企业为了满足消费者任何时候、任何地点、任何方式购买的需求,采取实体渠道、电子商务渠道和移动电子商务渠道整合的方式销售商品或服务,为顾客提供无差别的购买体验。全渠道模式打破了时间和空间上的限制,企业可以部署多个渠道类型以覆盖消费者整个购买过程,并且从各个渠道搜集消费者行为数据,经过对数据进行整理和分析从而为消费者提供更加精准的服务。

(3) 即时配送模式。随着大数据、云计算、物联网等先进技术在即时物流配送体系中得到应用,数据驱动、智能调拨已经成为即时物流的核心竞争力。即时物流的技术变革解决了传统点对点配送的大规模、高延时、不确定等问题,又通过与新零售、电商物流前端配送系统以及供应链系统的对接,打通了物流最后一公里的末端配送网络,推动着物流系统的变革。

(4) 主动配送模式。主动配送模式是指基于大数据、物联网及各种智能优化算法,从 Internet 或本地网络中搜索、发现、挖掘用户服务需求并主动提供用户需要的配送服务的一种新型智慧配送模式。主动配送使得企业具备超前的货物组织调运、合理安排库存、统筹使用库容的能力,有效降低季节性波动以及地域性矛盾对物流配送时效的影响,催生物流整体最优。

5. 政策创新

随着经济发展水平的提高和人们生活消费习惯的改变,物流在国民经济发展过程中的作用显得越来越重要,实现物流业降本增效是近年来国家及物流行业关注的主要问题。我国各级政府高度重视物流科技发展,密集出台了一系列鼓励物流行业向智能化、智慧化发展的创新政策。智慧物流发展的政策主要集中在发展方向、软件基础、硬件基础与绿色物流四个层面。

(1) 发展方向政策层面以推动物流业与互联网深度融合,促进物流智能化、智慧化发展为主要目标,发展以科技为导向的"互联网+"高效物流,鼓励发展共享经济,

第 2 章 智慧物流概述

利用互联网平台统筹优化社会闲散资源,推动物流高效化与集约化。

(2) 软件基础政策层面以打造大数据支撑、网络化共享、智能化协作的智慧供应链体系为主要目标,鼓励物流企业应用物联网、云计算、大数据、移动互联网等先进技术,研究推广物流云服务,促进智能技术在物流领域的深度应用。

(3) 硬件基础政策层面以鼓励智能物流设施设备的制造、研发和应用为主要目标,加大投资力度,鼓励企业积极开发智能物流设备,提升物流装备的整体智能化水平,加速物流智能化与无人化,同时创新人工智能产品和服务。

(4) 绿色物流政策层面以保障物流业绿色可持续发展为主要目标,积极推动新能源汽车及绿色包装在物流中的应用,鼓励企业采取绿色物流举措,推动绿色仓储、绿色运输、绿色配送在物流企业中的广泛实施。

2.2.3 智慧物流体系核心层

智慧物流体系核心层主要包括先进物流设施网络、智慧物流设备集群以及智慧物流信息平台。智慧物流设施及设备是智慧物流系统的物质技术基础,是实现物流自动化、智能化以及智慧化的重要手段。智慧物流信息平台是实现智慧物流信息化管理的基础,是促进物流各环节之间有效衔接的重要手段。

1. 先进物流设施网络

智慧物流中的先进物流设施主要可以概括为物流通道、智能绿色仓库以及智慧物流园区等,先进物流设施之间的交错连接与业务协同共同组成智慧物流的先进物流设施网络。

(1) 物流通道。物流通道是指连接物流园区、物流基地、物流中心等以及它们和外部交通基础设施(包括铁路、公路、水运、航空等货运站场)的货运道路系统。通过构建快速畅通的货运道路体系,保证物流中心、物流园区等物流节点之间的各项物流功能的顺利实施,达到货畅其流的目的。

物流通道包括地上物流通道和地下物流通道,随着城市交通需求的不断上升和城市用地日益紧缺矛盾的加剧,城市交通组织不再停留在原有的一维地表平面,而是从地表转向地上进而转移至地下,从而实现在三个层面上进行交通运营与组织,即交通的立体化。

(2) 智能绿色仓库。智能仓库是以立体仓库和配送分拣中心为产品的表现形式,由立体货架、有轨巷道堆垛机、出入库托盘输送机系统、检测浏览系统、通信系统、自动控制系统、计算机监控系统等构成,综合了自动控制、自动输送、场前自动分拣及场内自动输送等功能,通过货物自动录入、管理和查验货物信息的软件平台,实现仓库内货物的物理活动及信息管理的自动化及智能化。同时,顺应物流业可持续发展要求,智能仓库管理应秉承绿色理念,实现仓库的绿色管理及运作。

(3) 智慧物流园区。智慧物流园区是指以物联网、云计算和大数据等新一代信息技术为基础,全面动态感知、分析和整合商圈内方方面面的数据,集成多种物流功能及物流服务,从而营造更高效、更便捷和更繁荣的商业环境,实现用户体验人性化、营销服务精准化、运维管理细致化和消费环境融合化的新型商圈形态。智慧物流园区服务类型见表2-2。

智慧物流与现代供应链

表 2-2 智慧物流园区服务类型

服务类型	服务内容
物流信息服务	车辆管理、仓储配送管理、客户管理、决策支持、财务管理
物流金融服务	融资、担保、保险、仓单质押
企业管理服务	财务代理记账、法律顾问、人事代理、人才实训
一体化政务服务	资质审批、工商注册、税务代办、统一开票
专业性物业服务	车辆管理、仓库维护、消防保安、日常保洁
增值服务	车辆检修、不停车电子收费（ETC）、食宿服务、娱乐休闲

2. 智慧物流设备集群

智慧物流中的智慧物流设备主要包括无人车、无人机、智能物流容器以及物流机器人等几类。

（1）无人车。无人驾驶汽车简称无人车，是通过车载传感系统感知道路环境，自动规划行车路线并控制车辆到达预定目标的智能汽车。它是利用车载传感器来感知车辆周围环境，并根据感知所获得的道路、车辆位置和障碍物信息，控制车辆的转向和速度，从而使车辆能够安全、可靠地在道路上行驶，集自动控制、体系结构、人工智能、视觉计算等众多技术于一体。目前，自动续航无人车作为自动化快递配送设备，受到多家电商企业及快递企业的重视，处于研发及调试阶段，未大面积使用，如图 2-4 所示为京东自主研发的无人车示意图。

（2）无人机。无人驾驶飞机简称无人机，是利用无线电遥控设备和自备的程序控制装置操纵的不载人飞机。目前，无人机的研发及应用受到众多电商企业及物流企业的大力支持，如京东配送无人机（见图 2-5），能够实现全自动化配送，无须人工参与就能完成自动装载、自动起飞、自主巡航、自动着陆、自动卸货、自动返航等一系列智慧化动作。

图 2-4　京东无人车　　　　　　　　图 2-5　京东配送无人机

（3）智能物流容器。智能物流容器是指集移动通信、大数据、物联网等多种技术于一体的，可根据实际需要远程或自动控制的物流装载设备。目前常见的智能物流容器主要有智能快递柜（见图 2-6）、蓄冷保藏箱（见图 2-7）以及智能集装箱等，其中智

第 2 章　智慧物流概述

能集装箱目前仍处于研究及调试阶段。

图 2-6　智能快递柜

图 2-7　蓄冷保藏箱

（4）物流机器人。目前，我国物流业正从劳动密集型向技术密集型转变，由传统模式向现代化、智能化升级，伴随而来的是各种先进技术和装备的应用和普及。当下，具备搬运、码垛、分拣等功能的智能机器人，已成为物流行业当中的一大热点，被广泛应用于仓储系统中。常见的物流机器人主要有：自动导引车（AGV，见图 2-8）、自动分拣传送带（见图 2-9）等。

图 2-8　自动导引车

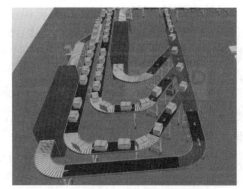

图 2-9　自动分拣传送带

3. 智慧物流信息平台

智慧物流信息平台基于智慧物流理念，融合大数据、云计算、物联网等先进技术，整合物流信息、物流监管、物流技术和设备等资源，通过网络的统一管理和调度计算，为社会化物流需求用户提供信息服务、管理服务、技术服务和交易服务等多重服务形式。智慧物流信息平台功能主要涵盖物流资源规整、物流信息服务、在线交易管理、物流作业管理、物流企业评价及平台管理等几大模块。

（1）物流资源规整功能。整合各物流信息系统的信息资源，完成各系统之间的数据交换和信息传递，实现信息共享。

（2）物流信息服务功能。实现物流动态信息、公共信息、业务交易信息、车辆服务信息、货物跟踪信息等物流信息的录入、发布、组织、查询与维护功能。

(3) 在线交易管理功能。集网上交易、支付、监管、查询、项目招标、产品展示、推广、营销等应用于一体,实现网上购物与线下配送的有机结合。

(4) 物流作业管理功能。应对客户的需求快速构建和集成端对端的物流管理功能,对企业内、外部资源进行计划和管理,同时涵盖库存控制、国际贸易物流管理、运输工具管理、财务管理等多重管理功能。

(5) 物流企业评价功能。建立完备的物流行业评估指标体系,引进第三方担保组织,对物流的经济实力、偿债能力、信用程度、经营效益以及发展前景等方面做出综合评价。

(6) 平台管理功能。规定、控制用户访问和使用信息的权限,维护整个系统的正常运行,保证数据安全。

2.2.4 智慧物流应用层

随着互联网及智能技术的发展,智慧物流已经在仓储、运输、配送、流通加工、信息处理等各个物流环节取得了初步的应用,智慧物流先进技术设备及管理模式的应用,大大降低了物流各个环节的成本,促进了生产商、批发商、零售商相互协作,信息共享,进而提高了物流运作效率。本节将分别从智慧仓储、智慧运输、智慧配送三个物流的关键环节介绍智慧物流的有关应用。

1. 智慧仓储

智慧仓储通过利用 RFID、网络通信、信息系统等智能技术及先进的管理方法,提高仓储系统任务分配和执行效率,优化仓储作业流程,通过对仓储设备和人力、物力的合理调配,实现货物入库、出库、盘库、移库管理的信息自动抓取、自动识别、自动预警及智能管理功能,以降低仓储成本、提高仓储效率、提升仓储智慧管理能力。

(1) 需求预测。运用大数据及云计算等技术,收集用户消费特征、商家历史销售等数据,利用智能算法提前预测需求,提高采购精度,前置仓储环节,减少库存积压,降低库存成本。

(2) 智慧分拣。利用感知设备及自动化分拣设备可自动从不同的仓储货柜提取产品或者直接完成订单的拣选配货,也能实现对生产物资从供应、订货、入库到消耗等全过程的动态、精确化管理。

(3) 自动仓储。利用物联网技术实时监控货物状态,通过物联网提供的货物信息进行仓库存货战略的确定,实现货物验收、入库、定期盘点和出库等环节的自动化,达到自动存储和取出物料的目的。

(4) 智慧补货。利用各类感知技术对货物库存状况进行实时监控,在存在货物库存空缺或监测到货物库存达到安全点时可自动发送补货信息,实现仓库的自动补货。

(5) 预警设置。对仓库环境如温湿度及货物的存储状态进行实时监控,当仓库环境不满足要求、仓库出现异常问题如火灾、水灾或者货物库存量不足时实现自动预警,以便采取相应措施。

2. 智慧运输

智慧运输通过利用物联网、网络通信、地理信息系统(GIS)等智能技术及先进的管理方法,优化运输管理业务流程,通过更加先进的人机交互技术及智能化的算法控

第 2 章　智慧物流概述

制,实现运输过程中的智慧配载、实时调度、智慧派车、路径优化及实时交互,降低运输成本,提高运输效率,提升智慧运输管理能力。

(1) 智慧配载。利用智能优化算法,根据货物配送信息、货物体积重量及车辆信息,制订运输车辆的优化配载方案,降低车辆空载率,提高配载效率,同时降低成本。

(2) 实时调度。通过全球定位系统(GPS)等技术实时准确监控在途车辆,及时准确地获得车辆在途状态,科学统一管理车辆调度,根据客户订单信息、车辆信息、道路信息,实现运输车辆与订单及路线的实时匹配与调度。

(3) 智慧派车。通过车辆信息管理、车辆维修与保养管理、车辆加油管理、商务用车管理、车辆违章保险与规费管理和车辆备品管理等措施实现对运输车辆的系统化管理,为车辆提供准确的数据支持,同时根据运输需求实现智慧派车。

(4) 路径优化。利用大数据、智能算法等先进技术,采集货物运输路径信息,对运输路线进行优化,设计最优的运输路径,同时,可根据客户地址的变化实时调整运输路线。

(5) 实时交互。促进系统、驾驶员以及车辆之间的互联互通,在运输过程中可实现实时交互,系统可自动监测货物运输进程以及交通状况,并将及时调整的运输计划反馈给驾驶员。

3. 智慧配送

智慧配送通过利用物联网技术、网络通信技术、GIS 技术、无人技术等信息化技术及先进的管理方法,准确预测用户需求,推动配送管理业务流程优化,以设备互联、信息互通的方式促进配送智能化,实现货物配送过程中的共配管理、自动识别、路径优化、路由追踪及智慧收件功能,降低配送成本,提高配送效率,提升配送智慧管理能力。

(1) 共配管理。对原先的配送模式进行优化,通过整合货物资源,实现由一个配送企业综合某一地区内多个用户的要求,运用智慧化的先进技术统筹安排配送时间、次数、路线和货物数量,全面进行配送。

(2) 自动识别。对需分拣的货物进行自动识别及多维检验,如库位、货架及货物信息是否对应,需分拣货物信息是否与便携式阅读器提示信息一致等;提货送货时完成货物自动检验;在分拣作业、提货送货作业中,对问题货物自动预警,如分拣货物错误、货物数量与订单要求不符等。

(3) 路径优化。对配送路线进行智能优化,在提货送货点发生变化时,可根据实际情况对配送路线做出调整;根据配送评价,对配送班线、配送站点设置、配送路径、配送成本等进行智能处理并及时更新相关信息。

(4) 路由追踪。利用 GPS、GIS 等智能设备随时定位并反馈车辆位置及路径,实时更新货物在途信息,实现配送的全程可视化。同时,智能导航设备也大大提高了配送效率。

(5) 智慧收件。智能终端设备的出现使得智慧收件得以实现,智能快递柜的应用极大程度上节省了快递员的配送时间,同时也使得人们的收件时间更加趋向随机化,方便人们的生活。

2.3 智慧物流的发展方向及应用前景

2.3.1 智慧物流的发展方向

随着消费需求的持续升级，消费者对于物流服务的体验成为未来物流业发展的重要价值驱动力，智能化物流设施设备的发明和应用也在很大程度上促进了物流效率和效益的提升。而与此同时，我国物流业发展仍存在许多问题，智能化物流基础设施设备的应用尚未普及，物流业标准化程度不高，物流过程中无效运输、过度仓储与包装等耗费大量资源，供应链上各企业之间协同不足等，都成为目前阻碍物流业发展的主要因素。未来智慧物流的发展应致力于解决目前物流业中存在的主要问题，智慧物流将更加注重消费者体验，采用更加智能化的设施设备，促进物流业的绿色发展及供应链的协同共享和深度融合。

（1）体验升级创造智慧物流价值。物流业作为基础服务型行业，随着消费需求的持续升级以及消费者对于个性化需求的凸显，物流服务质量和客户体验成为行业发展追求的主要目标，如何在适当的时间为客户提供满意的物流服务、提升用户体验成为未来智慧物流发展的主要方向。预计未来，开放共享的物流服务网络将全面替代现有的集中化物流运作网络，物联网、大数据等新技术的应用可充分挖掘用户消费特征，精准预测用户消费需求，满足用户个性化的服务需求，以体验式经济创造智慧物流价值。

（2）智能升级促进物流业降本增效。物流业作为重资产性行业，物流成本高仍然是阻碍物流业发展的主要因素，如何以更低的物流成本为客户提供更有效率的物流服务仍然是未来一段时间内物流行业面临的主要问题。随着人工智能技术的快速迭代，自动化、智能化物流设施设备在运作效率及效益等方面的优势逐渐凸显，众多企业纷纷助推物流智能化，智能革命开始改变智慧物流格局。预计未来，智能化物流设施设备将成为智慧物流发展的基础运作单元，以更加高效率低成本的运作优势促进物流业的降本增效。

（3）绿色升级促进物流业可持续发展。随着环境问题以及资源压力的加剧，绿色发展逐渐成为行业发展的主要目标，物流行业作为基础性行业，对于资源的需求巨大，如何提高资源利用效率，减少能源消耗，是物流行业能否可持续发展的关键因素。智慧物流以更加精确的计算方法、更加绿色的包装材料，实现物流资源利用率的最大化，有效减少资源消耗的做法，符合全球绿色和可持续发展的要求。预计未来，绿色包装、绿色运输、绿色仓储等新技术与新管理模式将得到更快的推广应用，"绿色低碳"将成为智慧物流的一个重点发展方向。

（4）供应链升级强化企业联动和深化融合。随着经济全球化的发展，供应链在企业合作和竞争中的重要性逐渐凸显，物流作为连接供应链中各环节的重要组成部分，其重要性不言而喻。预计未来，智慧物流将引领智慧供应链变革，以智慧物流为纽带，带动产业链上下游企业之间的强化联动和深化融合，协同共享理念的不断渗透将打破传统企业边界，深化供应链上企业之间的分工协作，进而实现存量资源的社会化转变和闲置资源的最大化利用，并最终促进供应链协同共享生态体系的形成。

2.3.2 智慧物流的应用前景

随着互联网时代的快速发展,越来越多的智能技术开始被应用于物流领域中,以数字化、智能化为主要特征的智慧物流相对于传统物流来说体现了更为突出的高效率、广覆盖及适应性等特征,具有更为广阔的应用前景。当前我国智慧物流的发展仍处于初级阶段,未来随着智慧物流新技术、新管理、新模式的不断成熟,物流业将焕发出新的活力,人工智能技术的普及、智慧化平台的升级、数字化运营的加深以及智能化作业的广泛应用将促进智慧物流的快速发展。

1. 人工智能技术普及

随着人们对物流时效性要求的不断提高,未来更加便捷、高效的人工智能技术将被应用于物流领域中。可穿戴设备、无人机、无人车、3D打印技术有望得到大面积的推广和使用;移动终端设备便利性、智能化程度进一步加强;智能化仓库、机器人、AGV等设备之间的连通性将进一步加强,并具有自主感知、自主学习以及自主决策的能力以及更高的反应柔性和稳定性;大数据、云计算、物联网以及人工智能等新技术的应用将不断深化,应用场景将会持续增加。

2. 智慧化平台持续升级

随着商品交易品类和物流服务范围的逐渐扩大以及物流交付时效要求的提高,物流资源的有效整合分配及供应链上下游的协同连接将面临巨大挑战,智慧化平台依托大数据、云计算等技术加持,通过数据驱动有效整合社会物流资源,促进供应链上下游企业之间的信息共享及协同共赢。预计未来,互联网思维将进一步与物流业进行深度融合,智慧化平台的应用将重塑物流产业发展方式和分工体系,进而促进物流行业的资源整合和优化配置。

3. 数字化运营逐渐加深

随着物流需求的多样化、个性化趋势逐渐凸显,物流信息化、数据化将成为物流业未来发展的主要方向。数字化技术将应用于仓储、运输、配送、流通加工、信息处理等物流的全流程业务过程中,同时也将在纵向的决策、计划、执行、监控、反馈的运营全过程中发挥重要作用。随着供应链上下游企业之间的联系逐渐密切,信息共享和业务互联将成为主要趋势,对于数字化技术的要求也会越来越高,大数据、云计算、智能信息系统在物流行业的应用场景也会逐渐增加。

4. 智能化作业广泛应用

随着智能化技术的发展和智能化物流设施设备的开发和应用,传统的物流作业方式将逐渐向智能化作业方式进行转变。智能化的作业方式利用智能信息系统实现物流设施设备的远程操控,依赖智能化的算法和设备实现机器的自感知、自学习与自决策,在很大程度上可以实现物流操作的智能化与无人化,大大减少人力投入,提升作业效率。伴随"中国制造2025"战略及相关产业规划的落地实施,我国物流智能化作业未来将会得到更加广泛的普及与应用。

思考题

1. 概述智慧物流的功能及特征。

智慧物流与现代供应链

2. 如何理解"智慧物流"中的"智慧"一词？
3. 智慧物流相对于传统物流有何区别？
4. 概述目前智慧物流中的"新技术""新管理""新模式"。
5. 概述智慧物流的体系结构。
6. 如何实现现代物流的智慧化？
7. 概述智慧物流的发展现状。
8. 未来智慧物流可能的应用场景有哪些？

参考文献

[1] 阿里研究院. 2017中国智慧物流大数据发展报告[R]. 北京：阿里研究院，2017.

[2] 陈婉. 专访中国仓储与配送协会副会长王继祥 三大系统撑起智慧物流[J]. 环境经济，2018（2）：16-21.

[3] 崔忠付. "互联网+"时代下，共建开放协同的智慧物流生态链[N]. 现代物流报，2015-07-14（1）.

[4] 崔忠付. 数字化引领物流行业智慧升级[J]. 物流技术与应用，2018，23（8）：62-63.

[5] 德勤中国. 2017年中国智慧物流发展报告[R]. 上海：德勤中国，2017.

[6] 佚名. 国家发改委综合运输研究所所长汪鸣：智慧物流的产业发展思路[J]. 物流科技，2017，40（8）：3.

[7] 何黎明. 中国智慧物流新未来[J]. 中国物流与采购，2017（11）：24-25.

[8] 何黎明. "七大升级"领衔未来智慧物流发展——在2017全球智慧物流峰会上的演讲[J]. 运输经理世界，2017（5）：56-59.

[9] 何黎明. 我国智慧物流发展现状及趋势[J]. 中国国情国力，2017（12）：9-12.

[10] 李芷巍. "智慧物流"时代开启：物流园区升级与创新[Z]. 上海：第七届中国产业地产高层峰会，2014.

[11] 吕同舟. 物联网助推智慧物流——专访中国物流技术协会副理事长、华夏物联网研究中心主任王继祥[J]. 中国远洋航务，2012（3）：44-47.

[12] 秦璐. 智慧物流构架和发展趋势[Z]. 北京：全国智能物流学术研讨会，2016.

[13] 汪鸣. 智慧物流重在智慧[J]. 物流时代，2011（11）：13.

[14] 亿欧智库. 2018年中国物流科技发展研究报告[R]. 北京：亿欧智库，2018.

[15] 章合杰. 智慧物流的基本内涵和实施框架研究[J]. 商场现代化，2011（23）：44-46.

第 3 章 智 慧 仓 储

引言

　　智慧仓储是智慧物流中最重要的活动之一,与传统的仓储活动不同的是,智慧仓储将仓储活动与信息、科技、智能更好地融合在一起。本章主要介绍智慧仓储的含义、现状以及智慧仓储中的设施设备和智慧仓储活动中各个作业环节的决策过程。主要的设施设备包括智慧仓库、自动导航无人叉车、智能拆垛机械手、物流机器人等,主要的智慧仓储决策包括货位分配、机器人拣选任务分配、机器人路径优化等。

3.1 智慧仓储概述

3.1.1 智慧仓储的概念

　　智慧仓储是指在仓储管理业务流程再造的基础上,利用 RFID、网络通信、信息系统等智能技术及先进的管理方法,实现货物入库、出库、盘库、移库管理的信息自动抓取、自动识别、自动预警及智能管理功能,以降低仓储成本、提高仓储效率、提升仓储智慧管理能力的智慧物流活动。

　　"互联网+"的兴起,使智慧仓储成为仓储业发展的热点。社会日益增长的仓储需求,使仅依靠传统仓储管理和运作模式难以及时、准确地进行处理,从而推动着仓储管理向自动化、智慧化方向发展。物联网是智慧仓储的技术基础,物流需求的不断提升,促进物联网技术在物流行业的应用不断深入,物联网与云计算、大数据、移动互联网等现代信息技术的不断融合,形成了一个适应物联网发展的技术生态,呈现出多种技术联动发展的局面。

　　智慧仓储是智慧物流的重要组成部分,智慧仓储系统是智慧仓储的实现形式。智慧仓储系统是由仓储智能设备系统、电子信息识别系统、智能控制系统、电子监控系统、信息管理系统等多个子系统组成的智慧执行系统,对信息进行智能感知、处理和决策,对仓储设备进行智慧控制和调度,能自动完成仓储作业的执行。

　　智慧仓储技术能够有效利用仓储信息,提高仓储系统任务分配和执行效率,优化仓储作业流程,节约人力和物力,为管理者提供辅助决策的数据量化的依据;智慧仓储设备的应用使人与仓储设备之间的交互更加便捷,减少人为操作错误,提高工作人员的操作准确率;智能优化算法和智能控制技术的使用在保证仓储作业效率的基础上,通过对仓储设备和人力、物力的合理调配,能够有效降低能耗,节约成本,合理保持和控制企业库存;智能仓储技术使仓储信息的流通性加强,与供应链上、下游的衔接能够更加畅通,对企业的发展大有益处。

3.1.2 智慧仓储发展现状

1. 国外

在国外，美国、欧洲和日本已变成智慧仓储发展的领导者。市场规模庞大，相关智能技术和设备居于世界领先水平，形成了一个基本完好的产业链，智慧仓储已变成物流仓储行业前进的重要动力，降低了物流仓储成本，促进了整个产业的升级。

在物联网技术、自动化设备应用方面，英国的特易购、德国的麦德龙、美国的沃尔玛等大型零售企业都宣布了自己的智慧仓储计划准备进行巨额投资，同时相应带动它们的供应商在智慧仓储市场的投入；联邦快递、联邦包裹等这些大的物流公司对供应链跟踪和智慧监控技术的应用，拉动Alien科技、Sun、微软、惠普在内的硬件及软件供应商的投入，进而形成物联网、自动化设备的巨大市场和完整产业链。数据算法模型技术在欧美、日本等地区已经实现了在多个领域的应用，已形成了完整的产业链。TNT运用云计算技术来提升运营效率、供应链可见性及客户服务质量，产生了很好的效益。仿真技术和三维规划在日本、韩国等国得到很好的应用。在物流自动化设施、协议和信息标准化方面，欧美国家的企业做了很多工作。

发达国家相应的政府机构也为国家智慧仓储的发展创造了良好的政策环境。一是采用了政府、银行和企业共同投资社会标准化运营的机制来建设和运营网络、政府公共信息平台等物流基础设施；二是开放市场，创造公平合理的市场竞争环境；三是通过企业战略规划、政府政策来支持，并采取了一系列促进国内政府、地方区域、企业等各方面有机地协调与合作的机制，促进智慧仓储的国际化、标准化。

2. 国内

在国内，随着我国促进智慧物流、智慧仓储、物联网技术发展相关政策、规划及方案的相继出台及实施，智慧仓储基础设施的投资不断加大，各种与智慧仓储相关的示范项目不断引进，物联网技术在物流仓储领域的采用不断深化，物流企业对发展智慧仓储的经验不断丰富，认识不断提高，这些都为发展智慧仓储提供了良好的基础条件。

在国家政策的支持与引导下，随着我国人口红利的消退、社保税费成本提升，仓储行业的用人成本不断提升，智慧仓储的优势凸显。电子商务、物流产业的发展更是带动了智慧仓储的需求，智慧仓储近两年迅速发展。

（1）在电子商务物流领域：①京东建成的全流程无人仓，从货到人、到码垛、供包、分拣，再到集包转运，应用了多种不同功能和特性的机器人，而这些机器人不仅能够依据系统指令处理订单，还可以完成自动避让、路径优化等工作，实现了从入库、存储到包装、分拣的全流程、全系统的智能化和无人化。②菜鸟通过智慧物流技术打造自动化的流水线、物流机器人、智能缓存机器人、360度运行的拣选机器人、带有真空吸盘的播种机器人、末端配送机器人等高科技产品，提升配送效率，让物流行业的当日达、次日达成为快递的标配速度。

（2）智慧物流推动了智慧仓储与配送技术创新，传统的自动化立体仓库接入了网络，实现了自动化+网络化；先进的仓储机器人，通过自主控制技术，进行智能抓取、码放、搬运及自主导航等，使整个物流作业系统具有高度的柔性和扩展性；高速联网的移动智能终端设备，让物流人员操作更加高效便捷，人机交互协同作业将更加人性化；

送货机器人和无人机研发已经开始在校园、边远地区等局部场景进入了实用测试，取得了巨大进展。可以看出智慧仓储技术层面的应用主要集中体现在四个方面：①传统仓储设施的智能化与网络化，这是实现仓储设施互联的基础；②仓储设备的自动化和标准化，这是实现仓储作业智能化的基础；③系统平台对接的应用，这是仓储系统与其他上下游系统互通互联的基础；④物流大数据推动仓储资源整合与共享，这是实现企业内部优化配置仓储资源的基础。

3.2 智慧仓储的设施设备

3.2.1 智慧仓储的设施——智慧仓库

1. 智慧仓库的概念

智慧仓库是以自动化、智能化设施设备为基础，以信息化系统平台为技术手段，全面整合仓库业务管理、安防管理及设备管理，不断深化"云大物移智"等现代技术与物力管理的融合，通过建设仓库集中控制平台、夯实信息化基础和硬件支撑基础，统筹物资业务管理资源、安放设施资源、自动化设备资源，切实提升仓库自感知、自学习、自诊断、自决策和自恢复的智能化能力的仓库。

智慧仓储的重要特点就是自动化、无人化，智慧仓储目前的发展主要是基于自动化立体仓库以及"货到人"拣选的半自动化仓库。

（1）自动化立体仓库（Automated Storage and Retrieval System，AS/RS）（见图3-1），是指不用人工直接处理，由电子计算机进行管理和控制，实现自动存取物料的系统。自动化立体仓库技术集规划、管理、机械、电气于一体，是一门学科交叉的综合性技术。自动化立体仓库由货架、堆垛机、运输车、运输通道、主控系统等组成，可以在没有人为干预的情况下完成对多种类型货物的操作，是一种完全自动化的仓储管理系统。自动化立体仓库系统的主要职责就是通过自动化的机械和管理系统，将正确的货物在正确的时间送至正确的地点，并且保证货物完整没有破损。

图3-1 自动化立体仓库

智慧物流与现代供应链

（2）"货到人"拣选的半自动化仓库主要包括：基于垂直提升机（VLM）的拣选系统、基于旋转机（Carousel）的仓库、基于穿梭车的仓库（SBS/RS）和基于物流机器人和移动货架的仓库。

1）基于垂直提升机的仓库中，垂直提升机具有很多自动存入和取出的存储托盘，货物存于托盘之中。由提升装置将需要拣选货物的托盘运送至拣货员面前，如图3-1所示，托盘可以自动弹出和收回。拣选货物时，拣货员收到与订单数量相同的周转箱，根据不同的订单，从托盘中取出货物放于周转箱中。

2）基于旋转机的仓库运作形式类似于基于垂直提升机的仓库。不同的是整个系统是通过旋转辅助拣货员完成货物拣选的，如图3-2所示。拣选货物时，拣货员收到与订单数量相同的周转箱，根据不同的订单，从托盘中取出货物放于周转箱中。

以上两种仓库适合于机械零件或者药品等此类小型货物的存储和拣选。

3）基于穿梭车的仓库主要是由高层存储货架、穿梭车和提升机配合完成货物拣选作业，如图3-3所示。由穿梭车实现货物的水平移动，提升机实现货物的垂直移动。当系统下达拣选任务时，穿梭车按照指令将货物运至辊道上，由系统调度提升机把货物输送至传送装置上，最终将货物送至拣选台。电商企业具有货物种类多、订单频次高批量小、配送时效性要求高的特点，因此电商企业的仓库中较多采用基于穿梭车的拣选系统，可实现订单拣选作业。

图3-2 基于旋转机的仓库

图3-3 基于穿梭车的仓库

4）基于物流机器人和移动货架的仓库，是指由物流机器人搬运货架至拣选台，然后由拣选员拣选货物的半自动化仓库，如图3-4所示。

图3-4 基于物流机器人和移动货架的仓库

第3章 智慧仓储

2. 智慧仓库中的仓储流程

下面以基于物流机器人和移动货架的仓库为例,具体描述仓库中货物的处理过程。

首先仓储信息系统下达入库指令,物流机器人在指令下将单元货架顶起并送至入库作业处理工位,工作人员对货物进行信息录入,信息统一传至仓储信息系统,同时信息将在系统中被自动处理。

货物入库作业完成后,系统下达搬运指令,物流机器人在指令下将装满货物的单元货架送至指定的仓储货位。需要强调的是,此货位不是随机的,而是由仓储信息系统根据单元货架所装货物的属性、品类、畅销度等因素进行自动储位分配,物流机器人据此将单元货架送至分配好的货位上。到达货位点后,物流机器人进行自动入库及卸货作业。如此反复,直至所有货物完成入库作业。至此,仓储信息系统完成了对所有货物的信息录入,系统完成入库作业。

订单信息会在信息系统的控制下显示在拣货工位的信息显示器上,与此同时,信息系统自动定位到订单指示商品所在的货架,然后指令一个或是一组物流机器人沿指定路线来到相应的货架下方,顶起货架并将它运送到订单处理人员的工位上。工作人员从这个(或这些)货架上取下订单指示的商品后,物流机器人将货架送回原处。订单处理人员如此反复从每个排队等候的货架上取下所需货物,直至完成每一份订单。

订单完成后,进入包装程序。空载物流机器人在信息系统的指令下来到订单处理工位,按次序依次将货架送至包装工位,包装工人将分拣完成的每个单元箱取下后开始进行包装处理。而物流机器人在信息系统的指令下将空货架运送至新的仓储货位上等待下一个指令的发出。

3. 智慧仓库的功能

(1) 业务管理智能协同。智慧仓库以仓库集中管理平台(WCCP)为依托,开发业务预约管理系统、业务分析系统、电子化档案管理系统,同时利用AR眼镜技术提高仓库内智能协同能力,增强业务管理能力。

(2) 辅助业务智能决策。为加强流程监控,智慧仓库配套开发相应的智能辅助决策系统模块,包括智能生成卸车任务、智能分配暂存货位、智能调整库存、智能分配出库货位模块、智能分配装车位置模块、优化物资运输路线模块。在对仓库内、外部状态变化自感知的基础上,实现仓储业务关键环节的自学习、自决策,切实提升仓库作业效率和快速反应能力。

(3) 仓储设备智能作业。利用智能设备代替传统的人工作业,实现仓库的自动化和智能化。例如,从出入库作业角度,货物入库时,驾驶员在库内指定区域停车后,可以扫描单据码,一键启动作业;出库时,自动输送设备将货物从指定货位取出,并送至理货区,利用自动装卸车机器人以及智能装卸行吊,自动完成装车作业,并结合运输监控系统,动态跟踪运输进程。

4. 智慧仓库的优缺点

智慧仓库的主要优点包括:采用高层货架、立体存储,能有效利用空间,提高仓库的单位面积利用率;仓储作业全部时间机械化和自动化,货物自动存取,运行和处理速度快;计算机控制,便于清点和盘库,合理有效地进行库存控制,减少了货物处理和信息处理过程的差错；采用料箱或者托盘存储货物，能有效地减少货物的破损，较好地满足特殊仓储环境的需要；提高了作业质量，保证货物在整个仓储过程中的安全运行；便于实现系统的整体优化。

智慧仓库的主要缺点包括：仓储结构复杂，配套设备多，需要的基建和设备投资很大；货架安装精度要求高，施工比较困难，而且施工周期长；计算机系统是仓库的"神经中枢"，一旦出现故障，将会使整个仓库处于瘫痪状态，收发作业就要中断；由于高层货架是利用标准货格进行单元储存的，因此对储存货物的种类有一定的局限性；仓储实行自动化控制和管理，技术性较强，对工作人员和技术业务素质要求比较高，必须具有一定的文化水平和专业素养，而且需要经过专门的培训才能胜任；必须注意仓储设备的保管和保养，定期维护，采购备品备件。

3.2.2 智慧仓储的机械设备

1. 自动导航无人叉车

托盘搬运作业是将整托盘货物从运输车辆上搬运至收货区等待质检入库。基于同时定位与地图创建（Simultaneous Localization and Mapping, SLAM）技术实现无人叉车的自然导航，不需要安装标记或反射器，只需让装有环境感知传感器的无人叉车在未知环境中从某一位置出发，根据其移动过程中内部与外部传感器获取的感知信息进行自定位，同时逐渐建立一个连续的环境地图，然后，在此地图的基础上可以实现无人叉车的精确定位与路径规划，完成导航任务。

2. 智能拆垛机械手

拆垛作业是将转运托盘上码放的货物一箱箱搬运到传送带上。企业收到的同一托盘上的货物箱型大小不一，且码垛无固定规则，传统机器人手臂难以操作。智能拆垛机械手借助3D视觉和深度学习算法，实现机器人手臂作业的自我训练、自我校正，无须箱形和垛形的数据库维护。机器人通过3D深度摄像头识别顶层货物轮廓，当首次拾起一个箱子，它就建立一个关于的外形箱子模型，并基于这个模型加快对下一个箱子的识别。

3. 物流机器人（或搬运机器人）

在基于物流机器人和移动货架的仓库中，货物开箱后放置在货架单元上，通过货架单元底部的条码将货物与货架单元信息绑定，仓库地面布置条码网格，物流机器人应用两台摄像机分别读取地面条码和货架单元底部的条码，在编码器、加速计和陀螺仪等传感器的配合下完成货物搬运导航。此外，物流机器人不支持移动与转向同步，转向时需要固定在原地位置进行。该系统的核心是控制物流机器人的集中式多智能体调度算法。

4. 多层穿梭车

基于物流机器人和移动货架的仓库受货架单元的高度限制，仅能实现货物在平面空间上的存储，多层穿梭车系统则采用立体料箱式货架，实现了货物在仓库内立体空间的存储。入库前，货物经开箱后存入料箱，通过货架巷道前端的提升机将料箱送至某一层，然后由该层内的穿梭车将货物存放至指定的货格内。货物出库通过穿梭车与提升机的配合实现完成。该系统的核心也在于通过货位分配优化算法和小车调度算法的设计，均衡各巷道之间以及单个巷道内各层之间的任务量,提高设备间并行工作时间,发挥设备的最大工作效率。

5. 拣选机械手

机械手的驱动电动机被设计在机架上,从动臂可以做成轻杆形式,因此末端可以获得很高的速度和加速度,特别适合轻型货物的高速分拣操作。基于摄像机和计算机来模拟人的视觉功能,机械手能够实现动态拣选,并且机械手可以根据产品的不同的尺寸和种类更换拾取器,因此适用的包装类型可以多种多样。此外,为了保证抓取的准确性,机械手需要借助人工智能技术训练同种商品在不同状态下的识别准确率。

6. 自动输送设备

(1) 滚筒式输送机分为动力式和无动力式。无动力式呈一定坡度,使货物靠自身重力从高端移动到低端;动力式由一系列排列整齐的具有一定间隔的辊子组成,驱动装置将动力传给滚筒,使其旋转,通过滚筒表面与输送物品表面间的摩擦力输送物品。

(2) 链条式输送机是以链条作为牵引和承载体输送物料。链条输送机的输送能力大,主要输送托盘、大型周转箱等。输送链条结构形式多样,并且有多种附件,易于实现积放输送,可用作装配生产线或作为物料的储存输送。

7. AR 设备

拣货员根据货架上的指示灯或者手持 RF 以及可穿戴设备中的提示,拣取货架中的货物。虽然作业准确率提高,但是要求拣货员熟悉掌握库房的布局。通过虚拟 AR 技术将真实世界和虚拟世界的信息进行"无缝"集成,通过 AR 眼镜自动识别库房环境,定位待拣货物位置,并自动规划拣选路径,建立线路导航,作业人员能以最快、最短的时间到达目标拣选货位,通过 AR 眼镜自动扫描货物条码,作业人员能准确获取商品,解放双手,大幅提高拣选作业效率。

智能仓储的机械设备如图 3-5 所示。

3.2.3 智慧仓储的电子设备

智慧仓储中的电子设备主要是指检测设备、信息识别设备、控制装置、监控及调度设备、计算机管理设备、数据通信设备、大屏幕显示设备以及图像监视设备等。

1. 检测设备

为了实现对智慧仓库中各种作业设备的控制,并保证系统安全可靠地运行,系统必须具有多种检测设备能检测各种物理参数和相应的化学参数。

对货物外观的检测及称重,对机械设备、货物运行位置和方向的检测,对运行设备状态的检测,对系统参数的检测和对设备故障情况的检测都是极为重要的。对这些检测数据的判断、处理,能够为系统决策提供最佳依据,使系统处于理想的工作状态。

2. 信息识别设备

信息识别设备是智慧仓库中必不可少的,它可完成对货物品名、类别、货号、数量、等级、目的地、生产厂,甚至货位地址的识别。在智慧仓库中,为了完成物流信息的采集,通常使用射频识别等技术。

a) 自然导航无人叉车

b) 智能拆垛机械手

c) 物流机器人

d) 多层穿梭车

e) 拣选机械手

f) 滚筒式输送机

图 3-5 智能仓储的机械设备

3. 控制装置

控制系统是智慧仓库运行成功的关键。没有好的控制，系统运行的成本就会很高，而效率很低。为了实现自动运转，仓库内所用的各种存取设备和输送设备本身必须配备各种控制装置。这些控制装置种类较多，从普通开关和继电器到微处理器单片机和可编程逻辑控制器（PLC），根据各自的功能，它们都能完成一定的控制任务，如巷道式堆垛机的控制要求包括位置控制、速度控制、货叉控制以及方向控制等。所有这些控制必须通过各种控制装置去实现。

4. 监控及调度设备

监控系统是智慧仓库的信息枢纽，它在整个系统中起着举足轻重的作用，它负责协调系统中各个部分的运行。有的智慧仓库系统使用了很多运行设备，各设备的运行任务、运行路径、运行方向都需要由监控系统来统一调度，按照指挥系统的命令进行货物

第 3 章 智慧仓储

搬运活动。通过监控系统的监视画面可以直观地看到各设备的运行情况。

5. 计算机管理设备

计算机管理系统是智慧仓库的指挥中心,指挥着仓库中各设备的运行。它主要完成整个仓库的账目管理和作业管理,并且负担与上级系统的通信和企业信息管理系统的部分任务。一般的智慧仓库管理系统多采用微型计算机,比较大的仓库管理系统也可采用小型计算机。

6. 数据通信设备

智慧仓库是一个复杂的自动化系统,它是由众多子系统组成的。在智慧仓库中,为了完成规定的任务,各系统之间、各设备之间需要进行大量的信息交换,如智慧仓库中的主机与监控系统、监控系统与控制系统之间的通信以及仓库管理机通过厂级计算机网络与其他信息系统的通信。信息传递的媒介有电缆、滑触线、远红外光、光纤、电磁波等。

此外,还有一些特殊要求的智慧仓库,比如,储存冷冻食品的智慧仓库,需要对仓库中的环境温度进行检测和控制;储存感光材料的智慧仓库,需要使整个仓库内部完全黑暗,以免感光材料失效而造成产品报废;储存某些药品的智慧仓库,对仓库的温度、气压等均有一定要求,因此需要特殊处理。

3.3 智慧仓储决策

3.3.1 智慧仓储作业流程

与传统的仓储作业流程相同,智慧仓储的主要作业内容为入库、拣选、出库、盘点和报表查询。

(1) 入库。入库作业流程如图 3-6 所示。货物单元入库时,由输送系统运输到入库台,货物使用条码识别系统进行扫描识读,条码标签携带的信息被读入,传递给中央服务器,控制系统根据中央服务器返回的信息来判断是否入库以及货位坐标,当能够确定入库时发送包含货位坐标的入库指令给执行系统,堆垛机或者物流机器人通过自动寻址,将货物存放到指定货格。在完成入库作业后,向控制系统返回作业完成信息,并等待接收下一个作业命令。控制系统同时把作业完成信息返回给中央服务器数据库进行入库管理。

图 3-6 入库作业流程

(2) 拣选。拣选作业流程如图 3-7 所示。货物单元拣选出库时,堆垛机到指定地址将货物取出放置到巷道出库台,自动导引车(物流机器人)取货后将货物送至拣选台,在拣选台上由工作人员或自动分拣设备按照出库单进行分拣。分拣完成后再由自动导引车送回巷道入库台,由堆垛机将货物入库或者直接出库。在分拣作业时,因为拣选台不止一个,所以要求自动导引车具有优良的调度算法,确保高效、准确、可靠运行。

智慧物流与现代供应链

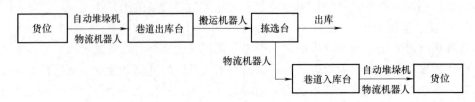

图 3-7　拣选作业流程

（3）出库。出库作业流程如图 3-8 所示。管理员在收到生产或客户的货物需求信息后，根据要求将货物信息输入上位管理机的出库单，中央服务器将自动进行库存查询，并按照先进先出、均匀出库、就近出库等原则生成出库作业，传输到终端控制系统中，控制系统根据当前出库作业及堆垛机状态，安排堆垛机或物流机器人的作业序列，将安排好的作业命令逐条发送给相应的设备。或物流机器人到指定货位将货物取出放置到巷道出库台上，并向控制系统返回作业完成信息，等待进行下一个作业。监控系统向中央服务器系统反馈该货物出库完成信息，管理系统更新库存数据库中的货物信息和货位占用情况，完成出库管理。如果某一货位上的货物已全部出库，则从货位占用表中清除此货物记录，并清除该货位占用标记。

图 3-8　出库作业流程

（4）盘点。盘点的目的是保持账存数量和实际库存数量的一致，准确掌握货物资源状况。盘点分为循环盘点和总盘点。循环盘点针对某一部分货位或某几类货物，可以随时进行。总盘点则针对所有货位和库存货物，通常定期进行。在智慧仓储的作业流程中，由于货物进入库及拣选过程的自动化信息录入，可逐渐实现零盘点仓库作业。

（5）报表查询。报表查询是处理与仓储作业相关的信息的综合查询功能模块。系统通过报表查询功能，针对已完成的业务处理，将所获取的信息进行筛选、分析，以综合反映企业的仓储作业情况，主要包括仓储业务报表和汇总报表，反映货物当日以及一定时间内的出入库情况。

智慧仓储作业过程中运用的技术有 RFID 技术、机器视觉、物流机器人搬运技术等。RFID 技术是通过无线电信号识别特定目标并读写相关数据。机器视觉是通过光学设备从货物的图像中提取信息，进行处理并加以理解，最终用于实际检测、测量和控制，引导执行机构完成相应动作。物流机器人搬运技术机器人通过二维码/激光 SLAM 导航、视觉验收识别等技术将货物从特定地点搬运到指定地点。总之，综合货到人和货到机器人，穿梭车立体库，机器人拣选、运输，自动包装，自动分拣等先进技术，实现物流过程的全程高自动化。

3.3.2　智慧仓储中的货物出入库作业

区别于传统仓库中货物的出入库作业，智慧仓库中货物出入库主要由机器人完成。入库作业，物流机器人收到信息系统的指令，将存储货物的周转货架搬运至存放位置，然后由拣货员或者机器人完成货物的上架。上架作业完成后，物流机器人返回原位置。出库作业，完成货物的拣选及订单打包后，由物流机器人将即将出库的货物搬运至出库作业处，或者直接将包装好的订单放置传送带上运输至出库作业处，最后由人工完成货物的装车作业。

3.3.3 智慧仓储中的货位分配作业

货位优化是通过一定的分配原则、合适的存储策略为每种品项指定货位，减少拣选时间或行走路程，从而提高拣选效率。智慧仓储中，货到人作业模式下，合理的货位优化方法可以使各品项按照一定的存储规则存放于货格中，有序的品项存储可以降低货架出入库的频率，从而提高货架以及搬运设备的利用率，进而提高仓库的作业效率。

关于货位分配策略的研究相对较多，涉及随机存储、分类存储、全周转率存储、就近存储等策略，以及单目标或者多目标优化策略。智慧仓储可以有效应对电商环境中商品种类多、订单密度高、单订单订货数量小、要求快速反应等特点。电子商务模式下，价格折扣是影响消费者冲动购买的重要因素，它对订单数量影响较大，因此根据品项周转频率进行储位优化时，除了考虑历史订货频次外，还需要考虑价格折扣。假设同一区域存储货物单位体积重量相似，例如服装区、鞋帽区等，因此忽略商品重量对系统效率和能耗的影响，以被订频次以及单次设备行走距离作为货位分配的重要依据，同时从商品价格和历史被订频次两个角度来综合预测未来商品的被订频次。

可以尽可能地将同一订单中不同品项分配到不同巷道，如果分配到相同巷道，则尽可能分配到不同货架层，提高设备并行作业的概率，这就需要进行品项聚类。聚类的方法现在被应用于解决货位分配和优化问题。品项聚类后，采取合适的存储策略，确定最终的货位分配策略。

3.3.4 智慧仓储中的机器人拣选作业

1. 机器人拣选任务分配

智慧仓储系统中，所有物品根据物品种类相似度被存放在整齐排列的可移动货架上，在计算机控制系统的指控下，仓储机器人将分配到的货架搬运到距离该货架最近的拣选工作台，由站在拣选工作台前的拣选人员完成拣货或补货任务后，仓储机器人将货架运送到原位置。

在完成任务的过程中，多机器人协调合作表现出相比于单个机器人更多方面的优势。对单个机器人来说，在面对复杂、数量较大的任务时，即使功能设计得再强大，其完成任务的能力也往往是有限的。相对于单机器人系统，多机器人系统在任务适用性、经济性、可扩展性和鲁棒性等方面表现出了极大的优越性，提高了系统性能。但是，多个机器人并存增加了系统协调管理的难度。因此，多机器人系统能否高效地完成任务，关键取决于如何通过系统控制使得多个机器人能够协调运行，提高完成任务的效率。因此仓储机器人任务分配问题是影响仓储系统工作效率的关键要素之一，有必要对智慧仓库中多机器人的任务分配问题开展深入研究。

根据系统现有任务量及路径对仓储机器人进行任务分配，在多机器人系统的货到人订单拣选作业模式及机器人直接拣选模式下，将具有自主计算能力的仓储机器人通过一

智慧物流与现代供应链

定的方式进行任务分配。任务分配既需要考虑工作人员工作量的均衡性以及仓储机器人的负载均衡性，使得一定时间段内所有任务的执行时间最短；又需要考虑仓储机器人现有任务量及当前路径，使仓储系统的商品拣选环节的运行效率提高。

2. 机器人拣选路径优化

仓储物流机器人在建立智能化仓库的过程中扮演着关键的角色。目前，以亚马逊的 Kiva 机器人为代表的仓储物流机器人正逐渐开始被应用到智能化仓库建设之中，它在很大程度上可以提高拣选作业的效率。

仓储物流机器人拣选作业路径规划是实现仓储物流机器人拣选作业过程中自主导航的一项关键技术。采用良好的路径规划技术不仅可以节省仓储物流机器人的作业时间、减少磨损、降低能耗，而且同时还可以降低物流机器人的生产成本，减小资金投入，提升物流机器人对各种仓库环境的适应能力，为实现仓库的智能化、全自动化管理打下坚实的基础。

目前的仓储物流机器人拣选路径优化研究多以机器人路径最短为目标，但当仓储物流机器人数量增加时，路径可能会出现冲突。发生路径冲突时，机器人需要停止运行，待路网畅通后再次启动进行工作，降低了工作效率，增加了机器人能耗。因此，需要考虑减少机器人运行过程中启动、停止的次数，研究机器人无冲突路径，在提高仓储效率的同时减少能源消耗。

3.3.5 智慧仓储中的货物盘点作业

智慧仓储中货物盘点作业可由无人机实现，目前采用无人机航拍和 RFID 相结合的方式，如图 3-9 所示，高效、高速地解决了仓库外货物的实时盘点计数问题，为大型企业仓储管理提供了高效的解决方案。

RFID 是一种无线通信技术，可以通过无线电信号识别特定目标并读写相关数据，而无须识别系统与特定目标之间建立机械或者光学接触。目前许多行业都运用了这种技术，比如日常生活里我们经常用的地铁公交卡、身份证、门禁系统等。RFID 电子标签与传统的条码需要对准扫描不同，RFID 电子标签即使被其他物品遮盖也可以被读取，使用更自由，且可重复使用，而且价格还便宜。

图 3-9　无人机货物盘点

无人机能代替部分人力完成仓库盘点工作。例如，货物摆放在高货架上时，用无人机清点会更方便，或者是在一些高温或有危险的空间，用无人机完成作业也会更加安全。

基于无人机航拍图像技术的仓库货物盘点方法，具体步骤如下：

1）通过无人机在仓库上空飞行获取仓库外货物图像，然后采用数字图像处理技术对货物进行识别和数量统计。

第 3 章 智慧仓储

2）当货物入库时，在货物本身绑定一个 RFID 有源标签，通过在无人机上安装的 RFID 有源读卡器，进行统计和计数。

3）利用图像识别结果和 RFID 计数结果进行叠加对比，得知货物的实时存放情况。

思考题

1. 简述智慧仓储的定义。
2. 简述智慧仓库的定义。
3. 简述智慧仓库的类型。
4. 简述智慧仓库的功能。
5. 智慧仓储中有哪些机械设备？举例说明其中一种。
6. 智慧仓储中有哪些电子设备？
7. 简述智慧仓储中货位分配作业。
8. 简述机器人拣选任务分配作业。

参考文献

[1] 谈慧. RFID 在物流企业仓储管理系统中的应用 [J]. 物流技术, 2014, 33 (5): 397-399.

[2] 曾宝国, 程远东. RFID 技术及应用 [M]. 重庆: 重庆大学出版社, 2014.

[3] 傅俊. 智慧物流仓储中心建设策略浅析 [J]. 老区建设, 2018 (18): 45-47.

[4] 李明, 陈宁宁, 王海韵, 等. 智慧仓储技术分析与展望 [J]. 物流技术, 2017, 36 (9): 157-159, 184.

[5] 孙洪喜, 焦清国, 孙培峰, 等. 智慧仓储优化管理系统的研发 [J]. 物流技术与应用, 2016, 21 (4): 142-147.

[6] 朱亮, 刘李, 王天雨, 等. 智慧物流园区总包业务新体系研究 [J]. 中国管理信息化, 2019, 22 (1): 150-151.

[7] 方磬. 基于信息化平台的智慧物流园区协同运作模式研究 [J]. 市场周刊, 2018 (10): 14-16.

[8] 刘航源. 智慧物流园区信息平台建设研究 [J]. 信息技术与信息化, 2016 (9): 123-125.

[9] 林振强. 智慧物流园区规划与建设 [J]. 物流技术与应用, 2017, 22 (5): 60-63.

[10] 李业伟. 基于物联网的智能仓储管理系统 [J]. 邮电设计技术, 2018 (7): 79-82.

[11] 张铭, 张天顺, 张冰, 等. 一种新型智能仓库的研究 [J]. 制造业自动化, 2018, 40 (3): 13-15, 22.

[12] 冉文学, 余丽艳. 多穿梭板自动化存取系统货位分配优化研究 [J]. 物流技术与应用, 2018, 23 (5): 149-152.

[13] 李荣华. 面向智能仓储的多机器人任务分配与路径规划研究 [D]. 哈尔滨: 哈尔滨工业大学, 2017.

[14] 黎娟. 互联网营销环境下仓储机器人集群调度问题研究 [J]. 物流科技, 2015, 38 (9): 83-86.

[15] 李文玉. 智能仓库系统多机器人任务分配问题研究 [D]. 北京: 北京物资学院, 2016.

第4章 智慧运输

引言

智慧运输是智慧物流的重要组成部分,是对传统运输方式和理念的创新。本章共分为三小节:第4.1节概述了智慧运输的定义及特点、发展历程及趋势;第4.2节从综合控制层面、车辆层面以及业务操作层面介绍了智慧运输相关技术,并简要描述了相关设施设备;第4.3节从智慧运输决策的相关流程出发,在智慧物流的大背景下,分析如何进行关键流程的决策,包括运输方式选择、运输能力在线配置和实时路径优化。

4.1 智慧运输概述

运输是物流的主要功能之一。按物流的概念,物流是物品实体的物理性运动,运输承担了改变物品空间状态的主要任务,是改变物品空间状态的主要手段。运输系统包括铁路、公路、水路、航空、管道等运输方式和城市交通,各种运输方式的主要设备、设施和建设技术都与智慧运输有关,各运输系统、综合运输及多式联运的运输能力、组织与管理、规划与评价、配置与协调也与智慧运输密切相关。

4.1.1 智慧运输的定义及特点

1. 智慧运输的定义

智慧运输是指在运输管理业务流程再造的基础上,利用RFID、网络通信、GIS等智能技术及先进的管理方法,实现运输过程中的智慧配载、实时调度、智慧派车、路径优化及实时交互,降低运输成本,提高运输效率,提升智慧运输管理能力的运输。

智慧运输可从运输效率和运输成本两个方面助力智慧物流的发展。

(1)在运输效率方面,为适应智慧物流的需要,必须进一步发展、创新运输基础设施建设、运输组织管理模式、货运服务方式、企业组织形态和政府管理等。同时要加快转变物流服务与运输组织相分裂的传统思维,进一步优化运输组织管理,不断创新运输组织方式,全面提升物流运输服务效率,助力智慧物流发展。

(2)在运输成本方面,影响物流成本的关键因素包括运输流程合理性、服务体系的便利性和有效性等。围绕这些关键因素,必须考虑基础设施的配置、运输方式的组合、流程节点的简化以及体制机制的灵活性、商业模式的支持度等,这实际上就是一个综合物流服务体系建立的过程。互联网时代下,物流行业与互联网的深度结合,改变了物流行业原有的业务流程与市场环境,推动产生了新的物流和业态模式,如车货匹配、众包运力、多式联运等。

2. 智慧运输和传统运输的不同点

智慧运输旨在使传统的运输活动变得更加有效率,更加人性化。此外,智慧运输一

第4章 智慧运输

个很重要的特点是它可以模拟出人的一些重要能力，如记忆与思维能力、感知能力、自适应能力和表达与决策能力等。因此智慧运输在功能上应具有感知、判断、推理和学习等功能。

智慧运输与传统运输的区别见表4-1。

表4-1 智慧运输与传统运输的区别

项 目	智 慧 运 输	传 统 运 输
硬件方面	具备自主决策的运输设备（如无人机、自动驾驶货车、无人船舶等），运输设备的能源更加清洁高效（电力驱动）	运输设备的运行主要依靠人为控制，运输设备主要为燃油驱动
软件方面	物流人员、运输设备以及货物将全面接入互联网，实现彼此之间的互联互通。同时，通过信息系统建设、数据对接协同和手持终端普及，可实现运输过程数字化	更加关注运输设备本身运行信息的数字化，而缺少对人员与货物信息的数字化
组织方面	更加强调运输主体间的协同共享，通过分享使用权而不占有所有权，打破传统运输相关企业边界，深化企业分工协作，实现运输资源的社会化转变与闲置运输资源的最大化利用	运输活动的规划仍是以单一企业为主题，运输设备的共享与互联不够明显

3. 智慧运输与智慧交通

智慧交通是在智能交通（ITS）的基础上，在交通领域中充分运用物联网、自动控制、移动互联网等技术，汇集交通信息，使交通系统在区域、城市甚至更大的时空范围具备感知、互联、分析、预测、控制等能力，以充分保障交通安全、发挥交通基础设施效能、提升交通系统运行效率和管理水平，为通畅的公众出行和可持续的经济发展服务。

智慧交通是在整个交通运输领域充分利用物联网、空间感知、云计算、移动互联网等新一代信息技术，综合运用交通科学、系统方法、人工智能、知识挖掘等理论与工具，以全面感知、深度融合、主动服务、科学决策为目标，通过建设实时的动态信息服务体系，深度挖掘交通运输相关数据，形成问题分析模型，实现行业资源配置优化能力、公共决策能力、行业管理能力、公众服务能力的提升，推动交通运输更安全、更高效、更便捷、更经济、更环保、更舒适地运行和发展，带动交通运输相关产业转型、升级。

智慧运输必然会利用智慧交通的一些便利条件和基础设施，来辅助进行货物运输活动，完成物流过程中的空间转移。智慧交通在智能交通系统的基础上，融入了更为先进的信息技术和管理方法的概念，主要从交通科学角度出发，包含货运和客运以及其他非商业用途。而智慧运输则是侧重于货运的智慧化发展趋势。

4.1.2 智慧运输发展历程及趋势

智慧运输需要依靠具备智慧化特点的交通与运输系统，在此基础上，对智慧化的管理模式与方法进行研究，才能推动智慧运输的实践与发展。所以，本节先回顾智慧交通

智慧物流与现代供应链

的发展历程。

20世纪60年代末期,美国就开始了智能运输系统方面的研究。20世纪70年代,欧洲、日本等也相继加入这一行列。20世纪90年代,包括澳大利亚、韩国、新加坡等一些国家的智能运输系统研究也有相当大的规模。20世纪70年代以来,世界上发达国家应用计算机技术实施交通信息自动控制,这是智能运输系统的孕育期。20世纪80年代前后,在美国的电子路径引导系统、欧洲的路径引导系统、日本的汽车综合汽车交通控制系统等项目推动下,智能运输系统进入初创期。20世纪90年代全世界的广泛关注及参与引导智能运输系统进入发展期。进入21世纪,智能运输系统逐步成为现代运输管理体系的模式和发展方向。通过不断发展,智能车辆能在道路上自由行驶,智能公路能使交通流运转达到最佳状态,两者结合能使驾驶员对其周围环境了如指掌,使管理人员对交通状况和所有车辆的行踪一清二楚,两者相互通信,共同减少交通阻塞。另外人们还尝试了很多新的方法来解决问题,包括改进道路信号控制,采用道路可变信号,在交通高峰期通过道路改线增加进出车道,在城市建立交通控制中心来监控与显示公路网络的全部交通情况。

1. 美国

根据美国有关部门的报告,美国ITS的发展大致包括1991—2001年的ITS起步阶段和2001年后的ITS成熟阶段。开始于1998年12月的美国国家ITS发展战略计划代表了美国更新其ITS发展战略的第一步,第二步是美国ITS长期研究日程的更新。美国根据其ITS开发的经验与技术支撑的展望,将ITS发展划分为出行信息管理时代(1997—1999年)、运输管理时代(2000—2005年)、增强型车辆时代(2006—2010年)三个阶段。进入21世纪,美国ITS的一个发展重点是研究ITS在美国安全体系中维护地面交通安全的作用。21世纪以来美国ITS的发展主要包括城市ITS基础设施实施、乡村/州际ITS基础设施实施、商用车辆ITS基础设施实施以及智能车辆行动研发等方面。早在2007年举办的第十四届智能交通世界大会中,相关代表就透露美国关于ITS的发展远景已经制定到了2025年,目标是提高发展能力保护环境,降低温室气体排放。到那时,大城市所有交通设施即使在恶劣的环境下,不同运输方式也可以实现无缝流动。总体来说,美国ITS的发展历程见表4-2。

表4-2 美国ITS的发展历程

时间	项目	项目或组织的英文名称
1967年	电子路径引导系统(ERGS)	Electronic Route Guidance System
1978年	美国发射了第一颗GPS卫星	—
1984年	第一台数字地图汽车导航器	—
1986年	公路先进技术研究计划(PATH)	Program on Advanced Technology for the Highways
1988年6月	ITS发展计划协调研究机构Mobility 2000成立	Mobility 2000
1989年	重型车辆电子许可牌照及新月工程(HELP/Crescent)	Heavy Vehicle Electronic License Plate/Crescent
1989年5月	智能车路系统(IVHS)	Intelligent Vehicle and Highway System

第 4 章 智 慧 运 输

(续)

时间	项 目	项目或组织的英文名称
1990 年 8 月	美国智能车路系统协会（IVHS America）诞生	Intelligent Vehicle and Highway System of America
1991 年 12 月	制定综合路上运输效率化法（ISTEA，即冰茶法案）	Intermodal Surface Transportation Efficiency Act
1992 年 5 月	制订 IVHS 的 20 年战略规划	IVHS 1992-2010 Strategic Plan
1993 年	自动化公路运输系统（AHS）研发	Automated Highway System
1994 年 9 月	IVHS America 改名为 ITS America	Intelligent Transportation Society of America
1995 年 3 月	标准化促进工作组成立	—
1995 年	商用车辆信息系统和网络（CVISN）	Commercial Vehicle Information System and Networks
1996 年 1 月	智能运输基础设施（ITI 计划）	Intelligent Transportation Infrastructure
1998 年 6 月	面向 21 世纪的运输权益法案（TEA-21）	Transportation Equity Act for the 21st Century
1998 年	智能车辆行动（IVI）	Intelligent Vehicle Initiate
2003 年	车辆道路设施集成（VII）	Vehicle Infrastructure Integration
2005 年 8 月	安全、负责任、灵活、有效率的交通平等：使用者遗赠法案（SAFETEA-LU）	Safe, Accountable, Flexible, Efficient transportation equity act：a legacy for users
2009 年	美国交通部将 VII 更名为 Intelli-Drive	—
2009 年	车联网（CVR）项目	Connected Vehicle Research
2010 年	美国 ITS 发展战略规划（2010—2014 年）	ITS 2010-2014 Strategic Plan
2012 年 8 月	安全领航模型部署计划（SAFETY PILOT）	Safety Pilot Model Deployment
2015 年	美国 ITS 发展战略规划（2015—2019 年）	ITS 2015-2019 Strategic Plan

2. 欧洲

在欧洲，20 世纪 70 年代，德国开展了驾驶员引导和信息系统（ALI）项目工作。20 世纪 80 年代初，德国、英国、法国等国先后研究了自己的路径引导系统。欧洲 ITS 体系框架包括先进的交通信息系统（ATIS）、公共交通系统、商用车辆运营系统、车路系统和交通管理系统。21 世纪以来，欧洲关于 ITS 的发展重点关注安全问题。在 2003 年的第十届 ITS 世界大会上，提出 eSafety 的概念，同年 9 月被欧洲委员会认可并列入欧盟的计划。eSafety 项目旨在利用信息与通信技术，加快道路安全系统的研发与集成应用，为道路交通提供全面的安全解决方案。目前，欧洲 ITS 架构包括：提供电子收费设施；提供安全及应急设施；管理交通；管理公共交通运营；提供先进的驾驶辅助系统；提供出行在途辅助；提供执法支持；管理货运及车队运营。欧洲 ITS 的发展历程见表 4-3。

智慧物流与现代供应链

表 4-3　欧洲 ITS 的发展历程

时间	项目	项目的英文名称
20 世纪 70 年代	ALI（驾驶员引导和信息系统，德国）项目	Autofahrer Leit and Information System
1985 年	Ali Scout（德国）	Ali Scout
1986 年	Auto guide（英国）	Auto guide
1986 年	欧洲联合研究计划（EUREKA，欧洲 19 个国家的政府和企业参加）	European Research Coordination Agency
1986 年	欧洲高效率和安全交通计划（PROMETHEUS，由民间 14 家汽车公司组织）	Program for a European Traffic with Highest Efficiency and Unprecedented Safety
1988 年	欧洲道路交通安全设施（DRIVE-Ⅰ，由欧共体（现欧盟）联合组织开发，是第二骨干计划的一部分，1991 年结束）	Dedicated Road Infrastructure for Vehicle Safety in Europe
1991 年	欧洲道路运输通信信息实施协调组织（ERTICO，统一协调全欧 ITS 的研究）成立	European Road Transport TELEMATICS Implementation Coordination Organization（www.ertico.com）
1992 年	DRIVE-Ⅱ又称 ATT（先进的运输远程通信，是第三骨干计划的一部分，于 1994 年结束）	DRIVE-Ⅱ计划的实施使得 DRIVE 计划得以持续下去，DRIVE-Ⅱ计划又称 ATT（Advanced Transport Telematics）计划
1994 年	运输远程通信应用计划（T-TAP，相当于 DRIVE-Ⅲ，是第四骨干计划的一部分，1998 年结束）	Transport-Telematics Application Programme
1994 年 11 月	第一届 ITS 世界大会在法国巴黎举行	—
1995 年	欧洲运输机动性计划（PROMOTE）	Program for Mobility in Transportation in Europe
1998 年 4 月	欧洲运输网络体系结构（KAREN）项目	Keystone Architecture Required for European Networks
2003 年	eSafety（欧洲 ITS 组织欧洲道路运输通信信息实施协调组织提出，于 2003 年 9 月得到欧盟委员会的认可，并被列入欧盟的第 6 框架计划 FP6 中）	代表性项目有 SAFESPORT、CVIS、PreVENT、COOPERS、I-way、Car2car、SeVeCom 等
2004 年	FRAME 计划（欧洲进行了 ITS 整体体系架构的研究，将各国的体系架构统一）	—
2006 年	车路协同系统（CVIS）	Cooperative Vehicle-Infrastructure System
2010 年	欧洲开始对智能车进行道路测试	—
2015 年	英国开始在真实道路环境下进行无人驾驶车辆测试	—

3. 日本

日本从 20 世纪 70 年代开始成立全国性的 ITS 推进组织，是对 ITS 进行研究最早、

第 4 章 智慧运输

实用化程度最高的国家。20 世纪日本 ITS 的发展可以分成各省厅积极推进和联合开发两大阶段。各省厅积极推进阶段的特点是分别推进 ITS 的研究开发,没有制定全国性的 ITS 发展战略。联合开发阶段可以分为起步阶段、实用阶段、拓展阶段、国际化阶段四个小阶段。起步阶段大概是 20 世纪 70 年代,然后在 20 世纪 80 年代前半期进入了实用阶段,之后进入拓展阶段,ITS 迅速发展。20 世纪 90 年代前半期,日本 ITS 技术开始走向国际化。

进入 21 世纪后,日本关于 ITS 的发展可以分为 2000 年前后的综合集成阶段、2005 年前后的用户服务阶段、2010 年前后的高级功能开发阶段和 2010 年之后的成熟发展阶段。综合集成阶段主要是改进道路收费系统,到 2003 年年末几乎所有高速公路实现了 ETC 收费。用户服务阶段主要是将所有信息直接提供给客户,更关注用户服务和安全,舒适性和便利性大大提高。2010 年前后,日本 ITS 发展进入高级功能开发阶段,实施了 ITS 综合战略。2010 年之后,日本 ITS 发展进入成熟发展阶段,自动驾驶需求大大增加。目前,日本 ITS 框架结构包括路-车通信系统、车辆交通信息与通信系统、通用交通管理系统、道路交通系统、超级智能车辆系统等。日本 ITS 的发展历程见表 4-4。

表 4-4 日本 ITS 的发展历程

时间	项目	项目的英文名称
1973 年	综合汽车交通控制系统(CACS)	Comprehensive Automobile Traffic Control System
1980 年	先进的车辆交通信息与通信系统(AMTICS)	Advanced Mobile Traffic Information and Communication System
1986 年	路-车通信系统(RACS)	Road/ Automobile Communication System
1987 年	警察厅主导的先进的车辆交通信息与通信系统(AMTICS)	Advanced Mobile Traffic Information and Communication Systems
1988 年	先进的道路交通系统(ARTS)	Advanced Road Transportation Systems
1990 年	超级智能车辆系统(SSVS)	Super Smart Vehicle System
1991 年	先进的安全汽车(ASV)	Advanced Safety vehicle
1991 年	车辆信息与通信系统(VICS,集成了 RACS 和 AMTICS 这两个研究项目)	Vehicle Information and Communication System
1993 年	通用交通管理系统(UTMS)	Universal Traffic Management System
1994 年	世纪交通管理系统(UTMS21)	Next Generation Universal Traffic Management System
1994 年 1 月	智能车辆、道路和交通智能化推进协会(VERTIS)成立	Vehicle Road and Traffic Intelligence Society(www.vertis.or.jp)
1994 年	自动公路系统(AHS,无人驾驶系统)	Automated Highway System
1995 年	横滨第二届 ITS 世界大会	—
1995 年 6 月	"ITS 总体构想"和"ITS 发展框架"	—
1995 年	车辆信息与通信系统(VICS)演示性试验及 ETC 试验	—
1996 年 7 月	推进日本智能交通系统(ITS)总体规划(VERTIS 总体设计)	Comprehensive Plan for ITS in Japan

智慧物流与现代供应链

(续)

时间	项目	项目的英文名称
1997 年	ETC 技术试验性运营	Electronic Toll Collection
1997 年	先进公路巡航辅助系统（ACAS）研制	Advanced Cruise-Assist Highway System
1998 年	突发事故探测系统（IDS）研究开发	Incident Detection System
1999 年 11 月	自动公路系统（AHS）公开试验	—
2001 年	ETC 技术在日本整体上投入运营	—
2007 年	智慧道路（政府与民间 23 家知名企业共同发起）计划	Smartway
2011 年	日本高速公路网引入"ITS 站点"系统	—

4. 中国

改革开放至 20 世纪 90 年代初，随着国内商品流通和对外贸易的不断扩大，我国生产制造企业开始重视合理化研究和实践，逐步设立专门的物流部门，并慢慢发展为第一方物流企业。此时的货物运输服务功能单一，管理模式落后，远远达不到智慧运输的要求。

进入 21 世纪，第三方物流兴起并发展，物流发展靠专业化分工驱动。信息化技术的提高驱动了物流逐渐向智能化发展。"十五"期间，科技部将"智能交通系统关键技术开发和示范"作为重大项目列入国家科技攻关计划，在交通控制系统、交通监视系统、交通管理系统、信息动态显示系统、电子收费系统等方面取得了较大进步。"十一五"期间，设计了交通运输物联网发展框架。"十二五"期间，我国初步进入物联网时代，发展符合我国国情的车路协同系统。目前，我国正处于"智慧化"运输服务成长阶段。物流业发展靠先进技术驱动，先进技术与物流业深度融合，改变传统产业的运营模式，为消费者、客户以及企业自身创造增量价值。我国智慧物流发展过程中的一大特征是"互联网+"高效运输，通过构建互联网平台，实现货运供需双方信息的在线匹配和实时共享，将分散的物流运输市场进行有效整合，改进运输的组织方式，从而大幅提升运输的运作效率。2014 年以来，我国货运市场上相继涌现了一批"互联网+"物流的新模式，如"互联网+"车货匹配、"互联网+"甩挂运输、"互联网+"专业物流等，涌现出了一批以运满满、货车帮、卡行天下为代表的典型企业。

5. 其他国家

澳大利亚是世界较早从事智能运输控制技术研究的国家之一，悉尼协同式自适应交通系统（Sydney Coordinated Adaptive Traffic System，SCATS）由澳大利亚新南威尔士州道路交通局研究开发，在澳大利亚几乎所有城市都有使用，目前我国上海、深圳等城市也采用这一系统。这套系统的优点是可以自动适应交通条件变化。

韩国和新加坡政府在 20 世纪末都投入巨资研究 ITS。新加坡建设了高速公路监控及信息引导系统（Expressway Monitoring & Advisory System，EMAS）。EMAS 的主要功能包括提供实时的交通信息、对交通事故快速响应、将交通拥挤减小到最低限度、提高道路

第 4 章 智 慧 运 输

安全性等。其他国家 ITS 的发展历程见表 4-5。

表 4-5 其他国家 ITS 的发展历程

国　　家	ITS 及其相关项目的发展情况
加拿大	先进的城市交通信号系统 高速公路管理系统（COMPASS） ETC 系统
澳大利亚	城市交通控制系统（SCATS）和自动驾驶系统（ADS）
新西兰	先进的交通管理系统（ATMS）
新加坡	高速公路监视和通信系统 公共汽车旅客信息系统
马来西亚	ETC 系统
菲律宾	引进澳大利亚的 SCATS
韩国	ATMS、ATIS、APTS、AHS、AVCS 以及 FTMS

6. 智慧运输未来的发展目标

（1）提高用户服务质量。智慧运输可以按照客户偏好提供适合的运输服务，及时提供客户所需信息，提高客户满意度并加强客户忠诚。

（2）运用新技术提升运输效率，实现降本增效，同时降低对环境的不良影响。通过分析来自运输环节实时产生的数据，可以判断运输设施设备状况，改进相关技术，及时提供维修服务，降低事故发生率和维修成本。采用对环境更友好的运输设施设备，减少污染排放。

（3）发展信息和通信技术，提升运输安全水平。基于更先进的信息和通信技术，智慧运输应该实现事故率更低、各种运输方式更为协同发展的目标，实现多种运输方式协同和效能提升。

（4）提升运输流程管理水平。物联网、云计算、智慧城市等新技术和概念的发展，将进一步提升运输环节的信息处理和服务水平。低成本、高可靠性的基础信息获取和交互，将为运输过程的可视化提供支持，可以实现状态感知、实时监管，可以实现对集装箱运输、甩挂运输、危险品运输的流程优化和可视化监管，提升管理水平。

（5）运输服务更加智能化、个性化。运输过程的无人化是发展趋势，智能化设施设备的引入使得运输服务更加智能化，而各个终端收集的海量数据和无障碍通信系统能够保障运输服务提供者为客户提供更加个性化的运输服务。

4.2　智慧运输技术与设施设备

4.2.1　智慧运输相关技术

现有智慧运输相关技术可划分为三个层面：宏观的综合控制层面，中观的车辆层面以及微观的业务操作层面。

智慧物流与现代供应链

1. 综合控制层面的智慧运输技术

（1）车联网技术。

1）车联网技术简介。车联网技术即"汽车移动物联网技术"，是指装载在车辆上的电子标签通过无线射频等识别技术，实现在信息网络平台上对所有车辆的属性信息和静、动态信息提取和有效利用，并根据不同的功能需求对所有车辆的运行状态进行有效的监管和提供综合服务的技术。车联网技术可以实现车与车之间、车与建筑物之间，以及车与基础设施之间的信息交换，它甚至可以帮助实现汽车和行人、汽车和非机动车之间的"对话"。就像互联网把每个单台的电脑连接起来，车联网技术能够把独立的汽车联结在一起。

2）车联网技术在物流领域的应用。在物流领域，车联网的主要应用是车辆安全、事故管理、车辆监控、车辆调度、ETC等。近年来，车联网技术的出现和产品的逐渐普及，为降低物流成本、提高管理水平提供了一个有效的途径。目前已有较好应用的物流车联网产品有：

① 中国移动车务通。车务通是中国移动集团的重点客户产品，是中国移动基于目前车辆监控产业现状，为具有车辆实时监控和人员位置管理需求的集团客户提供的位置服务业务。车务通业务功能包括位置查询、车辆监控、调度管理、地图操作等基本定位功能，以及基于特定行业应用的增值功能。车务通基于GPS和基于位置的服务（LBS）基站定位技术，采用车载终端实时采集车辆运行数据并传回后台进行处理，提供对车辆及人员位置信息的监控、调度、管理等功能和综合运营服务，实现集团客户资源最优配置、科学管理和信息化办公，提高工作效率，降低运营成本。车务通的服务对象覆盖了乘用车、商用车和工程机械等领域。

② 陕汽天行健车联网服务系统。陕汽天行健车联网服务系统是由陕汽重卡和杭州鸿泉数字设备有限公司于2011年合作开发，并于2011年12月18日正式发布的重卡智能系统，是重卡车辆管理领域的里程碑产品。它通过终端采集车辆运行状态数据（驾驶员行为习惯信息、发动机故障及其他异常信息、车身零部件工况信息、路面状况信息）来进行车辆事故的预防。天行健车联网服务系统有三大子系统：车载智能终端、管理网站、呼叫中心。服务系统依靠GPS、通用分组无线服务（GPRS）数字移动通信、GIS、互联网、采控网关、云计算等技术，采集车辆发动机的电子控制单元（ECU）、车身中央控制器CAN⊖总线等信息，通过车载智能终端、管理平台及呼叫中心，帮助用户实现对车辆的远程监控、检测、定位和管理。天行健车联网服务系统提供了重卡专用导航、智能配货、紧急求助、车友互联、油料、蓄电池防盗报警、行车记录仪、可视化倒车、故障报警、休闲娱乐、信息交互等功能，帮助用户实现精益管理、安全运营。

（2）定位与导航技术。

1）定位与导航技术简介。全球卫星导航系统（the Global Navigation Satellite System）是能在地球表面或近地空间的任何地点为用户提供全天候的三维坐标、速度以及时间信息的空基无线电导航定位系统。

⊖ CAN 为 Controller Area Network 的简写，直译为控制器局域网络。

第4章 智慧运输

常见系统有美国的 GPS、我国的北斗卫星导航系统（BDS）、俄罗斯的格洛纳斯（GLONASS）和欧盟的伽利略（GALILEO）四大卫星导航系统。最早出现的是美国的 GPS，现阶段技术最完善的也是 GPS。随着近年来北斗卫星导航系统、GLONASS 系统在亚太地区的全面服务开启。北斗卫星导航系统已在多个领域得到成功应用，并发挥了重要作用，包括通信、水利、减灾、海事、海洋渔业、交通、勘探、森林防火等领域。

2) 定位与导航技术在物流领域的应用。定位与导航技术在物流领域使用范围很广泛，如公路巡检、贵重货物追踪、汽车防盗、电动车摩托车防盗、银行押运、危险品运输、企业车辆管理等都有涉及。尤其是近年来，物流行业的发展迅速，行业里的一些问题凸显出来：订单丢失、货物损坏或错漏、车源不能很好地调度利用等现象严重，定位与导航技术能帮助改善这类问题。定位监控平台是调度指挥系统的核心，是远程可视指挥和监控管理平台，对所有现场车辆监控。监控中心的电子地图上可以显示车辆所在的直观位置，并通过无线网络对车辆进行监控设置，同时监控中心也可对可控范围的运营车辆进行实时、集中、直观地监控和调度指挥。

(3) 地理信息系统。

1) 地理信息系统简介。地理信息系统（Geographic Information System 或 Geo-Information System，GIS）有时又称为"地学信息系统"。GIS 是处理地理数据的输入、输出、管理、查询、分析和辅助决策的计算机系统，是在计算机硬、软件系统支持下，对整个或部分地球表层（包括大气层）空间中的有关地理分布数据进行采集、储存、管理、运算、分析、显示和描述的技术系统。结合地理学与地图学以及遥感和计算机科学，GIS 已经广泛地应用在不同的领域。

2) 地理信息系统的应用。在现代物流信息传送系统中，GIS 发挥着重要作用，主要体现在帮助物流公司选择恰当的物流运输中心、方便物流系统进行传输分配、妥善解决突发状况以及构建宏观物流调控系统。

① 选择恰当的物流运输中心。目前已经流行的 GIS 地理位置选取方式主要为动态规划、运输规划等，GIS 还能同时将周围影响物流行业的因素进行概括呈现，把相关的建设资金展现给用户，方便对方根据自身企业的规模与资产的拥有量进行恰当的位置选取，物流运输中心的工作人员也能够准确地了解负责范围内的地理情况。

② 方便物流系统进行传输分配。GIS 功能的使用可以加快物流运输的速度，GIS 已经具备了现代人工操作不具备的优势，比如通过大数据分析来决定运输的先后顺序，对突发状况进行宏观研究并做出决策等。近年来，有许多研究物流运输 GIS 的专业工作者研发了新型传送系统，该系统可以针对当地的物流传送途径制订一个最短距离的运输计划，加快物流速度，提高运输准确性，提高客户满意度。此外，在物流运输专员到各地派送商品的时候，GIS 自行对位置进行记录，寻找最适合物流派发的中心点供后期研究，同时在定位中侦察合适的能源开发中心，帮助物流公司节约资金。

③ 妥善解决突发状况。在运输过程中，会有各种各样的紧急情况发生，GIS 能够保持对物流运送车辆的实时跟踪，保证在任何情况下都能妥善解决问题。比如在堵车的状况下，GIS 可以定位到道路畅通的地带，督促派送车辆尽快到达指定地点；保鲜食品等在运送时要避免损害，这就要求 GIS 提前进行道路查询，在开始运送前就制订好预备方案，保证商品在要求时间内到达客户手中。

智慧物流与现代供应链

④ 构建宏观物流调控系统。GIS 会采集各种渠道中的位置信息,使人员能够在物流开始前有个全面的了解,这贯穿于运输过程的每一个环节。计算机提供的位置信息会被分享给物流派发人员的工具中,并随着派送的地址变化做出相应的调整措施。研发人员甚至可以在 GIS 自动定位的过程中不断研制新功能,如优化网络传送途径、提高定位精确值、快速选择通常道路等,避免 GIS 出现失误,同时又从宏观上指出正确方向,引导物流管理的顺利开展。

2. 车辆层面的智慧运输技术

车辆层面的智慧运输技术主要是汽车自动驾驶技术。

(1) 自动驾驶技术简介。汽车自动驾驶系统(Motor Vehicle Auto Driving System),又称自动驾驶汽车(Autonomous Vehicles 或 Self-piloting automobile),也称无人驾驶汽车、电脑驾驶汽车或轮式移动机器人,是一种通过车载电脑系统实现无人驾驶的智能汽车系统。自动驾驶汽车技术的研发,在 20 世纪也已经有数十年的历史,于 21 世纪初呈现出接近实用化的趋势。例如,谷歌自动驾驶汽车于 2012 年 5 月获得了美国首个自动驾驶车辆许可证,并于 2015 年至 2017 年进入市场销售。量产自动驾驶汽车的实现需要经历四个阶段,驾驶员辅助阶段、半自动驾驶阶段、高度自动驾驶阶段和完全自动驾驶阶段。自动驾驶汽车依靠人工智能、视觉计算、雷达、监控装置和全球定位系统协同合作,让电脑可以在没有任何人类主动的操作下,自动安全地操作机动车辆。

(2) 自动驾驶技术在物流领域的应用。汽车自动驾驶技术在物流行业已有较为广泛的应用。虽然很多人预测到了人类驾驶比例,以及交通事故、损失会逐渐下降,但多数人还是觉得无人驾驶非常遥远。美国密歇根州安娜堡(Ann Arbor)的汽车研究中心表示,2030 年之前,L4、L5[一]级的完全自动驾驶汽车在新车销量中的占比不会超过 4%;到 2040 年,其份额可能才能达到 55%。

自动驾驶技术解放双手、不限里程,类似特斯拉的 Autopilot,驾驶员可以让车辆在高速公路上自动行驶很久。通过计算何时加速、制动、转向,自动驾驶车辆也会更加节油,预测巡航控制则可以自行判断下一阶段的道路状况,决定在哪儿加速、在哪儿以最经济的方式沿岸行驶。驾驶员只需要控制最开始和最后的 1km,驶入高速公路之后,车辆就进入全力前进状态。这样,驾驶员就可以在旅途的大部分时间睡觉,并在货物交付之后继续工作。另外,我们还会看到两个转变:①货车开始成为一台自动化设备;②传统的驾驶员开始扮演货物管理员或货运管理员的角色。短期来看,货运行业仍然职位空缺多,驾驶员少,自动化可以帮助填补这个空缺,也因此,货运行业具备自动驾驶技术发展的经济动因。百度 Apollo 自动驾驶车队用接力的方式,从长沙出发,乘坐飞机跨越太平洋后,在当天将一个 Apollo 标识的包裹由无人货运车送到美国拉斯维加斯,创造了历史。此外,福特、威马、长城等合作伙伴出席了发布会现场。百度还与威马汽车宣布达成长期战略合作伙伴关系,共同推进智能汽车系统的研发制造。与此同时,百度还推出了 Apollo3.5 版本,将实现从简单城市道路到复杂城市道路的自动驾驶,面对窄车道、减速带、人行道、十字路口、无信号灯路口通行、借道错车行驶等十几种路况,

---

[一] 国际自动机工程师学会(SAE International)将自动驾驶分为 L0~L5 六个等级,其中 L0 表示没有自动驾驶加入的传统人类驾驶,L1~L5 分别为驾驶支援、部分自动化、有条件自动化、高度自动化、完全自动化。

Apollo3.5都能像"老司机"一样应对自如。

2018年4月,中国领先的智慧物联网公司G7与普洛斯、蔚来资本联合宣布,共同出资组建由G7控股的新技术公司,研发基于自动驾驶、新能源技术和物流大数据的全新一代智能重型货车,探索创新物流资产服务模式。同年6月,G7正式发布智能挂车产品。G7智能挂车是对传统挂车的颠覆性设计,将物联网、大数据、AI等前沿技术与传统挂车进行融合,赋予挂车自我感知、自动交互、自动学习三大核心能力,实现对传统挂车资产的智能化升级。

3. 业务操作层面的智慧运输技术

以智能装箱算法为例。

(1) 智能装箱算法简介。随着工业4.0和智能制造时代的来临,在工业生产、物流运输等领域,加快生产线的装箱速度、降低生产成本、提高生产效率等越发重要。智能装箱算法能够提高运输工具利用率,降低成本,提高企业效率。装箱问题是复杂的离散组合最优化问题。所谓组合优化,是指在离散的、有限的数学结构上,寻找一个满足给定条件并使其目标函数值达到最大或最小的解。装箱问题也不例外,它同许多组合最优化问题,如旅行商问题、图的划分问题等一样属于NP-hard问题⊖。经典的装箱问题要求把一定数量的物品放入容量相同的一些箱子中,使得每个箱子中的物品大小之和不超过箱子容量并使所用的箱子数目最少。

(2) 智能装箱算法在物流领域的应用。菜鸟网络的算法专家,通过大数据和大规模优化技术,推出了一套"智能打包算法技术"。这套算法通俗地讲,就是可以利用算法优化,帮助仓库用更小的箱子装下所有的货品。在订单生成的那一瞬间,系统会自动计算出这个订单需要多大的箱子,几个箱子来装,找到最省材料的包装方法。

首先从成本上,由于每个箱子装得更满,空间利用更合理,且系统计算非常快速,每个订单的配送成本可节省0.12元,耗材费用可节省0.16元。以一个日均10万单的仓库来说,一年至少节省1000万元。更大的意义在于对环境的保护,以2015年天猫"双11"当天产生的约4.67亿个包裹数来算,如果用上这个技术,一天能省2300万个箱子,可以少砍伐8万颗树木;再以2015年全中国产生的200多亿件快递测算,这个技术一年可以节省约10亿个包装箱,保护324万棵树木。下一步,菜鸟网络将要实现包装的定制化,根据仓库内商品的特性,结合消费者购买组合习惯,定制最适合仓库使用的包装,快递包装耗材有望进一步降低15%以上,这会为整个行业带来巨大的成本降低。

市场上已有的智能装箱软件有装箱大师(Loadmaster)、集装箱优化装箱软件(CubeMaster)等。

1) Loadmaster:装箱大师是由北京达纬恒通信息技术有限公司开发的一款集装箱智能优化装箱软件。装载规则即货物能够以何种方式装入货柜或集装箱等容器,而是否具有丰富而切合实际需求的装载规则是判断一款装箱软件优劣的重要标准。装箱大师系统支持的装载规则如下:①货物方向设置;②最大堆码层数;③承重能力设置;④悬空处

⊖ NP为Non-deterministic Polynominal的简写,为非确定性多项式。如果所有NP问题可在多项式时间内转化成某个问题,则该问题称为NP-hard问题。

理；⑤自定义货物装柜方式；⑥是否可承载自身；⑦自动躲避角件；⑧设置优先级；⑨手动编辑。

2）CubeMaster：集装箱优化装箱软件是一个通过快速而且高效的算法来优化货物装箱，从而节约集装箱运输成本的装箱软件解决方案。它通过智能装载和优化空间利用率来达到提高装箱率、减少运输成本的目的，支持货车、航空集装箱（ULD）、海运集装箱以及托盘和纸箱。装载的货物类型支持长方体、圆柱体和托盘，在集装箱优化装箱、拼箱、装柜方面提供了强大的计算和分析功能。

4.2.2 智慧运输设施设备

1. 无人机

无人机是一种由动力驱动、机上无人驾驶、可重复使用的航空器的简称，英文常用 Unmanned Aerial Vehicle 表示，缩写为 UAV。无人机可军民两用，民用无人机多数是多用途无人机装载民用任务载荷的变型机，按用途可分为民用通信中继无人机、气象探测无人机、灾害监测无人机、农药喷洒无人机、地质勘测无人机、地图测绘无人机、交通管制无人机和边境控制无人机等。世界上主要国家的军用无人机研究主要是长航时无人机和作战无人机以及微型无人机。在运输领域，主要关注固定翼无人机在干线运输中的应用。

空域活动不同于路面运输，空域的任何活动都需要小心翼翼。工信部发布的《关于促进和规范民用无人机制造业发展的指导意见》和国家民航局运输司发布的《民用无人驾驶航空器从事经营性飞行活动管理办法（暂行）》为民用无人机暂时制定了规则和规范。国内各大物流公司都在进行无人机干线运输的尝试。在空域审批上，京东、苏宁、顺丰等公司均取得了一定的进展。2017年12月，顺丰在云南一座机场开展了一次无人机试飞投递。与小型无人机不同的是，试飞的是一架大型固定翼无人机，机长10m、翼展长20m，可以承载1.2t的货物，航程可以达到3000km。顺丰已先后实现了水陆两栖无人机、大吨位无人机的试飞工作。2017年6月，成都市双流区政府与顺丰签署了一份合作协议书，要在该区打造一个大型的物流无人机总部基地。2018年，京东自主研发的第一架重型无人机——京东"京鸿"大型货运无人机在西安正式下线，这是首个真正意义上基于物流运输场景需求研发的大型原生无人机，具有全天候全自主的飞行能力。其翼展长10.12m，全机长7.01m，机高2.635m，满载航程超过1000km，巡航速度超过200km/h，巡航高度3000m，升限5000m。未来，无人机会成为航空货运的重要组成部分。

2. 无人货车

无人货车是指利用无人驾驶技术进行长途运输和配送的物流车辆。一方面，无人驾驶的研发和推广能解除驾驶员端产生的不确定因素，大幅度减少交通事故发生率和伤亡率，将物流行业的交通风险降至更低。另一方面，无人驾驶可解决驾驶员夜间出行等安全隐患，从而实现 $7\times24h$ 高速不间断物流，解放整体运力，提升行业效率，降低物流成本。干线物流自动驾驶可能需要5~10年实现成熟的规模化商业运营。在突破技术难关并应用后，自动驾驶还要在资本层面、法律政策层面、基础设施的系统支持层面做到配套发展，才能迎来大规模商业化的应用。

第 4 章 智慧运输

随着国家政策支持力度的加大,自动驾驶领域得到了广泛的关注。科技企业、物流公司和互联网巨头正在这一领域展开一场时间与智慧的赛跑。与自动驾驶汽车相比,自动驾驶货车更容易落地和实现商业化,也成为各大公司发展的"兵家必争"之地。阿里巴巴、京东和苏宁等电商平台已纷纷研发自己的自动驾驶货车技术。

(1) 2018 年年初,菜鸟网络招聘自动驾驶方面的工程师,进军无人驾驶货车领域。

(2) 福田汽车于 2018 年 4 月获得了商用车自动驾驶路测牌照,福田自动驾驶货车目前实现了 L3 级半封闭区域的自动驾驶,包括自动转弯、行人识别、自动紧急制动、车辆自动变道、交通标志识别等。

(3) Starsky 机器人公司表示其 20000 磅①重的无人驾驶货车以每小时 35mile②的速度行驶在美国佛罗里达州亨德里县的 833 号公路上,整个时间约持续了 15 分钟,并且全程车内无人。

(4) 2018 年 4 月,由中国工程院院士李德毅领衔,天津港集团公司、中国重汽集团公司和天津主线科技公司三方联手打造的无人驾驶电动货车在天津港成功试运营。该无人驾驶电动货车可以自动智能驾驶出入码头和堆场,直接将集装箱送至指定位置,不仅缩短了运输环节,同时价格也相对更便宜。不仅能适应港区大范围作业,并且还能驶出港区,满足更多的"跨界"运输需求。

(5) 2018 年 5 月,苏宁的首款无人重卡"行龙一号"在苏宁物流上海奉贤园区成功完成测试,载重 40t。面对道路中突然出现的行人,能事先预警并从容停车。在高速路段(测试道路)可以实现自动紧急制动(AEB)、自适应巡航(ACC)、交通拥堵辅助(TJA)、车道偏移预警(LDW)、车道保持辅助(LKA)、高速跟车、行人检测、自主避障等功能。在高速场景下,不仅在 300m 外精确识别障碍物,还能以 25ms 的反应速度来控制车辆进行紧急停车或者绕行避障等措施,在驾驶速度达 80km/h 时能实现安全自动驾驶。

(6) 2018 年 5 月,京东正式发布自主研发的 L4 级自动驾驶重型货车。

3. 传感器

传感器是能感受到规定的被测量物体并根据一定的规律将之转换成可用于输出信号的器件或装置。现代传感器不仅包含模数转换,有的还包括处理功能,集成化程度正在逐步提高。广义的传感器是指能感知到某一物理量或化学量、生物量等的信息,并能将它们转化为有用的信息的装置。狭义的传感器是指能将各种非电量转化成电信号的部件。

按传感原理考虑,运输中常用的传感器主要包括磁性传感器、图像传感器、雷达传感器、超声波传感器、红外传感器等。

传感器在公路货运中的应用主要在车辆检测、车辆识别、车辆控制、环境信息检测、危险驾驶警告等方面。传感器在铁路运输中的应用主要是安全检测,利用分布在铁路沿线的线路、桥梁、隧道、信号、供电等基础设备或移动车辆上的多种安全监测设备,自动采集货物装载状态、列车运行状态、线路、桥隧、信号、电网、气象、自然灾

---

① 1 磅 = 0.45359kg。

② 1mile = 1.609km。

害等监测信息，对各类可能对铁路运输安全生产造成影响的设备设施及其运行状态进行自动在线检测，通过智能化分析实现在线集中监控、安全预警及安全管理，提供安全信息综合分析及决策支持，确保铁路运输安全。此外，传感器是组成物联网系统的重要硬件之一，在使用物联网技术的其他运输方式中，均会用到传感器。

4.3 智慧运输决策

运输计划阶段的智慧运输决策以及在途过程的信息快速接收和处理是智慧运输最重要的两个特点，本节主要对运输计划阶段的智慧运输决策进行介绍。首先对传统运输的工作流程进行梳理，用以明确智慧运输决策涉及的问题，其次对智慧运输决策在具体问题上的应用进行介绍。

4.3.1 智慧运输决策相关的运输流程

传统运输的工作流程主要包括：①接单，对订单进行审核归类，及时将错误订单或不清楚的订单返回给客户；②调度员将客户订单重新组合或拆分，根据客户要求选择合适的运输方式；③调度员选定运输方式后，根据车辆装载要求重新组合货物，确保装载率的最大化；④选择合适的线路；⑤按照选定线路发送货物，并处理异常情况；⑥调度员对外埠运输的车辆进行在途跟踪，以确保货物能够安全、准确地到达目的地。

在上述运输工作流程中，智慧运输要使用先进的技术和管理手段，根据客户需求，选择最适合的运输方式，然后根据运输能力限制和货物特点进行运输能力配置，包括运输工具分配和运输工具内部资源利用等。货物装运好之后，要使用物联网和云计算等技术，进行实时的路径优化和运输工具调度，保障运输服务各方的利益。

4.3.2 运输方式选择

运用高新技术和管理办法提升货运效率，对多种运输方式进行综合考虑是智慧运输需要解决的问题之一，因此智慧运输决策中的运输方式选择主要应用于多式联运问题的解决。

多式联运是指有一个多式联运经营人（运输企业或者运输代理企业）负责承运，一般以集装箱运输为媒介，采用两种及以上运输方式，实行"一次托运、包干计费、一票到底、全程负责"的连贯运输的运输方式。它具有显著的优越性，特别是为货物的门到门运输提供了一条极为有效的途径。如何提高多式联运的效率、合理进行多式联运的货物配置及运输方式选择，是运输服务发展过程中必须解决的问题。

下面介绍两种多式联运的重要实践。

（1）中欧班列。建设并运行中欧班列是我国发展多式联运的重要举措之一。中欧班列可以将公路、铁路、航空货运进行有效结合。中欧班列包括的线路有：①"渝新欧"："渝新欧"为国内首条中欧班列，是重庆至欧洲国际铁路大通道。②"蓉欧"："蓉欧"班列（成都—波兰罗兹）于2013年4月26日正式开行，起点是成都青白江集装箱中心站，经宝鸡、兰州到新疆阿拉山口出境，途经哈萨克斯坦、俄罗斯、白俄罗斯等国到达波兰罗兹站，线路全长9826km。③"郑欧"：郑州圃田站始发的"郑欧"班列

第 4 章　智　慧　运　输

于 2013 年 7 月 18 日开通，沿陇海铁路向西，是中国中西部地区直达欧洲的陆上铁路货运大通道。此外，"郑欧"班列还在实施"运贸一体化"和冷链物流，实现了跨境运输全程温控。④"义新欧"："义新欧"班列于 2014 年 11 月 18 日开行，全程 13000 多公里，全程运行时间 21 天左右。义乌一方面以城区规划形式为"义新欧"发展打造战略功能区，另一方面从原有综合性物流平台建设转向专业化物流平台建设，建设针对"义新欧"班列运输需求的专业化铁路物流园区。

（2）海铁联运。主要深海港口与货物内陆起点或目的地之间的腹地运输已成为现代物流系统的重要组成部分。腹地运输链一般是指海港面向内陆地区的运输线路，服务于海港货物在内陆地区的集散运输。腹地运输线路的选择由海港、陆港、多式联运承运人、进口商和出口商共同决定。多式联运在货运过程中整合货车、火车和驳船的使用，以提高腹地运输的效率和可靠性。学界有人研究集装箱在各个口岸以及各种运输方式之间的分配，需要满足运输成本和库存成本总和最小，其中，运输方式包括通过货车或铁路直接运输，以及集装箱进入国内拖车或入境口岸的转运。

利用智慧运输决策进行运输方式的选择时，需要考虑影响节点运营方、托运人、联运承运人选择的决定因素。可以通过行为模型描述运输方式的联合选择，行为模型中可以考虑上述各方的目标：节点运营方寻求最大化吞吐量；多式联运承运人寻求利润最大化；托运人寻求最大限度地降低物流成本。

4.3.3　运输能力在线配置

本书将运输能力在线配置划分为运载工具内部空间配置和运载工具在不同地点的配置。智能装箱算法和物联网可以用于解决运载工具内部空间配置问题，用于货运的车辆、船舶、飞机、集装箱等运载工具，可以通过动态规划和路径优化算法进行资源配置。

下面以航运中的空箱问题和港口内部运载资源配置为例，对运输能力在线配置问题进行说明。由于国际贸易活动的不平衡，航运公司在进口主导的港口往往会积累大量不必要的空箱，同时在出口占主导地位的港口又会产生大量空箱需求。这种情况下，航运公司面临的挑战之一便是如何管理和控制其集装箱在各个港口的分配量，此外，空集装箱的内陆重新定位是一个至关重要的问题。航运公司拥有的集装箱有自有集装箱和租赁集装箱两种，多港口空集装箱分配问题涉及从供应港口到需求港口的空集装箱的分配，需要考虑服务水平、运输成本和持有成本等因素。现有的多式联运集装箱（货运）运输规划方法主要基于两个方向：基于最短路径的方法和基于动态编程的方法。基于最短路径的方法及其不同变形，已经开发了许多模型算法，例如，最短路径过程、k 条最短路径算法、时间依赖的联合最优路径算法，以及基于传输网络的分解计算全局最短路径解决方案的并行算法。基于动态编程的方法，即根据动态需求和动态交通状况，建立动态运输规划模型，来解决如内陆货物运输中深海码头与内陆码头之间的联运集装箱流量分配问题。

4.3.4　实时路径优化

车辆路径问题（VRP）作为运筹学和组合优化领域中最经典的问题，对解决城市道

智慧物流与现代供应链

路交通拥堵的问题，有着十分重要的作用。VRP 中常见的算法有遗传算法、粒子群算法、禁忌搜索算法、神经网络算法、蚁群算法等。对于动态车辆路径问题，目前相关研究多采用插入新需求点和调整部分线路的局部优化方法，尽量减少原有配送线路的变动程度。

以 GPS 技术、GIS 技术、车联网等技术为基础，实现车辆路径实时优化，可以降低运输成本，节约运输时间。尤其是生鲜产品和危化品等具有特殊要求的物品的运输保障，是智慧运输的关注点。实时优化主要体现在需求量在配送途中发生变化、需求点增减、道路交通拥堵、运输节点交通管制、车辆在行驶过程中出现故障等动态事件情形下的路径优化。实时的城市配送需要借助 GIS、GPS、ITS、移动电子商务平台（MC）和全球移动通信系统（GSM）等技术工具实时地获取动态信息，而调度中心要不断地合并新信息，在每个动态事件发生时刻生成新的配送计划。信息获取过程如下：MC 用于获取顾客需求量和需求点位置信息，ITS 用于获取实时交通道路信息，车辆使用 GPS 进行定位，GIS 用于获取任意两个运输节点的实际距离。GSM 用于保证通信的安全性和及时性。

对于可能的动态事件，要实现实时路径优化，目前的主流方法是采用启发式算法，其中，遗传算法是最为常用的启发式算法。现代化的物联网技术和车联网技术可以实时、准确地收集关于需求信息、车辆运行状况、天气、路况、交通管制信息、运输节点变动等信息，且能够高精度地预测交通网络中任意两节点的行程时间。因此，当车辆到达路网中任意一个节点时都可以更新路段行程时间，通过采用遗传算法可以很容易地计算得到当前配送节点到下一个节点的瞬时最短路径。

思考题

1. 简要概述智慧运输和传统运输的不同点。
2. 简要概括智慧运输的发展趋势。
3. 列出两个及以上智慧运输相关技术，并选择一个，简要介绍其在智慧运输中的应用。
4. 列出两个及以上智慧运输相关设施设备，并选择一个，简述其在智慧运输中的应用。
5. 简述智慧运输流程。
6. 简述多式联运的定义，并列出两个及以上影响多式联运决策的要素。
7. 举例说明运输能力在线配置带来的效益提升情况。
8. 列出两项实时路径优化所需的相关技术。

参考文献

[1] 韩东亚，余玉刚. 智慧物流［M］. 北京：中国财富出版社，2018.
[2] 王建强，吴辰文，李晓军. 车联网架构与关键技术研究［J］. 微计算机信息，2011，27（4）：156-158，130.
[3] 李磊，陇小渝. 浅谈车联网的发展［D］. 西安：西安邮电大学，2013.
[4] 张翔，王作磊. 车联网在物流行业的应用［J］. 汽车电器，2014（2）：4-7.

第4章 智慧运输

［5］端木庆玲，阮界望，马钧．无人驾驶汽车的先进技术与发展［J］．农业装备与车辆工程，2014，52（3）：30-33．

［6］HOFMANN-WELLENHOF B，LICHTENEGGER H，WASLE E．GNSS—Global Navigation Satellite Systems：GPS，GLONASS，Galileo and More［M］．Berlin：Springer，2008．

［7］宁津生，姚宜斌，张小红．全球导航卫星系统发展综述［J］．导航定位学报，2013，1（1）：3-8．

［8］杨元喜．北斗卫星导航系统的进展、贡献与挑战［J］．测绘学报，2010，39（1）：1-6．

［9］吴信才．地理信息系统的基本技术与发展动态［J］．地球科学，1998（4）：5-9．

［10］王晓伟，黄蓉．GIS在现代物流系统中的应用［J］．科技经济导刊，2017（13）：32，34．

［11］秦博，王蕾．无人机发展综述［J］．飞航导弹，2002（8）：4-10．

［12］高利，吴邵斌，赵亚男，等．智能运输系统［M］．北京：北京理工大学出版社，2016．

［13］蒋荟．基于信息融合的铁路行车安全监控体系及关键技术研究［D］．北京：中国铁道科学研究院，2013．

［14］荣朝和，魏际刚，胡斌．集装箱多式联运与综合物流：形成机理及组织协调［M］．北京：中国铁道出版社，2001．

［15］LEACHMAN R C．Port and modal allocation of waterborne containerized imports from Asia to the United States［J］．Transportation research part e-Logistics and transportation review，2008，44（2）：313-331．

［16］TALLEY W K，NG M W．Hinterland transport chains：A behavioral examination approach［J］．Transportation research part e-Logistics and transportation review，2018，113：94-98．

［17］LI，J A，LEUNG S C H，WU Y，et al．Allocation of empty containers between multi-ports［J］．European journal of operational research，2007，182（1）：400-412．

［18］LI L，NEGENBORN R R，SCHUTTER B．Receding horizon approach for container flow assignment in intermodal freight transport［J］．Transportation research record，2014，2410：132-140．

［19］ZEHENDNER E，RODRIGUEZ-VERJAN G，ABSI N，et al．Optimized allocation of straddle carriers to reduce overall delays at multimodal container terminals［J］．Flexible services and manufacturing journal，2015，27（2-3）：300-330．

［20］ZHEN L，WANG K，WANG S A，et al．（2018）．Tug scheduling for hinterland barge transport：A branch-and-price approach［J］．European journal of operational research，265（1）：119-132．

［21］朱文兴，贾磊，赵建玉，等．城市交通网络路径优化建模与仿真［J］．系统仿真学报，2005（7）：1556-1559．

第 5 章 智 慧 配 送

引言

配送是物流过程中最贴近消费者的环节,其服务质量与服务效率深刻地影响着用户体验;配送也是城市交通中重要的组成部分,对其进行合理的规划是城市交通管理的重要一环。以"互联网+"为代表的现代技术正在加速智慧配送的技术研发与投入,是物流行业发展的大势所趋。智慧配送以"降本增效"和"用户体验"为核心,紧扣消费者脉搏,依托物联网、大数据、云计算等新一代信息技术,通过一系列智能算法,在配送环节中丰富无人设备的应用,提高配送效率,使消费者满意度显著提升。

5.1 智慧配送概述

5.1.1 智慧配送简介

1. 智慧配送的产生背景

我国经济正在从高速发展转向高质量发展,产业结构和管理模式不断升级,社会化分工越来越细,电子商务等新型商业开始被人们所青睐,配送市场需求旺盛,"最后一公里"的配送工作也成为被关注的重点。配送已经被企业上升到了战略层次,物联网、大数据、云计算和人工智能等新技术可以有效地适应物流行业的发展并使配送服务更加满足消费者的需求,这些促进了智慧配送的产生。

(1) 用户需求逐渐多元化、复杂化、高标准化。

1) 用户需求在空间与时间上具有差异性,从空间上看,目标客户不集中在某一个区域,而是处以一种不规则的分布。对于企业而言,通过增加运力来满足这些分散开的配送需求的方法已经无法解决问题。从时间上看,客户需求也呈现出潮汐特征,对配送服务的弹性化需求较高。物流企业既需要持有运力资源来满足如"双11"购物节等活动引发的配送需求高潮,同时也面临着在需求低谷时的资源闲置问题。客户需求的时空差异,意味着物流企业需要负担很高的经营成本,来支撑企业对于物流效率及服务质量的诉求。

2) 用户要求掌握更加精确、透明的货物流动信息。受到成本与技术的限制,信息化水平较低的配送服务无法做到商品货物信息全程跟踪,这会使客户无法即时掌握货物动态,影响客户服务体验。用户信息的透明化可以在配送过程中为用户给出相应的提示,减少用户对配送企业的质疑,维护自身的品牌与服务。

3) 用户对配送服务安全提出了新的诉求。企业为降低成本,对配送人员的待遇低,导致配送人员工作不稳定,跳槽频繁。而且配送员自身素质与业务水平参差不齐,这些

第5章 智慧配送

都会让客户产生对货物财产安全以及客户人身安全的担忧。

（2）技术发展解决用户新增需求。

1）数据分析与新型算法解决用户需求的时空差异性。随着大数据分析、云计算与人工智能的各类算法在智慧物流中的应用，智慧配送能够即时感知各地区分散的物流需求并实时分析需求数据，以此推荐最佳的配送方案。而智慧配送中的共享思维、平台经济则为企业提供了一个解决客户不同时间上需求差异的方式。

2）物联网技术可以向客户提供更透明的货物流动信息。在物联网信息通信技术的支持下，智慧配送能够做到配送流程可视化。客户在登录终端后，可以查询到货物的实时位置，即时了解货物动态和预计到达时间，有助于客户统筹安排其他工作，增强客户体验。

3）无人技术提供配送服务安全保障。智慧配送通过结合遥感控制、无人机、无人车等软硬件技术，实现了机器与人结合配送，精简配送人员，使配送员队伍保持稳定，提升配送员素质修养；同时对配送者进行信号追踪，精准执行配送任务，以此减少客户对货物安全及人身安全的忧虑。

（3）智慧配送拥有非常深厚的政策土壤。我国的物流业正在向着数字化和信息化转变，辅以各项政策的出台，推动了智慧配送的快速发展。各类政策内容涵盖了推动智能产品在经济社会的集成应用，夯实人工智能产业发展的软硬件基础，培育推广智能制造新模式，完善人工智能发展环境等。这些政策的实施为智慧配送装备的快速发展营造了良好的环境。

如今国家大力倡导智能智慧，各个与智能智慧相关的科技企业如同雨后春笋般涌现。如果国家能够有效地引导相关科技企业对配送环节进行投入，就可以解决智慧化配送设备稀少、落后等不足。另外智慧配送作为一个新兴的行业，也方便国家拟订发展规划并制定相关政策，以此取得全球领先的话语权。

2. 智慧配送的发展

配送主要有三种模式：①共同配送，即多个配送企业联合起来，为某一区域的客户提供集中配送服务的物流形式；②设立取货点，比如企业在便利店或其他类型的网点设置储物柜，与其形成终端物流合作；③自设终端模式，即不依赖于其他机构，企业自身广泛建立终端物流中心。

在经济转型、消费升级以及技术革新的推动下，智慧配送展现出更多的新模式，如建立并普及快递智能柜，使用无人机、末端无人快递车或智能无人车进行配送。

智慧物流应用物联网、大数据、云计算、人工智能等新技术，促进了线上线下的融合，推动了新零售的发展，也带来了配送体系的变革。智慧配送的大数据技术可以用来预测客户需求，提前对货物进行调配，减少随机和零散需求的配送压力，减少货物搬运次数，实现客户下单后就近配货，缩短了物流包裹的配送距离。同时智慧配送有着去中心化的趋势，传统的零售门店成为离消费者最近的末端配送网点。这些去中心化的店仓末端网络互联互通，根据销售实际情况通过智能调度实现不同门店间货物的互补。即通过智慧配送服务实现门店间的智能调配，有货的门店可以直接把货就近调拨到缺货门店。

随着技术的发展，智慧配送与智慧仓储之间的链接不断深化，大量物流设施设备接入互联网,以设施互联、信息互通的方式带动了仓储与配送间的信息资源共享,整合末端人力、物力资源与智能终端,实现资源的合理布局与共享利用,提升配送效率和用户服务体验。

近些年,各级政府和行业协会都开始注重智慧物流的发展,这推动了智慧配送技术与设备创新。高速联网的移动智能终端设备,让物流人员操作更加高效便捷,人机交互协同作业更加人性化;送货机器人和无人机研发已经开始在校园、边远地区等局部场景进入了实用测试,取得巨大进展。在电子商务物流领域,菜鸟通过智慧物流技术打造自动化的流水线、AGV机器人、智能缓存机器人、360°运行的拣选机器人、带有真空吸盘的播种机器人、末端无人车等高科技产品,提升了配送效率,让物流行业的当日达、次日达成为快递的标准速度。

3. 智慧配送的概念

在中华人民共和国国家标准 GB/T 18354—2006《物流术语》(2007 年 5 月 1 日起实施)中,配送的定义为:配送是在经济合理区域范围内,根据客户要求,对物品进行拣选、加工、包装、分割、组配等作业,并按时送达指定地点的物流活动。

2015 年 7 月,商务部办公厅下发的《关于智慧物流配送体系建设实施方案的通知》指出,智慧物流配送体系是一种以互联网、物联网、云计算、大数据等先进信息技术为支撑,在物流的仓储、配送、流通加工、信息服务等各个环节实现系统感知、全面分析、及时处理和自我调整等功能的现代综合性物流系统,具有自动化、智能化、可视化、网络化、柔性化等特点。发展智慧物流配送,是适应柔性制造、促进消费升级、实现精准营销、推动电子商务发展的重要支撑,也是今后物流业发展的趋势和竞争制高点。

智慧配送是为适应智慧物流发展的新要求,升级原有的配送设备,应用大数据、人工智能算法和无人机等新型软硬件技术,对配送的全流程进行信息化、透明化管理,实现无人配送、即时配送和主动配送的物流活动。智慧配送可以降低配送成本,提升配送效率,增加客户对配送服务的满意度。

5.1.2 智慧配送的种类

1. "送货上门"的无人配送服务

配送的工作量大,想要实现送货到家的服务水平需要进行自主判断的情况多,因此工作人员需求量大、人力成本居高不下。无人配送通过人工智能算法与无人配送设备这样软硬结合的方式,在人工智能的决策判断下,增加对硬件设施的使用率,减少人员参与。相比于需要大量配送员进行作业的配送模式,智慧配送可以实现"送货上门"配送服务的无人化。

2. 基于客户满意的即时配送服务

与智慧仓储和智慧运输相比,智慧配送更加注重客户体验。由于业务量过多,需要在一定的时间点收集前一时间段的所有订单,然后进行统一配送。这对于客户来说就产生了或多或少的滞后,可能下单时间仅仅相差五分钟,收货时间却相差一天,严重影响客户体验。新零售所带来的产业升级已经成为人与货、时间与距离的赛跑,客户与货物之间的距离变得越来越近,时间变得越来越短。可以说,新零售为配送市场带来机会的

第 5 章 智慧配送

同时也让竞争变得异常激烈。

智慧配送为用户提供可以在线下单的互联网平台，在客户下单后，系统将线上线下的订单信息数据化，通过算法匹配，自动将配送任务信息发送到最合适的配送员的移动终端或配送设施的接收器上。配送者取件后，直接送达到指定的目的地，无任何中转环节，真正实现即取即送。

即时配送基于智能交互与需求共享理念，调动闲置的配送资源，发挥现有配送资源的最大化使用效率，通过短链、无人化等智慧物流技术，实现收派一体、即取即送的配送服务。智慧配送的及时性为广大私人用户、企业及商业办公人群打造了高效、便捷、安全的加急件和私人物品专业化服务。

3. 小范围内的主动配送服务

配送不是单纯的运输或输送，而是运输与其他活动共同构成的组合体。而且配送所包含的那一部分运送范围较小，需求可以进行预测。

近年来，市场竞争日益激烈，未来的配送新趋势是一场关于人、环境、大数据和效率的革命。若不尽快采取措施去适应市场环境的变化，势必会逐渐失去原有的销售优势，使市场份额日渐丧失。

因此各企业均在想方设法地通过不同途径、采用各种方式抢占市场。许多公司通过不断优化零售网络，提升商品的质与量，为客户提供标准化、专业化和个性化的优质服务，培养自身的服务品牌，提高顾客的忠诚度，抢夺市场份额。

主动配送是在配送过程整体优化的基础上，依靠物联网大数据的支持，基于对一定市场范围内需求的预测和库存变化的判断，满足消费者个性化需求，对主动配送网络布局优化，实现先发货后下单的主动式配送服务。在客户感受到缺货前，主动将商品配送到客户处，体现出智慧配送的主动性特点。

5.1.3 智慧配送的应用

1. 智慧配送在新零售中的应用

近来国内风起云涌的新零售的浪潮，再次加剧了不同商业生态的配送服务的竞争。

新零售表现为对人、货、场三者关系的重构，消费者对购买商品的便捷性和最终获得产品的及时性有着更高的要求并同时要求有更好的和商家的交互体验，具体到商品的配送环节，就是终端客户对配送的时效性和对服务全过程的要求越来越高。

目前，商家自建配送体系、整合平台众包和临时加盟形式并存的即时物流服务，以及配送网络下沉、配送中心前置的策略等综合解决方案，正深刻地影响着今天的消费方式和终端消费者的偏好，并逐步演变为新零售模式下的典型配送服务方式。

在新零售发展的今天，第一个变化就是顾客购买将呈现出频率高、部分商品下单时间比较集中等特点，那么门店的配送系统也会呈现出特定时间段订单激增、时效性变短、最终配送地点多为居民区等特征。其次是配送半径大幅缩短，配送半径基本在 5km 以内。再者是服务要求高，基本上都要求配送人员送货到家，并与客户当面进行货物交接。最后是配送商品以生鲜类为主，商品自身的价值周期短对配送服务要求高，除了及时配送之外还需要一定的保鲜、保值的专用设备或附加服务。

在新零售的配送环节中引入智慧的因素，可以有效应对这些新特点。智慧配送在新

智慧物流与现代供应链

零售中的应用主要体现在：①终端客户配送服务的及时性大幅提升，从接收订单到配送完成，基本要求在30min内。商家与现有配送平台进行合作，利用其终端配送能力覆盖3km的范围，实现即时配送。②对于除生鲜、熟食等类商品外时效性较长的商品，可以总结客户购买规律，运用主动配送的方式提升时效性。③充分利用如丰巢快递柜、速递易等智慧配送终端资源，解决居民区配送最后一公里的问题。

2. 智慧配送在特殊物流保障中的应用

无人化是智慧配送的典型特点之一。无人机配送代表了物流行业向自动化、智能化方向发展。智慧配送中的无人机主要应用于灾害应急、医疗应急和区域性快件投递。要根据事件类型及货物类型，确定使用机型，对无人机配送的专用线路、运输规则、商业模式、监管机制、人员培训等设计系统性方案，保障特殊物流需求。设计系统性方案时要对无人机的载重、续航时间、服务半径、环境适应性等方面做好前期规划，严格把控产品研发和生产测试等环节，做到精细管理和万无一失。

在紧急救援和运输应急物资等方面，无人机能发挥常规运输工具无法比拟的优势，把现场信息第一时间传至指挥中心。

3. 地下物流

地下物流系统的末端配送方式是将物流主干道与客户所处地区建筑底下的运输管道物相连，最终发展成一个连接城市各办公楼或生活小区的地下物流管道网络，并运用云计算、大数据等技术，达到高度智慧化。

客户通过互联网下单后，商家接受订单，将商品通过搭建的地下管道传送至物流中心进行分拣，然后通过地下物流管道搭配智能智慧系统进行运输或配送。

来自于各处的商品在经过主干道的地下运输后，集中在各个地区的物流仓。以综合管廊的物流仓为中心，建立多条次干道，增加输送功能。可利用现代电子信息识别技术对商品进行自动分拣，通过现在日趋成熟的自动运输与导航技术，完成从集散点经过次干道至各小区各建筑物的派送。地下物流的智慧配送系统与园区地产结合，通过楼宇的自动化机械完成到户到家的终极目标。

智慧配送在地下物流中的应用，不仅具有高效率、高准确度等优势，而且可以避免城市交通拥堵问题，减少机动车辆带来的环境污染，提高城市商品配送的服务质量。

5.2 智慧配送的设施设备

5.2.1 智慧配送站

1. 技术介绍

智慧配送站设有自动化分拣区、无人快递车停靠区、充电区、装载区等多个区域，能够完成货物分拣、无人快递车停靠、充电等一系列环节。当包裹从配送中心运输至配送站后，在物流分拣线上按照配送地点对货物进行分发，分发完成后，站内装载人员按照地址将包裹装入无人快递车，配送至消费者手中。

末端无人机和无人快递车是解决城乡"最后一公里"配送难题的有效手段，相比于以往无人设备需要按照人工指示单点送货和人工送货，智慧配送站则相当于一个智能

第 5 章 智慧配送

中转站,将收发环节互相连接,实现全程无人配送。

2. 发展现状以及目前的瓶颈

智慧配送站可以存储多个货箱和终端无人快递车,并具有无人快递车充电设备,同时可以为客户提供商品自提、退换、收发等服务。

智慧配送站可以提供无人配送服务,自动卸货、自动装载,并自动送至指定地点,收件人收取包裹既节省时间又减少行走的路程。

由于技术与环境的限制,在不同的区域可能会采取不同的配送形式。智慧配送站会把货物送到分货柜中进行智能分拣,区分不同配送区域的货物,来进行相应货物的分发。比如在校园中,无人快递车可以直接将货物送到学生宿舍。在农村进行配送时,会在比较集中的区域里设一个配送站,收件人可以到配送站自提。

3. 竞争优势

从长期经营的角度看,智慧配送站的成本比传统配送站的人力成本低。随着人口红利的减少和农村电商的发展,人力成本越来越高、订单越来越多。使用智慧配送站,可以有效控制配送成本,同时保证安全性和稳定性,增加客户服务体验。

从配送流程的角度看,智慧配送站让配送的全流程无人化成为常态,用智能化设备的无缝对接解决电商业务的复杂场景,无论在国内还是全球,都是在开创行业标准。

智慧配送站的应用推进了智慧物流体系战略的构建不断向前:于智慧配送站所在地区而言,必将推动探索更多产业变革的新机会,促进传统产业转型升级;于使用智慧配送站的企业而言,将为"无界零售"时代的到来提供强力支撑,为全球智慧物流革命提供实践样本和技术支持。

未来,智慧配送站将会提升技术,争取适用于城乡山区等多种环境;不再仅是管理或连接无人送货设备的手段,还要增加辅助客户退换货、收发件等智慧服务。智慧配送站的广泛应用将为社会创造更加智慧、更加便捷的购物环境。

5.2.2 智慧配送的送货设备

目前配送需求剧增,不断增长的业务量使现有的人力物力越来越难以满足日益增长的服务需求。伴随着人口红利的消退以及服务场景的复杂化,快递企业开始面临人工成本高、配送难的现状。对物流企业来说,如何解决用工成本高、末端配送难,让商品更快到达消费者手中的问题成为重点。现阶段,物流企业努力实现配送环节的自动化、无人化,这是成本控制的需要,也是行业进步的需要。

1. 无人机

在偏远山区、交通不便的农村地区,配送一直是个难题。农村地区"最后一公里"的物流成本更是占到整个物流成本相当大的比例,在交通运输基础设施落后的情况下,物流无人机能够凸显独特优势,提升物流网点与终端之间的流转效率。

无人机技术已在上一章有所介绍,此处不再赘述。

(1)无人机在智慧配送中发挥的作用。

1)克服环境对配送的限制,具有空间优势。无人机技术可以进行精准定位,智慧配送使用无人机作为配送设备,具有更强的技术优势。配送中的难题主要存在于农村、山区及市中心等地区。农村地区地广人稀,部分地区甚至没有水泥道路;山区的地理形

智慧物流与现代供应链

势复杂,山道崎岖难行;市中心地区交通情况复杂,管制、拥堵不时发生。在这样的地区如何完成"最后一公里"配送,将物品送到消费者手中,是一直被广为关注的问题。人力配送在农村、山区或市中心很难达到低成本、高效率、高质量服务等目标。智慧配送中应用的无人机技术,可以通过遥感对交通情况复杂的区域进行精准细致的定位,反馈的信息经智慧系统处理,为无人机规划最优路线;同时无人机可以在空中飞行,不受路面的地理环境影响。因此,无人机搭配智慧技术是农村、山区及市中心配送的最佳选择。

2)灵活性强,时间成本较低,具有时间优势。智慧配送中使用的无人机的体型较小,载货量较低,因此无人机配送更加灵活,不需消耗时间汇总到一定数量的订单后再集中配送,减少了客户的等待时间。无人机接到订单后立即执行任务,商品即收即送,同时无人机的速度较快,可以迅速抵达客户的位置,从而提高消费者的购物体验。

3)优化末端配送流程,提升配送效率。智慧配送使用无人机作为配送设备,可以大量减少配送的中间环节。商品抵达配送站后,无须装车,而是直接通过智慧分拣系统使用无人机送达消费者处。

4)节约人力成本。智慧配送使用无人机作为配送设备,可以节约人力,缓解企业作业压力。较高的人力成本会给劳动密集型的配送企业造成很大的经济压力,从而影响企业的业务拓展和技术升级,甚至决定了企业的生死存亡。用无人机代替人力配送,可以减少企业的人力成本,提升企业的技术水平。

(2)智慧配送中无人机应用的局限性

1)技术瓶颈难以突破。无人机技术瓶颈的存在限制了行业应用的拓展。无人机的技术瓶颈主要体现在续航时间短、载荷重量较低、可靠性弱和作业半径较小这些问题。续航时间短(20min左右)是无人机的通病,至今民用无人机还未解决这一难题;天气不佳时,无人机暂时难以抗风防雨,无法规避天气风险。较短的续航时间与载荷量使无人机配送只局限在小件商品,而较小的作业半径和对于恶劣天气的较差应对能力又从时间空间的角度限制了无人机在配送中的应用。

2)政策尚未完全完善。虽然已经颁布无人机操作的相关条例,但鲜少有机构或人员监督和管理,规定实施较为无力,有关无人机的标准和规范也不够完善。无人机在物流领域的发展确实尚存在一些待解决的问题,包括:如何将无人机的事故风险概率控制在合理范围;如何让无人机在各种天气下保持稳定;无人机货运需大量执飞较长航线,怎样解决通信及干扰问题等。无人机的运用避免不了空域管理的问题。无人机的配送还会受到飞行范围、飞行高度、飞行重量等多方面的影响。在相当长的时间内,无人机配送还难以实现大规模的商业化运作。

3)仍然存在各类安全隐患。无人机的安全隐患以人身财产安全问题和个人隐私安全问题为主。无人机的培训产业尚未完全发展起来,当无人机技术被应用到智慧配送中时,可能发生因操作不当引起人身伤害或行人影响无人机配送货物等问题。另外无人机在配送中的广泛应用也会导致大众隐私被暴露的隐患,由于无人机送货时带有摄像头,如果无人机在配送商品的过程中碰巧捕捉到沿途行人或居民的私人或敏感信息,那么这些信息的处理将成为问题。

第 5 章 智慧配送

2. 无人快递车

（1）无人快递车简介。无人快递车主要依托于高精度遥感技术与智能导航系统，是一款可以在陆地上行驶，代替配送员将包裹全自动地配送到用户家门口的机器人。大部分无人快递车体积较小、四轮驱动，具备若干个不同大小的载货舱，可以按照既定路线自动导航行驶，并具备环境感知、车道保持、动态识别、实时规划、智能避障等功能。

在进行配送前，用户可以与无人快递车预约配送的时间、地点与物品，无人快递车会协同工作，自动进行包裹的分配和运行路径的规划。通过内建的导航系统，它能在无人干预的情况下实现自主定位导航。此外无人快递车还具备多种智能功能，如乘坐电梯；识别行人车辆等动态障碍物，预判它们的运行轨迹并进行动态避障；自动实时监控机器人正在运送的包裹，不仅在包裹被盗时进行报警，也能在包裹被误取时进行提醒。

它能够很好地提升配送业务操作系统完善程度、配送服务规范程度，对配送需求做出即时响应，减低人力成本，从而满足消费者对于速度、服务、个性化等高质量的需求，缓解巨大的配送压力。与无人机配送的方式相比，无人快递车配送还具备载重量大、续航里程高、安全可靠等重要优势。

（2）无人快递车的关键技术。

1）环境感知。无人快递车以安全第一为标准，配备多个视觉传感器和雷达，通过生成视差图等方式构建三维环境，检测障碍物的大小和距离，控制机器人避障。

2）车道保持。通过深度学习算法，可以识别交通标志和车道线，在任何照明状况或天气状况下都可以保证行驶遵守交通规则。

3）动态识别。无人快递车能动态识别环境的变化，当探测到原路径无法正常通行时，机器人会立即重新调整、规划路线。

4）实施规划。利用在线学习算法，根据线上反馈数据，实时、快速地进行路径调优。

5）智能避障。通过深度学习，识别环境中的行人、车辆等不同的实体，对动态实体进行准确的轨迹预测，提前进行规避。

5.2.3　智能快递柜

1. 智能快递柜的发展

智能快递柜技术现在较为成熟，国内以顺丰为首投资的丰巢以及菜鸟投资的速递易等一批研究并应用智能快递柜的企业已经出现。但是目前智能快递柜仍然面临着使用成本较高、智能化程度不足、普及率低、盈利模式单一、无法当面验收商品等问题。

可以说智能快递柜目前已具备商用的基础，已经在国内一二线城市得到推广，是各物流公司的布局重点。但受限于成本与消费者使用习惯的问题，未来发展还存在着不确定性。

2. 智能快递柜技术

智能快递柜结构分为储物终端、平台管理系统，可以智能存件、智能取件、远程监控、管理信息、发布信息等。内嵌固定式条码扫描头，可读一维、二维条码等信息。取件

智慧物流与现代供应链

时,用户可凭手机上收到的取件码,在智能快递柜的扫描窗口刷取,验证成功即可取件。其核心技术在于物联网、智能识别、无线通信等。智能快递柜远程操控示意图如图 5-1 所示。

图 5-1 智能快递柜远程操控示意图

应用智能快递柜还可以帮助企业实现数据闭环自主研发,通过掌握末端数据,获取较强的业务能力,直接承接上游业务。

在没有应用智慧配送终端的情况下,企业可以掌握上游商品、交通工具调度、配送员实时位置等数据,但由于缺乏末端用户的情况,导致数据闭环不能够完整地流通。智慧快递柜可以帮助企业切入末端市场,并及时获取缺失的用户信息,形成客户画像,从而能够对客户需求进行精准预测,进一步整合配送终端的数据资源,利用大数据和智能算法优化商品物流效率,对商品的整体物流流程进行统一的调配,最终实现物流资源高效化的目标。

3. 智能快递柜的作用

(1)提高配送效率。配送员需要和客户协调配送的时间,有时配送员已经按时到达订单上的地点,但客户因时间安排无法进行签收,配送员需要在其他时间再一次配送,这样就增加了时间成本。应用智能快递柜后,配送员在送件时可以将商品直接存放在快递柜内,减少收件人相关因素对于配送时间的影响。改变了以往配送员和消费者面对面交接的模式,避免配送员与用户时间错配的问题,使配送的整体效率提高。

(2)增加客户配送服务体验。智能快递柜的 24 小时自助服务可以随时存取件,不会因为快件的签收而干扰客户的日常生活工作,具有极高的便利性。客户的取件时间更加自由,客户可以选择自己的空闲时间去快递柜领取自己的商品。

(3)具有较高的安全性。有些快递员在客户无法签收快件时为了避免再一次配送,将商品放置在客户门口、门垫下或消防器材等地,这可能导致商品丢失或客户信息泄露。智能快递柜通过移动端扫码取件,具有较好的安全性,同时有效地保护了客户隐私。

第5章 智慧配送

5.3 智慧配送决策

随着技术的进步，可供消费者选择的商品种类增多，客户需求也瞬息万变。为充分适应现有的市场状况，满足客户多维度的物流需求，通过配送服务提升消费者体验，建立智慧配送体系替代传统的配送模式变得迫切起来。

图5-2讲述了智慧配送的体系构成及主要技术。

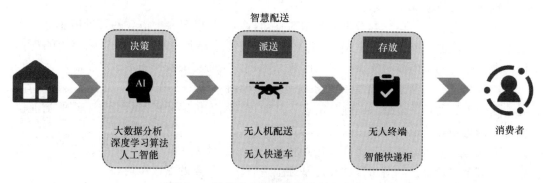

图5-2 智慧配送的体系构成及主要技术

智慧配送体系由大数据驱动决策、无人机和无人快递车、智慧终端存放三个顺序连接的过程组成。

（1）基于大数据驱动的智慧配送决策。收集成本、服务、交通等信息，以服务水平最大化、总成本最小化为目标，设计模型和优化算法进行求解，对智慧配送区域选取、配送工具选择及路线规划做出决策。

（2）使用无人机、无人快递车等无人设备进行配送。通过利用遥感技术、自备感应装置和预先设置的行驶方式，使无人操纵或驾驶的机器运送包裹。其优势主要在于可以应用于配送难度较高、成本较大的偏远或闹市地区，节约人力成本，提高配送效率。

（3）将商品存放到智慧配送终端。很多商务楼以及社区因为安全问题，要求配送人员不能上楼，而智能快递柜这类智慧配送终端通常摆放在楼下物业处，无须过多管理，也不需要人值守。无人机、无人快递车或配送人员将商品存放至智慧配送终端中，消费者可通过短信取件码等方式取出商品，节省配送成本同时还便于管理。

智慧配送体系可对配送需求制订出及时计划，通过无人技术将商品送达配送终端，达到配送过程的快、精、准。

5.3.1 智慧配送区域选取

1. 无人配送区域选取

应用场景的具体情况决定了技术的研究方向，互联网电子商务企业纷纷在自动驾驶领域进行研发投入。自动驾驶技术与实际商业应用场景的结合至关重要，在人工智能领域中最有可能落地应用，吸引了整个科技行业的目光。在这种背景下，无人配送被认为是最先可能实现实际运营的场景。无人配送的实现要结合具体的场景，中期还是以人机交互配送为主要发展方向。

智慧物流与现代供应链

（1）无人配送工具引导——高精度测绘。高精度测绘是无人配送导航运行的技术基础，只有测得详细而全面的数据，才能为无人送货设备的行驶提供可靠的行动指引。

传统的数据地图以满足人类认知为目的，因此在数据表达上采取的是以人类能够理解的可视化方式。然而，在无人配送中应用的高精度地图是完全面向机器的数据信息，在生成数据内容、传达位置信息的方式上与传统的地图都有较大差异。

传统地图数据的生成，大多通过全站仪、卫星图匹配等手段。而高精度测绘采集到的数据在精度方面有更高的要求，因此主要依赖激光点云数据的采集以及其他高精度感应装置获取的数据加工而来。

无人配送工具的运行本身也是数据的感知行为，借助车身上搭载的各种传感器，无人机或无人快递车能够感知实时的道路情况。并且随着无人机在配送领域应用的规模化，数据感知的范围能够覆盖更多的区域和场景，从而实现数据的实时更新。

（2）停靠点选择——智能导航系统。智能导航系统的工作原理，是通过服务端向无人配送工具发送关键地域的地理信息，并通过高精度传感器来判断配送工具的当前位置是否偏离预定轨道，从而对其进行动态引导。

无人配送的核心任务是将商品送到客户手中，因此无人配送工具的路径规划需要对用户的订单进行全面的解析，并在此基础上进行多途径点的配送规划。

由于无人配送的基础是客户订单，因此对于目标地址的解析需要精细到可停靠或可进入的精准位置。例如，对于办公楼，需要精确地停靠在大厦规定的可停靠区域，等待用户取货。因此，对于每一个地址，主流的地图数据服务商均提供地理编码服务，将地址转化为经纬度信息，并且需要无人快递车分析出实时的可停靠位置，这样才可以将此位置作为停靠点。

（3）配送区域选取——大数据分析。确定无人配送的区域范围，需要对海量历史订单信息进行大数据分析，再结合无人配送工具自身的货舱容量和地理信息数据，以配送需求全覆盖和配送路线最短路径原则，为无人配送工具和监控人员提供合理的选择方案，判断该地区是否需要使用无人配送。例如运用大数据分析确定出某订单密集的闹市区域，可以在此区域部署更多的无人配送工具，确保配送效率。

2. 主动配送区域选取

随着科技水平高速发展，大数据应用越来越广泛，主动配送结合大数据相关技术已经进行了初步探索与应用。

首先对海量消费者行为数据进行挖掘分析，构建用户画像、家庭画像、小区画像和商品画像，建立有效的物流需求预测理论与方法体系。然后在已有的基础上，加入对其他信息的分析，包括社交信息、地域信息等，提高画像的精度。最后运用基于实时大数据构建的智慧配送的优化模型与计算时间为毫秒级的智能算法，解决主动配送区域选取的优化问题。

（1）聚类分析。利用聚类分析法，根据用户特征相似度进行聚合，抽取能够刻画各聚类的属性标签。结合以 TF-IDF① 为例的各类信息检索技术，统计属性标签在消费者

---

① TF-IDF 全称为 Term Frequency-Inverse Document Frequency，译为词频-逆文本频率指数，是一种信息检索与数据挖掘的常用加权技术。

第 5 章　智慧配送

画像中出现的频率，并计算权重，以此识别消费者的典型行为特征。

（2）数据挖掘。使用贝叶斯网络、聚类分析、关联分析等方法对消费者的人口属性、消费特征、信用属性、兴趣爱好、交互信息等进行分析，结合地域分析和时序分析，构建消费者精准画像。

（3）深度学习和宽度学习。通过深度和宽度混合学习算法实现物流需求量时空分布预测，以此确定主动配送区域。首先通过深度学习算法对物流需求数据进行预测，得到具有代表性的特征信息。为解决深度学习在训练中极度耗时的情况，利用宽度学习算法提高预测的效率。基于这种混合学习算法，实现在精度可以被接受的前提下，用最短的时间来完成预测。

选择合适的主动配送区域可以提高企业的实际物流效率。主动配送的区域选择采用大批量历史数据模拟计算，减少了人为手工干预，极大地提高了区域选择的准确度；同时主动配送探索数据源采用物流系统内部数据，减少系统之间的交互，可以直接在内部直接使用，提高使用数据优化效率；主动配送区域选择所需数据与普通的配送采用同一套数据源，当物流系统对数据进行变更与调整的时候，可以实时反馈到主动配送数据中，增加区域选择的实时性。

3. 即时配送区域选取

目前即时配送开始向生鲜、鲜花、蛋糕、医药等对时效性要求较高的配送服务领域拓展，服务边界快速扩张。随着新零售的发展，即时配送迅速同新零售的线下门店配送对接，快速向商超宅配、零售末端配送等领域扩张；随着懒人经济发展，即时配送又开始与C2C业务对接，向代买代送、同城快递领域扩张；随着客户对配送时效要求的提升，即时配送也开始与系统对接，向同城落地配领域渗透，推动末端的快递市场变革，不断扩张着边界。

即时配送需要在满足干线物流健康发展的前提下，实现末端物流整体性、系统性、全局式的网络布局，通过融入AI、导航等先进技术，更好地实现线上线下对供需市场的有效匹配。对于即时配送平台来说，获取订单量和流量是关键，离不开大数据、人工智能等技术的支撑。

即时配送平台可以通过技术手段帮助商户在时间、天气、是否是节日、地段和环境等诸多因素方面进行综合考量，并进行准确时间预估，以此来前置备货等。在此过程中需要诸多技术，比如大数据、人工智能、运筹优化等算法、无人配送技术等。

（1）选取最合适区域的即时订单——智能调度系统。智能调度系统是各家运力平台的技术核心，依托海量历史订单数据、配送员定位数据、商户数据等，针对配送员实时情景（任务量、配送距离、并单情况、评级），对订单进行智能匹配，实现自动化调度及资源全局最优配置，最大限度地提升用户体验。因此，包括无人配送、依靠大数据和AI的智能调度系统是未来发展的方向。

智能调度系统主要包含了智慧物流、智能调度、智能营销、智能客服、图像识别、智能硬件等部分。

（2）进行复杂决策——AI人工智能。即时配送线下环节非常多且复杂，这就需要人工智能技术必须能够面对复杂的真实物理世界，必须能深度感知、正确理解与准确预测，并瞬间完成复杂决策。

智慧物流与现代供应链

AI 人工智能快速进行复杂决策需要具备以下四个能力：

1）具备大数据处理和计算能力。比如算法数据、大数据平台、机器学习平台等。其中大数据平台实现对配送员轨迹数据、配送业务数据、特征数据、指标数据的全面管理和监控，并通过模型平台、特征平台支持相关算法策略的快速迭代和优化，形成精准的画像；机器学习平台则是一个一站式线下到线上的模型训练和算法应用平台，主要负责从海量的数据中寻求规律并进行准确预估，其目的在于解决算法应用场景多、重复造轮子的矛盾问题，以及线上、线下数据质量不一致等问题。

2）具备建立对世界的深度感知能力。定位系统可以提供商家、配送员和客户正确、精确的位置以及两点之间正确的骑行导航。同时，多传感器提供室内定位，以精细化场景刻画、识别配送员运动状态。

3）具备正确理解和准确预测能力。主要是对配送环节所需时间、销量、运力等方面的预估。

4）具备完成复杂决策能力。这主要体现在调度、定价和规划几个方面。例如运筹优化模块，主要是在大数据平台以及机器学习的预测数据基础上，采用最优化理论、强化学习等优化策略进行计算，做出全局最优化的分配决策，并和配送员高效互动，处理执行过程中的问题，实现动态最优化。

（3）时间送达预估（Estimated Time of Arrival）分析——机器学习。时间送达预估是配送系统中非常重要的参数，与用户体验、配送成本有直接关系，而且会直接影响调度系统和定价系统的最终决策。为了给用户提供更好的感知体验，就需要通过机器学习技术进行精准预估预测。

准确预估送达时间是一个非常复杂的过程，首先从配送员接单到最终送达，这就涉及接单、到店、取货、送达等每个关键环节的预估时间，这中间需要考虑商户准备餐食的时间，以及用户最终收货时间等，每一个节点都需要精准的预测。因此，需要机器学习技术来对出餐时间、交付时间、未来订单、路径耗时等进行精准的预估预测，为调度决策提供准确的基础信息。

（4）运筹优化。运筹优化主要是在大数据平台以及机器学习的预测数据基础上，采用最优化理论、强化学习等优化策略，对整个路径规划、系统派单、自动改派、仿真系统等进行计算，做出全局最优化的分配决策，并和配送员高效互动，处理执行过程中的问题，实现动态最优化。

优化算法的作用是找到最优的策略。而如何设计好的优化算法，从庞大的解空间中搜索得到一个满意解，并在运行 2~3s 的时间内给出最终决策，这依然是一个很大的挑战。

运筹优化中涉及了各类基础性的算法，应用到具体场景中就是对于配送员路径的优化算法和订单分配优化算法。

5.3.2 选择智慧配送工具

1. 决策意义

选择合理的智慧配送工具的意义在于将需求点和服务能力匹配，最大化配送服务效率。

第5章 智慧配送

物流行业末端配送成本占整个物流的三成，无人机等技术在末端应用会提升时效、降低配送成本。企业需要通过智慧物流来降低成本，补充运力，人机协同来提高效率。

有人配送可以被看作点到区的配送服务，而无人配送属于点到点的配送服务。由于无人设备的资源有限，快递数量庞大，因此在需求点密集的区域可以优先考虑采用有人配送的方式，降低配送成本，体现规模效应。面对有特殊需求（地理位置不便、时间不好协调）的客户可优先考虑采用无人配送。

2. 决策过程

首先通过优化设定配送费以及预计送达时间来调整订单结构；在接收订单之后，考虑配送位置、在途订单情况、配送工具能力、交付难度、天气、地理路况、未来单量等因素，在正确的时间将订单分配给最合适的配送方式和工具，并在执行过程中随时预判订单超时情况并动态触发改派操作，实现订单和配送工具的动态最优匹配。

（1）对商品进行筛选。无人配送受到的限制条件很多，因此需要对商品进行筛选，判断其能否选取无人机或无人快递车进行配送。这一过程需要考虑以下三个因素：

1）无人机和无人快递车能够承载货品的限制条件。用于短途配送的旋翼无人机的运输能力普遍较小，均最大载重量约 15~30kg，无人快递车的载重略高于无人机，无人配送适用于可小批量、高频次运输的商品。如果没有提前考虑到无人设备的载货条件，就可能出现超载或半空载情况，超载对于无人设备的损耗巨大，而半空载使得运力浪费非常严重。

2）收货方对货品配送时间及方式是否具有特殊要求。无人配送工具的效率高、速度快，因此非常适用于应急件的配送。DHL 曾使用无人机为居住在海岛上的客户进行了药品等应急物资的配送，而亚马逊 Prime Air 推出的 30min 送到服务，也充分发挥了无人机的速度，为客户提供更高时效的配送服务。

3）需求点的地理位置及周边需求点的密集情况。无人设备的电池续航时间短，限制了无人配送的服务范围。需求点与配送点的距离、需求点是否在禁飞或限行区域以及需求点附近的交通状况，这些条件也决定了配送工具的选择。

（2）分析环境因素。室外用于巡逻的监控无人机通过利用环境感知技术获取数据，进行环境因素分析。无人快递车适宜在车流比较少、交通标志清晰的街道行驶，无人机适合进行地理位置偏僻或者交付难度高的订单配送。

（3）选择配送工具。结合商品自身属性和外部环境特点，通过对需求点标记坐标，结合天气、交通实况、交付难度等计算采用无人机和无人快递车进行配送的最优路径，同时结合无人机和无人快递车的运力情况，最终确定配送点到需求点的最优配送方式，分别挑选出适宜采用无人机和无人快递车配送方式的订单进行配送。

（4）配送监控。通过高精定位技术进行订单配送过程中的实时监控，发现订单异常时及时反馈，可重新规划路线或者更改配送方式进行配送。

5.3.3 智慧配送路线规划

车辆路径问题即 VRP，通常可以描述为：对一系列装货点和（或）卸货点，组织安排适当的运输线路，在满足一定的约束条件（如货物需求量、车辆容量、发货量、交发货时间）下，达到一定的目标（如使用车辆数最少、路程最短、费用最少、时间最

智慧物流与现代供应链

少、客户满意度最高等)。

智慧配送与现有配送路径规划问题的不同之处主要在于智慧配送的工具使用,包括智慧设施设备和智慧决策方法。前文中对智慧配送的设施设备已有详细的介绍,除了以上的工具外,此节还将介绍规划中起到支撑作用的几个关键技术工具。

1. 智慧配送路线规划的关键技术工具

(1) 智能交通系统。智能交通系统(Intelligent Traffic Systems,ITS)的前身是智能车辆道路系统(Intelligent Vehicle Highway System,IVHS)。智能交通系统将先进的信息技术、数据通信技术、传感器技术、电子控制技术以及计算机技术等有效地综合运用于整个交通运输管理体系,从而建立起一种大范围内、全方位发挥作用的、实时、准确、高效的综合运输和管理系统。

智能交通系统将参与物流活动的人、车辆、道路信息相互联系,从而降低交通拥堵的发生率,减少资源消耗,降低环境污染程度,保障生命财产安全,提高运输效率并增加经济效益。

智能交通系统是一个兼具采集信息、处理信息、发布信息的三大功能的观测系统。它每隔一定时间收集指定地理区域的变更信息,并且把这些信息录入自身的系统。为了避免重复计算,该系统采集的数据信息会经过信息中心自动审核、分类,那些变化较小被系统认为不会影响行驶路径的信息将被自动忽略。系统会筛选出超过临界值的旅行时间,输送至计算中心做进一步规划处理。

ITS 工作流程图如图 5-3 所示。

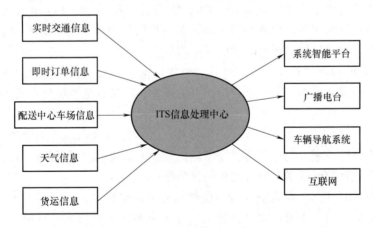

图 5-3　ITS 工作流程图

(2) 地理信息系统。地理信息系统(GIS)是以计算机系统为基础建立的,包括空间学、地球学和信息学等学科的交叉学科系统。它是在计算机硬、软件系统支持下,对整个或部分地球表层(包括大气层)空间中的有关地理分布数据进行采集、储存、管理、运算、分析、显示和描述的技术系统。

地理信息系统本质上讲是一个为管理者提供空间信息决策的系统,能够自动捕获数据,并且分析处理、进行逻辑推导,最终显示计算结果。地理信息系统为智慧配送路线规划的决策提供有效的信息。

地理信息系统应用在配送领域使得各种车辆、道路、交通网络等信息更加直观易

第 5 章 智慧配送

懂，可以帮助规划更为科学的配送路线。此外地理信息系统具有对路径信息的动态实时监测功能，可以为智慧配送提供更具有时效性的路径规划决策方案。

一个完整的地理信息系统一般包含五部分，如图 5-4 所示。

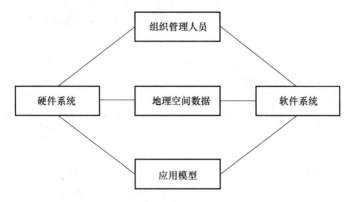

图 5-4　GIS 的组成结构图

（3）北斗卫星导航系统。北斗卫星导航系统是一款完全由我国自主研发的全球卫星导航系统，它是继美国的全球定位系统、俄罗斯的格洛纳斯卫星导航系统、欧盟的伽利略卫星导航系统之后，第四个成熟的卫星导航系统。

北斗卫星导航系统由空间段、地面段和用户段三部分组成，可在全球范围内全天候、全天时为各类用户提供高精度、高可靠度的定位、导航、授时服务，并具短报文通信能力，定位精度达 10m，测速精度达 0.2m/s，授时精度达 10ns。

卫星导航技术是无人快递车路径规划领域的重要组成部分。北斗卫星导航系统以其精准、敏捷、连续的动态定位功能为智慧配送的路径规划问题带来了全新的技术解决方案。

2. 基于静态、动态两种时间窗的路线规划

车辆路径问题（VRP 问题）涉及许多因素，这些因素是 VRP 分类的依据。目前已知的研究模型是组合一种或者几种因素，忽略其他因素建立的。表 5-1 对 VRP 构成要素进行了分类，VRP 构成要素主要包括配送中心、客户、车辆、道路网、运输安排的要求以及优化目标这六大类。

表 5-1　VRP 构成要素

组成要素	属　　性
配送中心	单配送中心/多配送中心
客户	有时间窗/无时间窗、送货/收货、单计划周期/周期计划、确定性需求/不确定性需求
车辆	车辆的载重能力、容积、多车型/单一车型、车辆数量的限制、有无行驶里程（或时间）的限制等
道路网	无向网络/有向网络、静态网络/动态网络/不确定性、行驶费用等
运输安排的要求	客户只能由一辆车服务/客户可由多辆车服务、车辆需返回配送中心（对于多配送中心情况）等
优化目标	总运输成本最小（包括车辆和行驶里程）、客户等待时间最少、客户满意度最大等

智慧物流与现代供应链

VRP 模型分类见表 5-2。

表 5-2　VRP 模型分类

静态 VRP（SVRP）	有能力约束的 VRP（CVRP）	仅对车辆载重和行驶时间（或距离）有约束
	带时间窗约束的 VRP（VRPTW）	在 CVRP 的基础上加入时间窗约束
	带取送货的 VRP（VRPPD）	① 客户不仅需要货物，还要返回货物 ② 将货物从取货点处取走，送到相应的卸货点
	分散配送 VRP（SDVRP）	允许一个客户被两辆车或者多辆车配送
	周期性的 VRP（PVRP）	车辆在一个周期内多日的安排
	多仓库的 VRP（m-VRP）	多个仓库分布在不同区域
	多车型的 VRP（HVRP）	车辆可有多种类型
	开放式 VRP	不要求车辆完成取送任务后返回原仓库
动态 VRP（DVRP）	动态需求 VRP	需求预测产生的不确定性（如需求量、需求时间的不确定性）
	动态车辆 VRP	服务车辆、驾驶员的不确定性
	动态网络 VRP	路线网络性能的不确定性

新零售时代，消费者对终端配送方式及时效性的要求越来越高，主要体现在时间窗及配送任务的实时变化上。对于智慧配送的路线规划问题可以从静态时间窗及动态时间窗两种情况进行决策。

（1）研究带有静态时间窗的多配送员任务分配及路线规划问题。假设消费者配送时间窗及配送任务是不变的，即在静态时间窗情况下，以惩罚、配送总成本最低为目标，通过构建配送任务调度模型并采用相关智能算法求解得到最佳方案。

（2）带有动态时间窗的多配送员任务分配及路线规划问题。例如，在实际中，由于预测偏差或人为因素，如消费者改变收货地址或收货时间，使实际与预订计划偏离，导致配送任务的时间窗发生改变，这即在动态时间窗下进行决策，这时要以最少配送人员数、最低成本与最少时间窗偏离为目标构建配送任务调度模型，并设计启发式算法进行求解。

思考题

1. 智慧配送产生的原因是什么？
2. 智慧配送的概念是什么？
3. 智慧配送的应用有哪些？请举例说明。
4. 阐述无人机配送的优缺点。
5. 无人快递车与无人机在智慧配送中应用的区别是什么？
6. 查阅资料，说说深度学习算法与宽度学习算法在智慧配送中的应用。
7. 查阅资料，说说在线学习算法在智慧配送路线规划问题中的应用。

参考文献

[1] 李赫. 快递末端配送效率影响因素及优化路径研究［D］. 蚌埠：安徽财经大学，2016.

第5章 智慧配送

[2] 何黎明. 智慧物流成为物流业转型升级重要力量[J]. 物流技术与应用, 2017 (6): 7-8.
[3] 王继祥. 物联网技术和市场驱动创新应用[J]. 物流技术与应用, 2017 (4): 20-21.
[4] 梁庆智, 陈云鹏. 加油站信息化管理及主动配送模式[J]. 中国管理信息化, 2018, 21 (9): 41-43.
[5] 何莹莹. 把握市场营销环境 制定加油站营销策略——新形势下长客加油站差异化的营销策略[J]. 中外企业家, 2013 (2S): 46.
[6] 王继祥. 城市地下的智慧物流配送系统技术与应用[EB/OL]. (2017-08-21) [2019-10-30]. https://www.sohu.com/a/166095800_757817.
[7] 中通研究院. 工业级无人技术在物流领域的应用[R]. 北京: 中通快递, 2018.
[8] 德勤中国. 2017年中国智慧物流发展报告[R]. 上海: 德勤中国, 2017.
[9] 艾瑞咨询. 2017年中国物流科技行业研究报告[R]. 北京: 艾瑞咨询, 2017.
[10] 祝黎敏. 基于电动汽车的城市物流配送路径规划问题研究[D]. 杭州: 浙江理工大学, 2018.
[11] 赵丹凤. 基于智慧物流配送路径的优化研究[D]. 天津: 天津工业大学, 2016.
[12] 王凤美. 我国末端配送中应用无人机的SWOT分析[J]. 物流技术, 2018, 37 (4): 136-139.
[13] 亿欧. BATJ皆入局, 配送机器人掀起快递末端新风口[EB/OL]. (2018-07-18) [2019-10-30]. https://www.iyiou.com/p/74418.html.
[14] 艾瑞. "智能快递柜"开启末端配送智慧升级新时代[EB/OL]. (2018-06-27) [2019-10-30]. http://baijiahao.baidu.com/s?id=1604391502093245336&wfr=spider&for=pc.
[15] 于明涛. 智慧物流体系中的无人配送技术——"大数据与智慧物流"连载之八[J]. 物流技术与应用, 2017 (11): 96-98.
[16] 钟映竑, 黄鑫. 基于粗糙集和支持向量机理论的物流需求预测研究[J]. 工业工程, 2015 (2): 28-33.
[17] 唐璐. 基于油站大数据监控实现主动配送的技术探讨[J]. 中国化工贸易, 2017 (20): 91.
[18] 秋晗. "握手签收"助力新零售配送模式升级[J]. 物流技术与应用, 2018, 23 (S2): 70-72.

第6章 智慧物流信息系统

引言

物流信息系统是指对物流信息进行收集、存储、处理、输出和维护的人机交互系统，用以服务物流作业、管理及决策。在智慧物流快速发展的阶段，传统的物流信息系统已无法良好地满足用户多样化的需求，因此智慧物流信息系统建设成为重点。智慧物流信息系统综合多项新兴数字技术、信息技术，具有物流信息实时感知、物流计划自主执行、物流需求自主分析、物流决策自主优化、物流服务自主适应调整等功能，能够有效降低物流成本，提高优化决策水平，促进物流服务升级发展。

6.1 智慧物流信息系统概述

6.1.1 物流信息系统

1. 物流信息系统简介

物流信息系统（Logistics Information System，LIS）是指由计算机硬件、网络通信设备及其他办公设备组成的，服务于物流作业、管理、决策等方面的应用系统。物流信息系统是一种对物流信息进行收集、存储、处理、输出和维护的人机交互系统。

在实际应用中，依据处理的信息内容多少及决策层次高低，物流信息系统由高到低分为如下三个层次：战略计划层（面向高级管理）、管理控制层（面向中级管理）、运作控制层（面向基层管理）。下层系统处理量大于上层系统，上层系统决策性信息多于下层系统，因此形成了金字塔结构，如图6-1所示。

（1）战略计划层。战略计划层运用人工智能、专家系统等技术形成了物流活动的高级管理信息，例如制定物流活动的总体目标及长远发展规划。该层次的信息包含外部环境信息（市场变化及政策等）、内部物流活动信息及内部其他相关信息，信息面向范围广。另外，该层次的信息应用于物流决策与计划之中，信息的综合性、管理特征强。

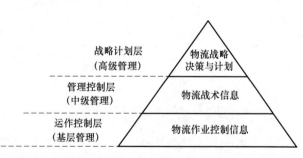

图6-1 物流信息系统的金字塔结构

（2）管理控制层。管理控制层面向管理中的中级管理活动。该层次以战略计划层设定的决策与战略计划为总目标，运用计算机网络、数据库等技术，对内部所拥有的各

第6章 智慧物流信息系统

项物流资源，制订资源分配计划及物流活动安排，并组织相关人员、单位完成相关物流活动，从而逐步、逐级完成物流计划总目标。该层次面向的工作对象为各部门、各单位的管理人员，通过系统协助他们在管理控制活动中进行工作信息查询、工作计划制订、工作计划执行情况检测、工作完成汇总、工作问题分析评价等活动，从而提高工作效率。该层次输入信息主要包含两方面：①物流活动预算、标准和计划等；②物流作业处理提供的数据信息。该层次信息计划性强，并且控制范围较广。

（3）运作控制层。运作控制层面向管理中的基层管理活动。该层次包含物流作业控制及物流业务处理，该层次通过管理控制层提供的计划等信息，组织相应资源完成计划安排，从而改善人工数据处理。该层次的主要活动包含数据处理、查询处理及事务处理，协助员工完成基础业务操作。该层次输入信息包含物流作业产生的基础信息、员工信息等，输出信息包含工作报告、数据处理结果等。该层次信息涉及的程序多，固定性强。

2. 物流信息系统分类

物流信息系统按照其应用层次可分为企业物流信息系统及公共物流信息平台。

（1）企业物流信息系统。企业物流信息系统主要功能是进行物流信息的收集、存储、传输、加工整理、维护和输出，为物流管理者及其他组织管理人员提供战略、战术及运作决策的支持，以达到组织的战略竞优，提高物流运作的效率与效益。其组成要素包含计算机硬件系统、软件系统、网络通信设备、其他办公设备、业务基础数据、人员信息、企业制度规范等。

企业物流信息系统可划分为多个具有独立功能的数字化子系统，各子系统间按照业务逻辑相衔接，从而使业务流程实现电子化自动处理，提高运作效率。另外，企业物流信息系统还加强了对资金流的管理，例如电子发票的使用加快了资金的运转等。

1）企业物流信息系统的基本结构。图6-2为企业物流信息系统的基本结构，包含输入、数据库管理及输出三部分。

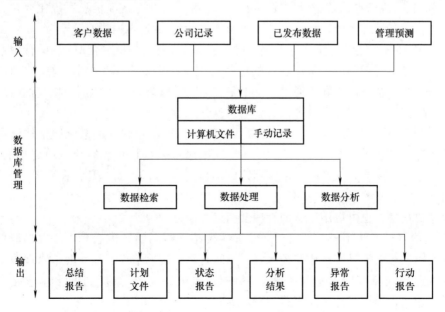

图6-2 企业物流信息系统的基本结构

智慧物流与现代供应链

① 输入。输入是指数据源和数据传输方法的集合,以及系统内计算适当数据的装置。数据可以从许多来源获得,并且拥有多种形式,如:

a. 客户数据。客户数据可以在销售活动、订单输入和交货期间捕获。获得的数据对预测、计划和运营决策很有用。运费单、采购订单和发票是此类数据的典型来源。物流系统中的主要信息来源是销售订单,因为它包含有关客户和所需物品的基本数据。来自客户的典型数据是客户位置、需求、所需物品的重量和价格、订单日期和运输日期、装运尺寸、包装、运输模式等。

b. 公司记录。公司记录如会计报告、内部和外部研究报告以及各种操作报告等,可以直接从其中获取大量有价值的信息。

c. 已发布数据。专业期刊、行业杂志和政府报告是此类数据的一些来源,这种类型的数据比内部生成的数据更通用。

d. 管理预测。管理预测数据是指对未来销售水平的预测、竞争行为等判断性信息。这些数据由管理人员、内部顾问、规划人员以及活动专家等制定,以提升运作效益。

② 数据库管理。数据库管理包含三个步骤:数据检索、数据处理以及数据分析。

a. 数据检索。数据检索是指以基本原始形式或略微修改的形式从数据库中调用数据的能力。

b. 数据处理。数据处理是将数据转换为更有用的形式,通常包含对数据的简单操作,例如排序、汇总、编码和算术操作等,这些操作将检索数据转换为用于物流决策的有用信息。

c. 数据分析。数据分析是通过使用数学和统计模型,对数据检索或数据处理输出的信息进行趋势总结、预测和规划等过程。

③ 输出。信息系统的输出是与系统用户的接口,系统输出内容分为三种类型:报告、计划文件以及使用数学和统计模型等得到的数据分析结果。

2)企业物流信息系统组成。按照物流活动区分,企业物流信息系统主要包含订单管理系统、仓储管理系统、运输管理系统及配送管理系统四个模块。

① 订单管理系统是物流信息系统中的前端系统,分为基于客户的订单管理系统及基于采购的订单管理系统。基于客户的订单管理系统主要应用为接收订单、执行订单、管理订单,并与客户建立联系通道。基于采购的订单管理系统主要面向供应商管理,例如供应产品交付、供应商绩效考核、合同条款管理等。

② 仓储管理系统用于对产品流及商品存储的管理。仓储管理系统通常从公司主要的交易系统(如企业资源计划(ERP))中获取诸如采购订单和客户订单之类的信息,然后向管理人员反馈有关产品在供应网络中的位置(是否在途、是否在库等)、可用数量及预计交付时间等信息。仓储管理系统和订单管理系统密切相关,客户订购的产品可以从库存中获得,也可以用以协助管理者制订生产计划。

③ 运输管理系统用于产品出入运输(主要指干线运输)的管理,主要功能包括运输模式选择、运输安排、运输路径规划、车队管理、货物追踪、运费账单管理等。

④ 配送管理系统用于配送服务(主要指末端配送)的管理,主要功能包括集货管理、存储管理、分拣管理、配送路径规划等。

(2)公共物流信息平台。公共物流信息平台是指基于计算机通信网络技术,提供物流信息、技术、设备等资源共享服务的信息平台。公共物流信息平台能够整合各环节物流信息、物流技术和设备等资源，面向社会用户提供信息服务、管理服务、技术服务和交易服务等服务功能；信息服务和管理服务主要由相关政府管理部门负责支持及建设，信息服务主要提供有关管理部门所制定的权威政务信息，管理服务主要为物流企业提供相应的业务支持、业务监督等工作；而公共物流信息平台的技术服务和交易服务则可以采用市场化机制建设和运行，促进物流企业间的交易及业务往来。

公共物流信息平台通过对公共物流数据的采集、处理和公共信息交换，为物流企业完成各类业务功能提供相应的支撑，为政府的宏观规划和决策提供信息支持，为政府与企业构建沟通桥梁。公共物流信息平台保障了物流信息的畅通共享，并且整合了现有企业物流资源，优化了物流行业运作，实现了对物流行业整体供应链的计划、协同、执行、监控实施的同步管理，扩大了社会物流系统整体效益。

6.1.2　智慧物流信息系统的内涵

智慧物流是现代物流管理的重点建设工程之一，关于智慧物流过程强调的重点，王智明等认为智慧物流的过程强调的是物流活动数据智慧化、物流终端数据感知自动化、物流配送智能化、网络传输信息化和公共物流信息平台共享化等。关于智慧物流实现的目标，王帅等认为智慧物流要实现物流活动自动感知、自我判断、智慧决策、自动执行、深度协同、智能学习等。

智慧物流信息系统是实现智慧物流的有效载体。智慧物流信息系统综合了多项新兴数字技术、信息技术，并且可以实现物流业务的自动化、网络化、可视化、实时化、跟踪与智能控制等发展新趋势，从而有效降低物流成本，促进物流服务升级发展。

目前，许多企业、物流园区在逐步改进信息化建设，积极向智慧物流信息系统升级转型，并积极推广 RFID、多维条码、卫星定位、货物跟踪等信息技术在物流行业中的应用，加快基于物联网的物流信息平台及第四方物流信息平台建设，整合物流资源，实现物流政务服务和物流商务服务的一体化，推动信息化、标准化、智能化的物流企业和物流产业发展。一些企业已经在"智慧物流"建设中取得了一定的成效，例如，亚马逊通过智能仓库、Prime Air 无人机、涂装货机"亚马逊一号"等设施设备的建设促进面向未来的"智慧物流"建设；京东依据青龙系统促进大数据与智慧物流建设，并且已构建出基于精准画像的小区快递"1 小时达"方案、基于空间大数据的配送路线优化方案与订单实时跟踪方案等。

一些学者也提出了对智慧物流信息系统的看法：

（1）王继祥认为，智慧物流信息系统主要由智慧思维系统、信息传输系统和智慧执行系统组成。智慧思维系统是智慧物流最核心的系统，是物流的大脑，而大数据是智慧物流思考的基础，云计算是智慧物流思考的引擎，由人工智能辅助以实现智慧思考与自主决策。信息传输系统是物流神经网络：物联网是信息感知的起点，也是信息从物理世界向信息世界传输的末端神经网络；"互联网＋"是信息传输基础网络，是物流信息传输与处理的虚拟网络空间；信息物理系统（CPS）技术反映的是虚实一体的智慧物流信息传输、计算与控制的综合网络系统，是互联网＋物联网的技术集成与融合发展。智慧执行系统是物理世界智慧物流具体运作的体现，呈现的是自动化、无人化的自主作

智慧物流与现代供应链

业,核心是职能操作执行中职能硬件设备的使用,体现的是智慧物流在仓储与配送领域的全面应用。

(2)钱七虎院士指出,将智慧物流比作"人",智慧物流系统则为"大脑"。智慧物流系统是指通过构建综合评价模型、成本最优模型、站点数量最少模型等多维度模型,基于订单量、路区坐标等输入参数以及传站时间、配送半径等约束条件,采用遗传算法等智能算法进行求解,得出最优站点数量、每个站点坐标、平均派送半径等规划决策。

综上所述,智慧物流信息系统以物联网、大数据、云计算等先进技术为基础,实现了对仓储、运输、配送等物流活动的智慧化管理,包括物流信息实时感知、物流计划自主执行、物流需求自主分析、物流决策自主优化、物流服务自主适应调整等主要的管理功能,从而有效地提高了物流运作效率,提升了优化决策的水平,促进了物流行业的服务升级。

6.1.3 智慧物流信息系统的构成要素

智慧物流信息系统的构成要素包含计算机硬件、网络设备、计算机软件、物流信息和管理规范。

(1)计算机硬件。计算机硬件是指办公使用的计算机、服务器设备、辅助存储设备、手机终端等。

(2)网络设备。网络设备包含路由器、交换机、防火墙、安全网关、无线网桥、数据交换平台邮件网关、邮件服务器、光纤等。网络设备可以实现物流信息的交换与互联互通。

(3)计算机软件。

1)系统软件:包含操作系统(如 Linux 系统)、设备驱动程序及实用程序(如任务管理器、备份软件、磁盘清理等)等。

2)应用软件:如办公软件、数据库软件、财务软件、支持智慧物流运作的软件(制订物流计划、分析并制定物流决策)等。

(4)物流信息。物流信息是指伴随物流活动产生的各项信息。物流活动主要包括仓储、运输、配送、订单处理等物流一体化活动。部分物流信息是信息系统中的基础信息,如仓库规格、运输车辆数量、用户基础信息等,这些基础信息可以在决策分析中使用;另一部分信息在物流活动发生过程中产生,如运输规划、配送规划等。物流信息具体见表6-1。

表 6-1 物流信息

信息类别	具体信息
客户信息	用户基础信息、供应商信息等
商品信息	商品识别码、商品类别、规格、其他生产信息等
仓储信息	商品位置、商品数量、仓库位置、仓库空间等
运输信息	车辆信息、运输人员信息、交通信息等
配送信息	配送人员信息、配送机器人信息、配送时间等

（续）

信息类别	具体信息
订单信息	订单时间、订单商品信息、目标地址等
财务信息	资金、预算等
决策信息	用户画像信息、运输规划信息、配送规划信息等
管理信息	财务报告、商业分析报告等

（5）管理规范。管理规范主要是指信息标准，如智慧物流信息系统开发标准、网络协议标准、信息交换标准、智慧物流信息编码标准、智慧物流信息安全标准等。

6.1.4 智慧物流信息系统的基本功能

智慧物流信息系统的基本功能包括物流信息实时感知、物流计划自主执行、物流需求自主分析、物流决策自主优化、物流服务自主适应调整五个功能。

（1）物流信息实时感知。智慧物流信息系统运用各种先进技术获取运输、仓储、包装、装卸搬运、流通加工、配送、信息服务等各个物流环节的大量信息，实现实时的数据收集；并且通过信息网络实现信息间的共享、互联互通，实现感知智慧。

（2）物流计划自主执行。智慧物流信息系统能够自主执行物流计划，例如仓储、运输、配送等工作流程安排。

（3）物流需求自主分析。智慧物流信息系统使用系统在运行过程中保存下来的历史数据，运用智能的模拟器模型等手段分析物流问题，根据问题提出假设，并在实践过程中不断验证问题、发现新问题，例如，通过对物联网海量终端感知信息、订单信息以及客户分布规律等进行物流需求的自主分析，从而挖掘出潜在客户以及物流规律，实现物流需求的智慧化管理。

（4）物流决策自主优化。智慧物流信息系统结合特定需要，根据不同的情况评估成本、时间、质量、服务和其他标准，评估基于概率的风险，进行预测分析，协同制定决策，提出合理有效的解决方案，并不断在实践中进行效果评估及优化，从而使做出的决策更加准确、科学。

（5）物流服务自主适应调整。智慧物流信息系统在前面各个功能的基础上，可以分析出更优化的管理方案，信息系统会在科学的方案下快速调整当前物流服务，从而实现物流服务的优化，并且信息系统会将信息实时反馈给管理者，使管理者了解物流运作情况，及时做出调整。这些调整方案也会进行备案，为之后的决策优化提供方法指导和数据支持。

与传统物流信息系统相比，智慧物流信息系统更具有自主性，在执行设定指令之外，还可以像人一样对业务进行思考，从而在很大程度上加快了优化决策速度，提高了优化决策水平。

6.1.5 智慧物流信息系统的主要特征

智慧物流信息系统具有以下特征：

1. 数据量大、数据维度多

智慧物流信息系统能够实时感知物流信息，在时间维度上使数据量增多；另外，智

智慧物流与现代供应链

慧物流信息系统感知的信息范围更加全面丰富,增加了数据的维度。

2. 先进技术有效支撑

为实现丰富的功能,智慧物流信息系统应用多项先进技术,如云计算、大数据、物联网、人工智能等技术(具体内容将在第 7 章展开介绍),这些技术充分挖掘信息的关联度,提升信息使用价值,并且为需求分析、决策优化、服务决策提供了有效支撑。

3. 处理速度显著提升

智慧物流信息系统能够更快地处理物流业务,通过提高运算能力、拓展运算方法、提升设施设备水平(例如无人化设施设备),提供更高效、快捷的物流服务处理速度。

4. 优化决策更加精准

相比于传统物流信息系统,智慧物流信息系统能够依据更全面的信息进行分析,从而进行更精准的优化决策,使决策效果能够更好地解决物流问题。另外,智慧物流信息系统能像人一样综合各项资源进行思考,从而获取更优的决策。

6.2 智慧物流信息系统架构

6.2.1 智慧物流信息系统概念模型

图 6-3 展示了智慧物流信息系统概念模型,智慧物流信息系统概念模型主要分为感知层、决策层和应用层三个层次:感知层像大脑中的"感知神经",通过多种设施设备全面感知物流活动信息,对信息加以收集;决策层像人体的"大脑",利用感知得到的数据进行物流活动的分析、判断、决策等;应用层则像人体通过"动作"完成大脑的指令,即执行决策层产生的决策计划。

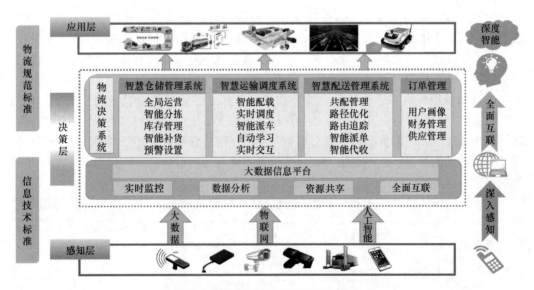

图 6-3 智慧物流信息系统概念模型

智慧物流信息系统是智能物流信息系统的优化产物,智慧物流信息系统更显著的特征在于深入感知、全面互联及深度智能。

第6章　智慧物流信息系统

1. 深入感知

智慧物流信息系统通过使用多项信息技术与信息网络通信技术实现了对业务流程的深入感知，如在车辆运输过程中使用地理位置追踪系统、实时监测系统等对车辆状态及驾驶员进行实时监控，并通过追踪技术实现对货物的实时监控，丰富了感知信息的维度。

2. 全面互联

智慧物流信息系统不仅在企业内部能够实现信息全面互联，也会在企业外部如通过公共信息平台实现信息的互联互通。

在企业内部，智慧物流信息系统的信息能够到达任何需要它的地方，并帮助产生决策信息或更高级的决策信息，例如货物信息通过智能分拣后进行信息的更新，之后能够将待运输的货物信息自动传入智慧运输调度系统，从而实现智能配载及实时调度。完成运输后，待配送的货物信息自动传入智慧配送管理系统，协助完成路径优化、智能派单等环节，最终进入顾客手中。

另外，企业智慧物流信息系统能够将物流信息自主传入公共信息平台，在公共信息平台设置的信息标准范围内，能够实现物流信息在企业间、政企间、国际等多方面的物流信息交换，从而实现物流信息在物流信息平台的全面互联。

3. 深度智能

智慧物流信息系统更具备"思考"能力，这也是智慧物流信息系统最突出的特征，即可自主完成学习过程，实现深度智能。类比于人的成长过程，人在经历系统的学习后能够对数学有较深的认识，当遇到数学题目时能够通过全面分析找到一个最优的方法来解决问题。智慧物流信息系统也相同，能够存储多次物流活动的全面信息，从而进行训练分析，总结规律，以在之后的物流计划中安排最优资源，提高决策分析能力。

6.2.2　智慧物流信息系统技术架构

1. 信息网络

智慧物流信息网络是指在物联网、云计算、大数据等先进技术基础上，通过互联网、5G通信技术等通信设施，提供物流信息交换与大数据服务的高效、可靠、安全、标准化的物流信息共享服务体系，提供和支撑智慧物流创新服务实现。智慧物流信息网络拓扑结构示例如图6-4所示。

智慧物流信息网络的运营基础包含以下两方面：

（1）标准制定。物流信息交换离不开标准的支撑，标准是物流信息交换的前提和基础。因此，智慧物流信息网络另一个基础功能是制定物流信息交换标准，以解决跨国、跨区域、跨行业、跨企业的各类物流信息系统与平台之间信息交换缺乏统一标准的问题。

（2）数据中心。数据将成为物流行业决定胜负的根本因素。在信息交换的基础上建立数据中心，能为大数据应用服务提供基础。数据中心承载着信息平台的数据存储和管理、核心计算、核心业务运营支撑、信息资源管理、信息资源服务等功能。数据中心主要包括用户数据、交易数据、货物数据、企业数据、GIS空间数据和设备数据以及数据与数据的集成和整合流程。数据中心按照统一的、标准化的数据格式集成和整合各方面的数据，从而实现与外部平台数据的交换和信息共享。

智慧物流与现代供应链

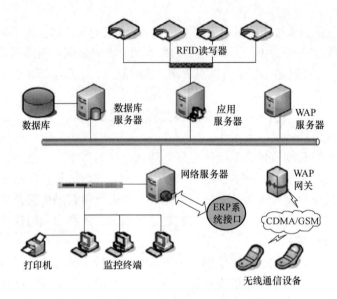

图6-4　智慧物流信息网络拓扑结构示例

智慧物流信息网络有如下功能：

（1）物流信息交换。物流信息交换是实现跨国、跨区域、跨行业、跨企业的各类物流信息系统与平台之间的信息交换，是智慧物流信息网络的基础功能。物流信息交换能够保证信息在企业内部、企业与其他平台之间的信息共享与数据交换，从而解决信息孤岛问题，促进一体化管理模式的形成，提高运营效率。

（2）应用服务。在数据中心的基础上，智慧物流信息网络能够对物流数据进行统计分析、数据挖掘，形成物流跟踪、信用、车货交易、物流指数、道路实时路况、保险精准定价等应用服务，为企业、政府部门的管理与决策提供支持。

2. 支撑平台

支撑平台是智慧物流信息平台支撑其相应的功能所用到的关键技术的集成，这些关键技术包括RFID、GIS/GPS、电子数据交换（EDI）、物联网IP组网、云计算、数据仓库与数据挖掘、海量数据存储与管理、模式识别、数据及系统安全等技术。这些关键技术支撑着整个智慧物流信息平台的运作，极大地促进了专业化物流信息服务企业的发展。

6.3　智慧物流信息系统核心业务模块

6.3.1　智慧仓储管理系统

智慧仓储管理系统概念模型如图6-5所示。智慧仓储管理系统通过使用多种智能化设备，能够自动完成仓库内的到货、入库、在库、拣货、出货等工作流程，并且实现信息共享：

（1）内部信息共享。在执行工作时，各子信息系统之间相互衔接、传递信息：自动化输送系统将货物信息传递至自动化仓储系统中，自动化仓储系统将向上逐层传递，

第 6 章　智慧物流信息系统

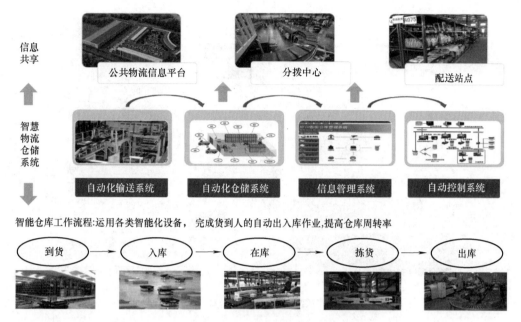

图 6-5　智慧仓储管理系统概念模型

将信息用以计划、组织等决策分析之中。

（2）内部与外部的信息共享。智慧仓储管理系统可以实时获知货物信息，并将货物信息通过通信设备、信息网络传入物流园区、分拨中心、配送站点中，从而进行下一步的工作流程安排与信息共享。

智慧仓储管理系统依托于智能仓库，智能仓库是一条自动化流水线，通过使用各类智能化设备，如使用机器人进行分拣、使用 AR 眼镜获得商品信息、利用机器人或传送带等设备完成自动化传送等，从而完成仓储管理的全过程，实现货到人的自动出入库作业，提高仓库周转率。

智慧仓储管理系统可以通过大数据、云计算等技术对商品、仓储空间、工作人员、拣选机器人等要素进行动态及静态分析，如通过算法实现如下功能：

（1）商品及订单信息预测。通过订单判断热销度、相关度，从而判断存储位置及货物库存数量，进行智能补货及预警设置。

（2）拣选路径优化。如通过遗传算法，以存储货架大小、存储空间大小、仓库路径等信息为基础，进行智能机器人拣选路径的运筹优化计算，从而协助完成智能分拣。

6.3.2　智慧运输调度系统

智慧运输调度系统能够自主执行订单运输计划，并且能够实现对车辆、驾驶员、货物等物流信息的实时监控。图 6-6 所示为智慧运输调度系统概念模型。智慧运输调度系统包含智能配载、自动学习、实时交互等功能。

1. 智能配载

通过对货物信息分析，结合车辆信息，进行智能装车；通过配送路径分析，进行路径优化，从而实现智能配载。

智慧物流与现代供应链

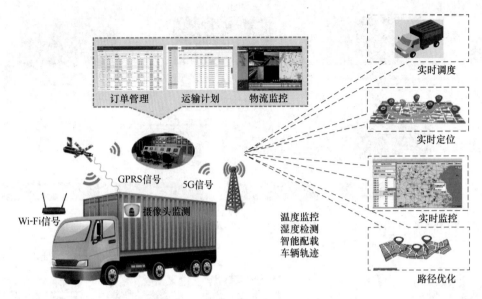

图 6-6　智慧运输调度系统概念模型

2. 自动学习

智慧运输调度系统能够全面监测信息，再依据大量多维的信息，自动学习驾驶习惯、交通信息，将其存储为记忆，为智能派车提供参考资料，从而在派车过程中选择最优方案。

3. 实时交互

实时交互包含实时监控、实时定位、实时调度等。例如，在运输过程中，车辆信息能够通过 GPRS、5G 等信号实现对定位及实时状态的监测，并且通过算法实现对多辆车辆及工作人员的实时综合调度；实时监测车内温度，并能在出现变化情况时实时调整，安排最新最优路线。

智慧运输调度系统是自主学习特征表现最强的系统，系统能够通过车、驾驶员、交通信息等的综合学习实现智慧运输调度，如学习驾驶员的行驶习惯、车的运行特征、道路实时路况等，用以日后运输调度的计划分析。

智慧运输调度系统的另一个主要特征为安全监管。安全监管包括车辆与货物安全状态实时监控系统、评估系统和预警等功能。智慧运输调度系统利用 GPS/GPRS 车载终端和 RFID 电子标签，可以实现对车辆和货物的安全状态实时监控。货物在途安全评估因素有温度、压力、液位、泄露、介质成分等，车辆的安全评估因素有速度、加速度、位置、胎压等。由于这些参数之间的逻辑关系复杂，评估系统综合运用模式识别、信息融合技术、数据挖掘等技术对不同的列车和货物建立不同的安全状态评估模型，实现对车辆和货物安全状态的预测。当发现车辆或货物存在安全隐患时，预警系统将及时向车辆及驾驶员发送矫正数据和语音提示信息。

6.3.3　智慧配送管理系统

智慧配送管理系统主要完成对末端配送的优化，通过对订单的分析及对物流设施资

第 6 章　智慧物流信息系统

源的调度，实现精准配送。图 6-7 所示为智慧配送管理系统概念模型。

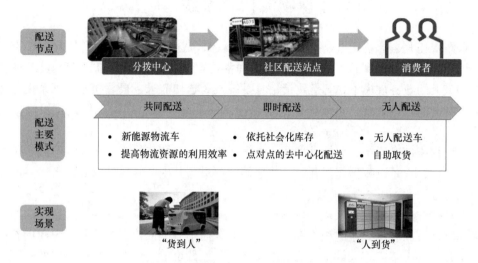

图 6-7　智慧配送管理系统概念模型

智慧配送管理系统通过综合考虑货物的种类、数量、配送时间、配送地点等信息，结合配送资源及多种配送模式，制订高效的配送决策计划。

智慧配送管理系统应用于各个配送节点中，能够实现计划逐级下达、信息互联互通等。配送节点包括全国范围内的分拨中心、城市内分拨中心、各个社区的配送节点等。

在实时场景中，智慧配送管理系统能够以移动或固定式智能无人化终端为载体，充分发挥物流资源，从而提高工作效益和效率，实现良好的末端配送服务。另外，自提柜的使用能够协助完成配送过程，自提柜具备自助揽收、自助取货等功能，具有自主、安全、集约的特性，能够提供综合物流服务体系，满足消费者不同的物流需求。

6.3.4　智慧订单管理系统

与普通的订单管理不同，智慧订单管理系统不仅强调基础的电子化订单服务（如线上商城内选购商品、下单、支付等一体化流程），更着重强调订单服务与仓储管理、客户管理、销售等作业的互联互通，即多维度的订单服务拓展，从而通过订单信息协助制订销售计划、库存计划等。

智慧订单管理系统主要包含基于客户的智慧订单管理系统和基于供应商的智慧订单管理系统。

（1）基于客户的智慧订单管理系统的主要应用为刻画用户画像，通过刻画用户画像为用户提供更满意的服务，如通过预测用户需求进行提前的库存预备等。

（2）基于供应商的智慧订单管理系统主要是指企业与供应商之间信息的互联互通，如通过区块链技术增加信息透明度等。另外，信息传递更具实时性，如用户画像、订单数据挖掘等信息也为供应商提供了生产决策信息，从而加强了业务的时效性与精准性。

6.4 案例——京东智慧物流信息系统

京东依托其自建物流优势，近些年快速崛起，成为自营 B2C 电商的代表。京东物流系统日处理数量达到百万级，大促销期间甚至高达上千万，物流操作人员多达数十万，在庞大的业务规模下，智慧物流信息系统成为迫切需求。智慧物流信息系统作为支撑京东物流的核心系统，不仅保证了京东物流的准时高效，同时也保证了极高的用户体验。

传统物流信息系统的数据处理往往是事后进行的。智慧物流信息系统不同于传统物流信息系统，它是以数据作为开始，数据的应用贯穿其中，并且是以数据为终点的一个循环上升过程。

大数据的快速发展为京东智慧物流信息系统建设带来了技术支持。大数据的显著特征之一就是可以利用数据的相关性来解决问题，而不只是依赖因果关系，因此创新的数据应用开始层出不穷。大数据的价值不仅在于其原始价值，更在于数据之间的连接、大数据扩展、再利用和重组。例如，京东利用物流大数据加上用户交易数据推出的移动商店就大受欢迎。另外，大数据开放对于提升整个社会的发展水平具有重要作用。大数据作为数字资产，可以重复利用，政府、协会等社会组织可以收集数据脱敏后对社会开放，为社会服务，创造出更大的社会价值。

在可靠的数据源和处理技术基础上，京东进行了智慧物流信息系统构建，如图 6-8 所示。

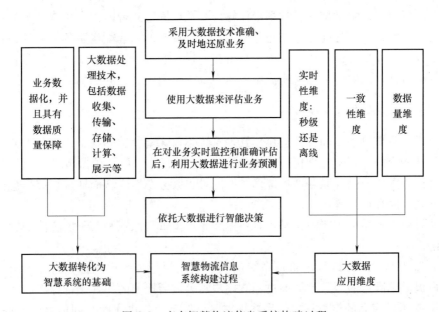

图 6-8 京东智慧物流信息系统构建过程

第一步，通过大数据技术准确、及时地还原业务，也就是及时、准确地采集业务运行的数据，并分不同层次需求展示出来，如业务日报、周报、月报等离线数据。对于物流系统来讲，进行图形化展示非常重要。在时间维度，实时展示各个节点的生产量和相

第6章 智慧物流信息系统

邻节点间的差异,可以很好地把控业务。另外,移动端的开发对业务非常有帮助。物流是商品流、实物流、资金流、信息流的结合,因此,地理维度展示也非常有帮助。

第二步,通过大数据来评估业务。京东智慧物流信息系统依据社会化的数据,进行业务评估,并且利用互联网灰度测试等方法,进行流程优化的评估,这可以让京东对业务有更深刻的理解。另外,对于物流这种劳动密集型行业,利用实时数据进行行业内的排名对员工也能起到很好的激励作用。

第三步,在对业务进行实时监控和准确评估后,利用大数据对业务进行预测。大数据的预测很多是利用到相关性,因此,完全准确的预测是非常困难的,应用对准确度的容忍度越高,就越容易进行预测。对于物流行业而言,如果能够提前进行业务量预测,那么,对于资源调度等就非常有意义,不仅能够实现更好的时效性,而且能够避免浪费。

第四步,依托大数据进行智能决策。这在很大程度上依赖预测的准确性和业务对准确性的包容性,对于预测准确性高并且包容性强的业务,容易实现智能决策。目前最好的方式依然是人机结合,能够利用大数据和人工智能的技术,为人工提供辅助决策,让人工决策更加合理。

在大数据转化为智慧系统的过程中,需要考虑转化基础及大数据的维度。

1. 转换基础

(1) 业务数据化,并且具有数据质量保障。京东物流在智慧物流信息系统的支撑下,实现了所有物流操作的数据化,并且对每个操作环节都可以进行实时分析,这就奠定了很好的数据基础。如果业务都是线下操作,或者系统无法准确、及时地收集数据,那么,即使数据量够大,缺乏关键数据和数据不准确,也会给大数据处理带来很大的困难。

(2) 大数据处理技术,包括数据收集、传输、存储、计算、展示等一系列技术。

2. 大数据应用维度

大数据应用时,首先要分清企业的应用场景,需要考虑以下维度:

(1) 要考虑实时性维度,即大数据分析是秒级的还是离线的、数据在多长时间内拿到。

(2) 一致性维度,即对一致性到底是什么样的要求,是否要求100%一致,数据在传输或存储过程中是否可以做近似处理,近似处理的比例可以为多少。

(3) 数据量维度,即数据量的多少,企业架构是否可以支撑企业业务发展。

这几个维度确定后,数据抽取到数据传输到数据存储,包括数据计算,就可以选择合适的技术了。

以大数据为基础,综合多项技术的应用,京东构建了如图6-9所示的"大数据"与智慧物流信息系统。在大数据技术和物流大数据本身的保障下,京东依据青龙系统开展多种应用,如:从物流网点的智能布局,到运输路线的优化;从装载率的提升,到最后一公里的优化;从公司层面的决策,到配送员的智能推荐等。智慧物流信息系统一端连接着消费者,通过满足消费者更加多样化的需求,提供更好的消费体验,不断促进消费升级;另外一端连接着供应商,使得供应链深入优化。综合来说,智慧物流信息系统在提高效率、降低成本、提升用户体验等方面发挥了重要作用,具有良好的发展前景。

智慧物流与现代供应链

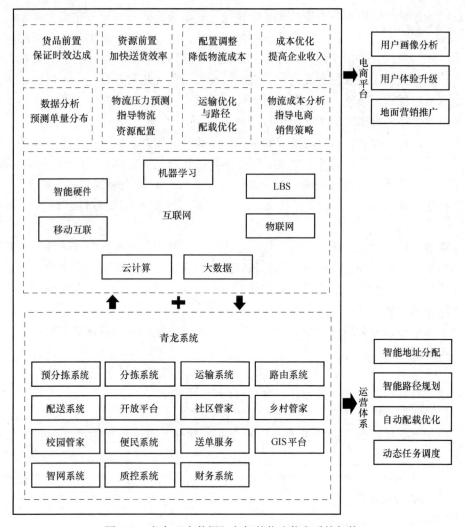

图 6-9 京东"大数据"与智慧物流信息系统架构

思考题

1. 请概括说明物流信息系统的金字塔结构。
2. 请简要介绍企业物流信息系统的基本结构。
3. 请说明智慧物流信息系统的内涵。
4. 请举例介绍智慧物流信息系统的构成要素。
5. 请概括介绍智慧物流信息系统的基本功能。
6. 请举例说明智慧物流信息系统的主要特征。
7. 请概括说明智慧物流信息系统概念模型。
8. 请简要介绍智慧物流信息系统核心业务模块。

参考文献

[1] 全国物流标准化技术委员会. 物流术语: GB/T 18354—2006 [S]. 北京: 中国标准出版

第6章 智慧物流信息系统

社，2007.
- [2] FARAHANI R Z, REZAPOUR S, KARDAR L. Logistics Operations and Management [M]. Amsterdam: Elsevier Inc, 2011: 221-245.
- [3] 姜方桃，李洋. 物流信息系统 [M]. 北京：清华大学出版社，2011.
- [4] 王智明，张云勇，房秉毅. 云化物联网在智慧物流的研究与应用 [J]. 互联网天地，2013（3）: 20-23.
- [5] 王帅，林坦. 智慧物流发展的动因、架构和建议 [J]. 中国流通经济，2019, 33（1）: 35-42.
- [6] 百度百科. 智慧城市 [EB/OL]. [2019-10-30]. https://baike.baidu.com/item/%E6%99%BA%E6%85%A7%E5%9F%8E%E5%B8%82/9334841?fr=aladdin#8.
- [7] 陈婉. 专访中国仓储与配送协会副会长王继祥 三大系统撑起智慧物流 [J]. 环境经济，2018（2）: 16-21.
- [8] 钱七虎. 地下物流系统的发展方向 [EB/OL]. (2017-10-27) [2019-10-30]. https://www.sohu.com/a/200511707_757817.
- [9] 章合杰. 智慧物流的基本内涵和实施框架研究 [J]. 商场现代化，2011（23）: 44-46.
- [10] 于胜英，郭剑彪. 智慧物流信息网络 [M]. 北京：电子工业出版社，2016.
- [11] 罗人述. 智慧物流信息平台的构建 [J]. 物流工程与管理，2014, 36（1）: 80-81.
- [12] 李鹏涛. 大数据与智慧物流概述——"大数据与智慧物流"连载之一 [J]. 物流技术与应用，2017, 22（1）: 133-135.

第 7 章　智慧物流关键技术

引言

随着科学技术的不断发展，物联网、大数据、云计算和人工智能等新兴技术逐渐从理论走向实际，在社会的各行各业逐步开始应用，推进着一场场"智慧的变革"，我国的物流行业也逐步进入了"智慧物流"时代。

本书认为，智慧物流是拥有一定智慧能力的现代物流体系，其"智慧"主要体现在信息获取——提炼分析——权衡决策，这一完整且具有鲜明人类智慧特点的行为过程，在物流各环节借助各种新技术使系统自主实现。其中起到基础性支撑作用的技术（见图 7-1）包括：物联网技术实现了对全环节物流信息的实时采集与共享；大数据技术实现了对物流信息的组织管理以及对物流数据进一步的挖掘整理；云计算技术实现了对海量数据集中存储与高效计算；人工智能技术实现了数据信息向智能决策的转变。

因此上述四项技术被认定为智慧物流的关键技术，下面的四节内容将依次对上述技术展开具体介绍。

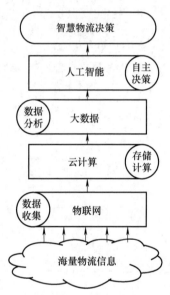

图 7-1　智慧物流关键技术体系结构图

7.1　物联网技术

物联网的终极目标是实现所有物品的连接，形成一个无处不在的网络社会，使社会生活更加智慧化、便利化。在智慧物流体系中，物联网技术通过感知技术自动采集物流信息，同时借助移动互联技术随时把采集的物流信息通过网络传输到数据中心，使物流各环节的信息采集与实时共享，以及管理者对物流各环节运作进行实时调整与动态管控成为可能。因此物联网技术是智慧物流中的第一个关键技术。本节将对物联网的概念、特点和工作原理展开介绍，并举例阐述物联网技术在智慧物流中的应用。

7.1.1　物联网的概念

物联网就是"物物相连的互联网"，是通过例如射频识别、红外感应、激光扫描、卫星定位等信息传感技术与设备，按约定的协议，根据需要实现物品互联互通的网上连

第 7 章　智慧物流关键技术

接，进行信息交换和通信，以实现智能化识别、定位、跟踪、监控和管理的智能网络系统。

从本质上看，物联网是现代信息技术发展到一定阶段后出现的一种聚合性应用与技术提升，它将各种感知技术、现代网络技术和人工智能与自动化技术聚合与集成应用，使人与物智慧对话，创造一个智慧的世界。物联网技术的发展几乎涉及了信息技术的方方面面，是一种聚合性、系统性的创新应用与发展，因此也被称为是信息技术的第三次革命性创新。

物联网的本质主要体现在三个方面：①互联网特征，即对需要联网的"物"一定要能够实现互联互通；②识别与通信特征，即纳入联网的"物"一定要具备自动识别与物物通信（Machine-to-Machine，M2M）的功能；③智能化特征，即网络系统应该具有自动化、自我反馈与智能控制的特点。

7.1.2　物联网的特点

物联网作为新技术时代下的信息产物，在其漫长的演化与发展过程中不断对自身进行完善，在现有互联网概念的基础上，将其用户端延伸和扩展到任何物品与物品之间，进行信息交换和通信，从而更好地进行"物与物"之间信息的直接交互。物联网主要有如下特点：

1. 连通性

连通性是物联网的本质特征之一。国际电信联盟认为，物联网的"连通性"有三个维度：①任意时间的连通性（Anytime Connection）；②任意地点的连通性（Any Place Connection）；③任意物体的连通性（Anything Connection）。

2. 智能性

物联网使得人们所处的物质世界得以实现最大程度的数字化、网络化，使得世界中的物体不仅以传感方式，也以智能化方式关联起来，网络服务也得以智能化。物联网具有智能化感知性，它可以感知人们所处的环境，最大限度地支持人们更好地洞察、利用各种环境资源，以便人们做出正确的判断。

3. 嵌入性

物联网的嵌入性表现在两个方面：①各种各样的物体本身被嵌入在人们所生活的环境中；②由物联网提供的网络服务将被无缝嵌入到人们日常的工作与生活中。

7.1.3　物联网的工作原理

物联网概念的出现和应用，实现了物理世界与网络世界的全面整合，实体设施设备与芯片、宽带整合为统一的整体，使得物理世界中产生的各种信息可以直接接入互联网。物联网的具体工作原理主要如下：

1. 信息的感知

信息的感知即信息来源与对物体属性的感知过程。首先，物联网终端设备需要对物体属性进行标识，物体属性包括静态属性和动态属性，静态属性可以直接存储在标签中，动态属性需要先由传感器实时探测。其次，在识别设备完成对物体属性的读取后，需要进一步将信息转换为适合网络传输的数据格式。

2. 信息的传输处理

物体属性通过感知采集过程转化为信息,通过网络传输到信息处理中心,处理中心可能是分布式的,如家用计算机或者手机;也可能是集中式的,如互联网数据中心等,由处理中心完成物体通信的相关计算,并将有效信息进行集中处理。

3. 信息的应用

物体的有效信息分为两个应用方向:①经过集中处理反映给"人",通过"人"的高级处理后根据需求进一步控制物;②直接对"物"进行智能控制,而不需要经过"人"进行授权。

7.1.4 物联网技术在智慧物流中的应用

物流是物联网技术最重要的应用领域之一,物联网技术是实现智慧物流的基础。智慧物流体系中,物流活动各环节涉及的具体物联网技术见表 7-1。

表 7-1 物联网具体技术在智慧物流各环节中的应用

序号	物流活动	主要物联网技术
1	对"物"进行识别	RFID 技术、条码自动识别技术等
2	对"物"进行分类、拣选	RFID 技术、激光技术、红外技术等
3	对"物"进行定位、追踪	卫星定位技术、GIS 技术、RFID 技术、车载视频技术等
4	对"物"进行监控	视频识别技术、RFID 技术、卫星定位技术等
5	对"物"进行调度	互联网技术、卫星定位系统、GIS 技术等
6	网络通信	无线移动通信技术、4G 技术、5G 技术、M2M 技术、现场总线技术等

目前,物联网在智慧物流领域中的集成应用主要体现在以下方面:

1. 产品的智能可追溯网络系统

目前,基于 RFID 等技术建立的产品智能可追溯网络系统,其技术与政策等条件都已经成熟,这些智能产品的可追溯系统在医药、农产品、食品、烟草等行业和领域已有很多成功应用,在货物追踪、识别、查询、信息采集与管理等方面也发挥了巨大作用,为保障食品安全、药品安全等提供了坚实的物流保障。

粤港合作供港蔬菜智能追溯系统就是一个案例。RFID 标签的应用,可实现对供港蔬菜的溯源,实现对供港蔬菜从种植、用药、采摘、检验、运输、加工到出口申报等各环节的全过程监管,可快速、准确地确认供港蔬菜的来源和合法性,加快了查验速度和通关效率,提高了查验的准确性。通过 RFID 标签与数据库形成的"物联网"实现对供港蔬菜的自动化识别、判断和监管可提高监管效率,实现快速通关。

2. 物流过程的可视化网络系统

物流过程的可视化网络系统基于卫星定位技术、RFID 技术、传感技术等多种技术,在物流活动过程中实时实现车辆定位、运输物品监控、在线调度与配送的可视化。目前,技术比较先进的物流公司或企业大都建立与配备了智能车载物联网系统,可以实现对食品冷链的车辆定位与食品温度实时监控等,初步实现物流作业的透明化、可视化管理。

第 7 章　智慧物流关键技术

以果蔬冷链物流为例，果蔬冷链物联网应用体系架构同样分为以下三层：

（1）信息感知层以物联网核心等技术为主，果蔬采摘后，首先将统一的 EPC[①]编码标识植入果蔬包装内，在果蔬冷链物流涉及的仓储、运输、加工、包装、配送等环节安装读写器，自动识别果蔬冷链物流各环节的信息，读取或标识果蔬的质量信息，并利用无线传感器、有线监控设备、信息输入终端实时采集储运、加工、销售等信息。物联网技术同时对果蔬冷链物流的所有信息进行动态管理，实现对果蔬品质相关信息的全面掌握。

（2）在网络传输层以 M2M 技术为核心，结合远距离连接技术（如 GSM、UMTS 等）和近距离连接技术（如 ZigBee、Bluetooth、Wi-Fi、UWB 等）实现果蔬产业链内人、物、系统间的通信。通过读写器及传感网络网关、通信系统和网络接入设备将数据采集层获取的信息输入某种果蔬产业链信息专用网。果蔬产业链信息专用网以互联网为桥梁，实现果蔬品质信息在广电网、通信网和其他专用网安全高效地互联互通。

（3）应用服务层解决的是信息处理与人机界面的问题，网络传输层传输来的数据在这一层进入各类信息系统进行处理，并通过各种设备与人进行交互。首先应当了解果蔬冷链物流行业人员的需求，从需求出发了解系统应该提供哪些服务。关注果蔬冷链物流品质的主要成员有：政府监管部门、冷链相关企业和最终消费者。作为政府监管部门，承担着监督、管理和控制果蔬品质的职责，它需要了解果蔬冷链流通中的全部信息，物联网技术要保证政府监管部门随时了解信息，并能提供与冷链物流企业沟通交流的平台；作为冷链相关企业，首先要掌握各时间点果蔬冷链的动态信息，其次要将这些信息通过物联网平台及时共享给上下游企业，实现果蔬流通信息高效传递，确保流通中每个环节畅通；作为果蔬的最终消费者，他们最关注的是果蔬的安全和新鲜度，在购买果蔬时可以实现全程可追溯信息，达到放心购买的目的。

物联网技术在果蔬冷链物流中的应用已经取得了一定的成效。对果蔬冷链物流每一阶段的信息进行监控，有利于提高政府监管部门的监督力度和成效，实现无死角管理的目的；有助于果蔬企业加强食品安全运营管理，稳定和扩大消费群体，提升市场竞争力；有利于消费者放心消费，轻轻松松享受新鲜果蔬。

3. 智慧物流中心

全自动化的物流管理运用基于 RFID、传感器、声控、光感、移动计算等各项先进技术，建立物流中心智能控制、自动化操作网络，从而实现物流、商流、信息流、资金流的全面管理。目前，有些物流中心已经在货物装卸与堆码中采用码垛机器人、激光或电磁无人搬运车进行物料搬运，自动化分拣作业、出入库作业也由自动化的堆垛机操作，整个物流作业系统完全实现自动化、智能化。

7.2　云计算技术

随着数字技术和互联网的快速发展，互联网上的数据量也随之快速积累。大量数据

[①] EPC 为 Electronic Product Code 的简写，译为电子产品编码，是一种编码系统。

导致互联网部分节点数据处理能力不足，有些用户尝试通过购置更多数量或更高性能的终端及服务器来增加计算能力和存储资源。但是，不断加快的技术更新速度与越发昂贵的设备价格让人望而却步。

但同时，互联网上还存在着大量处于闲置状态的计算设备和存储资源，如果能够将其聚合起来统一调度提供服务，则可以大大提高计算机算力和存储空间利用率，让更多用户从中受益。如果用户能够通过高速互联网租用计算能力和存储资源，就可以大大减少对自有硬件资源的依赖，不必为一次性支付大笔费用而烦恼。

这正是云计算要实现的重要目标之一。通过虚拟化技术将资源进行整合，形成庞大的计算与存储网络，用户只需要一台接入网络的终端就能够以相对低廉的价格获得所需的资源和服务，而不需考虑其来源，这是一种典型的互联网服务方式。云计算实现了资源和计算能力的分布式共享，能够很好地应对当前互联网数据量高速增长的势头。

7.2.1 云计算的概念

云计算（Cloud Computing）这个概念的起源是亚马逊 EC2（Elastic Compute Cloud 的缩写）产品和 Google-IBM 分布式计算项目。这两个项目直接使用了"Cloud Computing"这个概念。之所以采用这样的表述形式，在很大程度上是由于这两个项目与网络的关系十分密切，而"云"的形象又常用来表示互联网。因此，云计算的原始含义即为"将计算能力放在互联网上"。随着云计算发展至今，社会对云计算的认知早已超越了其原始的概念。

1. 云计算概念的发展

云计算发展至今，多个组织和学者从不同的角度给出了不同的定义。2008 年研究机构 Gartner 发布的《云计算安全风险评估报告》认为："云计算是一种使用网络技术，并由 IT 使其具有可扩展性和弹性能力作为服务，提供给多个外部用户的计算方式。"维基百科中对云计算的定义是："云计算是一种基于互联网的计算方式，通过这种方式，共享的软硬件资源和信息可以按需求提供给计算机和其他设备。"而现阶段认可度最高的定义来自美国国家标准与技术研究院（NIST）："云计算是一种按使用量付费的模式，这种模式提供可用的、便捷的、按需的网络访问，使用户进入可配置的计算资源共享池（资源包括网络、服务器、存储、应用软件、服务），这些资源能够被快速提供，且只需投入很少的管理工作，或与服务供应商进行很少的交互。"

2. 云计算的分类

云计算按照使用用户类型可以分为公有云（Public Cloud）、私有云（Private Cloud）、混合云（Hybrid Cloud）和社区云（Community Cloud），如图 7-2 所示。

（1）公有云服务可通过网络及第三方服务供应者开放给用户使用，用户只需注册一个账号，在一个网页上点一下就能创建一台虚拟计算机。

（2）私有云具备许多公有云环境的优点，如弹性、适合提供服务，两者的差别在于私有云服务中，数据与程序皆在组织内管理，且与公有云服务不同，不会受到网络带宽、安全疑虑、法规限制的影响。

（3）混合云结合公有云及私有云，这个模式中，用户通常将非企业关键信息外包，并在公有云上处理，但同时将企业关键服务及数据控制在私有云。

第 7 章　智慧物流关键技术

（4）社区云是将云端资源分配给两个及以上特定单位内员工使用的服务模式，除上述规定人群外，任何机构和人员都无权租赁和使用云端计算资源。参与社区云的单位组织往往具备业务相关性、存在隶属关系，或者具有共同的服务模式需求，如云服务模式、安全级别等。

3. 云计算的优点

云计算作为一种利用互联网实现随时随地、按需、便捷地使用共享计算设施、存储设备、应用程序等资源的计算模式，其优点可归纳为以下四点：

（1）灵活弹性。云计算技术使用户能够快速和廉价地利用基础设施资源。此外，现在大部分软件

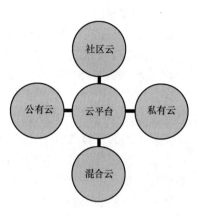

图 7-2　云计算分类

和硬件都对虚拟化有一定的支持，各种资源、软件、硬件都虚拟化放在云计算平台上统一管理，通过动态的扩展虚拟化的层次达到对应用进行扩展的目的。由于能够使用网络浏览器接入系统，因此用户在无须了解云计算的具体机制的情况下，可以从任何位置利用正在使用的设备获得他们所需的服务。

（2）成本低廉。在云计算系统中，众多用户分享云计算服务商提供的资源，这使得用户不需要为了一次性或非经常性的计算任务购买昂贵的设备，并且避免了单一用户承担较高的费用。同时，以计算量为计费标准，也减少了客户对 IT 设备知识的要求。如此可使客户成本大大降低。

（3）安全可靠。云计算的安全性体现在中央集权的数据管理，即供应商能够将足够的资源用于进行安全审计和解决安全问题，云计算系统由大量商用计算机组成机群向用户提供数据处理服务，而一般的客户往往局限于能力或资金的限制。此外，由于云计算服务商利用多种硬件和冗余机制，使得云端用户得以保证业务的连续性。

（4）高效环保。计算机及相关的基础设施是主要的消费能源，而云计算服务商无论出于成本或可持续发展等各方面考虑，都会提高计算资源的利用率，建设更有效的云端系统，从而降低整体能耗。

7.2.2　云计算的特征

云计算通过互联网提供软件与服务，用户通过网络浏览器界面来加入云计算，不需要安装服务器或任何客户端软件，可在任何时间、任何地点、任何设备（前提是接入互联网）上随时随意访问，其核心概念是按需为用户提供服务。云计算的特点可归纳如下：

1. 弹性服务

服务的规模可快速伸缩，以自动适应业务负载的动态变化。用户使用的资源同业务的需求相一致，避免了因为服务器性能过载或冗余而导致的服务质量下降或资源浪费。

2. 资源池化

资源以共享资源池的方式统一管理。利用虚拟化技术，将资源分享给不同用户，资源的放置、管理与分配策略对用户透明。

智慧物流与现代供应链

3. 按需服务

以服务的形式为用户提供应用程序、数据存储、基础设施等资源,并可以根据用户需求,自动分配资源,而不需要系统管理员干预。

4. 泛在接入

用户可以利用各种终端设备(如个人计算机、笔记本电脑、智能手机等)随时随地通过互联网访问云计算服务。

正是因为云计算具有上述四个特性,用户可通过云计算存储个人电子邮件、存储相片、从云计算服务提供商处购买音乐、储存配置文件和信息、实现网络社交互动、云端查找驾驶及步行路线、开发网站,以及与云计算中其他用户互动,使用户处理生活、工作等事务更加便捷快速。这也是为什么云计算能在短时间内迅速传播并流行起来的重要因素。

7.2.3 云计算的架构

云计算的基础架构由四部分组成,由上至下分别是:基础设施、平台、软件服务和客户端(见图7-3)。

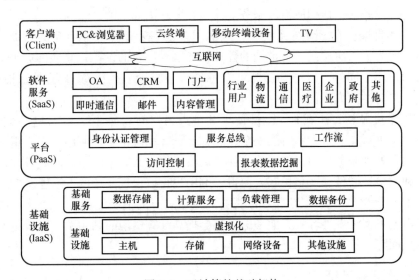

图7-3 云计算的基础架构

1. 基础设施

云计算服务商提供虚拟的硬件资源,即"设施即服务"(Infrastructure as a Service,IaaS),如虚拟的主机、存储、网络、安全等资源,用户无须购买服务器、网络设备和存储设备,只需通过网络租赁即可搭建自己的应用系统。IaaS定位于底层,向用户提供可快速部署、按需分配、按需付费、高安全性与可靠性的各类服务,如数据存储、计算服务、负载管理、数据备份等,并可为应用提供开放的云基础设施服务接口,用户可以根据业务需求灵活定制、租用相应的基础设施资源。例如,IBM公司依托其在IT基础设施及中间件领域的丰富经验,建立了云计算中心,为企业提供云计算基础设施的租用服务。

第7章 智慧物流关键技术

2. 平台

云平台是云计算服务商直接提供计算平台和解决方案的一种服务,即"平台即服务"(Platform as a Service,PaaS),以方便应用程序部署从而节省购买和管理底层硬件和软件的成本。

PaaS 服务给客户带来的好处是显而易见的。从用户角度来说,这意味着他们无须自行建立开发平台,也不会在不同平台兼容性方面遇到困扰;从供应商的角度来说,可以进行产品多元化和产品定制化。例如 salesforce 公司的云计算平台,就是作为一个服务运行在 Internet 上,是完全即时请求的,并以登录为收费标准。salesforce 公司让更多的独立软件提供商成为其平台的客户,从而开发出基于平台的多种 SaaS 应用,使其成为多元化软件服务供货商(Multi-application Vendor),扩展了其业务范围。

3. 软件服务

云计算服务商还将软件研发的平台作为一种服务,即"软件即服务"(Software as a Service,SaaS),用户可通过标准的 Web 浏览器来使用 Internet 上的软件。从用户角度来说,这意味着他们前期无须在服务器或软件许可证上耗费成本;从供应商角度来看,与常规的软件服务模式相比,维护一个应用软件的成本要相对低廉。SaaS 供应商通常是按照用户所租用的软件模块来收费的,因此用户可以根据需求按需订购软件应用服务,而且 SaaS 的供应商会负责系统的部署、升级和维护。

4. 客户端

云客户端即使用云服务的计算机硬件和软件终端,如苹果手机(iPhone)、谷歌浏览器(Google Chrome)。

7.2.4 云计算技术在智慧物流中的应用

在市场竞争日益复杂、用户需求多样性的背景下,优化物流资源配置对企业发展的作用越来越明显。云计算技术在智慧物流中可实现物流相关数据的数据捕捉、整理、存储、分析、处理和管理等。基于云计算技术构建物流信息平台,已经成为当前先进物流企业的首选。

1. 云计算技术可为物流企业提供的服务

(1)云计算业务服务层面。物流企业利用经过分析处理的数据,通过 Web 浏览器为其客户提供丰富的特定应用与服务,包括物流监控、智能检索、信息查询、信息码扫描、物品的运输传递扫描等。

(2)云计算平台数据存储层面。利用云计算平台,提供物流企业所需要的具体数据,包括数据的海量存储查询、分析,实现资源完全共享、资源自动部署、分配和动态调整。

(3)云计算基础服务层面。依靠云计算平台,为物流企业提供各种互联网应用所需的服务器,这样物流企业便能在数据存储及网络资源利用方面具备优越性,同时能够减少物流企业的经营成本;还可以在应用时实现动态资源调配,自动安装部署,向用户提供按需响应、按使用收费和高质量的基础设施服务。

2. 应用模式——以配送业务为例

(1)中小型物流企业采用云服务。中小型物流企业是物流企业中的主要组成部分,且由于企业规模小、资金实力弱，在不同的成长阶段对云服务也表现出不同要求。

1）初创阶段采用公有云服务。处于初创阶段的中小型物流企业，往往经济实力较弱，对 IT 服务、个性化要求不高。此时，借助公共云的 SaaS 模式，既可获得企业所需的 IT 资源，又可降低 IT 投入和运营成本。

2）成长阶段采用私有云服务。处于成长阶段的中小型物流企业，由于发展迅速，需要借助大量的 IT 资源提高生产效率，建立核心竞争力。此时，借助私有云，企业可独享运行在云平台上的运行程序，而且在享受较高服务质量的同时只需支付较低的运营成本。

3）成熟阶段采用混合云服务。处于成熟阶段的中小型物流企业往往根据经营的峰值来决定对 IT 资源的需求，因此，企业 IT 资源时常处于闲置、未被充分利用的状态，混合云将很好地解决这一问题。在企业运营峰值阶段，通过购买云平台的 IT 资源满足需求；在峰值过后，通过取消多余的 IT 资源减少闲置，即随需而变实现 IT 资源的动态分配。

（2）大型物流企业采用云服务。大型物流企业采用云服务主要有两种形式。

1）搭建企业专属的内部云计算平台。大型物流企业具备较强的 IT 专业人才和 IT 软硬件资源。随着信息技术在行业的深入渗透，企业往往会在 IT 基础框架的维护和应用程序的运行方面投入较多。通过构建内部私有云平台，企业可在自己的 IT 环境中构建更安全和有效的云计算，在简化计算交付的同时，提高市场应变柔性。

2）内部 IT 服务与云计算服务相结合。大型物流企业采用混合云的方式，通过标准化的接口，将现有 IT 应用与云计算服务相结合，既可有效降低对云计算的新技术开发成本，又能充分利用自有 IT 资源并保护核心数据的安全。

7.3 大数据技术

大数据技术既是社会经济高度发展的结果，也是信息技术发展的必然。它开启了一次重大的时代转型，正在改变生活及理解世界的方式，是一场生活、工作与思维的大变革。大数据技术的出现，使得通过数据分析可以预测事物发展的未来趋势，探索事物发展的规律。大数据将逐渐成为现代社会基础设施不可或缺的一部分，可以帮助物流企业发现更多有价值的信息，预测物流过程中可能发生的行为，使物流业朝着数字化、一体化、智能化、网络化的方向发展。

7.3.1 大数据技术的概念

大数据是由数量巨大、结构复杂、类型众多的数据构成的数据集合。大数据技术是一种基于云计算的数据处理与应用模式，是可以通过数据的整合共享、交叉复用形成的智力资源和知识服务能力，是可以应用合理的数学算法或工具从中找出有价值的信息，为人们带来利益的一门新技术。大数据技术包括大数据采集、预处理、储存及管理、分析与挖掘四大关键技术。

大数据技术的基本思想主要体现在以下三个方面：

1. 由分析随机样本转变为分析全体样本

在小数据时代，由于记录、储存和分析数据的工具不够发达完善，只能收集少量数

第 7 章　智慧物流关键技术

据进行分析，信息处理能力受到一定的限制，只能随机抽样进行分析，抽样的目的就是用最少的数据获得最多的信息。

例如，谷歌流感趋势预测就不是依赖于对随机样本的分析，而是分析了整个美国几十亿条互联网检索记录。分析整个数据库，而不是对一个样本进行分析，能够提高微观层面分析的准确性，甚至能够推测出某个特定城市的流感状况，而不只是一个州或是整个国家的情况。因此在大数据时代，需要放弃样本分析这种方法，选择收集全面而完整的数据；需要足够的数据处理和存储能力，也需要最先进的分析技术。

在大数据时代，随着数据分析技术的不断提高，可处理的数据量大大增加，对事物理解的角度将比以前更大、更全面，因此要分析更多甚至所有的数据，不再依赖于随机抽样。大数据技术就是不采用随机分析方法而采用所有数据的方法。

2. 由追求数据精确性转变为接受数据混杂性

过度注重精确性是小数据时代的特点，对小数据而言，最基本、最重要的要求就是减少错误，保证质量。因此收集的信息量比较少，必须保证记录下来的数据尽量准确。而在大数据时代，只有少部分数据是结构化且能适用于传统数据库的，如果不关注混杂的数据，大部分非结构化数据都无法被利用，分析得到的结果也就不会精确。小数据时代的数据分析，更多的是精确的样本、深度的数据挖掘，"精确"就是其代名词。不符合规格的样本被过滤掉，然后再深度挖掘数据字段间的关系，得出几个精确无比的结果。但是大数据更多的是通过对各种数据分析得出某种趋势，这种趋势不必过于精确。

2006 年，谷歌公司开始涉足机器翻译，这被当作实现"收集全世界的数据资源，并让人人都可享受这些资源"这个目标的一个步骤。谷歌翻译系统开始利用更大、更繁杂的数据库，也就是全球的互联网，而不再只利用两种语言之间的文本翻译。谷歌翻译系统为了训练计算机，会吸收它能找到的所有翻译。它会从各种各样语言的公司网站上寻找对译文档，会去寻找联合国和欧盟这些国际组织发布的官方文件和报告的译本，甚至还会吸收速读项目中的书籍翻译。谷歌翻译系统之所以更好，并不是因为它拥有一个更好的算法机制，而是因为谷歌翻译系统增加了很多各种各样的数据。

相比依赖于小数据和精确性的时代，大数据因更强调数据的完整性和混杂性，使得事情的真相更加清晰。因此只有接受数据的不精确性和完整性，才能发现事物的真相。

3. 由注重因果关系转变为注重相关关系

在小数据时代，因果关系对事物的发展起着很关键的作用，但在大数据背景下，相关关系发挥的作用更大。通过应用相关关系，对事物的分析更容易、更快捷、更清楚。通过寻找相关关系，可以更好地捕捉现在的状态和预测未来的发展状况。如果 A 和 B 经常一起发生，那么 B 发生了，就可以预测 A 也发生了。这有助于捕捉可能和 A 一起发生的事情，即使我们不能直接测量或观察到 A。更重要的是，它还可以帮助人们预测未来能发生什么。

大数据核心问题的解决需要大数据技术。大数据领域已经涌现出大量新的技术，它们成为大数据采集、存储、处理和呈现的有力武器。今后大数据技术将在更多领域得到发展应用。大数据技术在我国物流领域的应用，有利于整合物流企业，实现物流大数据的高效管理，从而降低物流成本，提升物流整体服务水平，满足客户个性化需求。

7.3.2 大数据的特点

一般意义上来说,大数据是难以在有限时间内用传统 IT 和软硬件工具对其进行感知、获取、管理、处理和服务的数据集合,其特点可以概括为以下四点:

1. 数据体量大

数据体量指的是巨大的数据量级以及其规模的完整性。数据的存储单位从 TB 级扩大到 ZB 级,与数据存储和网络技术的发展密切相关。数据加工处理技术的提高、网络带宽的成倍增加及社交网络技术的迅速发展,使得数据产生量和存储量成倍增长。实质上,在某种程度上来说,数据的数量级大小并不重要,重要的是数据具有完整性。数据规模性的应用有如下的体现,如:对每天 12TB 的推文进行分析,可了解人们的心理状态,用于情感性产品的研究和开发;基于 Facebook 上成千上万条信息的分析,可以帮助人们处理现实中的朋友圈的利益关系。

2. 数据类型多

大数据所处理的计算机数据类型早已不是单一的文本形式或者结构化数据库中的表,它还包括订单、日志、博客、微博、音频、视频等各种复杂结构的数据。大数据环境下的数据类型分为结构化数据、半结构化数据、非结构化数据。以最常见的 Word 文档为例,最简单的 Word 文档可能只有寥寥几行文字,但也可以通过混合编辑图片、音乐等内容,成为一份多媒体的文件,以增强文章的感染力。这类数据通常称为非结构化数据。与之相对应的另一类数据,就是结构化数据。结构化数据可以简单地理解成表格里的数据,每一条数据的结构都相同。每个人的工资条依次排列到一起,就形成了工资表。与传统的结构化数据相比,大数据环境下存储在数据库中的结构化数据仅约占 20%,而互联网上的数据,如用户创造的数据、社交网络中人与人交互的数据、物联网中的物理感知数据等动态变化的非结构化数据占到 80%。因此,数据类型繁多、复杂多变是大数据的重要特性。

3. 价值密度低

随着物联网的广泛应用,信息感知无处不在,信息海量,价值密度较低,如何通过强大的机器算法更迅速地完成数据的价值提纯,是大数据时代亟待解决的难题。以视频为例,在连续不间断的监控过程中,可能有用的数据仅仅有一两秒,这就需要相应的视频数据挖掘技术筛选出有价值的信息。

4. 处理速度快

处理速度快是指数据处理的实时性要求高,支持交互式、准实时的数据分析。传统的数据仓库、商业智能等应用对处理的时延要求不高,但在大数据时代,数据价值随着时间的流逝而逐步降低,因此大数据对处理数据的响应速度有更严格的要求:实时分析而非批量分析,数据输入处理与丢弃要立刻见效,几乎无延迟数据。新数据的不断涌现,快速增长的数据量要求数据处理的速度也要相应提升,这样才能使得大量的数据得到有效的利用,否则不断激增的数据不但不能为解决问题带来优势,反而成了快速解决问题的负担。数据的增长速度和处理速度是大数据高速性的重要体现。

7.3.3 大数据技术应用的基本环节

大数据的成功应用,要经过数据采集、数据存储与管理、数据计算与挖掘、知识展

第 7 章　智慧物流关键技术

现四个主要环节。

1. 数据采集

数据采集是大数据价值挖掘最重要的一环，其后的集成、分析、管理都构建于采集的基础。大数据采集技术就是通过不断发展的数据收集方法及技术获取海量有价值的数据，包括普通文本、照片、视频、链接信息等。数据采集主要是从本地数据库、互联网、物联网等数据源导入数据，包括数据的提取、转换和加载（Extracting Transforming Loading，ETL）。大数据的来源多种多样，既包括企业 CRM/ERP 等内部数据库、网页索引库或社交网络服务（SNS）等公众互联网，也可包括传感网或 M2M 等物联网，不仅数量庞大，而且更加参差不齐、杂乱无章。这就要求系统在采集环节能够对数据去粗取精，同时还能尽可能地保留原有语义，以便后续分析时参考。

2. 数据存储与管理

大数据在进行存储与管理前，需要使用预处理技术完成对已接收数据的辨析、抽取、清洗等操作。因获取的数据可能具有多种结构和类型，数据抽取过程可以帮助我们将这些复杂的数据转化为单一的或者便于处理的构型，以达到快速分析处理的目的；大数据并不全是有价值的，而且有些数据也并不是我们所关心的内容，甚至一些数据还是无用的干扰项，因此要对数据清洗转化，从而提取出有效数据。

数据的存储、管理这两个细分环节之间的关系极为紧密。数据管理的方式决定了数据的存储格式，而数据如何存储又限制了数据分析的广度和深度。除了对海量异构数据进行高效率的存储之外，数据存储还要适应多样化的非结构化数据管理需求，具备数据格式上的可扩展性并且能够提供快速读写和查询功能。数据存储与管理要用存储器把采集到的数据存储起来，建立相应的数据库，并进行管理和调用。只有数据与适合的存储系统相匹配，制定出管理数据的战略，才能低成本、高可靠、高效益地应对大量数据。对于物流企业而言，面对大数据首先解决的问题就是成本和时间效应问题。

3. 数据计算与挖掘

从纷繁复杂的数据中发现规律并提取新的知识，是大数据体现价值的关键。

首先，数据计算环节需要根据处理的数据类型和分析目标，采用适当的算法模型快速处理数据。海量数据处理要消耗大量的计算资源，就传统单机或并行计算技术来说，其速度、可扩展性和成本都适应不了大数据的新需求。分布式计算成为大数据的主流计算结构，但在实时性方面还需要大幅度提升。由于数据的价值会随着时间的推移不断减少，实时性成了大数据处理的关键。而数据规模巨大、种类繁多、结构复杂，使得大数据的实时处理极富挑战性。数据的实时处理要求实时获取数据，实时分析数据，实时绘制数据，任何一个环节变慢都会影响系统的实时性。当前，互联网络及各种传感器快速普及，实时获取数据难度不大，而实时分析大规模复杂数据是系统的瓶颈，也是大数据领域亟待解决的核心问题。

其次，数据挖掘环节就是从大量的、不完全的、有噪声的、模糊的、随机的实际数据中，提取潜在的有用信息和知识的过程。对于非结构化、多源异构的大数据集的分析，往往缺乏先验知识，很难建立数学模型，这就需要发展更加智能的数据挖掘技术。据国际数据公司（IDC）统计，2012 年，若经过标记和分析，数据总量中 23% 将成为有效数据，大约为 643EB；但实际上只有 3% 的潜在有效数据被标记，大量的有效数据不幸丢失。具有隐藏价值的数据量与价值真正被挖掘出来的数据量之间差距巨大,因此对多种数据类型构成的异构数据集进行交叉分析的技术,是大数据的核心技术之一。

4. 知识展现

大数据技术的意义不在于掌握庞大的数据信息,而在于对这些大量有隐藏价值的数据进行专业化处理后,将结果展现出来。数据知识展现主要是借助图形化手段,清晰有效地传达与沟通信息,即以直观的、便于理解的方式将分析结果呈现给用户,进而通过对数据的分析和形象化,进一步推导出量化计算结论并付诸实践。

7.3.4 大数据技术在智慧物流中的应用

大数据技术能够让物流企业做到有的放矢,甚至可以做到为每一个客户量身定制符合他们自身需求的服务,从而颠覆整个物流业的运作模式。但是大数据技术在国内智慧物流领域中的应用还处在起步阶段,有更广阔的发展空间。目前,大数据技术在智慧物流领域中的应用包括但不局限于以下几个方面:

1. 需求预测

依靠数据挖掘及分析,大数据技术能够帮助企业完全勾勒出其客户的行为和需求信息,通过真实而有效的数据反映市场的需求变化,从而对产品进入市场后的各个阶段做出预测,以提高服务质量。

例如,亚马逊对每个用户详细的搜索内容、产品详细记录、最后购买的产品等数据进行挖掘,使得亚马逊能够掌握消费者的喜好、购物习惯等,并通过对数据分析了解消费者的潜在需求。京东白条通过对用户长期的购买习惯与退货记录,以及购买商品的层次分析,为每一个用户进行市场定位,以此为据向每一位客户小额放贷,从而促进其平台销售额,提高盈利值。菜鸟物流数据平台引入消费者的物流数据、商家的物流数据、物流公司数据、其他社会数据(气象数据、交通实况的数据)等相关数据,展开对各地区日常物流需求的全方面预测。此外,当前各大电商平台在"双11"期间,都会根据历史数据,以及当年参与"双11"活动的商家名单、备货量等信息进行综合的数据分析预测,用于指导线上卖家、物流快递公司、消费者的物流信息联动,并运用物流数据雷达服务,为其提供详细的区域和网点预测,进而保证物流效率。大数据技术能够更加客观地帮助电商平台和快递公司做决策,优化物流体系,能够最大限度地帮助快递公司分拨中心不爆仓,提升快递"最后一公里"的服务质量。

2. 仓储作业优化

以货位分配方面为例,合理地安排商品储存位置对于提高仓库利用率和搬运分拣的效率有着极为重要的意义。对于商品数量多、出货频率快的物流中心,各货物拣选作业的关联性、货物存储时间的长短等因素决定着商品在仓库货架中的存放位置。而储位安排的合理与否在很大程度上决定着拣选作业的效率和仓库的效益。

为了解决这一问题,可以综合利用各种大数据技术实现仓库的储位优化:①可使用密度聚类算法、高斯混合模型和自组织映射算法对消费者进行聚类。②可使用 Apriori 算法挖掘消费者消费商品的关联关系,使用基于异构信息的网络聚类方法得到商品簇类,使用贝叶斯网络定量化描述不同商品需求间的相互影响。③基于商品需求的影响因素(包括商品需求间的相互作用),建立深度表征学习算法模型,对消费者需求进行预

第 7 章　智慧物流关键技术

测。④依据消费者的订单需求预测，在拣货前按照商品出库频次以及相关性等因素把货物分配到最佳的货位上。

3. 配送作业优化

基于大数据技术的配送优化可以从多个维度展开，目前已有的主要优化方向包括基于大数据预测的主动配送服务、基于大数据的配送路线实时优化等。

（1）主动配送服务是基于消费者历史行为大数据预测企业应向客户提供服务的内容和时间，构建基于客户实时需求的统一信息平台，有针对性地进行服务资源的动态匹配。通过实现配送路线的智能化决策、提货送货时快速验货、配送货物库区内快速分拣、根据消费者行为特征制定个性化的配送服务，提升配送作业的效率，降低配送成本，提高消费者的物流体验。此外，主动配送服务也将有助于缩短企业服务响应时间，变被动服务为主动服务，提高客户对产品的使用满意度，提供更好的消费体验，不断促进消费升级。

（2）配送路线实时优化是一个典型的非线性规划问题，它一直影响着物流企业的配送效率和配送成本。物流企业运用大数据来分析商品的特性和规格、客户的不同需求（时间和金钱）等问题，从而用最快的速度对这些影响配送计划的因素做出反应（比如选择哪种运输方案、哪种运输线路等），制定最合理的配送线路。企业还可以通过配送过程中实时产生的数据，快速地分析配送路线的交通状况，对事故多发路段做出预警。精确分析配送整个过程的信息，使物流的配送管理智能化，从而提高物流企业的信息化水平和可预见性。

7.4　人工智能技术

人工智能就是探索研究用各种机器模拟人类智能的途径，使人类的智能得以物化与延伸的一门学科。人工智能技术在物流行业的影响主要聚焦在智能搜索、推理规划以及智能机器人等领域。人工智能是加速物流行业向智慧物流时代迈进的新引擎。

7.4.1　人工智能的概念

人工智能（Artificial Intelligence，AI）是研究、开发用于模拟、延伸和扩展人的智能的理论、方法、技术及应用系统的一门新的技术。AI 是计算机科学的一个分支。它企图了解智能的实质，并生产出一种新的能以人类智能相似的方式做出反应的智能机器，该领域的研究包括机器人、语言识别、图像识别、自然语言处理和专家系统等。人工智能是对人的意识、思维信息过程的模拟。人工智能不是人的智能，但能像人那样思考，也可能超过人的智能。

1. 人工智能的分类

根据人工智能的应用，人工智能可以分为专有人工智能、通用人工智能、超级人工智能；根据人工智能的内涵，人工智能可以分为类人行为（模拟行为结果）、类人思维（模拟大脑运作）、泛智能（不再局限于模拟人）。

2. 人工智能与人的关系

人工智能与人的关系包括机器主导、人主导、人机融合。现阶段，人工智能正在从

智慧物流与现代供应链

专有人工智能向通用人工智能发展过渡，人工智能已不再局限于模拟人的行为结果，而是拓展到"泛智能"应用，即更好地解决问题、有创意地解决问题和解决更复杂的问题。

3. 人工智能对物流行业的影响

人工智能的技术在物流行业的影响主要聚焦在智能搜索、推理规划以及智能机器人等领域。

7.4.2　人工智能的发展历程

按照智能程度不同，人工智能可分为运算智能、感知智能、认知智能三个阶段：①运算智能，即快速计算和记忆存储能力，在这一阶段主要是算法与数据库相结合，使得机器开始像人类一样计算和传递信息。②感知智能，即视觉、听觉、触觉等感知能力，在这一阶段，数据库与浅层学习算法结合，使得机器开始看懂和听懂，并做出判断、采取行动。③认知智能，即能理解会思考的能力，这一阶段主要是采用深度学习算法，使得机器能够像人一样思考，主动采取行动。

1. 第一阶段：运算智能——20 世纪 50—60 年代

典型应用：非智能对话机器人。

1950 年 10 月，图灵提出了 AI 的概念，同时提出了以图灵测试来测试 AI。图灵测试提出没有几年，人们就看到了计算机通过图灵测试的"曙光"。1966 年，心理治疗机器人 Eliza 诞生。时人对它评价很高，有些病人甚至喜欢和它聊天。但是它的实现逻辑非常简单，就是一个有限的对话库，当病人说出某个关键词时，它就回复特定的话。这一阶段并没有使用什么全新的技术，只是用一些技巧让计算机看上去像真人，其实计算机本身并没有智能。

2. 第二阶段：感知智能——20 世纪 80—90 年代

典型应用：语音识别。

在第二阶段中，语音识别是最具代表性的几项技术进步之一。此阶段突破的核心原因就是放弃了符号学派的思路，改为统计思路解决实际问题，这也是推动人工智能迈入第二阶段最重要的特征。

3. 第三阶段：认知智能——21 世纪初

典型应用：深度学习 + 大数据。

2006 年是深度学习发展史的分水岭。Geoffrey Hinton 在这一年发表了《一种深度置信网络的快速学习算法》，同时其他重要的深度学习学术文章也在这一年被发表，标志着人工智能在基本理论层面取得了若干重大突破。第三阶段之所以会到来主要是由于以下几个条件的成熟：①2000 年后互联网行业飞速发展形成了海量数据；②数据存储的成本也快速下降，使得海量数据的存储和分析成为可能；③图形处理器（GPU）的不断成熟提供了必要的算力支持，提高了算法的可用性，降低了算力的成本。在各种条件成熟后，深度学习发挥出了强大的能力，在语音识别、图像识别、自然语言处理（NLP）等领域不断刷新纪录，让 AI 产品真正达到了可用（例如语音识别的错误率只有 6%，人脸识别的准确率超过人类，NLP 模型 BERT 在 11 项表现中超过人类……）的阶段。第三阶段来袭，主要是因为大数据和算力条件具备，这样深度学习就可以发挥出巨大的

第 7 章 智慧物流关键技术

威力，AI 可以达到"可用"的阶段，而不只是科学研究。

人工智能三个发展阶段的不同之处在于：前两个阶段是学术研究主导的，而第三阶段是现实商业需求主导的；前两个阶段多是市场宣传层面的，而第三阶段是商业模式层面的；前两个阶段多是学术界在劝说政府和投资人投资，而第三阶段多是投资人主动向热点领域的学术项目和创业项目投资；前两个阶段更多是提出问题，而第三阶段更多是解决问题。

7.4.3 人工智能的体系结构

人工智能的体系结构按照技术层级可从下到上依次划分为基础层、技术层和应用层，如图 7-4 所示。

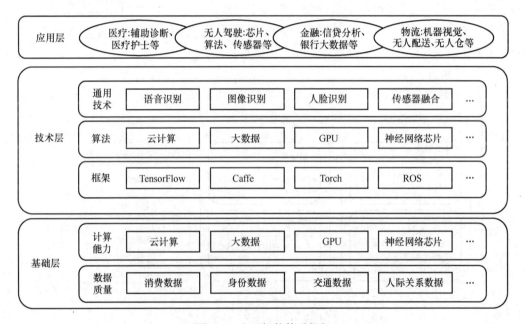

图 7-4 人工智能体系框架

1. 基础层

基础层包括社会中海量的非结构化数据以及用于收集、存储、处理、计算相关数据的设施设备与技术手段，例如云计算、大数据、GPU、神经网络芯片，以及物联网、感知设备等相关技术。数据的爆炸式增长以及相应数据处理技术的飞速提升为人工智能的进一步发展打下了坚实的基础。数据资源是人工智能不断进化的基本素材，通过对数据的学习，机器不断积累经验和优化决策参数，逐渐变得像人类一般聪明。近年来，随着互联网、物联网，特别是 2012 年之后移动互联网的飞速发展，线上产生的数据呈几何式爆炸增长。据统计，全球数据资料存储量 2020 年将达到 40ZB，相比之前预估的数额高出 14%。未来，随着万物互联时代的开启，数据量的产生与积累都将进一步提速，而且数据维度也将更加丰富，从而为机器学习提供更多的学习材料，由此推动人工智能加速突破。

2. 技术层

人工智能的技术层又可以细分为框架层、算法层和通用技术层，其中框架层是指

智慧物流与现代供应链

TensorFlow、Caffe、Torch、ROS 等框架或操作系统，算法层指的是对数据的处理方法。图 7-5 展现了当前人工智能的主流算法分类，包括专家系统、进化计算、模糊逻辑与粗糙集、机器学习、推荐系统、机器感知等。而当前研究热度最高，且最有可能使人工智能的研究迈向"强人工智能"阶段的方法当属机器学习。

机器学习是指计算机通过对大量已有数据的处理分析和学习，拥有预测判断和做出最佳决策的能力。其核心在于，机器学习是从数据中自动发现模式，模式一旦被发现便可用于做预测。按照学习模式分类，机器算法可以分为有监督学习、无监督学习、半监督学习以及强化学习等，如图 7-6 所示。

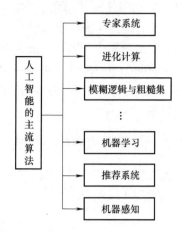

图 7-5　人工智能的主流算法分类

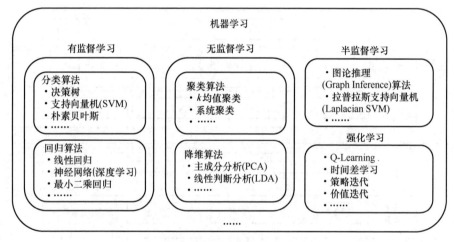

图 7-6　机器学习分类

（1）有监督学习。在有监督学习模式下，输入数据被称为"训练数据"，每组训练数据有一个明确的标识或结果，如防垃圾邮件系统中的"垃圾邮件""非垃圾邮件"，手写数字识别中的"1""2""3""4"等。在建立预测模型的时候，有监督学习先建立一个学习过程，将预测结果与"训练数据"的实际结果进行比较，并不断调整预测模型，直到模型的预测结果达到一个预期的准确率。有监督学习的常见应用场景如分类问题和回归问题。常用算法有回归算法、朴素贝叶斯、SVM 等。

值得一提的是，在众多回归算法中，神经网络算法随着近几年深度学习算法的大热重新受到了人们的重视。人工神经网络是模拟生物神经网络，由众多的神经元可调的连接权值连接而成，具有大规模并行处理、分布式信息存储、良好的组织学习能力特点，并通过一定的学习准则进行学习，进而建立相关模型，帮助人们对未来发生的事件进行预测与决策。深度学习算法是人工神经网络当前最新的算法，其实质是通过很多隐含层的机器学习模型和海量的训练数据来学习更有用的特征，从而提升分类或预测的准确性。由于深度学习算法的多隐层神经网络具有优异的特征学习能力，学习得到的特征对

第 7 章 智慧物流关键技术

数据有更本质的刻画、更有利于数据的可视化或分类等诸多优点，该算法已然成为人工智能领域最热门的研究领域。

（2）无监督学习。在无监督学习模式下，数据并不被特别标识，学习模型只是为了推断出数据的一些内在结构。常见的应用场景包括聚类与降维等。聚类的常用算法有 k 均值聚类算法及其相似算法，在降维算法中有 PCA 和 LDA 等。

（3）半监督学习。在此学习模式下，输入数据部分被标识，部分没有被标识，这种学习模型可以用来进行预测，但是模型首先需要学习数据的内在结构以便合理地组织数据来进行预测。应用场景包括分类和回归，算法包括一些对常用有监督学习算法的延伸。这些算法首先试图对未标识数据进行建模，在此基础上再对标识的数据进行预测，如图论推理（Graph Inference）算法或者拉普拉斯支持向量机（Laplacian SVM）等算法。

（4）强化学习。在此学习模式下，输入数据作为对模型的反馈，不像监督模型那样，输入数据仅仅是作为一个检查模型对错的方式。在强化学习模式下，输入数据直接反馈到模型，模型必须对此立刻做出调整。常见的应用场景包括动态系统以及机器人控制等。常见算法包括 Q-Learning 以及时间差学习（Temporal Difference Learning）。

最后，通用技术层包括语音识别、图像识别、人脸识别、传感器融合等技术，是人工智能底层技术框架与多种算法融合集成，按实现功能划分形成的顶层技术体系。

3. 应用层

人工智能的应用层则主要关注将人工智能与下游各领域结合起来，主要是采用了"AI＋垂直行业"的方式渗透到传统各行业，按发展层次的不同可以分为专用人工智能、通用人工智能和超级人工智能三个层次。其中，专用人工智能以一个或多个专门的领域和功能为主；通用人工智能即机器与人类一样拥有进行所有工作的可能，关键在于自动地认知和拓展；超级人工智能是指具有自我意识，包括独立自主的价值观、世界观等的人工智能，目前仅存在于文化作品构想中。按应用技术类型进行划分，人工智能的应用技术又可以分为计算机视觉、机器学习、自然语言处理和机器人四类。随着我国物流业的快速发展，人工智能也已经渗透到了传统的物流行业中，"人工智能＋物流"的新模式正在逐步形成，并催生我国传统物流业向"智慧物流"的转型。

7.4.4 人工智能在智慧物流中的应用

1. 仓储环节

人工智能技术在智慧仓储环节的具体应用包括：

（1）选址决策。不同于传统情况下人工对选址因素的考量筛选、选址模型的构建，人工智能技术通过收集与选址任务和目标相关的丰富历史数据，通过大数据技术挖掘对仓储选址决策有普遍性指导意义的知识，并将历次整理总结的知识存入云端数据库，以建立一个基于大数据的人工智能选址决策系统。当遇到新的选址决策问题时，在系统中输入选址目标与相关参数，人工智能系统便可以兼顾新问题的特殊性和历史选址方案的通用性，直接得到最接近最优目标，且不受人的主观判断与利益纠纷影响的选址结果。并且随着案例数量的增加，知识库中的数据将不断丰富，使未来的人工智能系统越来越聪明和智能。

（2）无人仓。人工智能技术的出现使得无人仓的构想得以实现。

1）得益于机器视觉、进化计算等人工智能技术，自动化仓库中的搬运机器人、货架穿梭车、分拣机器人、堆垛机器人、六轴机器人、无人叉车等一系列物流机器人可以对仓库内的物流作业实现自感知、自学习、自决策、自执行，实现更高程度的自动化。

2）借助在线学习技术，自动识别输入的实时数据特征，综合考虑仓储机器人的负载均衡性、现有任务量及当前路径，自动选择合适的优化模型，让具有自主计算能力的仓储机器人通过"任务竞标"的方式进行任务分配，使得一定时间段内所有任务执行时间最短，解决仓储系统中的订单分配及拣选路径优化等问题。

3）通过机器视觉技术，不同的摄像头和传感器可以抓取实时数据，继而通过品牌标识、标签和3D形态来识别物品，从而可以使拣选机器人对移动传送带上的可回收物品进行分类和挑拣，以替代传统人工仓库中的传送机器、扫描设备、人工处理设备和工作人员一道道的分拣作业，大大提高仓库的运作效率。以京东无人仓为例（见图7-7），京东目前无人仓的存储效率是传统横梁货架存储效率的10倍以上，并联机器人拣选速度可达3600次/h，相当于传统人工的5~6倍。

图7-7　京东无人仓的分拣机器人

（3）库存管理。人工智能技术基于海量历史消费数据，通过深度学习、宽度学习等算法建立库存需求量预测模型，对以往的数据进行解释并预测未来的数据，形成一个智能仓储需求预测系统，以实现系统基于事实数据自主生成最优的订货方案，实现对库存水平的动态调整。同时，通过订单数据的不断增多，预测系统训练集的规模将会不断扩大，使得预测结果的灵敏性与准确性能够得到进一步提高，使企业在保持较高物流服务水平的同时，还能持续降低企业的成本库存。

2. 运输环节

使用人工智能技术进行预测性运输网络管理可显著提高物流业务运营能力。以航空运输为例，准时保量运输是空运业务的关键，虽然空运业务仅占全球运输总吨数的1%，但其贸易价值占比却高达35%。DHL开发了一种基于机器学习的工具来预测空运延误状况，以预先采取缓解措施。通过对其内部数据的58个不同参数进行分析，这一机器学习模型能够提前一周对特定航线的日平均通行时间进行预测。此外，它还能确定导致运输延误的主要因素，比如是出发日之类的时间因素，或是航空公司准时率等方面

第 7 章 智慧物流关键技术

的运营因素，有助于空运代理商提前进行科学计划，而不是只能靠主观猜测。

此外，DHL 还应用庞大的运营物流数据、先进的统计模型和人工智能技术对全球经济前景进行月度展望。模型汇总了来自七个国家的商品空运和集装箱海运进出口数据作为基础，对来自占全球贸易 75% 的七个国家（中国、德国、英国、印度、日本、韩国和美国）的 2.4 亿个变量进行评估，运用 AI 引擎和其他非认知分析模型，总结出一个单一的指数来表示当前贸易增长和未来两月全球贸易的加权平均值。历史数据测试显示，其预测值与实际集装箱贸易量之间存在高度相关性，表明该模型能够对全球贸易进行以三个月为周期的有效预测，为国际的运输贸易提供可靠的数据支持。

3. 配送环节

随着无人驾驶等技术的成熟，未来的运输将更加快捷和高效。通过实时跟踪交通信息，以及调整运输路径，配送的时间精度将逐步提高。例如：

（1）配送机器人。配送机器人根据目的地自动生成合理的配送路线，并在行进途中避让车辆、过减速带、绕开障碍物，到达配送机器人停靠点后就会向用户发送短信提醒通知收货，用户可直接通过验证或人脸识别开箱取货。

（2）无人机快递。利用无线电遥控设备和自备的程序控制装置，操纵无人驾驶的低空飞行器（无人机）运载包裹到达目的地。其优点主要在于：解决偏远地区的配送问题，提高配送效率，同时减少人力成本。其缺点在于：在恶劣天气下，无人机将无法执行派送任务；在飞行过程中，无法避免人为破坏等。无人机目前尚未大范围使用。

4. 其他环节

（1）智能测算。通过对商品数量、体积等基础数据分析，对各环节如包装、运输车辆等进行智能调度，如通过测算百万 SKU（库存量单位）商品的体积数据和包装箱尺寸，利用深度学习算法技术，由系统智能地计算并推荐耗材和打包排序，从而合理安排箱型和商品摆放方案。

（2）图像识别。计算机视觉技术的卷积神经网络可用于手写识别，相比人工识别可有效提高准确率，减少工作量和出错率。另外，计算机视觉技术也可应用于仓内机器人的定位导航，以及无人驾驶中识别远处的车辆位置等。

（3）决策辅助。利用机器学习等技术来自动识别物流运行场景内的人、物、设备、车的状态；学习优秀的管理和操作人员的指挥调度经验和决策等，逐步实现辅助决策和自动决策。

思考题

1. 请列举智慧物流的四大关键技术，并简要说明四大技术与智慧物流的关系。
2. 请举两例简要描述物联网技术在智慧物流中的应用。
3. 请列举云计算的基础架构构成并简述每个组成部分的基本功能。
4. 请简述大数据技术的基本思想。
5. 请简要说明大数据的特点。
6. 请举例说明大数据技术在智慧物流中的应用。
7. 请简要说明人工智能与机器学习的关系。

参考文献

[1] 姚万华. 关于物联网的概念及基本内涵 [J]. 中国信息界, 2010 (5): 22-23.

[2] International Telecommunication Union. Internet reports 2005: The Internet of things [R]. Geneva: ITU, 2005.

[3] 杨蔚, 程远, 李辉, 等. RFID 技术在供港蔬菜检验检疫监管中的应用 [J]. 射频世界, 2010 (2): 30-32.

[4] 佚名. 物联网技术在果蔬冷链物流中的应用研究. (2018-06-29) [2019-10-30]. http://news.rfidworld.com.cn/2018_06/bc099105b61ccd6c.html.

[5] 刘黎明. 云计算起源探析 [J]. 电信网技术, 2010 (9): 8-11.

[6] 薛凯. 云计算安全问题的研究 [D]. 青岛: 青岛科技大学, 2011.

[7] 沈昌祥. 云计算安全 [J]. 信息安全与通信保密, 2010 (12): 12.

[8] 杨晨, 杨建军, 王惠莅. 美国国家标准和技术研究院标准化系列研究（一）NIST 信息安全标准化研究 [J]. 信息技术与标准化, 2011 (3): 48-51.

[9] 杨刚, 杨凯. 大数据关键处理技术综述 [J]. 计算机与数字工程, 2016, 44 (4): 694-699.

[10] LAZER D, KENNEDY R, KING G, et al. The parable of Google flu: traps in big data analysis [J]. Science, 2014, 343 (6176): 1203.

[11] MAYER-SCHONBERGER V, Cukier K. Big data: A revolution that will transform how we live, work, and think. [M]. Boston: Houghton Mifflin Harcourt, 2013.

[12] 斯介生, 宋大我, 李扬. 大数据背景下的谷歌翻译——现状与挑战 [J]. 统计研究, 2016, 33 (5): 109-112.

[13] BUHRMESTER M, KWANG T, GOSLING S D. Amazon's mechanical turk: a new source of inexpensive, yet high-quality, data? [J]. Perspect psychol sci, 2011, 6 (1): 3-5.

[14] 李子涵. 浅析电商平台下的互联网消费金融发展——以京东白条为例 [J]. 中国市场, 2017 (1): 79-80.

[15] 刘玉奇. "菜鸟"时代的电子商务物流 [J]. 中国物流与采购, 2014 (3): 74-75.

[16] 刘畅. 考虑快递柜自提的网络零售商决策研究 [J]. 物流技术, 2017, 36 (6): 144-148.

[17] 王虎, 喻立. 主动服务导向下的服务挖掘模型研究 [J]. 武汉理工大学学报（信息与管理工程版）, 2010, 32 (2): 284-288.

[18] HINTON G E, OSINDERO S, TEH Y W. A fast learning algorithm for deep belief nets [J]. Neural computation, 2006, 18 (7): 1527-1554.

[19] 邬贺铨. "大智物移云"时代来临 [J]. 中国战略新兴产业, 2017 (11): 94-94.

[20] 李开复, 王咏刚. 人工智能 [M]. 北京: 文化发展出版社, 2018.

[21] 中国产业信息网. 2017 年中国人工智能行业发展概况及未来发展趋势分析 [EB/OL]. (2017-03-04) [2019-10-30]. http://www.chyxx.com/industry/201703/500670.html.

[22] 智元素. 大数据和人工智能概念全面解析 [EB/OL]. (2018-04-27) [2019-10-30]. https://blog.csdn.net/qq_41352018/article/details/80084974.

[23] 新浪财经. 京东无人仓昨日首秀 存储效率提升 10 倍以上 [EB/OL]. (2018-06-04) [2019-10-30]. http://finance.sina.com.cn/chanjing/gsnews/2018-06-05/doc-ihcmurvh4814888.shtml.

[24] 夜叶. 京东无人仓亮相，物流领域也要无人化吗？[EB/OL]. (2017-10-10) [2019-10-30]. https://36kr.com/p/5096478.html.

[25] 敦豪电子商务大中华区. DHL 和 IBM 关于人工智能在物流领域的联合报告 [EB/OL]. [2019-10-30]. https://cloud.tencent.com/developer/news/204996.

第 8 章 智慧物流需求预测

引言

物流需求预测是现代物流系统规划、物流管理与决策的重要基础工作，各级物流系统规划与物流发展政策的制定都离不开对物流需求的准确预测。理论上，物流需求的准确预测可为物流发展战略规划、物流基础设施规模及物流管理方案的制订提供重要依据，为发展物流产业提供具体可靠的数据支持；实践中，物流需求的准确预测有助于政府部门合理规划和控制物流业开发规模和发展速度，对发展国家经济和减少浪费具有现实的指导意义。目前，物流需求预测已经成为物流领域的重要研究内容之一，特别是随着大数据、机器学习等领域的兴起，对智慧物流需求预测方法的研究也显得尤为重要。因此，要想学习智慧物流需求预测，首先需要了解物流需求预测的基础理论，认清新形势下物流需求预测面对的新挑战；然后需要明确智慧物流需求预测的内容与步骤，最后基于大数据、深度学习等方法，完成智慧物流需求预测。

8.1 智慧物流需求预测理论

8.1.1 物流需求的概念与特征

关于物流需求的概念，从经济学角度将物流需求定义为：组织或者个人提出的对物流产品、服务或信息流动有支付能力的需要。从物流需求主客体角度将物流需求定义为：一定时期内因社会经济活动对生产、流通、消费领域的原材料、成品和半成品、商品以及废旧物品、废旧材料等的配置作用而产生的对物在空间、时间和效率方面的要求，涉及运输、库存、包装、装卸搬运、流通加工、配送以及与之相关的信息需求等物流活动的各方面。

物流需求作为社会需求系统中的一个组成部分，来源于社会经济活动，是一种因社会、经济活动的需要而产生的派生需求。物流需求的总量受到社会经济活动中生产与消费的限制，同时又受到物流系统服务能力与水平的影响。因此，物流需求与社会经济活动水平以及物流服务能力密切相关。

1. 物流需求具有派生性

派生性是物流需求的一个最重要的特征。物流需求是社会经济活动，特别是制造与经营活动所派生的一种次生需求。物资的流动是由于社会生产与社会消费的需要，受到生产力、生产资源分布、生产制造过程、消费分布、运输仓储布局等因素的影响。可以说，物流需求是社会经济活动及其发展派生出来的一种经济活动，因而物流需求的数量、方向、构成等都受到社会经济活动的影响。

2. 物流需求具有多样性

多样性是物流需求的主要特征之一。作为社会经济活动的派生需求，物流需求随着社会经济活动的变化而呈现出多样性特征。在社会经济活动中，社会经济的产业结构的不同引起了物流需求主体与客体的改变，也使得物流需求的方式和对象不断改变，而这样的变化正是适应了产业结构的深化而产生的。因此，物流主客体的改变是物流需求多样性产生的主导因素，而社会经济的产业结构则直接导致了物流需求多样性的产生与发展。

3. 物流需求具有时效性与地域性

时效性是指物流需求的时间性。宏观层面上，经济建设与发展不同阶段对物流需求的数量、品种、规模的要求不尽相同；微观层面上，物流需求的数量和品种往往呈季节性变化。此外，现代科学技术更新周期的不断缩短以及人们消费观念的日益变化，也提高了物流需求随时间变化的敏感性。地域性是指物流需求的空间性。生产力布局、社会经济水平、资源分布、用地规模使物流需求呈现出地域性差异和分布形态差别。物流需求的空间分布影响物资流动的流量和流向，对物流设施规划有重要影响。

4. 物流需求具有复杂性

物流需求与社会生产、经济生活有着密切的联系，社会劳动生产率的提高、经济发展的增长、收入与消费的增加以及新政策的实施等都会导致物流需求发生变化。人们生活方式、消费习惯的不同，物流基础设施的制约以及供应链企业之间的平行、垂直和重叠关系的相互影响又使物流需求在一定趋势变化基础上相对物流供应上下波动，这就导致物流需求的变化既具有一定的规律性，又存在随机性，呈现复杂性特征。

5. 物流需求具有层次性

物流需求可以划分为不同的层次，主要分为基本物流需求和增值物流需求。基本物流需求主要是对运输、仓储、配送、装卸搬运和包装等基本活动的需求，一般为标准化物流服务需求。增值物流需求主要是对库存规划和管理、流通加工、采购、订单处理和信息系统、系统设计、设施选址和规划等具有增值活动的需求，一般为过程化、系统化、个性化服务需求。

8.1.2 物流需求预测的内涵与特征

物流需求预测一般是指根据物流市场过去和现在的需求资料以及影响物流市场需求变化的因素之间的关系，利用一定的经验判断、技术方法和预测模型，在历史数据和统计资料的基础上，应用合适的科学方法对有关反映市场需求发展趋势的指标进行预测。

1. 物流需求预测具有复杂性

物流市场是一个复杂的开放系统，受到诸如经济、社会、环境、政策等各方面因素的影响，导致物流需求具有复杂的非线性、波动性、随机性等特征，因而物流需求的准确预测一直是物流需求研究领域的一个难点。长期以来，国内外许多学者将其他领域应用成熟的预测方法用于物流需求预测领域，并开发了多种预测模型和方法。较早期的预测方法主要是以统计学为基础的传统预测方法，随着物流需求预测领域研究的逐渐深入以及预测技术的发展，出现了一批更复杂、精度更高的智能预测方法。近些年来，运用智能预测方法进行物流需求预测的文献多于传统预测方法，而且越来越多的研究开始将

第 8 章 智慧物流需求预测

智能预测方法与传统预测方法相融合,以改进传统预测方法的结果。现有的智能预测方法虽然在一定程度上取得了较高的预测精度,但由于物流需求数据的复杂性以及预测方法本身的适应性,物流需求预测的结果往往难以满足实际的应用需要。

2. 物流需求预测的内容具有独立性

进行物流需求预测时,只需在掌握相关历史资料和现实情况的基础上,利用一定的方法和自身的经验与判断能力对未来的物流需求做出推断。另外,物流需求预测还要服从于物流决策,因此,物流需求预测对象的选择、预测计划的制订、预测效果的评价等都应按物流决策的需要展开。

3. 物流需求预测应具有综合性

微观物流需求预测多为短期的、单项的需求,包括对订货提前期、价格和物流成本等进行预测;而宏观物流需求预测则具有长期性、综合性,需要考虑一个国家或地区一定时期内的经济发展规划,以满足全社会的物资流动和仓储需求为前提,综合预测各项物流基础设施的规划与建设。物流需求预测需要根据预测对象、预测条件的不同而选择不同的定性或定量预测方法。若物流需求是独立的,采用传统预测方法会有较好的预测效果;对于派生需求,只需确定最终产品的需求,就可以得出非常准确的派生需求预测值。此外,物流有空间维度,所选择的物流预测方法必须能反映物流需求模式的地理性差异。在具体预测过程中,是先进行总需求预测,后按地理位置分解,还是先对每个地点需求单独预测,再根据需要汇总,所需要的预测方法也不同。

8.1.3 物流需求预测的新挑战

过去数十年内,全球经济形势的变化形成了变幻动荡、持续分化的市场环境,使得预测物流需求的难度增加。另外,从供应链层面来看,行业整合、全球化和对精益生产的重视,已经给供应链带来了太大的压力,难以通过有效的供应响应来应对需求的大幅波动。这些因素使企业不得不将注意力从简单的需求,如趋势和季节性,转向更动态的需求,如价格、促销和经济因素,基于销售/营销战术来塑造需求。基于静态分析方法简单生成需求预测的方法,只能在宏观层面感知与趋势和季节性相关的需求,而对于因日益增加的产品、服务和交付选择等因素导致的市场复杂性已不再有效,更不用说还得同时面对全球市场激烈竞争的特性。

1. 物流需求呈现动态性趋势

动态市场中发生的变化正推动预测流程的变化,而不再是基于静态分析和依靠对总体市场及渠道细分的直觉判断来简单生成需求预测。另外,与需求市场紧密结合以致产品生命周期缩短,大大增加了对错误需求响应的纠错成本,因此,企业逐渐意识到市场和渠道优势需要需求响应实现高度整合和动态化,而战略目标则是影响流行品牌和细分市场的市场力量,可通过分销渠道拉动现有相关产品和新产品的增量。

2. 现有预测模型难以精准预测物流需求

所有数学模型的目的,都是将用户对历史需求中所有潜在模式的解释能力最大化,并将不可解释因素最小化,将其简单写成一个总体数学公式如下:

$$预测 = 趋势 + 不可解释因素$$

现有的需求预测方法主要集中在周期和与季节性有关的趋势的测量上,这些趋势包含在被预测的历史产品需求中并假设（预测）这些潜在的趋势将持续到未来。当全球经济衰退破坏历史趋势时，或消费者偏好和行为影响市场变化时，传统预测方法将加大不可解释的部分的构成，并需要使用更多的判断来干预基础预测的结果，以试图解释不可解释的部分。

8.1.4 智慧物流需求预测方法成为发展趋势

随着物流需求持续上升且越趋复杂，智慧物流越来越重视"预测"在物流活动中的作用，近年来，机器人、大数据分析与自动化技术以及人工智能技术不断进步，物流需求预测也开始导入相关技术，从仓储、配送等物流基础元素到供应链整合需求，智慧物流需求预测通过物联网技术和各类感测技术获取数据和信息，并使用深度学习等方法对物流需求进行量化计算，进一步带动智慧物流转型。

由于消费者对于物流的需求越来越高，且要求速度也越来越快，加上企业希望能将库存控制于最低水平，但大量变动参数和突发状况在过去往往导致人为的判断失误，或因资源配置错误导致流程延误甚至造成损失，因此目前智慧物流需求预测已经覆盖物流产业大部分环节。利用现代预测技术进行预测和自动化执行，有助于改善过去依靠"经验"解决问题的不确定性。但是目前的智慧物流需求预测技术尚未成熟，主要还是大型物流或供应链厂商才能做到高度精确的预测物流模型，小型的企业缺乏物流数据累积，将无法进行一些量化模型的训练，也导致模型正确性较低。因此目前的智慧物流需求预测方法更偏向于预测需求趋势发展的准确性。

8.2 智慧物流需求预测的主要内容

8.2.1 智慧物流需求预测的内容

物流需求包含了位移的数量与位移的质量。从位移的数量上讲，物流需求包含了在空间和时间上移动的物资的类型和数量，统称为物流需求量；从位移的质量上讲，物流需求包含了为在空间和时间上移动的物资所提供的服务的水平，如速度、费用、舒适性、方便性、可靠性、安全性等，通常称为物流需求水平。随着智慧物流的发展，物流信息系统的普及，机器学习、大数据等新兴技术的应用，物流需求预测的广度和精度逐步提升，物流需求量及服务水平逐渐可以被量化并预测。此外，物流需求还包含了位移过程中的信息流及其服务，其中信息流是发展智慧物流的重要组成部分，它与物流需求的数量与服务交织在一起，并影响着物流需求的数量与服务水平。

智慧物流需求预测的目的在于为决策者服务，进行智慧物流需求预测时，应根据决策者对物流系统的需要，明确智慧物流需求预测的具体内容。智慧物流需求预测一般包含以下内容：

1. 智慧物流需求要素

智慧物流需求是指一定时期内社会经济活动对生产、流通、消费领域的原材料、成品和半成品、商品以及废旧物品、废旧材料等的配置作用而产生的对物在空间、时间和数量等方面的要求，涉及运输、库存、包装、装卸搬运、流通加工以及与之相关的信息需求等物流活动的诸方面。物流的作业量、来源、流向、构成比例等构成物流需求的主要内容。预测智慧物流需求要素即预测在运输、仓储、包装、搬运装卸、流通加工、配送以及相关的物流信息传达等环节中，对物流的流体、载体、流向、流量、流程和流速等要素进行预测。预测智慧物流需求的各项内容时，需要收集它们自身的历史和现实的资料、数据，运用大数据技术对这些数据资料进行分析整理，借助机器学习等辅助手段，在此基础上进行预测。

2. 智慧物流需求主要影响因素的变化

智慧物流需求变化取决于对它产生影响的各主要因素的变化。因此，对主要影响因素的变化也要加以预测分析，从而为推断物流变化提供依据。智慧物流需求主要影响因素包括：宏观环境，如社会经济发展水平和发展速度、产业结构等；政策，如有关物流业的政策导向、运输系统的相关政策等；各运输方式的综合影响因素，如货运价格、货运代理市场的变化、各运输方式的成本等。物流需求作为社会经济活动的一种派生需求，它与经济总量、产业结构、区域分工、技术进步、国际贸易、价格等因素之间存在直接或间接关系，全面认识和把握这些因素对物流需求的影响，对于智慧物流企业和物流行业管理部门正确预测物流需求变化趋势、制定相应对策措施，具有重要意义。

3. 智慧物流需求规模

智慧物流需求规模指的是智慧物流需求的一种宏观发展水平，随着物流需求规模的扩大，将产生规模效应。智慧物流需求规模的变化将极大地影响到在现阶段社会经济发展水平下智慧物流的发展，预测智慧物流需求的宏观规模水平多采用定量方法进行。

8.2.2 智慧物流需求的影响因素

物流系统是整个社会经济系统的一个子系统，智慧物流需求的主体分布在各行各业，影响智慧物流需求的因素复杂而广泛。可将智慧物流需求的影响因素概括为经济影响因素和非经济影响因素两大类。

1. 经济影响因素

在现代生活中，物流活动贯穿于整个社会经济活动的生产、流通、消费过程之中，是社会经济活动的重要组成部分，因而智慧物流需求与社会经济发展存在着密切的联系，即经济影响因素是影响智慧物流需求的主要因素。

（1）国民经济发展水平。国民经济发展水平是智慧物流需求的内在决定性因素，也是智慧物流需求的原动力。物流需求总量和需求结构的变化与一国或一地区的 GDP 及经济增长速度有着密切的关系，GDP 规模越大、经济发展水平越高的国家和地区，对货物运输、仓储、配送、物流信息处理等物流服务的需求就越大，经济增长越强劲，物流需求的增长也越强劲。

（2）产业结构。产业结构是智慧物流需求的另一重要经济影响因素。随着产业结构层次的提高和产业业态的进化，货运需求强度将逐步下降，但对现代物流服务环节的需求将不断上升。比如，随着现代连锁商业业态和电子商务的发展及其占 GDP 比重的提高，对物流信息处理、仓储自动化管理、准时化配送、自动分拣、包装加工等现代物流服务的需求将呈现出旺盛的势头；新兴产业的发展也会在许多领域释放出新的物流需求。以汽车、精密机械设备制造等为主要内容的现代制造业会对相关产业产生巨大的带

智慧物流与现代供应链

动作用,即时化物流服务、零部件采购供应物流服务、整车运输服务等将成为物流业潜在市场。随着人们对食品消费要求的提高,农业产业内部结构正在发生变化,特别是农产品所特有的鲜活性和易腐性,在产销衔接中必须做到快速、便捷、高效,这就对未来物流网络建设增值、物流增值技术(冷藏、保鲜、加工等)、运输效率提出了更高的要求。

(3) 区域经济分工格局与演变。区域经济的分工格局对智慧物流需求的影响也很大。在经济发展较低阶段,各经济区域间相对独立,产业结构又基本类同,彼此之间的交换需求大大减少,对物流服务的需求也很小。而在市场经济发展较高阶段,市场竞争日益加剧,生产力布局会不断向着全国甚至全球大分工的方向转变,区域经济将突破封闭割裂状态,向专业化、一体化和分工协作的方向发展。区域经济的专业化分工和协作必然会增强不同区域间的经济社会联系,极大地增加区域间商品、中间产品和生产要素的转移与流动,从而拉动物流需求的快速增长。

(4) 固定资产投资总额。固定资产投资总额是固定资产投资的外在表现形式,对固定资产进行投资可以加快经济的发展速度,进而加快智慧物流需求的增长,特别是对铁路、公路和港口等基础设施的投资可以直接促进物流业的发展,增加对智慧物流的需求。

(5) 居民消费水平。居民消费水平的改变可以带动智慧物流产业结构的变动和升级,进而对智慧物流需求的规模、流动方法和作用对象产生影响。随着社会经济的发展、居民消费水平的提高,人们的消费观念也在不断改变。消费者多样化、个性化需求的逐步显现,带动了物流需求的增长;反之,居民消费水平的下降则会抑制对物流的需求。

(6) 国内外贸易。国内外贸易是影响智慧物流需求的一个很重要的因素。国际和国内的交易能够促进社会商品的流通,从而使资源得到优化配置,这些都离不开物流的支持。此外,国内外贸易方式的改变也将影响物流流向、服务方式、服务数量和质量等。这些都会对物流需求产生影响。

(7) 社会消费品零售总额。社会消费品零售总额的大小,直接反映一个国家商品产销和配送的发展水平,是物流需求的直接表现指标。社会消费品零售总额的增长同时加快了智慧物流需求的增长。

2. 非经济影响因素

(1) 交通运输基础设施。交通运输是现代物流的主要组成部分,是智慧物流的核心环节。交通运输等基础设施的规模和发展水平,不仅直接影响到运输成本的大小,同时也影响着物流的其他功能要素。

(2) 智慧物流装备。智慧物流装备包括在整个物流流通过程中,使用的各种自动化、智能化包装、装卸、运输工具及相应的技术辅助。这些装备的先进水平以及使用水平都可以在一定程度上影响物流的效率,从而影响物流流通价格、服务水平和物流需求总量。

(3) 技术进步。技术进步对智慧物流需求的影响是多方面的。①道路设施和运输工具技术结构的提高会进一步刺激社会对公路运输的需求。②科技进步也不断改变着各种交通方式的技术经济特征和合理范围。科技的进步、产品结构的调整,精细、高值产

第 8 章　智慧物流需求预测

品和鲜活易腐等货物的增加,提高了对运输时效和质量的要求,空运物流的需求将不断增加,而公路运输将以其特有的时效性和个人可以随意安排运输时间的灵活性,占有越来越多的运输市场份额。铁路和水运则以其大运量、低成本优势,在大宗货物运输市场中占有自己的份额。③随着信息技术和物流处理技术的进步,第三方物流、第四方物流的优势日益显现,对第三方物流、第四方物流服务的需求也将不断增长,网络技术的发展和电子商务的广泛应用,对物流需求的数量、质量和服务范围均将产生重大影响。

(4) 国家经济政策。国家经济政策的倾向性会影响到智慧物流需求。国家经济政策的支持会加快国家经济发展,物流需求相应增加;反之,物流需求相应减少。但国家经济政策指标难以量化。

(5) 企业竞争战略与经营理念的转变。现代企业对核心业务的专注越来越重视,在物流外包成为企业集中有限资源、增强核心业务、提高企业核心竞争力的有效手段的认识下,工业企业将产生越来越多的社会物流服务需求量。同时为满足供应链的竞争,保证供应链管理中的商品采购、运输、库存控制、流通加工、商品配送、退货处理、物流信息等物流系统功能的正常发挥,企业对物流体系的正常运作提出了越来越高的要求,对物流需求产生了巨大影响。

此外,地理位置、人口数量、自然和人为引起的突发事件,包括重大自然灾害、重大疫情等,也会对物流需求产生影响。

8.2.3　智慧物流需求预测的步骤

1. 明确智慧物流需求预测目的

物流需求预测最终是为物流决策提供服务的。因此,物流需求预测首先应根据物流决策的任务要求确定预测目的,包括预测指标、预测期限等。物流需求预测旨在通过分析物流需求影响因素,构建有效的预测模型,对物流需求进行预测。

2. 资料收集和数据分析

确定智慧物流需求预测指标后,通过直接或间接的方法,尽可能多地收集与物流需求预测指标相关的各种资料和数据。收集资料和数据的方法主要为运用数据爬虫等计算机方法搜集网络资料数据,或利用前段的移动终端、传感器、GPS 等硬件设备,结合后台的计算机程序及数据库系统进行数据的搜集。然后,对资料进行分析并对数据进行清洗,形成合格的数据样本。

3. 选择智慧物流需求预测方法

数据样本的特征是选择预测方法的基础。由于预知方法有很多种,且各有利弊,而实际的物流系统是一个复杂的动态系统,其随机性和开放性更增加了预测的难度。因此,选择预测方法时,应在分析各种预测方法的基础上结合数据样本的特征以及物流系统的特点,选择精度高、易于实现的预测方法。

4. 构建智慧物流需求预测模型

在物流需求预测中,采用定量预测方法是实现客观预测、科学预测的必要手段。建立物流需求预测模型时,需根据选定的预测方法,通过数据样本构建反映物流需求变化规律的预测模型。

5. 模型检验与修正

智慧物流系统受到多种确定性和随机因素的影响，而智慧物流需求预测模型不可能考虑所有因素，因此预测结果与实际值肯定有一定的差距，即会产生预测误差。如果预测误差太大，就失去了预测的意义。因此，要对智慧物流需求预测模型的有效性和合理性进行检验。如果智慧物流需求预测模型通过检验，则可以用于预测；如果智慧物流需求预测模型未通过检验，则可对其进行修正或者选择其他预测方法。

6. 预测实施与结果分析

智慧物流需求预测模型通过检验之后，即可利用相关数据进行预测，并运用有关理论和经验对预测结果进行分析。有时，为了得到更准确的预测结果，可以运用不同的物流需求预测模型进行组合预测，通过多个模型输出误差的对冲使得预测结果更加准确、可靠，为物流决策提供科学的理论依据。

8.3 智慧物流需求预测方法

随着信息与制造技术的加速革新和产品生命周期的缩短，物流需求预测环节面临着越来越多的不确定性。在以客户为中心的市场环境中，不同的消费者有不同的偏好体系，他们对物流的需求也各不相同。因此，需要不断挖掘客户的个性化需求，如果不能对经济趋势、客户需求以及预测指标做出准确的判断，那么预测结果的有效性也会大打折扣。基于深度学习的预测方法、基于大数据的预测方法、用户画像等现代需求预测方法可以根据物流作业中产生的物流的数据，即运输、仓储、搬运装卸、包装及流通加工等物流环节中涉及的数据、信息等，更加精准地分析竞争环境的分析与决策、物流供给与需求匹配、物流资源优化与配置，同时准确地对客户进行个性分析、行为分析，从而提高物流服务效率，减少物流成本，更有效地满足客户服务要求。

8.3.1 基于深度学习的智慧物流需求预测方法

1. 深度学习的含义

深度学习（Deep Learning），也称为深度结构学习（Deep Structured Learning）、层次学习（Hierarchical Learning）或者是深度机器学习（Deep Machine Learning）是一类算法集合，是机器学习的一个分支。假设有两组神经元，一组是接受输入的信号，另一组是发送输出的信号。当输入层接收到输入信号的时候，输入的信号会更新这一层神经元的权重，并输出到下一层神经元。在一个深度网络中，输入层与输出层之间可以有很多层（层并非由神经元组成，但可以以神经元的方式理解），允许算法使用多个处理层，并可以对层的结果进行线性和非线性的转换。

近年来，深度学习在物流领域也有一些应用。针对汽车制造物流规划中体积参数的预估问题，应用深度神经网络学习方法进行了输出数据损失函数设计，以及输入数据采集与增强和神经网络的构建；针对配送过程，由于经典路径优化算法对交通拥堵、天气状况、环境因素不敏感，导致车辆在配送中效率低下、意外状况多等问题，因此一般采用基于深度学习的配送路径优化算法；针对传统物体检测算法在复杂环境下检测准确率较低的问题，将深度学习中的卷积神经网络物体检测算法应用在物流仓库中，产生了一

第 8 章 智慧物流需求预测

种新的托盘检测算法；还有将深度学习应用于库内作业步态识别监控设计、城市物流效率分析自适应深度信念网络（DBN）算法研究。

2. 深度学习的思想

深度学习的思想与人工神经网络思想是一致的。神经网络是一种机器学习架构，所有的个体单元以权重的方式连接在一起，且这些权重是通过网络来训练的，可以称之为神经网络算法。人工神经网络算法的思想来源于模仿人类大脑思考的方式。人类大脑是通过神经系统得到输入信号再做出反应的，而接受外部刺激的方式是神经元接受神经末梢转换的电信号。通过人造神经元的方式模拟大脑的思考，形成人工神经网络。人工神经元组成了人工神经网络的计算单元，而人工神经网络结构描述了这些神经元的连接方式，并且采用层的方式组织神经元，层与层之间互相连接。随着算法的更新以及数据量的增加，可以用多数量的层开发神经网络，因此产生深度神经网络，也称为深度学习。

3. 深度学习的预测与推荐模型

（1）基于卷积神经网络的点击预测模型。在线广告的蓬勃发展引爆了对广告点击率预测的越来越大的需求。对于单广告条目，采用现有方法可以对其中元素的成对关系建模，但无法对关键特征的全局交互特性建模。除此之外，现有的序列预测技术中的转移矩阵随时间改变而不变，难以掌握变化的特性，且无法甄别出关键的特征。因此，人们根据卷积神经网络提出了卷积点击预测模型（CCPM）。卷积点击预测模型可以在元素数量可变的输入中提取出局部和全局的关键特征，可以有效地应用于单广告条目和序列广告条目中。现实数据的实验结果表明，卷积点击预测模型在点击预测上取得了很好的效果。

卷积神经网络物体检测算法在物流仓库中有所应用。针对传统物体检测算法在复杂环境下检测准确率较低的问题，产生了一种新的托盘检测算法。该算法采集真实仓库中大量图片（包括人和托盘）进行标注，构建物流仓库的托盘数据库，并将单次多箱探测器检测算法中的基础网络改进为 DenseNet，利用所标注的托盘数据库进行训练和测试。在测试阶段，结合不同分辨率的多尺度特征图，以增强网络对被检测物体的适应能力，并使用单一网络实现检测任务。

卷积神经网络结构如图 8-1 所示。

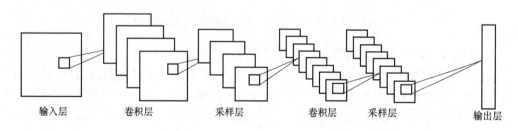

图 8-1 卷积神经网络结构

（2）基于时空循环神经网络的地点预测模型。随着移动网络的发展，客户移动轨迹信息得以被记录，准确地预测客户下一步的行为事件和所到地点，有着重要的商业价值和公共安全意义。个性化分解马尔可夫链（描述一种状态序列），作为马尔可夫链模型的扩展被广泛用于时序预测，但它要基于不同因素之间很强的独立性假设。此外，张量分解的方法也被用于时序信息的建模，在这种方法中，时间区间被看作被分解的张量

智慧物流与现代供应链

中附加的维度,这使得在预测新的时间区间中的事件时会有冷启动问题。尽管这些方法在一些应用中都取得了很好的效果,但都不能处理事件之间的时间间隔问题,而时间间隔信息对于预测行为的准确性很重要。

基于时间感知递归神经网络的事件预测方法(见图 8-2),首先将事件发生时间的历史记录划分成有固定长度的时间区间,并将时间区间划分为更短的时间间隔,将每个时间区间中所有时间间隔内在某地点发生的事件的隐含向量表示作为时间感知递归神经网络每一层的输入,以地点的隐含向量表示与事件的隐含向量表示的内积作为对于此事件是否会在此地点发生的预测。该方法结合利用时间感知递归神经网络获取的周期性背景信息和在每个时间区间内的短期背景信息,对将要发生的事件进行预测,提高了预测的准确性。

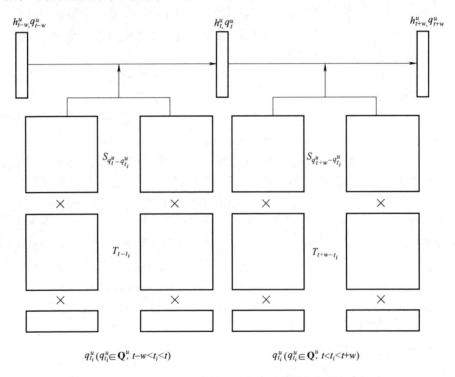

图 8-2 基于时间感知递归神经网络的事件预测方法

基于时空循环神经网络的地点预测在物流领域应用较少。

(3)基于动态循环神经网络的篮子推荐系统。推荐系统主要是利用用户的历史行为信息和一些上下文信息来预测用户未来的行为并做相应的推荐。传统的下一个篮子推荐系统模型都是基于马尔可夫链假设,即只研究相邻的两个篮子之间的联系,忽略拥有其他位置关系的篮子之间的联系。然而,在实际的复杂购物场景中,某两个相邻的篮子之间可能不存在任何联系,也就是说,某个篮子产生的影响并不是直接作用于紧接着的下一个篮子,而可能是作用于再往后的某些篮子。在上述场景中,传统的基于马尔可夫链假设的下一个篮子推荐系统模型不能提取篮子间的全局联系,因此,需要挖掘出这些篮子中所有可能的联系,包括篮子间的局部联系和全局联系。如何充分地挖掘出所有购物篮子之间的局部联系和全局联系是当前的主要研究内容。

推荐系统重要的特征一般有两种:商品购买记录的时序特征和用户的一般购物兴趣

第 8 章　智慧物流需求预测

特征。另外，如何有效地融合这些特征来实现商品推荐对于实际的推荐系统性能有着重大的影响。基于以上两点思考，利用动态循环神经网络来提取商品购买记录中的时序特征，同时周期神经网络的隐含层能够学习得到用户在不同时间的动态购物兴趣的表达，由此产生一种全新的篮子推荐模型。该模型能有效地将商品购买记录的时序特征和用户的一般购物兴趣特征融为一体，即模型能够从商品特征和商品间的局部全局时序特征中学习到用户的动态购物兴趣，然后基于这些重要特征给出合理的商品推荐。图 8-3 展示了基于动态循环神经网络的篮子推荐系统模型的框架。预测消费者未来的行为并做相应的推荐，不仅可以提升商家的经济效益，也会提高物流服务水平，促进物流业的发展。

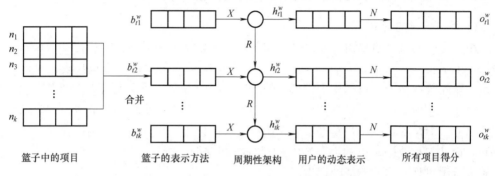

图 8-3　基于动态循环神经网络的篮子推荐系统模型的框架

（4）基于上下文感知的序列推荐模型。在序列推荐的基础上，进一步引入了上下文信息，并考虑了上下文感知的序列推荐问题，以提升推荐效果，这就是基于上下文感知的序列推荐模型。针对用户行为序列的特性，人们总结出了两类上下文信息——输入上下文和转移上下文。输入上下文指的是用户发生行为时的外部情境，如天气、季节、地点、时间等；转移上下文指的是相邻序列行为间转移的上下文，即相邻序列行为间的时间差。

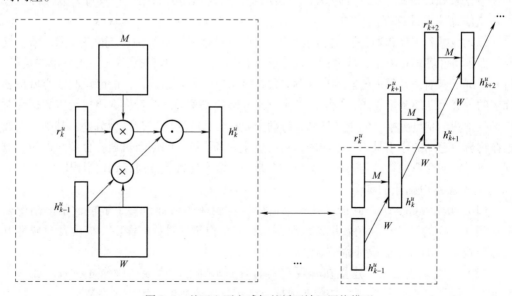

图 8-4　基于上下文感知的循环神经网络模型

基于循环神经网络（RNN）进行构建，产生了上下文感知的循环神经网络（CA-RNN）模型，如图8-4所示。传统的RNN模型中，每一层只有固定的输入矩阵和转移矩阵，不能感知序列中上下文信息的变化。因此，引入了上下文感知的输入矩阵和上下文感知的转移矩阵，使RNN每一层的矩阵参数随着输入上下文和转移上下文的不同而变化。CA-RNN模型可以对丰富的上下文信息和序列信息进行建模，提高推荐效果。实验证明，该模型取得了当下最优的推荐效果。就目前的发展趋势来看，基于上下文感知的序列推荐模型在物流领域的应用耦合性不高。

8.3.2 基于用户画像的智慧物流需求预测方法

1. 用户画像的含义

用户画像的概念最早由交互设计之父艾伦·库珀（Alan Cooper）提出"Personas are a concrete representation of target users"，即用户画像是真实用户的虚拟代表，是建立在一系列属性数据之上的目标用户模型。随着互联网的发展，现在说的用户画像又包含了新的内涵——根据用户人口学特征、网络浏览内容、网络社交活动和消费行为等信息而抽象出的一个标签化的用户模型。构建用户画像的核心工作，主要是利用存储在服务器上的海量日志和数据库里的大量数据进行分析和挖掘，给用户贴"标签"，而"标签"是能表示用户某一维度特征的标识。

用户画像的前提是一系列真实数据之上的目标群体的用户模型，即可以根据用户的属性及行为特征，抽象出相对应的标签，拟合成的虚拟画像，包含基本属性、社会属性、行为属性及心理属性。特别要注意的一点是，用户画像是将一类有共同特征的用户聚类分析后得出的，因此并不是针对某个具象的特定个人。

通过大数据分析挖掘商品标签、用户画像、消费特征等，物流智能系统可以为全国不同地区进行客观性、个性化的备货推荐，这种预测是基于电商交易平台十多年的商品销售数据累积、每天上亿次消费者的点击浏览、购物车商品数据，以及每天数千万个包裹物流信息综合计算而做出的。

以大数据和云计算所进行的精准营销为例。根据海量的商品历史销售收据，结合气候、促销条件等多重因素，从海量商品中选取出爆品，进而预测爆品在不同城市的销量，将其下沉至离消费者最近的前置仓。例如根据对用户的大数据分析，能够预测核心城市各片区的主流单品的销量需求，提前在各个物流分站预先发货；或者根据历史销售数据和对市场的预测，制订更精准的生产计划，帮助企业在合适的地区进行区域分仓。其中，大数据在物流中起到的作用是不容小觑的，它给企业带来了更多的创新机遇。合理地运用大数据，将对物流企业的管理与决策、客户关系维护、资源配置等方面起到相当积极的作用。

2. 构建用户画像的步骤

（1）明确目标。用户画像构建初期需要确认画像的目标，要了解构建用户画像期望达到什么样的运营或营销效果，从而在标签体系构建时对数据深度、广度及时效性方面做出规划，确保底层设计科学合理。

（2）数据采集。只有建立在客观真实的数据基础上，生成的画像才有效。在采集数据时，需要考虑多种维度，如行业数据、全用户总体数据、用户属性数据、用户行为数据、用户成长数据等，并通过行业调研、用户访谈、用户信息填写及问卷、平台前台后台数据收集等方式获得。

（3）数据清洗。就自身数据而言，可能存在非目标数据、无效数据及虚假数据，因而需要过滤原始数据。

（4）特征工程。特征工程能够将原始数据转化为特征，包含一些转化与结构化的工作。在这个步骤中，需要剔除数据中的异常值并将数据标准化。

（5）数据标签化。在这一步需要将得到的数据映射到构建的标签中，并将用户的多种特征组合到一起。标签的选择直接影响最终画像的丰富度与准确度。

（6）生成画像。数据在模型中运行后，用户画像并非一成不变，因而模型需要具有一定的灵活性，可根据用户的动态行为修正与调整画像。

3. 用户画像的优点

（1）用户画像可以使产品的服务对象更加聚焦。纵览成功的产品案例，其服务的目标用户通常都非常清晰，特征明显，体现在产品上就是专注、极致、能解决核心问题。例如苹果的产品，一直都为追求品质的人群服务，赢得了很好的用户口碑及市场份额。因此，给特定群体提供专注的服务，远比给广泛人群提供低标准的服务更接近成功。

用户画像可以在一定程度上避免产品设计人员代表用户。代替用户发声是在产品设计中常出现的现象，产品设计人员经常不自觉地认为用户的期望和他们一致。Google Buzz（谷歌设计的一种社交服务网络产品）在问世之前，进行了两万人次的用户测试，但是测试用户全部来自 Google 内部，当产品真正推行时，海量实际用户产生抱怨。因此，企业需要正确使用用户画像，找准自己的立足点和发力方向，切实从用户角度出发，剖析核心需求，筛除产品设计团队认为的"用户"的伪需求。

（2）用户画像可以提高决策效率。在现在的产品设计流程中，各个环节的参与者非常多，分歧总是不可避免，决策效率无疑影响着项目的进度。而用户画像来自于对目标用户的研究，当所有参与产品的人都基于一致的用户进行讨论和决策时，就很容易约束各方能保持在同一个大方向上，提高决策的效率。

4. 用户画像的作用

（1）用户画像技术能准确识别和描绘目标客户。用户画像往往能帮助企业以最为浅显和贴近生活的话语将客户的属性、行为与期待联结起来。作为实际客户的虚拟代表，用户画像所形成的用户角色是基于产品和市场构建出来的，形成的用户角色能够准确代表产品的主要受众和目标群体。

通过在海量数据基础下的多维度数据采集和数据分析，用户画像技术将不同客户的需求进行群分并形成便签，使客户的特征一目了然地呈现在市场人员的面前。区别于传统的市场调查，用户画像技术更多的是通过行为数据进行用户研究、市场研究，极大地避免了主观因素的干扰，并通过大数据提高了调查的准确度。

通过用户画像技术企业还可以准确地对企业客户进行分级管理，对核心客户、忠实客户、普通客户、潜在客户等各个结构的客户生成一个直观的分层，制定不同的定价策略，从而实现利益的最大化。同时，解决传统营销中难以解决的客户组相互重叠问题，使企业不仅知道某类客户的存在，而且能够清晰地知道他们在哪里，帮助企业实现精准营销。

（2）用户画像技术可帮助企业准确把握消费者异动。传统的营销手段通常也会做客户分析，但是客户分析的结果往往只是静态的，然而在产品生命周期的不同阶段以及变动的市场需求中，客户的年龄结构、需求层次甚至产品的内涵都必然会产生改变。产品往往就是在这些改变中错失了扩大市场占有率或者保有市场地位的先机，导致产品失去竞争力加快衰亡。面对市场异动，用户画像将帮助营销工作者从事后补救升级为事前预警和即时反馈。

用户画像技术通过大数据对客户进行分析，因此具备即时性和数据维度多样性等特征，使得产品经理或者企业决策者能够即时发现客户需求的变化，并且在产品生命周期中的各个阶段因地制宜地使用营销手段来促进产品进行调整或者升级。例如在产品生命周期的初期，目标客户可能会与产品设计之初的定位有所区别，在产品购买者或使用者之间可能会对产品产生不同认知，此时应该在发现数据异动的同时对产品的品牌战略等进行改进和调整。而在产品生命周期的末端，也可以使用用户画像技术对客户进行敏锐的观察，从而决定何时进行产品迭代，或者尽早放弃部分产品控制投入产出比。

另外，在通过用户画像技术对客户进行分类时，也可以间接发现客户结构的变动和消费水平等其他指标的变动，从而达到异动智能分析的效果。

8.3.3 基于大数据的智慧物流需求预测方法

1. 物流大数据

"大数据"是人类认知世界的技术理念，大数据技术是在信息技术支撑下，利用全新的数据分析处理方法，在海量、复杂、散乱的数据集合中提取有价值信息的技术处理过程，其核心就是对数据进行智能化的信息挖掘，并发挥其作用。在物流企业进行物流活动时，大数据可能来自网络平台、顾客来访记录等。

物流大数据应用现处于起步阶段，发展比较缓慢，但互联网、电商的蓬勃发展给物流大数据带来了更多可能。所谓物流大数据，是指运输、仓储、搬运装卸、包装及流通加工等物流环节中涉及的数据、信息等。通过大数据分析可以提高运输与配送效率，减少物流成本，更有效地满足客户服务要求。将所有货物流通的数据、物流快递公司、供求双方进行有效结合，就会形成一个巨大的即时信息平台，从而实现快速、高效、经济的物流。

2. 大数据在物流需求预测领域的应用

（1）大数据在物流决策中的应用。在物流决策中，大数据技术应用涉及竞争环境分析、物流供给与需求匹配、物流资源优化与配置等。

1）在竞争环境分析中，为了达到利益的最大化，需要与合适的物流或电商等企业合作，对竞争对手进行全面的分析，预测其行为和动向，从而了解在某个区域或是在某个特殊时期，应该选择的合作伙伴。

2）物流供给与需求匹配方面，需要分析特定时期、特定区域的物流供给与需求情况，从而进行合理的配送管理。供需情况也需要采用大数据技术，从大量的半结构化网络数据或企业已有的结构化数据，即二维表类型的数据中获得。

3）物流资源配置与优化方面，主要涉及运输资源、存储资源等。物流市场有很强的动态性和随机性，需要实时分析市场变化情况，从海量的数据中提取当前的物流需求信息，同时对已配置和将要配置的资源进行优化，从而实现对物流资源的合理利用。

第8章 智慧物流需求预测

（2）大数据在物流企业行政管理中的应用。在企业行政管理中也同样可以应用大数据相关技术。例如，在人力资源方面，在招聘人才时，需要选择合适的人才，对人才进行个性分析、行为分析、岗位匹配度分析；对在职人员同样也需要进行忠诚度、工作满意度等分析。

（3）大数据在物流客户管理中的应用。大数据在物流客户管理中的应用主要表现在客户对物流服务的满意度分析、老客户的忠诚度分析、客户的需求分析、潜在客户分析、客户的评价与反馈分析等方面。

（4）大数据在物流智能预警中的应用。物流业务具有突发性、随机性、不均衡性等特点，通过大数据分析，可以有效了解消费者偏好，预判消费者的消费可能，提前做好货品调配，合理规划物流路线方案等，从而提高物流高峰期间物流的运送效率。

思考题

1. 简述物流需求预测在企业生产活动中的意义。
2. 简述物流需求预测的特征。
3. 请说明物流需求预测的趋势。
4. 简述大数据技术在物流领域中的应用。
5. 影响物流需求预测的因素有哪些？
6. 请简述构建用户画像的步骤。
7. 请简述现阶段发展大数据预测存在的一些问题。
8. 随着研究人员的不断努力，一些组合预测模型被用来实现信息的互补，请列举出几个组合预测模型。

参考文献

[1] 于辉，李昊泽. 基于消费者网购的物流需求研究 [J]. 商场现代化, 2018（11）: 28-29.

[2] 钱丰，梅剑平，潘荣胜. 深度学习在汽车制造物流规划工作中的应用 [J]. 物流技术, 2017, 36（12）: 84-89.

[3] 张湘博，李文敬，周杰，等. 基于深度学习的物流配送路径优化算法的研究 [J]. 现代计算机（专业版）, 2017（14）: 14-20.

[4] 李天剑，黄斌，刘江玉，等. 卷积神经网络物体检测算法在物流仓库中的应用 [J]. 计算机工程, 2018, 44（6）: 176-181.

[5] 韩向敏，鲍泓，梁军，等. 一种基于深度强化学习的自适应巡航控制算法 [J]. 计算机工程, 2018, 44（7）: 32-35, 41.

[6] 李思琴，林磊，孙承杰. 基于卷积神经网络的搜索广告点击率预测 [J]. 智能计算机与应用, 201（5）: 22-25.

[7] 李幸超. 基于循环神经网络的轨迹位置预测技术研究 [D]. 杭州：浙江大学, 2016.

[8] 张备. 基于多神经网络的混合动态推荐研究 [D]. 重庆：重庆大学, 2017.

[9] 刘杨涛，南书坡，杨新锋. 基于嵌入式向量和循环神经网络的用户行为预测方法 [J]. 现代电子技术, 2016, 39（23）: 165-169.

[10] 陈圣楠. 基于时空上下文感知的移动推荐模型研究 [D]. 南京：南京航空航天大学, 2016.

[11] 蒋艳荣，李卫华，杨劲涛. 上下文感知驱动的自适应个性化学习及交互 [J]. 智能系统学报, 2014（1）: 60-68.

智慧物流与现代供应链

[12] 万家山,陈蕾,吴锦华,等. 基于KD-Tree聚类的社交用户画像建模[J]. 计算机科学,2019,46(S1):442-445,467.

[13] 周文静. 面向校园论坛用户兴趣的用户画像构建方法研究[D]. 北京:北京邮电大学,2018.

[14] 陈丹,柳益君,罗烨,等. 基于用户画像的图书馆个性化智慧服务模型框架构建[J]. 图书馆工作与研究,2019(6):72-78.

[15] 李瑞祥,黄文涛,郭欣沅,等. 用户画像在电网设备供应商管理中的应用[J]. 计算机系统应用,2019,28(6):45-52.

[16] 赵喜洋,刘卿瑜. 大数据下的物流行业降本增效探析[J]. 交通企业管理,2019,34(4):22-24.

[17] 叶宗强,仝新顺,秦小康. 大数据背景下的烟草物流决策支持系统研究[J]. 物流工程与管理,2015,37(1):113-115.

[18] 缑宏飞. 基于大数据定位系统的商品车物流决策支持系统[D]. 北京:北京化工大学,2017.

[19] 郑飞. 基于大数据背景的服装连锁企业物流决策支持系统研究[J]. 物联网技术,2016,6(2):47-49.

[20] 朱云. "互联网+"时代下人力资源管理的新趋势[J]. 智库时代,2019(29):33-34.

[21] 王丽蕊. 大数据环境下电子商务企业客户关系管理研究[J]. 石家庄职业技术学院学报,2019,31(3):25-27.

[22] 耿立艳. 物流需求的智能预测方法[M]. 北京:科学出版社,2016.

[23] 陆松福. 物流需求的影响因素分析[J]. 集团经济研究,2006(11Z):178-179.

[24] 集邦TrendForce. 智慧物流侧重预测能力,人工智能技术大有可为[EB/OL]. [2019-10-30]. https://cloud.tencent.com/developer/news/356073.

第9章 智能制造与智慧物流

引言

自 2008 年金融危机以来，制造业在各国实体经济中的位置越来越重要。大数据、物联网以及新一代人工智能技术的出现，为智能制造的产生提供了良好的基础。而智慧物流作为智能制造的重要组成部分，渗透于智能制造的各个环节，为其提供了重要支持。本章分为智能制造概述、智能制造下的智慧物流、智能制造中的智慧物流实例三部分，从智能制造的产生背景出发，介绍了智能制造与智慧物流的关系、智慧物流特征、智慧物流系统构成及其发展趋势与对策，并以上海通用汽车与中国中车的智慧物流探索为例，进一步阐释了制造型企业为发展智慧物流所做出的努力。

9.1 智能制造概述

9.1.1 智能制造的产生背景

自 2008 年金融危机以来，世界各国越来越意识到实体经济的重要性，将目光重新转向制造业。以制造业为主的实体经济是经济发展的持续动力，是国家综合国力的体现，在各国经济发展中发挥着至关重要的作用。智能制造的产生不仅是制造业转型升级的需要，也是信息技术不断发展的必然趋势。从制造业本身来说，各国为提高产品质量、降低成本、缩短研制周期，制订了多项先进制造发展战略与规划，以调整产业结构，促进产业转型，提升智能制造能力和效率。从信息技术的发展来说，产品性能的复杂性及功能的多样性使生产制造过程中的信息流量迅速增长，制造业技术的发展逐渐聚焦于提高制造业系统的信息处理能力上。大数据、物联网以及人工智能等新一代智能技术的发展为智能制造的产生提供了良好的基础。

在此背景下，众多国家纷纷提出相应的政策来促进智能制造的发展。其中美国提出了"再工业化"，德国提出了"工业 4.0"，中国也顺应时代发展，大力推动我国制造业转型升级。

9.1.2 智能制造在国内外的发展

1. 美国"再工业化"

2008 年金融危机爆发后，面对虚拟经济的增长乏力，美国逐渐意识到实体经济的重要性。

（1）2009 年年末美国提出了重振制造业的经济复活战略，调整经济发展战略，推进"再工业化"和"制造业回归"。美国重返制造业的典型特点是利用现有的先进信息

智慧物流与现代供应链

和软件技术来改造现有的制造业，使得美国的智能制造技术产业保持全方位、高水平发展。

（2）2010年，在华盛顿举办的"21世纪智能制造的研讨会"中指出，智能制造是对先进智能系统的强化应用，使得新产品的迅速制造、产品需求的动态响应以及对工业生产和供应链网络的实时优化成为可能。

（3）2011年6月，美国智能制造领导联盟发表的《实施21世纪智能制造》报告中指出智能制造是先进智能系统强化应用、新产品快速制造、产品需求快速响应，以及工业生产和供应链网络实时优化的制造。

（4）2012年，通用电气提出工业互联网概念，工业互联网是开放、全球化的网络，将机器和先进的传感器、控制和软件应用进行对接，提高生产效率，减少资源消耗。

（5）2014年，智能制造创新研究院指出智能制造需要实现的目标有四个：产品的智能化、生产的自动化、信息流和物资流合一、价值链同步。

（6）2015年，发布《制造业创新网络评估指南》，评估制造业创新网络计划（NNMI）发展，以不断改进新的创新研究中心建设。

（7）2016年，美国国家技术委员会先进制造分委会发布《先进制造：联邦政府优先技术领域速览》，列举了先进制造技术研发的优先领域以及加强制造业教育及劳动力培养方面的计划。

（8）2019年2月，美国总统特朗普主持了名为"美国将主宰未来工业"的未来工业发展规划，将人工智能、先进的制造业技术、量子信息科学和5G技术列为"推动美国繁荣和保护国家安全"的四项关键技术。

根据美国的《制造业振兴法案》，美国政府"再工业化"的重要内容着眼于高端制造业，在未来的发展过程中，美国将优先发展先进的通信技术、计算机技术等高新产业来带动制造业的发展，改变现阶段制造业的发展模式，以求通过科技创新带动先进工业的发展。

2. 德国"工业4.0"

在欧洲各国的智能制造发展战略中，以德国的"工业4.0"战略最为典型和完善。2011年在汉诺威工业博览会上，德国首次提出了"工业4.0"的概念，旨在利用工业互联网技术提高德国制造业水平。2012年，"工业4.0"正式成为了德国的国家战略。2015年，德国在《"工业4.0"战略计划实施》报告中，对"工业4.0"做了较为严格的定义："工业4.0"是指第四次工业革命，它意味着在产品生命周期内对整个价值链的组织和控制再进一步，即意味着从创意、订单研发、生产、终端客户产品交付，再到废物循环利用，包括与之紧密联系各服务行业，在各个阶段都能更好地满足日益个性化的客户需求。2016年，发布一系列指南性文件、应用案例和测试床，指导企业实施，如发布《中小企业"工业4.0"实施指南》《"工业4.0"IT安全指南》等。2019年2月5日，德国正式发布《国家工业战略2030》，明确提出在某些领域德国需要拥有国家及欧洲范围的旗舰企业。

德国"工业4.0"以CPS为基础，施行领先的供应商战略和主导市场战略，将信息技术整合到整个生产网络中，实现整个生产过程的智能化，从而实现企业间通过价值链以及信息网络的资源整合为目的的横向集成、网络化制造体系的纵向集成，以及贯穿整个价值链的工程化数字端到端集成。

第 9 章　智能制造与智慧物流

3. 中国智能制造

我国虽是制造业大国，但随着我国经济的不断发展，人口红利优势逐步减弱，我国制造业正面临着人口老龄化及劳动成本上升的双重问题。如何提升产品质量、创新性及其核心竞争力，实现制造业智能、高效协同、绿色、安全发展，完成从制造大国向制造强国的转变是我国制造业需要关注的重点。

近年来我国大力支持制造业发展，2019 年的《政府工作报告》中提出：要推动传统产业改造提升；围绕推动制造业高质量发展，强化工业基础和技术创新能力，促进先进制造业和现代服务业融合发展，加快建设制造强国；打造工业互联网平台，拓展"智能+"，为制造业转型升级赋能；促进新兴产业加快发展，深化大数据、人工智能等研发应用，培育新一代信息技术、高端装备、新能源汽车、新材料等新兴产业集群，壮大数字经济。

我国制造业发展稳中有升。根据国家统计局的数据，2019 年上半年中国制造业增加值同比增长了 6.4%，其中高技术制造业增加了 9%，战略性新兴制造业增加值增长了 7.7%，明显快于制造业平均增速。

9.1.3　智能制造的内涵

1. 智能制造的概念

国内外对智能制造的具体定义各不相同，我国 2015 年工信部公布的"2015 年智能制造试点示范专项行动"，将智能制造定义为基于新一代信息技术，贯穿设计、生产、管理、服务等制造活动各个环节，具有信息深度自感知、智慧优化自决策、精准控制自执行等功能的先进制造过程、系统、模式的总称。它具有以智能工厂为载体，以关键制造环节智能化为核心，以端到端数据流为基础、以网络互联为支撑等特征，可有效缩短产品研制周期、降低运营成本、提高生产效率、提升产品质量、降低资源能源消耗。

2. 智能制造的优势

智能制造将智能技术与制造业各个环节紧密结合，继承并进一步发展了传统制造业，使得企业制造更加高效，更能准确把握用户需求，竞争力得到极大提升。

（1）产品设计方面。智能制造能够加快产品设计速度，可以实现在虚拟数字环境下的全数字化设计，实施动态改变，不断完善产品，使产品在更大程度上满足用户的需求，缩短产品的生命周期，同时节约成本。

（2）产品加工方面。在智能制造环境下，生产加工过程更加柔性化，并可进行实时调整。智能制造系统的生产环节具备自适应能力和人机交互功能，能够对工厂状况在线感知，通过智能系统进行决策和控制，适应周围环境完成装备自动操作并解决故障。

（3）服务管理方面。智能制造条件下数字化、网络化、智能化的管理模式能够在生产全周期的各个环节实现全部要素协调规划和决策优化，服务对象范围扩大，更好地适应市场提升竞争力。

9.1.4　智能制造模式

我国工信部在《2018 年智能制造试点示范项目要素条件》规定了离散型数字化智能制造、流程型智能制造、网络协同智能制造、大规模个性化定制和远程运维服务这五种智能制造模式的要素条件。

智慧物流与现代供应链

1. 离散型数字化智能制造

（1）车间/工厂的总体设计、工艺流程及布局均已建立数字化模型，并进行模拟仿真，实现规划、生产、运营全流程数字化管理。

（2）应用数字化三维设计与工艺技术进行产品、工艺设计与仿真，并通过物理检测与试验进行验证与优化。建立产品数据管理系统（PDM），实现产品设计、工艺数据的集成管理。

（3）制造装备数控化率超过70%，并实现高档数控机床与工业机器人、智能传感与控制装备、智能检测与装配装备、智能物流与仓储装备等关键技术装备之间的信息互联互通与集成。

（4）建立生产过程数据采集和分析系统，实现生产进度、现场操作、质量检验、设备状态、物料传送等生产现场数据自动上传，并实现可视化管理。

（5）建立车间制造执行系统（MES），实现计划、调度、质量、设备、生产、能效等管理功能。建立企业资源计划（ERP）系统，实现供应链、物流、成本等企业经营管理功能。

（6）建立工厂内部通信网络架构，实现设计、工艺、制造、检验、物流等制造过程各环节之间，以及制造过程与MES和ERP系统的信息互联互通。

（7）建有工业信息安全管理制度和技术防护体系，具备网络防护、应急响应等信息安全保障能力。建有功能安全保护系统，采用全生命周期方法有效避免系统失效。

2. 流程型智能制造

（1）工厂总体设计、工艺流程及布局均已建立数字化模型，并进行模拟仿真，实现生产流程数据可视化和生产工艺优化。

（2）实现对物流、能流、物性、资产的全流程监控，建立数据采集和监控系统，生产工艺数据自动数采率达到90%以上。实现原料、关键工艺和成品检测数据的采集和集成利用，建立实时的质量预警。

（3）采用先进控制系统，工厂自控投用率达到90%以上，关键生产环节实现基于模型的先进控制和在线优化。

（4）建立MES，生产计划、调度均建立模型，实现生产模型化分析决策、过程量化管理、成本和质量动态跟踪以及从原材料到产成品的一体化协同优化。建立ERP系统，实现企业经营、管理和决策的智能优化。

（5）对于存在较高安全与环境风险的项目，实现有毒有害物质排放和危险源的自动检测与监控、安全生产的全方位监控，建立在线应急指挥联动系统。

3. 网络协同智能制造

（1）建有网络化制造资源协同云平台，具有完善的体系架构和相应的运行规则。

（2）通过协同云平台，展示社会/企业/部门制造资源，实现制造资源和需求的有效对接。

（3）通过协同云平台，实现面向需求的企业间/部门间创新资源、设计能力的共享、互补和对接。

（4）通过协同云平台，实现面向订单的企业间/部门间生产资源合理调配，以及制造过程各环节和供应链的并行组织生产。

第 9 章　智能制造与智慧物流

（5）建有围绕全生产链协同共享的产品溯源体系，实现企业间涵盖产品生产制造与运维服务等环节的信息溯源服务。

（6）建有工业信息安全管理制度和技术防护体系，具备网络防护、应急响应等信息安全保障能力。

通过持续改进，网络化制造资源协同云平台不断优化，企业间、部门间创新资源、生产能力和服务能力高度集成，生产制造与服务运维信息高度共享，资源和服务的动态分析与柔性配置水平显著增强。

4. 大规模个性化定制

（1）产品采用模块化设计，通过差异化的定制参数，组合形成个性化产品。

（2）建有基于互联网的个性化定制服务平台，通过定制参数选择、三维数字建模、虚拟现实或增强现实等方式，实现与用户深度交互，快速生成产品定制方案。

（3）建有个性化产品数据库，应用大数据技术对用户的个性化需求特征进行挖掘和分析。

（4）个性化定制平台与企业研发设计、计划排产、柔性制造、营销管理、供应链管理、物流配送和售后服务等数字化制造系统实现协同与集成。

通过持续改进，实现模块化设计方法、个性化定制平台、个性化产品数据库的不断优化，形成完善的基于数据驱动的企业研发、设计、生产、营销、供应链管理和服务体系，快速、低成本地满足用户个性化需求的能力显著提高。

5. 远程运维服务

（1）采用远程运维服务模式的智能装备/产品应配置开放的数据接口，具备数据采集、通信和远程控制等功能，利用支持IPv4、IPv6等技术的工业互联网，采集并上传设备状态、作业操作、环境情况等数据，并根据远程指令灵活调整设备参数。

（2）建立智能装备/产品远程运维服务平台，能够对装备/产品上传数据进行有效筛选、梳理、存储与管理，并通过数据挖掘、分析，向用户提供日常运行维护、在线检测、预测性维护、故障预警、诊断与修复、运行优化、远程升级等服务。

（3）智能装备/产品远程运维服务平台应与设备制造商的产品全生命周期管理（PLM）系统、客户关系管理（CRM）系统、产品研发管理系统实现信息共享。

（4）智能装备/产品远程运维服务平台应建立相应的专家库和专家咨询系统，能够为智能装备/产品的远程诊断提供智能决策支持，并向用户提出运行维护解决方案。

（5）建立信息安全管理制度，具备信息安全防护能力。通过持续改进，建立高效、安全的智能服务系统，提供的服务能够与产品形成实时、有效互动，大幅度提升嵌入式系统、移动互联网、大数据分析、智能决策支持系统的集成应用水平。

9.2　智能制造下的智慧物流

9.2.1　智能制造与智慧物流的关系

1. 智能制造促进物流向智慧方向发展

（1）智能制造为智慧物流各项业务活动的实施提供了物质基础。实现智慧化的物

智慧物流与现代供应链

流活动需要大量设施设备支持,智能制造为物流各个环节提供了诸如自动化立体仓库、自动化感知系统、工业机器人等一系列先进的设施设备,智能制造设备同时也推进智慧物流硬件及软件如智慧化输送分拣系统、物流机器人、仓库管理系统(WMS)等配套发展。这为物流智慧化发展提供了坚实的物质基础与良好的发展空间,促进智慧物流进一步发展。

(2)激烈的市场竞争环境促进智慧物流组织发展。当前制造技术及企业组织方式不断发展,大部分工业品生产已经可以实现大批量、低成本、高品质。随着社会的不断发展,越来越激烈的市场竞争对制造企业提出了更高的要求。如何有效针对客户需求进行生产、实现产品的大规模生产、个性化定制成为制造企业面临的主要问题。制造企业的生产方式由过去的"企业推动式"转化为"用户拉动式"。这种"拉动式"的生产制造方式对制造业物流提出了更高的要求,使运输、仓储、配送、包装、装卸等环节智慧运行与高效率管理成为趋势,对智慧物流组织的发展起到了促进作用。

(3)实现智能制造对物流体系提出了更高的要求。为实现我国制造强国的战略目标,我国提出要深入推进制造业结构调整,积极发展服务型制造和生产性服务业。"服务型制造"要求制造企业不仅要输出产品,还要输出服务,例如,定制化服务、售后服务、订单交付等。这些服务与制造企业的物流密切相关,需要通过企业物流的互联网化才能提升服务质量和效率。随着制造业向智能制造升级发展,制造企业对物流体系的要求越来越高,只有实现了物流体系的信息化、数据化和智慧化,才能称得上是数字化工厂和智能工厂,才能进一步实现智能制造。

2. 智慧物流为智能制造发展提供必要支撑

(1)智慧物流服务渗透于企业制造的各个环节。随着制造企业的不断发展,企业规模不断扩大,更多的企业将精力放在发展核心业务上,集团式层级化的制造企业不断增多。物流服务是将制造业各个环节连接起来的重要通道,利用物流服务的黏合作用,将分散在不同地理位置的加工和生产连接起来,进而形成了完整的制造系统。物流的智慧化发展有助于优化制造业的产业结构,促使其向数字化、服务化方向发展。因此,智慧物流是智能制造发展的重要基础。

(2)智慧物流技术为智能制造提供重要支持。智慧物流将大数据技术、物联网技术、全球卫星定位技术、无线射频技术等与企业生产制造中的采购、生产、运输、仓储、配送等诸多物流环节高度融合,实现物流作业的信息化、自动化和智能化。帮助制造企业根据客户订单来安排生产计划,从原材料采购、产成品加工到产品销售,真正实现全产业的智能物流,并帮助企业进行生产决策。智慧物流系统可以对业务流程进行优化再造,实现整个智能工厂的敏捷化、高效化和柔性化,提高系统的快速响应能力。因此,建设高度信息化、数据化和智能化的物流体系成为制造企业升级发展的必然选择。

(3)智能制造的信息化实现离不开智慧物流。现代制造企业发展注重网络化、信息化,信息的流动指引着物的流动,同时物的流动也伴随着信息的流动,因此制造业的信息化发展离不开物流的发展,物流的智慧化发展在智能制造的实现过程中发挥着重要作用。从整个供应链的层面来说,提升供应链的信息化水平是推动供应链管理的必要条件,也是满足制造企业对物流体系更精准掌控的技术基础。

9.2.2 智能制造下的智慧物流特征

1. 全流程数字化

在未来智能制造的框架内，智慧物流系统能够智慧地连接与集成企业内外部的全部物流流程，实现物流网络的全透明与离散式的实时控制，而实现这一目标的核心在于数字化。只有做到全流程数字化，才能使物流系统具有智慧化的功能。制造企业通过工业传感器来获取生产制造过程中的数据，工业传感器是获得多维工业数据的感官。除了设备状态信息以外，人工智能平台需要收集工作环境（如温度湿度）、原材料的合格率、辅料的使用情况等相关信息，用以预测未来的趋势。物流系统智能化是实现数字化的基础，在这个过程中 CPS 以及大数据、物联网、云计算等技术都将发挥重要作用。

企业将工业传感器采集到的数据进行分析处理，打通企业内部及供应链各个环节的数据流，并实现产品生命周期的全流程数据化。具体来说，在制造企业内部，数字化的物流系统将信息系统和生产管理两个过去相互独立的系统整合起来，实现物流设备与软件之间的互联互通，保证整个供应链环节的高效与顺畅运行，从而实现物流活动的透明化管理与实时控制。在整个供应链环节，通过收集采购、运输、仓储、包装、装卸搬运、流通、配送等各个物流环节的信息，对收集到的数据全面分析并及时针对分析结果进行处理及自我调整，可以帮助物流系统提升效率，降低成本。在产品的整个生命周期中，通过数字化方式为物理对象创建虚拟模型，以实现从产品设计、生产计划到制造执行的全过程数字化，并对虚拟生产过程中产生的问题进行处理，提高产品生产效率及创新水平。

2. 物流信息网络化

物流信息直接影响着企业的生产经营活动，对网络物流信息传递、交换的时效性、准确性要求高。智慧物流的网络化特征强调的是物流系统中各物流资源的无缝连接，智能物流系统中的各种设备不再是单独孤立地运行，它们通过物联网和互联网技术智能地连接在一起，构成一个全方位的网状结构，可以快速地进行信息交换和自主决策。这样的网状结构不仅保证了整个系统的高效率和透明性，同时也最大限度地发挥每台设备的作用。

物流信息网络化可以帮助企业实现组织化生产，充分利用全世界的生产制造资源，将工业产品生产的各个环节分解开来，外包给世界各地的生产商去生产，最后将它们发往统一地点进行组装。这一过程的实现需要有高效的物流网络支持。

工业生产中产生的海量数据将与工业云平台相连，采用分布式架构进行分布式数据挖掘，提炼有效生产改进信息，最终将用于预测性维护等领域。

3. 高柔性的自动化

所谓物流管理的弹性，是指物流企业对外部环境的适应能力；所谓物流管理的柔性，是指物流企业内部对业务变动的快速响应能力。制造业的发展越来越倾向于规模化定制，客户需求高度个性化，产品创新周期持续缩短，生产节拍不断加快，这些是智能物流系统必须迎接的挑战。因此，智能物流系统需要保证生产制造企业的高度柔性化生产，根据市场及消费者个性化需求变化来灵活调节生产，提高效率，降低成本，这就需要物流系统更加灵活。努力提高物流组织的弹性和柔性是适应这种变化趋势的方向。

智慧物流与现代供应链

4. 高度智能化

智能化是智慧物流系统最显著的特征。自动化与智能化的主要差别在于自动化只能按照事先设好的程序进行操作,而高度的智能化则可以模仿人类的思考和学习能力,使机器具有自我计算和自我决策能力。智慧物流系统中的智能化不仅仅是指某一个物流环节的智能化,而是在实现运输、仓储、分拣、配送等每一个环节的高度智能化后再将它们连接起来,实现整个物流系统的智能化。

智慧物流系统的高度智能化主要体现在硬件和软件两个方面。在硬件方面智慧物流系统中应用了自动化立体仓库、智能机器人、无人车等大量的智能物流设施设备,这些设备相当于虚拟劳动力,劳动生产率远远大于人工,极大地提高了物流效率。在软件方面,MES、WMS 等系统结合物联网技术、大数据技术、人工智能技术等先进技术手段,可以实现智能制造与智慧物流的高效融合。

9.2.3 智能制造下的智慧物流系统

对于制造企业来讲,物流系统的建设大体可以分为内部、外部两个部分:内部物流是与生产流程和工艺相关的,如仓库管理、运输管理、订单管理、运输过程中的费用结算管理、路径优化等;外部物流是与整个产业链(供应链)运作相关的,如针对上游企业的原材料和零部件的采购,针对下游客户产品的发货等。无论连续型制造还是离散型制造,要更好地组织生产,都需要对物流的各个环节进行精准的管控。智慧物流系统是智能制造企业提高生产效率、订单交付能力和库存周转水平三大智能制造关键指标的重要支撑,也是保证产品品质、提升制造企业竞争力的核心。智慧物流系统在制造企业的外部供应链和内部生产中均处于核心地位,包括智慧单元化物流技术、智慧物流装备以及智慧物流信息系统三大功能模块,如图9-1所示。

1. 智慧单元化物流技术

单元化物流根据集装器具可分为:集装箱单元化物流、托盘单元化物流和周转箱单元化物流。智慧单元化物流技术中的单元器具不仅仅是物料的载体,也是信息流的载体。单元化的概念包含以下两个方面:

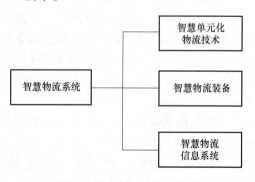

图9-1 智慧物流系统构成

(1)对物品进行单元化的包装,将单件或散装物品通过一定的技术手段,组合成尺寸规格相同、重量相近的标准"单元"。而这些标准"单元"作为一个基础单位,又能组合成更大的集装单元。

(2)这些已经单元化的物流容器的周边设备包括工厂工位器具的应用和制造也将单元化技术应用其中,包括规格尺寸标准化、制造技术模块化等。

2. 智慧物流装备

智慧物流以自动化为基础,将 RFID、光电感应、红外感应器、机械视觉等技术和装备按约定的协议,加载到物流装备上,使运输、装卸搬运、包装等物流环节以及货架等物流装备通过智慧物流系统连接起来,通过数据分享让它们可以自主决策。智慧物流装备的代表性产品包括自动导引车（AGV）、穿梭车（RGV）、堆垛机、分拣机等。

3. 智慧物流信息系统

该系统在智慧物流信息系统的设备之间以互联网作为载体进行信息交换，接收来自管控系统的指令并反馈当前设备的执行情况和设备故障等信息，之后将所有信息存在云端，通过制定的协议和规则进行数据共享和处理，是为管理者执行计划、实施和控制等职能提供信息交互的系统。

总的来说，智慧物流系统是利用集成智慧技术，使物流系统具有思维、感知、学习、推理判断和自行解决物流中某些问题的能力。智慧物流的各核心元素都是自主决策、去中心化、离散控制的，它们拥有高度的自动化和柔性。智慧物流最显著的特点是可以减员增效，准确高效，可以使得产品质量和产量同步提升。另外智能制造系统可以帮助企业转型升级，从大规模的制造转向小规模的批量化定制，这都与智慧物流的发展密切相关。

9.2.4 智能制造下的智慧物流发展趋势与对策

1. 智能制造下的智慧物流发展趋势

（1）信息技术推动智慧物流发展更加成熟。随着物联网技术的进一步发展，人工智能、区块链、机器视觉、实时计算、柔性自动化等技术将呈爆发趋势，驱动整个物流业从人力密集型向资本、技术密集型转型。在制造业的智能化转型阶段，制造商除了降低成本外，更注重效率的提升及满足顾客的个性化需求，以智慧技术为基础的物流解决方案将发挥更加重要的作用。

智慧物流信息传输体系将变得更加成熟。物流软件不断进化将成为硬件物流的大脑，提高物流系统的思维、感知、学习、分析决策及智慧执行能力。物流场景的数字化、物流要素的互联互通、跨组织的深度协同成为制造业物流的发展方向。不断进化迭代的信息技术将打通设备、数据采集、云平台等不同层级间的信息壁垒，通过智慧化地收集、集成、处理物流采购、运输、仓储、包装、装卸搬运、流通、配送等各个环节的信息，实现全面分析、及时处理及自我调整。

（2）制造业与智慧物流服务功能融合成为趋势。智能制造的提出与迅速发展对物流业提出了更高的要求，同时与消费升级趋势一致，物流行业客户的期望也不断提高，希望以更低的价格和更透明的流程，获得更高效、更便捷的物流服务。在工业物流领域，工业互联网的发展不仅改变了制造业的流程和产出，而且重新定义了供应链物流的方式。制造革命引发流通革命，制造业与智慧物流服务深度融合发展成为趋势。

从目前产业发展的趋势来看，产业将向制造业服务化和服务业产业化两个方向发展，产业之间的边界会越来越模糊，将会出现融合现象。制造业通过与物流业融合，优化自身内部结构和提高整个产业链的效率，促使制造业向高端化、数字化和服务化发展；物流业利用制造业提供先进技术和现代化的设施装备，对接制造业转型升级需求，扩大智慧物流市场和创新物流服务模式。两业的融合发展不仅是现代产业演进的必然趋势，也是在智能制造背景下物流业精细化、专业化发展和促进制造业转型升级的重要途径。

2. 智能制造下的智慧物流发展对策

（1）建立标准的智慧物流体系。标准化的物流体系建设为智慧物流协调发展提供

智慧物流与现代供应链

了有力保障。制造业物流发展应注重归纳总结不同物流作业的共性特征,结合我国的实际情况归纳出统一的物流作业标准。一方面,发展单元化容器,推动生产制造的器具标准化和工业产品尺寸标准化。另一方面,加快智慧物流信息的基础标准体系建设,当前以信息化为主体的智慧物流遍地开花,但智慧物流仍然处于局域网状态,各智慧物流系统之间不能实现协同共享。加快编码、数据接口、文件格式等物流标准体系建设,完善相关软件格式及流程等方面的行业标准,可以消除企业之间的信息沟通障碍,为智慧物流发展创造有利条件,真正实现信息共享与智慧应用。

(2) 加强智慧物流基础设施建设。智慧物流不仅包括制造企业内部物流,还包括企业外部的采购、运输、销售等环节。完善的交通运输网络体系是智慧物流发展的基础保证。我国应加大力度完善交通运输网络体系,推动铁路、高速公路、港口设施、机场、城市交通、农村交通、交通枢纽等的建设,优化交通枢纽空间布局,加强重要交通枢纽的建设,提升交通枢纽内外辐射能力,促进生产、流通、销售的无缝对接,实现供应链一体化高效运作,推动物流业务流程实现标准化管理与智慧化运营。

(3) 完善智慧物流信息系统。智能制造对智慧物流信息系统提出了更高的追求,完善的智慧物流信息系统可以使制造企业更及时地获取顾客的实际需求,生产制造更具针对性。同时利用CPS将工厂内部生产数据与企业内部信息同时管理,合理管控企业的生产要素,信息来源广泛准确,有利于提升企业工作的效率及问题解决速度,合理预测市场发展方向,实行全方位的管理。

智慧物流信息平台根据各层面的业务特点将其合理、科学地按一定层次组织在一起,形成合理的智慧物流信息平台业务体系,从而为有关部门进行行业规范化管理提供决策依据。借用物联网、人工智能技术,运用大数据分析,能将企业闲置的物流资源进行合理的优化配置,这不仅有利于企业间的专业化分工,也避免了重复建设和资源浪费的情况。在加强智慧物流信息化建设的同时,也应注重信息安全问题,制定和推广全面的智慧物流信息标准和技术标准,使企业在享受智慧物流信息系统带来的便利的同时,更安全地使用信息。

(4) 推进智慧物流服务功能配套。在制造业不断创新发展的背景下,推进物流服务功能与制造业发展相适应,在智能制造产业聚集地区规划好智慧物流服务体系,促进制造业与物流业资源共享,提升制造业物流服务的专业化水平,从而使制造业集中精力钻研核心业务,提高企业的自主创新能力,降低智能制造企业的运营成本,提高核心竞争力。

不同行业、不同性质和不同规模的制造企业对物流服务的需求不尽相同,因此智慧物流的建设要按照市场细分的原则专注特定企业的业务需求,以专业化的服务满足智能制造企业的特定需要,帮助智能制造企业实现业务流程再造和非核心业务外包,促进智慧物流与智能制造的深度融合,从而提升中国制造业与物流业的产业竞争力。

(5) 培养高质量的智慧物流人才。智慧物流的发展引入了诸如大数据、物联网、人工智能等先进的技术手段,极大程度地提高了物流效率,节省了大量的人力成本。对于智慧化物流系统来说,需要的不再是底层大量的劳动者,而需要的是掌握计算机技术,具有先进物流管理思想的高端、现代化、专业化的物流人才,这是智能制造与智慧物流发展的关键因素。因此,国内的高等院校应该积极与企业物流合作,不断调整智慧物流人才培养模式,有针对性地输出社会急需的物流人才,使物流教育与行业发展实现无缝对接，为我国智慧物流的发展提供智力保障，进一步促进物流人才的合理流动与优化配置。

9.3 智能制造中的智慧物流实例

9.3.1 上汽通用汽车的智慧物流探索

上汽通用汽车是由上海汽车集团股份有限公司与通用汽车公司于1997年共同组建而成的合资品牌，目前已拥有别克、雪佛兰、凯迪拉克三大品牌，20多个系列的产品阵容。在2017年20周年之际上汽通用汽车累计销售突破1500万台，成为国内成长速度最快的乘用车企业。在智能制造的背景下，市场需求和产品供给需要更精准、更快速的对接，物流作为汽车制造的核心环节，面临着诸多挑战。

为了更好地对接公司智能制造的发展战略，上汽通用汽车在物流全过程中进行了全局的数字化改造，打造全局物流数字化体系，并引入了大量的智慧物流装备，将数字化技术融入生产计划排产、入厂物流及物流平台建设等环节，推进物流数字化及智慧化转型。

1. 数字化智能排产（见图9-2）

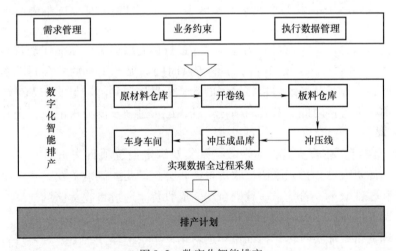

图9-2 数字化智能排产

上汽通用汽车的数字化排产发展规划包括三个阶段：第一阶段，在金桥冲压工厂首先实行智能排产；第二阶段，根据在金桥冲压工厂获得的经验，推广到其他冲压工厂，进一步优化算法，进而将该技术逐步推广到动力总成工厂、整车装配厂；第三阶段，在四地工厂全面采用。

数字化智能排产综合考虑需求、业务及执行数据管理情况，通过全过程数据采集与高效智能算法，快速灵活地优化排产计划，满足不同业务场景及对多维度的物流运作要求。智能排产作为一种更高效的排产方式，可以快速响应各种需求变化，提高场地利用率，实时获取零件库存，实现精益库存，合理安排工作人员，提高员工的工作效率，提高设备利用率，并利用大数据技术不断优化改进，应用感知技术，实时获取零件库存和

智慧物流与现代供应链

可用料架数据,实现精准计划排产。

上汽通用汽车指出上海汽车集团股份有限公司动力总成工厂使用了智能排产系统后,排产效率大大提高,排产时间从原先的 8h,缩短至 0.5h,每年节省 175 万元。智能排产系统 2017 年已经上线,并在 2018 年推广至四地的智能冲压排产,在成本、效率和响应等方面都具有可观的收益:减少了换模损失,提升约 5% 的产量;兼顾各类生产限制,约束限制满足率从 40% 提升至 90%;大幅提升了排产效率,相比于手工排产,系统智能排产快速、灵活、高质量产出,排产效率提升近 15 倍;整个项目一年约节省 1000 万元。

2. 入厂物流

上汽通用汽车物流于 2018 年上半年重点推进了"供应链前端数据采集及绑定""多库排队系统""电子收货"等多个入厂物流数字化项目。

(1)供应链前端数据采集及绑定。为推动供应链全局数字化,上汽通用汽车在业内开发了供应链前端数据采集及绑定系统,将一线运作人员纳入了数字化的运营环境。该系统实现了发货商和承运商在发运要求上的信息同步,并生成电子发运单,实现零件、料箱、订单、货车的四者绑定,并将信息实时接入上汽通用汽车入厂物流智能集成平台,实现了物流数据在同一平台上的实时共享和交互。

(2)多库排队系统。在信息触发方面,有别于以往排队需求人工触发、任务单一的模式,上汽通用汽车采用了多种数字化技术,通过 GPS 实时定位车辆信息,当车辆进入有效范围后,自动触发排队申请。在排队逻辑方面,多库排队系统会综合考虑订单信息、零件需求紧急性、当前可利用道口等,进行优先级运算,从而实现智能排序,确保紧急订单/零件能优先入厂,节省了车辆排队时间,提升了车辆综合利用率。在排队信息发布方面,多库排队系统可以将完整的卸货信息推送到驾驶员的个人终端上,同时跟踪收集当前车辆等待时间、卸货时间等信息,进行进一步的分析汇总,提升了物流现场的作业效率。

(3)电子收货。在收货端,前端数据采集及绑定系统项目实施后,当车辆到达指定卸货道口,卸货人员扫描二维码,收货系统将会自动匹配该电子发运单对应物料订单内的零件号和零件数量,若信息一致则自动完成收货。通过将收货信息共享给供应链前端,实现零部件供应商、物流服务商和上汽通用汽车物流之间的信息实时交互,将供应链收货端管理变得更加实时化、精细化和透明化,实现了多方共赢。

3. 智慧物流平台建设

上汽通用汽车携手安吉物流共同打造整车物流智能集成平台,实现了数据实时共享。在运输监控模块,通过获取运输车辆的实时状态与位置,实现了运输过程的精细化、透明化管理。另外,通过车辆需求与运输资源的匹配,降低了车辆运输成本。通过两大信息流的打通,上汽通用汽车与安吉物流实现了数据的实时共享、发运需求的精准控制、线路优化的模拟对比,以及拼板效率的大幅提升。

9.3.2 中国中车的智慧化生产物流系统

中国中车作为制造业转型升级的示范性产业,通过引进消化吸收与自主创新等模式的结合,实现了对发达国家高铁产业的追赶与超越,其未来的目标是在精益的基础上实

第 9 章　智能制造与智慧物流

现智能制造。智能物流业作为制造业转型过程中的重要组成部分，在给生产企业带来更高速高效的体验同时，也将迎来新一轮的发展契机。在智慧物流的具体实践中，中车株洲电力机车有限公司和中车浦镇公司的成果尤为突出。

1. 中车株洲电力机车有限公司的智慧化生产物流系统

中车株洲电力机车有限公司（以下简称中车株机）作为中国中车旗下的核心子公司，是中国最大的电力机车研制基地、湖南千亿轨道交通产业集群的龙头企业，株洲也被誉为"中国电力机车之都"。在智能制造的背景下，中车株机的业务种类和规模不断拓展，发展信息化和标准化的智慧物流系统成为其重要任务之一。中车株机生产车间如图 9-3 所示。

图 9-3　中车株机生产车间

中车株机智慧物流系统的建设思路可概括为：信息网络对所有的生产物流和生产能力进行统筹，根据每天的生产计划确定物料需求和物料消耗情况，及生产能力分布情况，对包装物流进行调度，实现零库存以及全过程高度智能化（信息收集智能化、仓储管理智能化、物料配送智能化、计划协同智能化、智能决策等）。具体体现在以下几个方面：

（1）物流包装器具标准化。物流包装规范化、标准化是实现物流自动化、信息化的基础。中车株机的智慧物流整体包装器具规划以"小批量包装，多频次供货，高质量"的精益物流为理念，包装器具标准化是实现该理念的基础。物流包装器具标准化主要表现在：①根据零部件分类建立标准化的物流包装体系，并与转运工具相配合，为齐套化、节拍化、自动化配送提供了保障；②料箱及器具设计充分考虑人机工程，尽可能节省时间；③标签涵盖内容齐全，减少成本提高效率；④对于正常车型和零部件的运输及仓储操作，使用指定的料箱和器具。

（2）智慧物流信息采集。智慧物流对实物流与信息流的要求高度一致。中车株机通过采用全过程二维码及立体库托盘 RFID 技术，实现物料流转过程中大量数据的高效实时自动采集。监控工作人员通过手持终端读取仓储配送库或直流件供应商处的托盘 RFID 标签号，通过扫描二维码的方式绑定数据，就能获取托盘在入库、检验、包装、

智慧物流与现代供应链

装卸搬运等各个物流环节的大量信息,完成物料流转信息的自动采集,实现智慧物流管理。

(3)智慧物流 IT 系统。中车株机原来使用的 EAS 系统,资源共享模块多,速度慢,已经无法满足仓储模块和生产执行模块的物流精细化管理要求。为解决这一问题,中车株机采用了智慧 IT 物流系统,主要包括仓库管理系统(WMS)、智能仓库管理系统(IWMS)、生产管理系统(MES)、供应商关系管理(SRM)系统。

WMS 根据仓库管理需求进行如出入库、盘点、报表分析等仓库管理作业,并与 EAS 系统和 MES 对接,进行库存数据传递和生产数据实时交互。IWMS 与 WMS 对接,完成立体库物料需求及 WMS 物料配送信息的传递,对整个库房自动化设备进行组织和调配。MES 与 EAS 系统对接生成物料计划和生产计划等将其传递给 WMS,并向 AGV 系统发送物料配送计划同时与叉车终端设备对接,完成搬运、配送等指令的数据传递,并对 AGV 系统、行车和叉车进行统一调度与管理。SRM 系统通过信息手段控制优化主机厂和供应商之间的物流、信息流和资金流,以达到降低采购成本和提高客户价值的目的。

智慧物流 IT 系统可实现职能部门对现场的有效监控及流程可视化管理、数据的自动搜集及对异常情况的全过程追溯,并与监控人员保持联系,遇到问题可自动报警。

(4)智慧物流仿真。智慧物流仿真通过在计算机上编写相关程序来模拟物流运行过程以期发现并解决问题,提高车间工作效率。通过仿真物料配送流程,对物流路径、设备人员利用率进行分析,同时发现系统瓶颈;通过仓储系统仿真,对库存结构和库存周转率进行分析,为企业提供计划方案及现有结构调整方案。

2. 中车浦镇公司的智慧物流实践

中车浦镇公司在自身推行智能制造的同时,正向着智能制造和智慧物流整体解决方案提供商的方向迈进,力争为中国传统制造业转型升级服务,它将发展为制造服务业的成功典型。中车浦镇公司旗下南京中车浦镇工业物流有限公司是一家专业的工业物流服务公司,它依托智慧物流项目,对智慧物流和智能制造成果进行转化,形成了整套解决方案,具体包括以下几个方面:

(1)人机一体化。在中车浦镇公司 2 万 m^2 的物流中心,只有少量的工人在后台工作,各种智慧物流设备根据信息系统传递的信息进行工作,实现物料自动分拣、自动配送到工位。物流中心的工人根据手臂上智能终端的指导信息进行操作,同时智能终端将物流作业的整个过程通过数字化的方式记录下来。工人仅需要扫描条码便可实现产品的上架、下架和配送,真正实现"人机一体化"。

(2)智慧物流设施设备。中车浦镇工业物流有限公司设计了一系列的智慧物流设施设备,包括 AGV、移载系统、微库等。

1)AGV 可以准确配送,当货物出了仓库后,凭借智慧物流管理平台,把人、车、货关联起来,从而实现物流的指挥调度、跟踪监控、协同作业。

2)移载系统可以实时进行数据交互,自动上报设备当前状态及任务状态,并对出现的故障自动向系统报警,最大限度地提高生产效率。利用网络通信技术,系统将现场所有移载系统统一集中管理,保证移载设备的高效率。

3)微库是集成立体自动货柜和控制系统,具有先进的仓储管理的智能微型仓库,它充分利用现有厂房的高度以最小占地面积实现最大存储容量。

第 9 章　智能制造与智慧物流

（3）智慧物流管理系统。中车浦镇公司还打造了基于工位制节拍化流水线的标准化现场管理和基于工位制节拍化配送的精益制造 MES，实现职能部门对现场的及时支撑和流程可视化管理。系统布局规划（SLP）智慧物流平台与企业的 ERP 系统、MES 无缝对接，实现小件物料智能化、柔性化存储及高效的物料运输。

中车浦镇公司通过智慧化手段的运用和物流管理模式的创新，2017 年公司原先从事仓储、配送的人员减少了 40%，生产过程中物料异常减少了 90% 以上，工位日生产计划兑现率大幅度提升，月度计划兑现率达到 100%。在场地不增、生产台位不变的情况下，通过精准配送，生产效率翻倍提升，地铁年产量由原来的 400 辆增加到 1146 辆，而物流成本则下降了近 30%。

思考题

1. 简述美国、德国及中国智能制造的不同点。
2. 智能制造模式有哪些？
3. 智慧物流为智能制造带来了哪些便利？请举例说明。
4. 简述智慧物流系统的基本要素。
5. 如何理解智能制造与智慧物流的关系？
6. 智慧物流离不开智慧物流装备，请举例说明你所知道的智慧物流装备。
7. 请展望智能制造下的智慧物流发展趋势。
8. 请列举智慧物流在智能制造领域的其他应用。

参考文献

[1] 陈明，梁乃明，等. 智能制造之路：数字化工厂 [M]. 北京：机械工业出版社，2016.
[2] 德州学院，青岛英谷教育科技股份有限公司. 智能制造导论 [M]. 西安：西安电子科技大学出版社，2016.
[3] 张蕴. 美国"再工业化"战略对我国制造业发展的启示 [J]. 开封教育学院学报，2018，38（11）：246-247.
[4] 朱茜. 重磅！2018 年国家及各省市智能制造最新政策汇总（全）[EB/OL].（2018-05-15）[2019-10-30]. https://www.qianzhan.com/analyst/detail/220/180515-ea1bc1eb.html.
[5] 李杰. 2019 年政府工作报告关于"物流"相关内容的重点解读 [N]. 现代物流报，2019-03-11（A02）.
[6] 赵英姝，吴占坤，汤良. 基于信息平台的物流业与制造业协同联动发展研究 [J]. 商业经济，2018（12）：30-32.
[7] 黄滨. 制造企业物流要素的透明连接 [EB/OL].（2016-12-08）[2019-10-30]. https://www.iyiou.com/p/35698.html.
[8] 李丹丹，王秀妹. 制造业与物流业融合发展综合评价研究 [J]. 无锡商业职业技术学院学报，2018，18（6）：29-34.
[9] 赵英霞，谭慧莉. 智慧物流助力中国制造业智能转型 [J]. 商业经济，2018（11）：38-40.
[10] 房殿军. 智能制造框架下的智能物流系统建设 [N]. 现代物流报，2018-07-16（A07）.
[11] 宸妤. 智能制造的核心——智能物流 [EB/OL].（2018-03-08）[2019-10-30]. http://www.sohu.com/a/225103903_100093760.
[12] 房殿军，李伟. 支持智能制造的智能物流系统建设 [J]. 物流技术与应用，2017，22（3）：

88-92.

［13］唯智信息. 制造业如何在物流 4.0 时代更好地智能化发展［EB/OL］.（2017-10-26）［2019-10-30］. http://www.chinaz.com/news/2017/1026/821036.shtml.

［14］海格里斯. 物流改造中的单元化技术指什么？它的方式和种类有哪些？［EB/OL］.（2018-09-06）［2019-10-30］. https://baiJiahao.baidu.com/s? id=1610854782021374464&wfr=spider&for=pc.

［15］产业智能官. 智能制造下的智慧供应链变革［EB/OL］.（2018-04-27）［2019-10-30］. https://blog.csdn.net/np4rHI455vg29y2/article/details/80102794.

［16］王帅，林坦. 智慧物流发展的动因、架构和建议［J］. 中国流通经济，2019，33（01）：35-42.

［17］张永庆，杨悦，潘玲颖. 我国汽车制造业投入服务化现状、趋势及对策分析［J］. 科技和产业，2017，17（2）：44-49，137.

［18］田坪鑫，李楠. 上汽通用汽车物流数字化战略［J］. 经贸实践，2018（6）：211-212.

［19］王玉. 上汽通用的智能制造与智能物流探索［J］. 物流技术与应用，2017，22（9）：84-88.

［20］杨雅斌. 上汽通用汽车零部件入厂物流模式研究［J］. 物流工程与管理，2017，39（7）：59-60，25.

［21］中物联汽车物流分会. 解读上汽通用汽车物流全局数字化［EB/OL］.（2017-12-01）［2019-10-30］. http://www.sohu.com/a/207943576_751010.

［22］智慧工厂. 中车怎样以精益为基础，实现数字化与智能？［EB/OL］.（2017-03-14）［2019-10-30］. http://www.sohu.com/a/128868167_177747.

［23］法布劳格物流咨询（北京）有限公司. 中车株机领先的智能生产物流系统［J］. 物流技术与应用，2018，23（9）：94-96，98.

［24］高静. 制造到智造智能物流为中车浦镇带来极速体验［EB/OL］.（2017-04-06）［2019-10-30］. http://js.ifeng.com/a/20170406/5532315_0.shtml.

［25］孙桐桐. 每年节约 1000 万，上汽通用工程师解读如何智能排产［EB/OL］.（2018-12-07）［2019-10-30］. http://www.shautonews.com/web/5152.htm.

［26］霍鹏，魏修建. 制造业与物流业互动融合的研究——基于八大综合经济区数据的实证分析［J］. 华东经济管理，2017，31（4）：66-73.

［27］周路. 制造业与物流业融合的机理及模式［J］. 物流技术，2015，34（10）：102-104.

［28］中国产业经济信息网. 中、美、德、日智能制造大比拼［EB/OL］.（2019-06-27）［2019-10-30］. http://www.cinic.org.cn/xw/cjfx/546400.html.

［29］孙桐桐. 让入厂物流更智能，上汽通用推进物流全局数字化构建［N］. 中国汽车报，2018-08-19（13）.

［30］陈传军，朱岩，闻琦. 医药行业的智能物流系统应用［EB/OL］.（2018-04-18）［2019-10-30］. https://www.vogel.com.cn/magazine_journal.html? id=10837.

［31］张宁宁. 九款最牛的物流机器人：中国"曹操"亮了［EB/OL］.（2016-06-13）［2019-10-30］. http://www.360che.com/news/160612/58475.html.

第 10 章　新零售与智慧物流

引言

　　2016 年 10 月 13 日，马云在云栖大会上提出"新五通一平"（新五通即通新零售、新制造、新金融、新技术和新资源，一平即提供一个公平创业的环境和竞争的环境），指出新零售将会是以后的商业趋势，新零售是以用户为中心的经营模式，通过整合渠道、增加零售体验和打造生态链等方式将零售元素三要素"人、货、场"进行了重构，为零售提供了新动能。同时，新零售的提出还对物流服务提出了更高的要求，智慧物流即是在传统的仓储、运输、流通加工、配送等基础功能的基础上，依托互联网，结合大数据、云计算、人工智能等技术及算法，为新零售提供更多基于供应链的增值服务。本章将分别从新零售产生的原因及特征、新零售下物流的发展过程和特征以及相关实例来阐述。

10.1　新时代下的新零售

　　随着纯电商行业的发展逐渐遭遇消费者需求多样化、配送时效性有待提高、购物体验一般、退货率高等诸多瓶颈，各零售商针对以上问题开始发力新零售模式。新零售的核心在于线上渠道与线下渠道通过数字化的技术融合形成一体化，辅以大数据、云计算、人工智能等技术的应用，最终实现能够快速响应多元化消费需求的全渠道零售模式。

10.1.1　新零售产生的原因

1. 消费需求升级促进零售转型

　　随着国家经济的不断发展，人均可支配收入不断提高以及消费群体的年龄结构变化，当下消费者的消费结构、消费群体的特征和习惯、消费理念已经发生了较大改变。中国银联和京东金融联合发布的《2017 年消费升级大数据报告》显示，虽然现阶段 70 后仍然占据消费主体地位，但是消费贡献率正在逐年下降，80 后、90 后群体消费增速迅猛崛起。消费群体结构逐渐年轻化，同时，新的消费理念也层出不穷。

　　（1）从消费结构视角观察。知萌咨询机构发布的《2018 年中国消费趋势报告》显示，新精致消费主义、1995 年以后出生的人群、跨次元经济、智能化陪伴、轻量化生活等逐渐成为新的消费趋势。

　　（2）从年轻消费群体的特征来观察。亿欧智库发布的《新零售的概念、模式和案例研究报告》认为，新兴消费群体的消费特征主要体现在：品牌忠诚度低，倾向于享受即时化服务、个性化服务，更加注重消费体验、消费品质，消费时间呈现出碎片化，注重社交娱乐，并更多地倾向于在移动端购物。

（3）从消费者的理念来观察。消费者的消费理念从追求物美价廉到更加注重商品品质。随着年轻一代消费者理念的转变，消费者的购买力得到大大提升，消费的需求也逐渐向高品质、品牌化的产品所转移。在物质生活极为丰富的今天，多样化的品牌及产品系列迎合了年轻一代消费者高品质的消费理念。

整体而言，现阶段消费群体的年龄结构正在发生变化，年轻消费群体增速迅猛，新的消费者结构、消费理念和消费特征及习惯正成为重要的市场消费趋势。而传统的实体零售与单纯的网络零售，已经难以满足当下消费者结构、消费特征及习惯和消费理念，更难以适应他们的消费偏好和兴趣。因此，难以顺应新消费趋势。

2. 现代科技创新促进零售转型

现代科技的不断发展与创新为零售行业的发展提供了强大的技术驱动，互联网、物联网、大数据、云计算、人工智能、移动支付等新旧技术的不断发展与融合日趋成熟，并得以广泛应用。线下实体店、线上移动电商对移动支付、物联网、人工智能、智能终端等技术的尝试与广泛应用，已经逐渐消除了人们面对这些新技术的陌生感和不适感。当传统实体零售与线上零售逐渐通过渠道融合、流量融合等方式转向全渠道模式的新零售时，消费者的购买习惯能够更加自然和平缓地过渡。因此新零售的出现不仅是现代科技创新发展的支持，也是行业发展的必然趋势。

3. 线上线下流量融合促进零售转型

线上线下流量的融合促进了零售业向新零售的转型。在移动互联网时代，流量是所有企业与商家生存的根本，目前许多商品同质化较为严重，在纯电商的环境下，较多商家只能依靠降低利润或者提高产品自身品质来获取流量。而线下实体店较多地依靠提升服务质量和消费者购物体验来为商品寻求高附加值，以提升流量不足的劣势。

线上的电商平台企业早期借助互联网红利获得了飞速的发展，随着平台型电商企业在销售中逐渐暴露出消费体验不足、高端产品购买力缺失、实物与描述有较大差距、退货率偏高等问题，互联网的流量红利期消失，纯电商模式的发展遭遇到了瓶颈。对客户来说，线下服务是现实世界里的真实体验，相比于过度修饰的产品图片和夸大的文案更加生动和可感知。因此，平台型电商企业逐渐拓展其线下销售渠道。

实体零售店最大的痛点是和消费者的连接方式——如何提升店内流量、如何把商品和顾客数据化。众所周知，实体零售店的传统优势是具有稳定的本地供应链和基本稳定的本地化消费者。然而，在网络零售发展得如火如荼时，实体零售店的优势也逐渐转变为了其劣势之一——过于固定的本地化消费者，使得店铺流量难以得到大量的提升。

为了能够获得更好的消费体验和客户流量，新零售模式兼顾了线上拓展客户流量与线下提高消费体验，两者相融合是促使零售业向新零售模式转型的必然趋势。随着阿里巴巴对新零售模式的诠释，盒马鲜生应运而生，并成为新零售领域的标杆企业之一。

10.1.2　新零售的特征

在行业中普遍认为新零售是企业以消费者为中心，以大数据、云计算、人工智能等

第 10 章　新零售与智慧物流

新兴技术为基础,以互联网为依托,对商品的生产、流通与销售过程进行升级改造,进而重塑业态结构与生态圈,并对线上服务、线下体验以及智慧物流进行深度融合的零售新模式。

在文献方面,也有较多学者进行了新零售方面的研究。例如申潇潇(2017)认为新零售是线上、线下和物流的深度融合,主要具备以下特征:①通过对大数据和云计算的深度应用使新零售具备数据驱动的特性;②通过创新技术获取消费者需求,以消费者需求为中心,围绕消费者需求进行场景化重构,全方位提升消费者购物体验;③整合渠道,打破过去的所有边界,实现零售无边界化。

王家宝和黄益俊(2018)认为新零售是一种以消费者为中心,通过线上线下的全渠道融合,提高零售效率的商业模式,它能够有效弥补纯网络电商的虚拟性、滞后性等不足和实体零售运营成本高等缺点。同年,杜睿云和蒋侃提出:新零售商业模式的特征是以最大限度地满足消费者消费诉求为出发点,以数字化改造为着力点,以推动线上、线下与物流实现深度融合;新零售商业模式具有生态性、无界化、智慧型、体验式等典型特征,这些特征将赋予零售行业更大的生机和活力。线上、线下与物流是新零售特征最为重要的三大关键构成要素,三者之间的紧密衔接与深度融合将形成完整的商业闭环,以此推动传统零售模式的升级改造。

张建军、赵启兰(2018)认为:新零售是我国流通业迭代升级的新突破口,将会重构流通供应链并深刻影响流通供应链的商业模式;新零售是以适应消费者个性化需求为导向的,具有生态化、柔性化、数字化、共享化和扁平化的流通供应链平台生态系统特征的商业模式。

结合以上行业中和相关文献对新零售的研究,本书认为新零售应具有以下几个基本特征:围绕消费者需求、零售形态多元化、数字化驱动、渠道融合以及供应链扁平化。

1. 围绕消费者需求

所谓"以心为本",指的是通过对消费大数据的掌握来判断消费者需求。未来数据技术带来的巨大创造力,将无限逼近消费者内心的真实需求,同时围绕消费者需求对"消费者—商品—场景"进行重新构造,最终实现"以消费者体验为中心"。

传统零售更加注重产品与价格的关系,而新零售是将消费者的体验放在第一位,这种体验不仅仅包括产品质量的体验,更加注重的是消费者的实际需求以及对产品服务的体验。因此,新零售要求商家在充分了解消费者需求的同时注重产品的质量与消费的服务。

以盒马鲜生为例:在购买海鲜水产之后,可支付一定的费用交由商家来加工食材,在现场进行就餐;距超市 3km 以内的顾客在线上下单后,在 30min 至 1h 内可无运费收到购买的生鲜;线下的实体店安排有一定数量的服务员和导购员进行讲解和引导。盒马鲜生的实践体现出了新零售对消费者需求和体验的重视,不仅要为消费者提供优质的产品,更要给予消费者多元化的体验。

2. 多元零售形态

"零售物种大爆发"指的是在目前多元零售的新形态下,新的零售业态会大量孵化出来。借助数据技术,物流业、文化娱乐业、餐饮业等多元业态均延伸出零售形态,更多零售新业态即将孵化产生,包括自然人零售,未来最终产生"人人零售"的生态圈。

新零售的重要特征之一就是能为消费者提供体验式购物的服务,这必然将从业态创新入手。因此需要店铺高效的空间利用及配置:

(1)需要增大店铺内可移动参观的面积。新零售与传统零售的区别也在于,在店面的环境与布局上做出了创新。

从心理学视角来观察消费者心理,消费者更喜欢方便无压力的购物环境和简便易学的购物流程。路线是否顺畅,路线的长度、宽度是否适宜会直接影响消费者的购买欲望。如果店铺内的路线设计过宽,不但浪费店铺的宝贵空间,也会由于距离商品过远而影响消费者的购买兴趣。如果路线太窄,则会使消费者之间相互过于拥挤,或产生不愉快的感觉而影响购买兴趣。最有效的空间利用,要引入体验式营销,充分考虑消费者的购物体验,将店铺的使用空间高效利用。

(2)应着眼于满足消费者个性化和多样化的需求,通过多种业态创新的方法,结合多元模式提高店铺陈列的趣味性,使消费者的购物体验达到最佳水平。

3. 数字化驱动

"零售二重性"指的是二维思考下的理想零售。任何零售主体、任何消费者、任何商品既是物理的也是数据化的,需要从二维角度去思考新零售。同时,基于数理逻辑,企业内部与企业间流通损耗最终可达到无限逼近于"零"的理想状态,最终实现价值链重塑。

在新零售的日常运营中,时刻都有数据产生,随着支持新零售百货运营的系统越来越多,各种数据量直线上升,数据类型也越发复杂,从而收集数据逐渐成为定位客户、精准营销的基础。

通过对大量数据进行分类,对客户类型进行收集与分析,形成电子标签,并抽象出一个客户的消费画像。由于不同的客户是存在差异的,根据客户标签的特性、行为、需求、偏好以及价值等因素对客户进行区分,从而可以快速了解其消费偏好、实时需求、消费态度和行为,有利于新零售企业营销行为的制定。

4. 渠道融合

新零售时代,在零售场景方面,消费者从原来更注重产品功能逐渐转变为更注重整体消费体验。借助线下体验为线上导流,借助线上宣传的便利性为实体门店导流,线上线下等多渠道场景融合,从原来的多级分销模式转变为线下体验、线上下单为主的模式,从产品推销变为体验式营销模式,是新零售的基本思维。

结合了实体门店与在线商店的多渠道零售模式已经成为全球零售业发展的主要趋势。多渠道融合的零售方式不仅可以利用原有的品牌效应和客户忠诚度,减少市场营销的成本;而且还可以为客户提供更多方便的渠道选择机会和多样化的服务。例如,客户可以在线上搜寻后再到实体店购买,或者先到实体店试用再到网上订货等,渠道融合的发展趋势不仅极大地方便了消费者,而且培育了消费者对零售商的忠诚度。

进入新零售时代后,打造跨界融合、全渠道销售、多平台的购物体验成了各大商家的主旋律。事实上,渠道融合的本质在于通过不同渠道的组合为不同的消费者群体提供相应的产品与服务,通过渠道的设计形成不同的营销组合,从而满足不同细分目标市场和消费者需求。因此多渠道零售商实现线上线下协同运作的关键在于两个渠道间营销策

第 10 章　新零售与智慧物流

略的协同,这对于充分挖掘线上线下两个市场的潜力、避免渠道之间的矛盾与冲突从而实现企业利益最大化具有重要意义。

5. 供应链扁平化

新零售本质上是需求驱动的供应链的变革。供应链管理可以分为三个环节:产品的开发过程、生产过程和分销过程。分销过程是供应链中非常重要的一环,传统实体零售商和电商分销渠道中,大部分供应链是以产品为导向,经过层层代理及分销将产品送达消费者手中,供应链中的生产企业及厂商对市场状况并不敏感。实体零售商或电商通过促销和线上引流等各种手段,带动订单的销售,供应链中开发和生产部门的信息的输入主要通过分销渠道获得。然而,新零售逐渐向以消费者需求为导向转变,传统供应链的模式也随之发生变化。

新零售时代供应链逐渐回归扁平化发展。最初的供应链分销渠道是较扁平、简单化的,随着经济的发展、市场的扩大,生产商规模逐渐扩大,在凭借一己之力无法管理的情况下,即以增加总代理、区域分销商、区域代理商和销售商等方式增加渠道管理能力,渠道随着市场变化和生产商期望的变化一点点地延长,逐渐形成了现在传统渠道的层级结构局面。同时也伴随着一些问题的出现:①企业距离市场较远,无法及时有效地收到市场信息,因此导致无法对市场变化做出准确、及时的应对;②随着代理层级的增加、销售渠道的延长,利润被分薄;③"牛鞭效应"较为严重,终端市场的细微变化会引起供应链环节生产商产量的急剧变化,并且供应链环节离终端消费者越远,这种放大效应越明显。

在当前新零售模式的经济生产系统中,面对瞬息万变的市场形势和稍纵即逝的市场机遇,迫切需要企业的高层决策者加快决策速度,实现快速决策,以便抢占先机,赢得生存和发展。扁平化管理模式在提高供应链响应速度的同时,也为供应链核心企业了解客户需求、建立高效的客户关系提供了机遇。另外,供应链中各企业之间通过建立起紧密的合作关系,形成业务一体化的共识机制,可为消费者提供更敏捷、扁平化的供应服务。在此前提下,消费者不仅是需求的源头,更是驱动整个供应链运作的主要驱动力,供应链扁平化以及需求导向在市场经济中发挥着越来越重要的作用。

10.2　新零售下物流的演化及特征

10.2.1　零售物流的发展

1. 实体零售物流时代

零售业的物流活动早已有之,与零售业相伴而生。早期 20 世纪 80 年代的实体零售时期,物流企业主要承担着商品从生产者、批发者到消费者的物品转移功能,主要功能是消除生产地、批发地与消费地的空间间隔,并附带简单包装或加工功能。

实体零售物流时期,主要表现出的特征为:"品类少、批量大、批次少、周期长"。货物自出厂日开始计算起,通常会经历包装、运输、中转、存储、装卸、配送等一系列流程。各道工序环节通常会由互不相关、互相分裂的不同主体各自独立承担,各主体之间缺乏沟通,协调性和配合性较差。因此,产品流通的运营效率和经济成本都受到严重影响。

在库存种类方面，实体零售是以区域需求为导向的供需平衡，所销售的商品品种受地域限制，因而商品种类有限。在库存数量方面，实体零售店在采购周期和供应商物流水平的双重制约下，必须保有一定的安全库存，由于商品品种及商品品类的数量和范围都受限，因此商品的规格、数量相对单调和统一。在订单方面，实体零售的物流需求更倾向于以整托盘或整箱为单位的批量运输，辅以散货运输。

2. 电子商务物流时代

随着电商业务的不断扩大，传统物流公司的支线配送时效性差、环节之间协同性差、配送柔性差、物流信息化程度低等缺点也逐渐显露出来。电商企业飞速发展，其对物流企业的需求逐渐向"品类多、批量少、批次多、周期短"的特征转变。

因传统的存储方式已不适应品类多、批量少的电商特征，存储和分拣逐渐向灵活、易分拣的方式转变。同时，尽可能多地覆盖消费者需求成为电商的主要经营范围，其所销售的商品不受任何地域和时间限制，因此在库存方面，商品的库存数量级一般较为庞大。随着敏捷供应链和C2B模式的诞生，预售模式随之出现，电商企业在保持可以覆盖多品类产品的安全库存的同时，更需要的是高效的供应链和高时效性的配送。在运输和配送方面，由于商品种类较多，其体积不一，对仓储和配送的装、运要求也有较大区别。同时，由于电商物流较广的覆盖范围，对应的是更多个目的地，尤其是配送环节，多品类、少批量变成配送的主要特征，对配送的时效性和服务要求更高，同时物流信息的收集、传输和使用对改善服务起到了越来越重要的作用。

3. 新零售物流时代

从新零售带来的改变看，需求的小众化、碎片化、快速性会是未来的趋势，因此，物流企业的服务应更具有针对性，反应的敏捷性也要相应提高，竞争力不再是只有规模和体量。

（1）运营更多地围绕消费者的需求。消费者的需求是多样化的，以消费者为中心。而并非像传统电商和零售以产品为中心，消费者聚合形成"粉丝"，"粉丝经济"驱动新型供应链模式。

（2）推动C2B模式供应链。基于"粉丝经济"，以消费者需求为实际驱动，生产方式趋向于定制化，渠道更加扁平化，以人工智能为支撑，辅以快速响应的物流网络。

（3）依靠大数据等前沿技术的支撑。新零售下物流依托平台化运营，平台以多元形式，实时搜集庞大的数据量。在B2B销售的情况下，这些数据可能来自社交网络、电子商务网站、顾客来访记录，还有许多其他来源。依托大数据的支撑，自动化、信息化和智能算法成为关键的技术。

10.2.2 新零售的物流需求

1. 品牌商和生产商的物流需求

新零售时代的供应链是需求驱动的，具备较高的响应度、灵敏度和柔性。在新零售时代之前，品牌商和生产商的供应能力通常依赖于大规模生产，然而在新零售时代，消费者多元化的需求主要集中在产品定制化、新品获取速度快等方面。

第 10 章　新零售与智慧物流

因此，小批量多批次的柔性生产和高效的物流干线运输将成为品牌商和生产上在推出新产品时抢占市场的有力工具。对客户需求的敏捷捕捉、精确的需求预测和库存控制将会成为新零售时代被品牌商和生产商十分注重的需求之一。

同时，在新零售时代下，品牌商和生产商急需建立起一套时效性强、快速响应的物流体系来辅佐生产和销售，以消费者为中心和 C2B 模式的运用催促品牌商和生产商提高消费者下订单之后的物流作业速度，然而快速响应的流程体系必须以物流自动化和高度信息化为前提，在合理的流程作业设计之下实现系统高效协同。构建快速响应的物流流程体系，也应该以消费者需求为逻辑起点和企业的运营指导。

在快速响应的物流体系的前提下，对新零售时代物流的流通加工环节有更高的技术和规范性要求，延迟生产策略的应用也将会变得更加广泛和重要。因此，需要加强对物流作业人员的培训和管理，提高物流从业人员的职业能力和素养。

2. 经销商的物流需求

经销商处于零售商和品牌商之间，在新零售时代，经销商的价值具有较强的不确定性。传统零售时代经销商的主要价值是为品牌商提供更多的销售业绩，其中包括销售渠道的拓展和维护、市场活动的组织和管理等；为零售商提供的价值主要是供货、库存、补货、销售指导等。新零售时代倡导的是供应链扁平化，促使供应链响应度大大提高以实现 C2B 模式，理论上供应链的中间环节应当尽量减少。

新零售时代的实体或平台型经销商对物流的需求通常是更加准确的物流需求预测、更加丰富的品类运输、更加低廉的库存管理费用以及更加敏捷的补货服务。经销商只有维持对本地零售商的掌控力度，对零售渠道有较强的服务能力及意识，才能避免被新零售时期的供应链淘汰。

3. 零售商的物流需求

零售商是直接服务消费者的，因此零售商的关注点在消费者群体的特性，以此作为指导供应链的策略，决定合理的成本，对供应链的影响是向 C2B 模式的转变。

零售商对物流的需求是快速响应，主要表现为"多种类、多批次、少批量"的快速物流模式。要根据消费者群体特性来进行仓库、门店等的布局和规划，库存水平和位置的设计，以及补货计划、配送的方式及效率的设计。

新零售时代下零售商所面对的消费者在空间上分布较广而分散，因此，零售商的物流系统必须构建起能够有效和快速地应对和支撑多需求、分布散的物流节点网络，并设计快速响应流程。对庞大而零散的消费者订单带来的物流成本问题，需要构建具备大数据存储和云计算功能的高效信息系统作为基础，加强和提高零售各节点和物流各节点之间的高效协同机制，优化各物流节点的库存配置。

4. 消费者的物流需求

随着消费升级，消费者越来越重视消费体验和服务，越来越多的零售企业通过新零售将消费者与产品研发直接拉近，推动供应链向 C2B 模式变革。当然物流需求也随之需要全面的革新，新零售的物流运营必须以消费者需求为中心，而并非传统电商和零售以产品为中心，从"场→货→人"转向"人→货→场"。

新零售时代集线上线下移动端多渠道为一体，面向的消费者是多元化的，产品更是具有品类更多、销售范围更广、时效性更强等特征，物流体系每天都需要承受数量庞大而零散的订单,以及随之产生的大量而分散的仓储和配送作业。因此,新零售的物流系统应以消费者需求为起点进行更有针对性的流程设计,重视面向消费者的配送环节,增加、完善针对消费者的物流服务项目,甚至对项目进行多元化设计。

10.2.3 新零售的物流特征

1. 新零售物流的需求预测更准确

相比于传统实体零售时代,新零售时代的物流需求预测能更快速、准确地感知消费者(甚至小众消费群体)的实际需求。在传统零售业态时期,由于层级较多、新技术设备缺失等原因,企业对于最终消费者需求的了解较少,呈碎片化且有较大的滞后性。而在新零售业态里,由于各环节多数已实现数据化且实时在线,加上大数据、云计算、人工智能等新技术在互联网和物联网中的应用,可以有效地帮助企业更快速、更准确地掌握消费者的真实物流需求,并用于指导供应链链条的优化和升级。

同时,新零售时代的物流需求预测更加强调重视消费者画像。消费者画像是指通过积累、分析消费者的购物行为而描绘出的其特征的画像。通过预测掌握的消费者的购物行为特征,不仅能用来指导营销,更能用于指导生产、指导供应、匹配运力,还可以用来为其提供高度个性化的定制物流服务,以满足不同消费者的不同需求。随着新零售时代的到来,消费者的购买行为发生了巨大转变,因此物流需求的预测也变得更加多元化,例如:从定期购物转变为全天候购物,对物流需求的时间节点预测产生了更高的要求;从定点购物转变为多空间购物,对配送需求预测产生更高的要求;从被动参与购物转变为主动参与购物,消费者的购买行为作为一个主要要素影响了物流需求的预测;从购物需求大众化转变为购物需求个性化,需要为消费者提供更加多元化的物流服务。

新零售时代通过利用大数据、云计算、人工智能等新兴技术可以极大地提高物流预测的预测效率和准确性。有了高效的物流需求预测,便可以为消费者提供多元化的物流服务。一方面,物流企业可以基于对消费者的理解设计配送服务(例如对配送时间的倾向)和配送方式(配送上门、快递柜自提或代售点暂存),可以提升物流服务体验;另一方面,需求预测和机动性物流能力成为重要议题,如果能基于对消费者需求的理解和预测,提前预备库存和配送运力,将极大程度地助推物流提速、提升物流服务水平,提高服务满意度。

2. 新零售物流运营的高效、协同

新零售时代的物流服务相比于传统的零售模式在运营方面更加高效、协同。依托云化信息系统、智能算法,利用历史大数据、销量预测,构建成本、时效、覆盖范围等多维度的运筹模型,协同仓储、运输、配送三环节,进一步优化网络布局;应用多级仓储融合解决方案,整合全渠道、多品类仓库,科学合理地安排与调配库存,实时预测补货,实现库存协同,加快库存周转,提高现货率,提升整个供应链的效率。

同时,应用WMS、运输管理系统(TMS)、订单管理系统(OMS)等管理软件,以及RFID、智能芯片、感应器等硬件,采集并汇总仓储、运输、配送、销售等环节所产

第 10 章 新零售与智慧物流

生的全部数据，做到实时在线且动态更新；并对这些数据进行处理与分析，挖掘出新零售时代物流运营的规律、特征、风险等相关信息，从而更科学、合理地进行管理决策与资源配置，进一步实现供应链数据化。数据化供应链将有助于企业解决行业洞察、数据共享、销售预测、网络规划、库存优化等问题。

在应用方面，物流的自动化、无人化及智能化技术可用来提高物流作业效率，降低成本。根据行业特点、业务特征等信息恰当地应用 RFID 系统、货到人分拣系统、拣选机器人、码垛机器人、AGV、无人车等新兴物流技术或设备，可实现人机交互协同作业、自动化作业或智能化作业，以应对新零售时代小批量、多批次的物流作业特点，提质增效。

3. 新零售物流服务的人性化

新零售时代的物流服务逐渐趋向于人性化发展，高水准的服务和人性化的发展是商家之间竞争的重要指标。当前环境下，消费者的工作、生活场景的日益碎片化，促使物流服务向多元化发展，以满足不同消费者的个性化服务需求。例如在配送环节，消费者可以灵活选择在白天还是晚上收货、在工作日还是周末收货，甚至可以将配送时间精确至以小时为单位，进一步提高了消费者的便捷程度。

4. 新零售物流服务的一致性

新零售时代的一致性主要包括三个方面：企业形象、产品和服务。每个模块都包含若干个子项。在进行线上线下结合的新零售的实践过程中，必须使企业的形象、产品和服务具备高度的一致性，否则将使消费者的认知混乱，会影响购买行为的转化，如引起部分消费者体验不佳，影响企业的正常运营与盈利。

新零售时代的物流服务逐渐趋于一致，线上和线下的企业形象、产品和服务趋同是新零售时代物流发展的终极方向。随着零售业态的丰富，如今企业不仅要管理传统的分销渠道体系，同时也要管理 B2C 企业电商、B2B 批发分销、C2C 零售平台、O2O 渠道、自助售货机、无人店等新兴渠道。因此企业要考虑线上线下全渠道如何协同整合，如何减少不必要的重复备货直至消灭库存，如何在降低物流总成本的同时使商品更有效地到达终端，如何打造扁平化供应链以更贴近消费者，而这些均需要通过流通渠道的改造或整合来实现。

随着线上线下一体化加速，物流实现了线上线下服务的高度融合和打通，对于商家来说，服务内容、质量以及线上线下渠道的产品价格也逐渐趋同。目前多数商家已经实现线上下单，线下取货、线下下单、线上物流配送、线上购买、线下退货、线上购买、线下退货。长此以往，消费者将逐渐对线上、线下的区别感知模糊，会真正实现服务一致的渠道融合。

新零售一定是实现线上线下产品和服务充分融合、实体与虚拟消费体验无缝对接的零售形态。和过去的各自为营不同，电商和传统零售企业有可能在新零售上形成一致，围绕消费者需求提供更加精准的服务和体验。未来的消费者将更乐于为技术买单、为设计买单、为非标产品买单、为服务买单、为体验买单。

以盒马鲜生为例，无论是其线上的公众号运营，还是其品牌形象、广告设计、公关导向等，整体来说和其线下的选址、仓储、配送、店内环境、定价、品类等有着较高的一致性。

10.3 新零售智慧物流实例

10.3.1 盒马鲜生

盒马鲜生打造的智慧物流模式并不止于物流,而是从商品和供应链上,重构整个零售体系。广义上的物流是指商品流通的全链路,即从源头基地到配送到门。然而在面向消费者销售的零售物流方面,主要分两部分:一个是仓储,另一个是配送。盒马鲜生作为新零售模式的典型企业,它对智慧物流的应用主要表现在精准选址、渠道融合、智能履约集单算法、门店智能调度系统、配送智能调度系统、商品智能订货系统几方面,如图10-1所示。

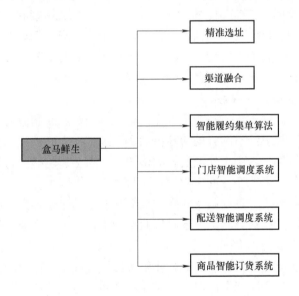

图 10-1 盒马鲜生智慧物流模式体现

1. 精准选址

盒马鲜生以线下体验门店为基础,并将之作为线上平台 App 的仓储、分拣及配送中心,通过将线上、线下业务完全一体化,来满足周边 3km 范围内的消费者对生鲜食品采购、餐饮以及生活休闲的需求。门店采用超市业态,超市低租金极大地降低了仓储成本和运营成本。

盒马鲜生的新物流从源头基地到门店,中间当然也会有大的配送中心,即 DC 大仓。但在商品的物流状态中,到达门店前的商品都是以整个托盘的集约模式用大货车集中配送到门店。集中配送到门店之后,门店再将整个托盘的商品,一次性完成收货、上架、捡货、打包、配送的五位一体动作。其一个托盘(或者是整箱整板)一次性操作 50 件包裹。从门店到顾客家中做的是外卖式的直线配送。

盒马鲜生是典型的新零售+智慧物流企业,它是阿里巴巴将线下超市与线上 App 下单进行融合重构的典型模式。它是集超市、餐饮、物流配送、App 为一体的复合功能体,其内部称之为"一店二仓五个中心",即一个门店,前端为消费区,后端为仓储配

第 10 章　新零售与智慧物流

送区，五个中心分别是超市中心、餐饮中心、物流中心、体验中心以及"粉丝"运营中心。

2. 渠道融合

盒马鲜生集"餐饮体验、零售超市、门店配送"多功能于一体打造的新零售模式，其本质是对传统零售业和线上线下生鲜电商模式的升级和改造，致力于打造线上线下全渠道融合的零售模式。它不仅为顾客提供商品服务，更是提供一种生活方式。盒马鲜生提供的线上和线下商品完全是同一商品，保证了同一品质、同一价格。线下重体验，线上重交易，围绕门店 3km 范围，构建起 30min 送达的冷链物流配送体系。

（1）盒马鲜生围绕消费者需求，对生鲜采用标准化小包装，并全部采用电子价签，实现线上线下同价，构建即需即买即送的消费观念。

（2）盒马鲜生有意识地打造生活圈概念，快递仅服务 3km 范围，保证 30min 内送达，同时把门店作为前置仓，保障了线上和线下生鲜品质相同，提高线上消费者的购物体验。

（3）盒马鲜生开放式的餐饮服务区，增强了消费者的体验，提升了消费者的黏性。

（4）盒马鲜生可以提供更多的半成品、成品在互联网上销售，也丰富了线上销售结构。

3. 智能履约集单算法

盒马鲜生的智慧物流主要集中于配送环节的高时效性。基于时效节点顺序、区块分布，在整个 POI 的位置上，打造出基于线路的智能履约集单算法，将不同订单做最优配送批次的串联，实现高时效的配送。

4. 门店智能调度系统

新零售环境下的门店在整个配送链条上是最重要的轴心坐标。门店之所以能承担起 DC 大仓的功能，很重要的条件在于门店从设计之初，就是仓储式货架和库存设计，即门店商品的货位和库存，都是实时回传调度的。这样，盒马鲜生的门店：在线下层面，就是标准的门店运营，具备完全的实体店销售功能；在线上层面，门店就是标准的仓储作业。一个门店，一套班子，做到两个门店的人效和坪效。

由于是智能调度，在中餐和晚餐的高峰时段，门店和仓配同时在作业的高峰期，但不会造成高峰期忙不过来、闲置期工作量不饱和的问题，因为下午三点前后的闲暇时间，更多的是云超订单配送的高峰期。

5. 配送智能调度系统

盒马鲜生拥有一套高效率的配送智能调度系统，能够对配送员熟悉的配送区域、其所在的具体位置（如门店、配送途中、顾客家、返程中）、订单的不同批次及品类（如常温或冷链）进行最优智能匹配，做到智能效率的最大化。

6. 商品智能订货系统

盒马鲜生基于全品类对标品做精选，缩小了全品类的 SKU 数。首先，根据自己的历史数据和阿里巴巴的大数据，实现智能订货和库存分配。其次，根据每个门店周边的需求，实现智能化的商品选品和库存分配，进一步提升库存周转率，完善商品订销计划。

利用门店的悬挂链系统（一个高度自动化、提高门店场内效率的系统，见图 10-2）可以实现高效地分区拣货，盒马鲜生去中心化、分布式配送网络的效能才能实现。在盒马鲜生以门店为载体的作业半径下，24 小时配送是对原有智能调度的复合叠加。

10.3.2 京东7FRESH

在新零售时代,随着消费者对商品质量的需求、自身消费模式和服务要求的转变,传统生鲜电商的发展模式已经不足以满足当下消费者的需求;在新零售的背景下,生鲜产品的购买和消费渠道也由原本单一的线上或线下模式转化为线上、线下、移动端等多渠道相结合的方式。京东7FRESH 是京东线下的新零

图 10-2 盒马鲜生门店悬挂链作业场景

售模式生鲜超市,借助京东的供应链体系优势,为消费者提供全球食材的销售及配送。

京东7FRESH 将个性化、智能化、快捷化的服务渗入线下的实体店,真正做到了"线上服务、线下体验加现代物流的模式"。对于线上服务,消费者可以在京东7FRESH 专门的 App 上面下单,在 3km 距离的范围内,京东7FRESH 将提供免费的配送服务,并且将配送时间严格控制在30min 之内。这样快捷方便的服务完全满足了消费者对配送时间的需要。对于线下体验,线下实体店里设有智能购物车、魔镜系统、刷脸支付等智能化和便捷化的服务。不仅能够提高消费者在购物时的轻松度,更能为其提供较为丰富的产品信息,配合以快捷方便的刷脸支付方式。这些服务无一不是为满足消费者新的需求所产生的,从中可以看出在新零售时代,消费者需求的改变对生鲜电商发展模式的演变产生了巨大的影响。

京东7FRESH 在选址时,会通过分析附近消费者过去在京东平台的购买数据,对方圆几平方公里的人群进行精准定位,根据消费者的购买行为,描绘出精确的用户画像,辅助后端从京东几十万SKU 中挑选出最合适的商品池,以提高营销精度。

京东7FRESH 智慧物流模式体现如图 10-3 所示。

1. 智能货架系统

基于消费者的购买习惯及用户画像,京东7FRESH 的货架排列更具针对性,其特质的智能货架系统具备可视化的陈列管理功能,通过模拟货架、商品图片等手段,首先解决了"直观性"问题。其次,支持拖拽的操作,货架、层板及商品的调整方式易操作。最后,通过数据支持,可以一边摆放商品,一边对比商品的详细信息,这极大地方便了运营人员对商

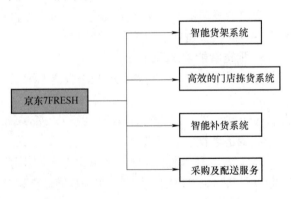

图 10-3 京东7FRESH 智慧物流模式体现

品的价值判断,能更好地确定商品的位置及陈列面数,做出更科学的产品陈列。京东7FRESH 智能货架如图 10-4 所示。

第 10 章　新零售与智慧物流

2. 高效的门店拣货系统

京东 7FRESH 拥有一套完整的智能拣货逻辑，用户使用 App 下单之后，系统会按照店铺中产品的摆放位置，生成一份最优的拣货方案，可以较大提高拣货员的拣货效率，减少无用跑动。这也是京东多年在智慧物流的研发中一直推动的路径优化的实践。拣货员就近拣货完成之后，可以将商品挂在静音悬挂链上（见图 10-5），悬挂链将商品自动传送到打包处打包。拣货、传送、到最终订单打包，整个过程运行效率较高，这极大地保障了消费者下单后的高效送达率。同时，一旦订单量过多，自有的配送服务无法满足时，悬挂链会将订单同步给京东配送、达达众包，多系统并行，确保配送时效。

图 10-4　京东 7FRESH 智能货架

3. 智能补货系统

新零售时代的竞争，更多的是用户体验、运营成本和服务效率方面的竞争。京东 7FRESH 高效的智能补货系统依托于京东的智慧仓配体系，从仓储中心到京东 7FRESH 门店可以做到 211 补货，即系统在 11 点前发出补货指令，下一个 11 点前就能配送到门店，不再需要单独设立后仓。

另外，依托于京东大数据，京东 7FRESH 还自建有一套智能补货系统。该系统能准确地预测出可能缺货的时间段并提早做出应对，保证消费者在有所需时即有所得。随着门店运营时间的积累，智能补货系统会越来越精准，机器补货迭代和进步速度也将加快，补货效率方面还会继续提升。

图 10-5　京东 7FRESH 悬挂链系统

目前传统的超市卖场，库存周转都大概在 30 天左右，京东 7FRESH 凭借高效的智能补货系统，使库存周转时间仅有不到 4 天。同时，门店每天动销率在 87%，也就是说，一天之内有超过 87% 的商品都有销售。

4. 采购及配送服务

京东 7FRESH 依托于京东自建的物流网络。京东拥有较大的冷藏、冷冻、仓配一体化冷链物流配送系统，供应链核心优势主要有以下几点：①溯源技术——保证源头品质；②冷链运输——保证运输途中的新鲜度；③物流体系——保证配送时效性；④健康的资金流动——保证日常运营效率。生鲜产品的来源有原产地直采、全球购和基地对接等几种模式。

智慧物流与现代供应链

京东 7FRESH 在产品的产地、大型合作商的分拣中心或者库房周边建立协同仓,当京东 7FRESH 门店产生补货信息时,可以在第一时间进行采摘或者捕捞,确保产品最鲜活地送往门店并发向消费者。对于店内消费配送上门的客户,京东 7FRESH 提供高效的 3km 半径宅配服务,如遇配送订单高峰时节,京东 7FRESH 还会联合众包平台达达等联合配送,以确保其配送服务。打通了线上与线下的京东 7FRESH 在选品、采购、包装加工以及商品损耗、成本控制等方面都自带规模化、系统化和协同化的优势。

在京东 7FRESH 的蔬菜品类中,至少有 20 款产品是采销人员深入原产地亲自挑选的,不依赖集中采买、寻求标新立异,正是因为这股执着的"寻鲜"态度,消费者才得以在京东 7FRESH 店内购买到来自于原产地的生鲜产品。京东 7FRESH 和京东强大的采销体系使得拥有较强产地限制的生鲜类产品成为店内的"常见水果"。此外,京东物流仓库直接建到了大型合作商的产地、分拣中心或库房周边,当产生消费订单时,可以第一时间进行采摘或者捕捞,确保产品最鲜活地发往消费者手中。

思考题

1. 新零售产生的原因是什么?
2. 新零售的特征是什么?
3. 新零售的特征在行业中的体现是什么?
4. 实体零售物流时代,物流的主要特征是什么?
5. 电子商务物流时代,物流的主要特征是什么?
6. 新零售物流时代,物流的主要特征是什么?
7. 新零售时代,供应链各个环节的物流需求是什么?

参考文献

[1] 赵志芳. 电子商务是"摆渡船"很快或淘汰,新五通一平将引领未来 [EB/OL]. (2016-10-14) [2019-10-30]. http://www.zznews.gov.cn/news/2016/1014/229799.shtml.

[2] 中国银联,京东金融. 2017 年消费升级大数据报告 [EB/OL]. (2018-09-01) [2019-10-30]. http://www.199it.com/archives/699399.html.

[3] 知萌咨询. 2018 年中国消费趋势报告 [R/OL]. (2018-01-29) [2019-10-30]. http://it.people.com.cn/n1/2018/0129/c196085-29792988.html.

[4] 亿欧智库. 新零售的概念、模式和案例研究报告 [R/OL]. (2018-09-01) [2019-10-30]. http://www.sohu.com/a/218113978_214444.

[5] 于春生. 大数据时代图书电商的机遇与挑战 [J]. 中国出版, 2013 (19): 42-45.

[6] 新零售:数据驱动+科技发展+体验升级 [J]. 中国眼镜科技杂志, 2017 (11): 68-69.

[7] 赢商网. 实体店互联网转型 痛点是线下流量变现难 [EB/OL]. (2015-11-19) [2019-10-30]. http://tj.winshang.com/news-547475.html.

[8] 高旭涛. 从美国亚马逊的发展看线上与线下融合 [J]. 中国流通经济, 2017, 31 (5): 105-116.

[9] 黄志申. 图书新零售:一场"个性化+体验"的自我升级与突破 [J]. 中国出版, 2018 (4): 3-6.

[10] 申潇潇. 新零售时代下物流行业的发展路径研究 [J]. 现代商贸工业, 2017 (18): 25-26.

[11] 王家宝,黄益俊. 新零售的起因、特征、类型与发展趋势 [J]. 商业经济研究, 2018, 762 (23): 7-9.

第10章　新零售与智慧物流

[12] 杜睿云，蒋侃. 新零售的特征、影响因素与实施维度［J］. 商业经济研究，2018（4）：5-7.
[13] 张建军，赵启兰. 新零售驱动下流通供应链商业模式转型升级研究［J］. 商业经济与管理，2018，325（11）：6-16.
[14] 李竞妍. 浅谈新零售发展模式：以盒马鲜生为例［J］. 现代商业，2019（1）：9-10.
[15] 高云庭，黄华明. 基于消费者心理的购物中心环境氛围设计研究［J］. 美与时代（城市版），2014（12）：43-43.
[16] 阿里商业评论. 阿里研究院院长高红冰：以心为本、零售二重性、零售物种大爆发，新零售要具备这三大特征［EB/OL］.（2017-03-20）［2019-10-30］. https://36kr.com/p/5067419.html.
[17] 姜文秀. 大数据在新零售中的应用［J］. 信息与电脑（理论版），2017（21）：124-126.
[18] CASSAB H, MACLACHLAN D L. Interaction fluency: a customer performance measure of multichannel service［J］. International journal of productivity and performance management, 2006, 55（7）: 555-568.
[19] WEBB K L. Understanding hybrid channel conflict: a conceptual model and four case studies［Z］. Chopel Hill: The University of North Carolina, 1997.
[20] WEBB K L. Managing channels of distribution in the age of electronic commerce［J］. Industrial marketing management, 2002, 31（2）: 95-102.
[21] 彭庆. 基于渠道"扁平化"的供应链收益分享合同研究［D］. 重庆：重庆大学，2008.
[22] 物联云仓. 电商物流与传统物流的区别［EB/OL］.（2018-06-06）［2019-10-30］. https://www.50yc.com/information/hangye-wuliu/12509.
[23] 卢光洋，李冠谨. 富基：网络零售VS实体零售——物流各不同［J］. 信息与电脑，2011（8）：25-28.
[24] 罗拓. 前瞻：新零售改变物流，新物流改变未来！［EB/OL］.（2018-06-07）［2019-10-30］. https://www.sohu.com/a/234354731_343156.
[25] 杨玲. 粉丝经济的三重面相［J］. 中国青年研究，2015（11）：12-16.
[26] 喜崇彬，赵皎云. 新零售潮起，物流变革进行时：2018中国新零售与新物流发展论坛侧记［J］. 物流技术与应用，2018，23（4）：62-68.
[27] 孙淑晓，李浩民. 大规模定制化供应链的探究及发展建议［J］. 现代管理科学，2018，305（8）：99-101.
[28] 孙冰. 阿里巴巴联手"零售老大"百联打造新零售"样本"天猫：重构人货场剑指新零售［J］. 中国经济周刊，2017（8）：44-47.
[29] 蔡云蛟，汪传雷，朱煜. 网络零售物流系统的特征分析与运营策略［J］. 物流技术，2015，34（11）：23-25，28.
[30] 张彤. 全渠道零售模式下物流需求变化及应对策略［J］. 中国市场，2018（1）：104-106.
[31] 佚名. 新零售下的新物流［EB/OL］.（2018-06-05）［2019-10-30］. http://baijiahao.baidu.com/s?id=1602351179309982310&wfr=spider&for=pc.
[32] 陈晓曦. 拥抱新零售，物流企业如何优化自身供应链？［EB/OL］.（2018-12-29）［2019-10-30］. https://www.iyiou.com/p/88780.html.
[33] 诚品鲜智能科技. 新零售到底新在哪儿？［EB/OL］.（2018-09-13）［2019-10-30］. https://zhuanlan.zhihu.com/p/44470410.
[34] 庄帅. 零售电商的"一致性原理"［EB/OL］.（2019-01-19）［2019-10-30］. https://zhuanlan.zhihu.com/p/55228000.
[35] 刘艺. 全面揭秘盒马鲜生：阿里巴巴的新零售样本是如何诞生的［EB/OL］.（2017-07-31）［2019-10-30］. http://news.mydrivers.com/1/542/542629.htm.

智慧物流与现代供应链

[36] 胡沛. 生鲜新零售、无人货架、无人超市，新零售业态落地成都［EB/OL］.（2017-12-15）［2019-10-30］. http://m.people.cn/n4/2017/1215/c3772-10262207.html.

[37] 万德乾. 揭秘盒马新物流：到底新在哪里［EB/OL］.（2018-05-02）［2019-10-30］. http://www.sohu.com/a/230194576_650513.

[38] 童慧光. 全面解读京东首家线下生鲜超市7FRESH，2018年小目标 覆盖全北京［EB/OL］.（2018-01-05）［2019-10-30］. https://www.iyiou.com/p/63782.html.

[39] 谢玉. 钛媒体库存周转只有4天，京东7FRESH是如何做到的［EB/OL］.（2018-01-05）［2019-10-30］. https://baijiahao.baidu.com/s?id=1588740281837573983&wfr=spider&for=pc.

第 11 章 智慧物流应用案例

引言

在经济全球化的时代的大背景下，物流已经成为贸易竞争的关键因素，各国都意识到物流在当今经济中的重要性地位。为降低物流成本、提高物流服务水平，各个国家争相开展智慧物流的发展。本章以中外运敦豪（DHL）物流、亚马逊物流、京东物流、菜鸟物流、日日顺物流为例，介绍了现在国内外一线物流公司的物流水平发展现状及各公司的特色智慧物流系统。

DHL 的仓内机器人种类多，应用在不同领域，加快了物流作业效率，另外 DHL 的人工智能管理应用于风险管理、货物分拣等，成为 DHL 智慧物流的特色。亚马逊的搬运机器人、无人机研发较早，特别是无人机技术世界领先，且拥有多项无人机的世界级专利。京东物流的智能性体现在其自主研发了一系列的智能信息、仓储和运输系统。京东的智慧无人仓是其智慧物流的核心体现，京东无人仓是全球第一个建成并投入使用的全流程无人作业物流中心。菜鸟物流的 AR 眼镜全球领先，使仓库中的各项操作可视化，加快货物拣选效率。菜鸟的末端配送环节较其他企业更为领先，设计出菜鸟小盒、快递柜及菜鸟快递塔等多种末端快递设备，提高了快递人员的工作效率。日日顺作为大件智慧物流的领导者，建立了行业内首个智慧无人仓，实现了大件商品的全流程无人作业；同时企业注重售后服务水平，创建了具有特色的车小微服务平台。

11.1 DHL 智慧物流

11.1.1 DHL 智慧物流系统

1. 智慧仓储系统

DHL 智慧仓储的智慧性体现在两处：其一为仓内可穿戴设备的应用；其二为仓内机器人的应用。

（1）仓内可穿戴设备。DHL 与理光（Ricoh）可穿戴设备解决方案供应商 Ubimax 进行合作，将"视觉分拣"技术应用于仓库的分拣流程中。DHL 已经成功地在荷兰进行了智能眼镜应用试验，员工通过智能眼镜扫描仓库中的条码图形以加快采集速度和减少错误。之后，DHL 与 Vuzix 合作打造了一套"免提式"仓库解决方案，其 M100 智能眼镜与 Ubimax 开发的仓库 "vision picking" 软件协作，该系统提供了实时的物品识别、条码阅读、室内导航和无缝的信息集成，直接连接到 DHL 的仓库管理系统。应用之后，分拣效率提升了 25%。DHL 荷兰仓内，员工可根据智能眼镜的图像提示如包裹体积、目的地信息，进行高效分拣。

智慧物流与现代供应链

（2）仓内机器人。当工人和机器人还在争夺岗位时，DHL 找到了让双方合作共赢的途径——开发机器人"同事"，让机器人在工人的指导下搬运、包装、运输货物。

DHL 在美国田纳西州的孟菲斯仓库部署了众多的机器人，和动辄投入数千万美元的传统自动化系统和传送带相比，这些机器人体积小、价格便宜，智能、灵活，能帮助工人挑选出需要快速出货的各类货物，大幅提高了整个物流中心的工作效率。

DHL 在美国测试的机器人之一叫 Chuck，主要应用在仓库中帮工作人员处理订单和分拣、搬运、包装需要快速出货的各类货物。Chuck 的优点是部署周期短，4~6周即可完成安装并投入使用；没有基础设施需求，无须改造仓库；价格合理，一年至一年半即可收回成本。

应用于美国的孟菲斯仓库的另一智能机器人为 Locus Robotics。

Locus Robotics 帮助搬运、配送各类医疗设备。其一个突出特点是可以通过自主学习规划最佳行驶路径，这减少了工作人员的走动距离，效率比传统的推车挑选要高 2~5 倍。该机器人轻便、配置灵活，可根据装载货物调整结构。同样，它也装有方便工人操作的用户界面，机器人内置多国语言，可根据与用户的交互灵活切换，最大限度地保证命令下达的高效、简便。

除去以上的仓储搬运机器人，RightHand Robotics 抓取机器人可以抓住、处理和组装任何形状的物体，该机器人内置触觉传感器和两个摄像头，可与人保持安全距离，通过触发回避动作避免人机接触。

DHL 对仓库机器人的研究并不止步于此，为进一步推进智能仓储操作，DHL 与各机器人公司联合开发了更加智能化的机器人。DHL 与机器人公司 Fetch Robotics 达成合作，以 DHL 在荷兰的物流中心为试点，正式测试 Fetch Robotics 的运行效果、仓库环境配置和人机协作。测试中 DHL 采用的 Fetch Robotics 可负载 78kg，运动速度为 2m/s，续航时间为 9h，电池耗完前会自行前往充电站休眠充电。机器人带有一块触摸屏，操作人员只需轻点按钮即可下达命令，无须复杂编程。同时，机器人配备先进避障系统，能辨别自己所出的环境，区分动态、静态障碍物，保证行驶安全。测试中，机器人在一天内帮工作人员减少了 32km 的行走距离，保质保量地完成了各项任务。

DHL 的四种机器人可总结为表 11-1。

表 11-1　DHL 的四种机器人

机器人类型	机器人名称	应用领域	特　点
搬运机器人	Chuck	帮工作人员处理订单、分拣、搬运、包装需要快速出货的各类货物	部署周期短，带有显示器，可以触屏操作。机器人分上下两层，能一次性携带更多物品
搬运机器人	Locus Robotics	帮助搬运、配送各类医疗设备	可以通过自主学习规划最佳行驶路径，机器人内置多国语言
抓取机器人	RightHand Robotics	抓住、处理和组装任何形状的物体	内置触觉传感器和两个摄像头，可与人保持安全距离，通过触发回避动作避免人机接触
搬运机器人	Fetch Robotics	应用在南非的各级中心，用来帮 DHL 提升供应链管理效率	负载更大，自行充电和休眠，触屏操作，配备先进避障系统

第 11 章　智慧物流应用案例

机器人的大量应用以及可穿戴设备的使用必然会提高仓库操作的准确性和高效性，在物流高速发展、订单数量迅猛增长的形式下，机器人等迎合了物流市场需要，引领了物流仓储智能化的发展。

2. 智慧运输系统

DHL 为实现环保运输目标，引进了德国电动汽车 StreetScotter，并已将其应用于在德国波恩的包裹配送业务当中。此外，DHL 运输方式多样，实现海陆空运输全覆盖。在公路运输中，DHL 开发了无人驾驶货车。

DHL 已和汽车零部件供应商采埃孚（ZF Friedrichshafen）公司达成合作，DHL 已在 StreetScooter 车队中配备采埃孚公司下一代环绕传感器技术和基于 NVIDIA 公司人工智能技术的 ZF ProAI 系统。ZF ProAI 是基于 Drive PX2 计算平台打造的自动驾驶控制平台。通过 ZF ProAI 自动驾驶系统，电动轻型货车将实现自动化的包裹运输与投递，包括"最后一公里"的送货服务。这样，车辆将能使用人工智能来识别驾驶环境、规划安全的路径、按照选定路线行进并自动泊车——使送货更准确、更安全，而且成本更低。

此外，为开发基于人工智能的运输车辆，DHL 的数据中心配置了 NVIDIA 公司的 DGX-1 AI 超级计算机，它将在货车上的 NVIDIA 公司 Drive PX 平台上运行深度学习模式。

3. 智慧配送系统

DHL 启动无人机研发项目，以自建团队、自主研发为主，已研发出四代无人机。

第一代无人机起降运动尚需人工遥控。第二代无人机可把快递包裹送往尤斯特岛，这是全欧洲用无人机交付货物的第一例。DHL 的第二代无人机名为 Parcelcopter，自重 5kg，负载 1.2kg，飞行速度最高可达 65km/h，可以完全自动驾驶，能根据天气情况调整飞行速度和飞行轨迹，但仍需工作人员手工装卸货物。

第三代无人机可以在机舱内携带 2kg 以内、体积不大于 4.4dm^3 的货物，由于体形苗条矫健，飞行时速可达 80~126km，可以最大限度地实现"无人操作"。第三代无人机有两种不同的飞行模式。当它飞近包裹中心的时候，它的运动方式很像直升机，非常垂直；当飞行高度到达三四十米的时候它会切换模式，机翼旋转 90°，与普通飞机相近。

经过将近两年的研发测试，2016 年 1—3 月，DHL 在德国雷克温克尔（Reit im Winkl）的巴伐利亚镇试验其无人机交付项目，成功地将包裹投递无人机整合到配送链中。在三个月试运行期间，人们可以使用该自动化服务来寄送和接收包裹。在 8km 范围内总共寄送 130 个快件，这段距离开车会需要 30min，但使用包裹投递无人机只需 8min。

DHL 的无人机使用模式与京东、菜鸟等不同，DHL 设置无人机站点，配送人员将物品放入站点后，无人机负责偏远地区该类站点与站点之间的配送，由快递人员与最终客户在站点进行货物的派送与签收。

最近，DHL 进行无人机公共卫生保障运输实验，应用了新型第四代无人机设备，即新型倾转旋翼无人机，它同直升机一样可以垂直降落、起飞，并可以在飞行途中切换到更快、更高效的固定翼飞行模式。其货仓能够运载 13lb 左右的货物，最高时速为 150km，单次充电最远飞行距离为 100km，如果在满载情况下可以达到 45km。

11.1.2　DHL 智能物联网

物联网是 DHL 技术创新的主要探索方向之一。2017 年 2 月，DHL 与华为签署谅解

智慧物流与现代供应链

备忘录,合作开展创新项目,聚焦基于物联网技术,以最小的功耗连接大量分散的设备,在仓储、运输、配送等环节中提供关键数据与可见性,从而实现更为融合的物流价值链。

基于对业务场景和需求的调研分析,DHL 联合华为,应用 NB-IoT 技术和华为 OceanConnect 物联网平台,设计开发了 Yard Management 解决方案,以泊位状态为关键数据,实现泊位状态的可视化,并通过创新的应用系统实现泊位的智能调度。图 11-1 和图 11-2 所示为应用流程及界面展示。

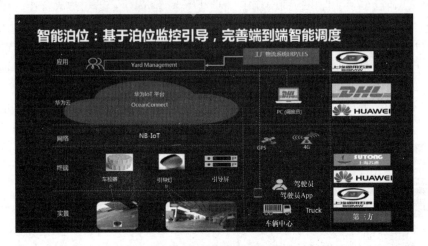

图 11-1 智能泊位应用流程

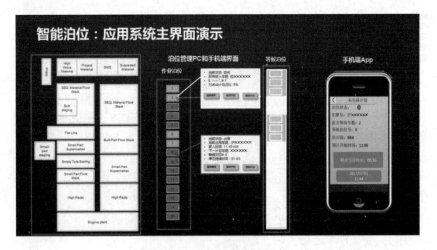

图 11-2 应用系统界面展示

在 Yard Management 解决方案中,使用了基于华为公有云的 OceanConnect 物联网平台服务,一方面使整体解决方案的开发和集成快速完成,另一方面也使得该解决方案在后续的复制过程中,网络服务选择更灵活,终端和应用对接更便捷。

基于实时获取的泊位信息,DHL 开发了创新的 Yard Management 应用,通过 PC 端、驾驶员 App、现场作业人员 App 的信息同步,实现了泊位状态的可视化、业务流程的数

第 11 章 智慧物流应用案例

字化以及现场调度的智能化。

以泊位占用状态为核心信息，Yard Management 应用可以实现：实时监控并显示泊位状态（空闲/占用）；智能划分和通知送货窗口，从规定供货截止时间变为规定供货时间窗口；驾驶员 App 可用来指示进场、进位；统计和分析供应商到货准时率和卸货效率；通过历史数据分析泊位利用率，优化调整泊位分配和调度。

Yard Management 方案在 A 工厂完成一阶段试点，卸货效率提升 25%，平均作业时间由 2330s 减少到 1750s；现场人力成本降低 50%，班次数据报表输出由人工记录和输出变为自动输出，时间由 185s 减少到 15s，效率提升 87%；同时实现了对供应商车辆入厂时间、等待时间、卸货时间的数字化管理，使得供应商到货准时率得以大幅提升，从目前的 40% 提升到 70%。

Yard Management 方案的成功更加坚定了 DHL 用物联网助力物流的信念。通过 DHL 和华为持续的联合创新，物联网将有效助力 DHL 实现数字化转型。

11.1.3 DHL 人工智能（AI）物流管理

AI 应用在现代物流工作的物理需求方面能提供诸多方便，实现物流货物的可视化、互动化和智能化。AI 机器人、计算机可视系统、会话交互界面，以及自动运输工具等都是 AI 在物流运营中的实际体现。

1. 智能机器人分拣

对信件、包裹进行高速有效分拣，是现代包裹和快递运营商最重要的本职工作之一。2018 年，DHL 获得专利的"小型高效自动分拣装置"（见图 11-3）就利用了部分图像识别技术，在进行快件分拣的同时，自动获取数据，并对接 DHL 的相应系统进行数据上传。

图 11-3　小型高效自动分拣装置

2. 空运业务管理

使用 AI 进行预测性运输网络管理可显著提高物流业务运营能力。准时保量运输是空运业务的关键，DHL 开发了一种基于机器学习的工具来预测空运延误状况，通过对其内部数据的 58 个不同参数进行分析，这一机器学习模型能够提前一周对特定航线的日平均通行时间进行预测。此外，它还能确定导致运输延误的主要因素，如是出发日之类的时间因素，或是航空公司准时率等方面的运营因素，有助于空运代理商提前进行科学计划，而不是只能靠主观猜测。

3. DHL Resilience360

预测型风险管理对于确保供应链的连续性至关重要。而供应商作为供应链的上游，一旦出现问题，可能给整个供应链带来严重干扰。

Resilience360 平台的 Supply Watch 模块便是 AI 帮助供应商压降风险的范例之一。通过使用先进的机器学习和自然语言处理技术，Supply Watch 可监控来自 30 多万个在线和社交媒体信息源的 800 万篇内容，并且能够理解在线对话这种零散文本中的态度和观点，以预判风险指标。这反过来也使得供应链管理者能够提前采取措施，以免供应链中断。

11.2 亚马逊智慧物流

11.2.1 亚马逊智慧物流系统

亚马逊智慧物流系统主要由仓储、运输、配送以及信息四大系统组成，如图 11-4 所示。

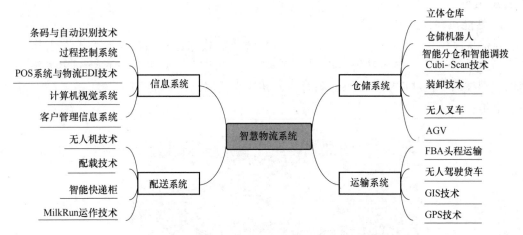

图 11-4 亚马逊智慧物流系统构成及其设施和技术

1. 智慧信息系统

（1）计算机视觉系统。计算机视觉系统主要应用于产品的识别。产品在仓库内飞速流动，从送达到配送，全程受到计算机系统的跟踪。送达时，先进的计算机视觉系统会自动识别拆开包装后的产品。在仓库的另一端，工人则在亚马逊中央计算机系统的帮助下将产品打包到箱子里。取自存储货架的商品会被自动识别，并整理到同一个顾客的订单包裹里。计算机知道每一件产品的尺寸规格，因而会自动安排合适的包装箱，甚至数量刚好合适的包装胶带。在货车出货之前，会对包装箱称重，以确保包装流程没有出现差错。

（2）客户管理信息系统。亚马逊有一套基于大数据分析的技术来帮助精准分析客户的需求。具体方法是，后台系统会记录客户的浏览历史，随之把客户感兴趣的库存放

第 11 章 智慧物流应用案例

在离他们最近的运营中心,这样方便客户下单。而在消费者浏览页面时,智能系统也可以在几毫秒内从数百个交付方案中,计算出在承诺时间送达商品的情况下,哪一种发货方式最快捷、客户体验最好,从而实现动态调配不同仓库的库存,实现快速高效的配送。

2. 智慧仓储系统

智慧仓储系统中应用了大量现代化、自动化的硬件设备,主要有立体仓库、仓储机器人、AGV、无人叉车等,配合相关软件技术 Cubi-Scan 技术、装卸技术来实现仓储的智能化。

(1)立体仓库。大型立体化仓库系统,不必拘泥于分类堆放,全自动上架,无人操作,可以最大限度地提升仓储效率,是智能仓库的必备硬件设施。自动化立体仓库的主体由货架、巷道式堆垛机、入(出)库工作台和操作控制系统组成。货架常用的是钢结构组合式;货架内是标准尺寸的货位空间,巷道堆垛机穿行于货架之间的巷道中,完成存、取货的工作;管理上采用计算机和条码技术。

(2)仓储机器人。亚马逊的仓储机器人 Kiva(见图 11-5)的作业效率要比传统的物流作业提升 2~4 倍,机器人每小时可跑 30mile,准确率达到 99.99%。过去人工耗时 1 个多小时的货品提取作业,现在只需 15min。

亚马逊 Kiva 仓储机器人分为 Bot-Mobile、Jack-in-the-Bot 以及 Betty-Bot 等几类,机器人可在货架下进行穿梭,当电量快要耗尽的时候,它可以自己充电。

仓库的每个货架上都粘有条码,当系统在接收多个订单后,Kiva 机器人能根据订单自动地规划出最佳的拣货路径、寻找最佳的配货站,计算出货物的处理顺序。Kiva 机器人顶部可以自动扫

图 11-5 亚马逊 Kiva 机器人

描条码,将货物所在的货架从仓库存储区搬运至员工处理区。之后分拣人员从货架中挑选客户订单要求的货物,进行处理分发。在多个机器人同时运行的时候,机器人二维码导航技术避免了排队、交叉和碰撞等状况,确保仓库半结构式工作环境下运行的精确性。

虽然 Kiva 机器人的成本比人工要贵得多,但是它可以 24h 不间断地工作,偶尔停下来 "休息" 和充电 5min 即可,每天在仓库中至少行走 20mile,采用 Kiva 的系统能够提高近 50% 的库存处理能力。亚马逊每发送一件商品可节省 21.3 美分,节省了 48%,每年可以给亚马逊节省大约 9 亿美元的人力成本。

(3)智能分仓和智能调拨。亚马逊作为全球大云仓平台,智能分仓和智能调拨拥有独特的技术含量。在亚马逊中国,全国 10 多个平行仓的调拨完全是在精准的供应链计划的驱动下进行的。

通过亚马逊独特的供应链智能大数据管理系统,亚马逊实现了智能分仓、就近备货和预测式调拨。全国各个省市包括各大运营中心之间有干线的运输调配,以确保库存已

经提前调拨到离客户最近的运营中心。整个智能化全国调拨运输网络很好地支持了平行仓的概念,全国范围内只要有货就可以下单购买,这是大数据体系支持全国运输调拨网络的充分表现。

3. 智慧运输系统

(1) 无人驾驶货车。运输系统中,干线技术是现在亚马逊运输系统中研究的主要问题。干线技术主要是指干线运输中使用的无人驾驶货车技术。目前,无人驾驶货车主要由整车厂商主导,为降低干线物流成本,亚马逊已申请无人驾驶货车相关专利提前布局。另外,亚马逊当前正在研发自动驾驶汽车和自动驾驶货车,未来这将成为亚马逊内部物流的一个重要组成部分。

(2) 可视化订单作业、包裹追踪。通过全球云仓库存共享,在中国就能看到来自大洋彼岸的库存,亚马逊实现了全球百货直供中国,这是全球电商供应链可视化中亚马逊独特的运营能力。亚马逊平台可以让消费者、合作商和亚马逊的工作人员全程监控货物、包裹位置和订单状态。从前端的预约,到内部存储管理、库存调拨、拣货、包装以及配送发货,最终送到客户手中,整个过程环环相扣,每个流程都有数据的支持,并通过系统实现全订单的可视化管理。

4. 智慧配送系统

精准送达对当前物流行业来说至关重要。亚马逊的物流系统会根据客户的具体需求时间进行科学配载,调整配送计划,实现用户定义的时间范围的精准送达,美国亚马逊还可以根据大数据的预测提前发货,比线下零售有更大的竞争力。

在全球配送服务中,"最后一公里"问题始终是配送系统的最大难点。为解决这一问题,并实现高效、快速地配送,亚马逊开始使用无人机。

客户在网上确认订单后,若商品重量在 5lb 以下,则可以选择无人机配送,无人机能够实现在确认订单后 30min 内把快递送达顾客要求的目的地。无人机可在 24km 左右的范围内送货,可续航 50km,其时速最快可达到 88km 左右。

11.2.2 亚马逊智能仓

亚马逊智能仓中大量使用机器人,除上节介绍的 Kiva 仓储机器人外,还应用了摇臂机器人用于实现堆叠功能。配置以后,该机械臂只可拿起标准尺寸的塑料箱,因为此限制,机械臂的使用还未全面展开。

机器人的大量应用只是智能仓的标志之一,亚马逊仓库智能化体现贯穿于仓储的各个流程中。

1. 入库

采用独特的采购入库监控策略,亚马逊基于自己过去的经验和所有历史数据的收集,了解品类特性,然后进行预包装以免损坏。此外,亚马逊的 Cubi-Scan 仪器会对新入库的中小体积商品测量长宽高和体积,根据这些商品信息自动分配存储位置优化入库。同时,货品的存储位置和它的销售情况、保存期限也会自动挂钩,系统的智能分配可以实现热销货品离出入口距离最短、加快货品的周转效率。亚马逊数据库可以存储这些数据,并在全国范围内共享,这样其他库房就可以直接利用这些后台数据,有利于后续的优化、设计和区域规划。

第 11 章　智慧物流应用案例

2. 存储

（1）随机存储策略。亚马逊的随机存储核心是系统 Bin，将货品、货位、数量绑定关系发挥到了极致：①收货，把订单看成一个货位，运货车是另一个货位，收货即货位移动；②上架，Bin 绑定货位与货品后随意存放；③盘点，与 Bin 同步，不影响作业；④拣货，Bin 生成批次，指定库位，给出作业路径。随机存储实现的是见缝插针式的最佳存储方式，乱中有序：乱就是说可以打破品类和品类之间的界线，不同品类的货物放在一起；有序是说，库位的标签就是它的 GPS，货位里面所有的商品其实在系统里面都是各就其位，非常精准地被记录在它所在的区域。

（2）精准预测、二维码精准定位技术。亚马逊的智能仓储管理技术能够实现连续动态盘点，库存精准率达到 99.99%。在业务高峰期，亚马逊通过大数据分析对库存需求精准预测，在配货规划、运力调配，以及末端配送等方面做好准备，平衡了订单运营能力，大大降低了爆仓的风险。

亚马逊全球运营中心中，每一个库位都有一个独特的编码，二维码是每一个货位的身份证，就是一个 GPS，可以在系统里查出商品定位，亚马逊的精准库位管理可以实现全球库存精准定位。

3. 分拣货

（1）大数据驱动的智能拣货和智能算法。

1）智能算法驱动物流作业，保障最优路径。亚马逊的后台数据算法会优化拣货路径。拣货的员工直接朝前走，系统会给推荐下一个要拣的货的位置，而且确保全部商品拣选完成之后，员工行走路径最短，通过这种智能的计算和智能的推荐，可以使传统作业模式的拣货行走路径减少 60%。

2）图书仓的作业方法。图书仓采用的是加强版监控，会限制那些相似品尽量不要放在同一个货位，图书穿插摆放。亚马逊通过数据的分析发现，这样穿插摆放，就可以保证每个员工出去拣货的任务比较平均。

3）畅销品的运营策略。比如奶粉，亚马逊根据后台的大数据，知道它的需求量比较大，因此它都是整批大量的进库，然后就会把它放在离发货区比较近的地方，这样可以减少员工的负重行走路程。

（2）亚马逊独特发货拣货——八爪鱼技术。在八爪鱼作业台（见图 11-6）操作的员工，主要是负责把在前面已经运作完的货品，分配到专门的路由上去。

在这种运营模式下，一个员工站在分拣线的末端就可以非常高效地将所有包裹通过八爪鱼工作台分配到各个路由上面。站在中间那个位置就可以眼观六路，这个作业可以通达八方，非常高效，没有人员冗余。而且，八爪鱼作业台上全部是滚珠式的琉璃架，没有任何板台，员工的作业很轻松。

图 11-6　八爪鱼作业台

4. 包装

在包装员的面前有可以调节容量大小的不同货架，包装员每扫描一个商品，系统就会自动辨识将商品放在哪个货架上，这样一张订单的货品就能够统一在一起。系统会根据商品录入时的大小、重量，自动挑选合适的包装盒，然后由包装员进行包装、贴条、贴订单信息，然后将货品放在一旁滚动的传送带上。

在传送带的中间，会有仪器对包裹上的订单信息进行扫描，并且对重量进行评估，对订单信息上的货品重量做累加，计算出是否和测量的重量一致，据此推算内容是否有误。如果误差很大，相应货品则会在传送带的一个分叉口被自动踢出，等待员工的核查。

11.2.3 亚马逊无人机

亚马逊的无人机技术世界领先，是其配送系统智能化的核心标志。亚马逊的无人机技术不仅局限于设计无人机，更在于如何使无人机技术落实，广泛应用于配送。亚马逊研发了 Prime Air 系列无人机，此外还研究出了无人机送货集群等世界专利。

1. Prime Air 快递无人机

Prime Air 快递无人机是亚马逊的一个物流撒手锏。2013 年 12 月，亚马逊推出 Prime Air 快递无人机，顾客在网上下单，如果重量在 5lb 以下，就可以选择无人机配送到家。无人机在物流中心流水线末端自动取件，装载货物完全是全自动化的流程，无人机垂直起降，直接从仓库里起飞，搭载"感知躲避技术"，能自动躲避空中和地面上的障碍。飞行范围可覆盖 15mile（约合 24km），时速可达 55mile（约合 88.5km），可以在 30min 内将小型包裹交到客户手里。2014 年亚马逊首席执行官（CEO）贝佐斯公开表示，亚马逊正设计第八代送货无人机，将采用无人机为 AmazonFresh 生鲜配送服务。2015 年年底，亚马逊再次推出 Prime Air 的升级版本。终于在 2016 年 12 月 7 日，亚马逊首次实现了无人机给客户送货。在客户确认订单的 13min 后，无人机在他的院子里顺利投放了一个包裹。亚马逊的客户只需要在自家的草坪上放置一个小型 QR 码作为标志，无人机就会准确地识别它们可安全着陆的地点。

2. 无人机"接驳点"

亚马逊 2016 年申请了一项关于无人机"接驳点"的送货系统专利，将这些接驳点设在建筑物的高处，例如广播电视塔、路灯、电线杆、教堂或写字楼等建筑物高处。其原理通过中央控制软件系统进行监控和管理，使亚马逊的送货无人机能够借助这些接驳点进行充电，并可在极端天气下避险，以应对意外天气、密集人流等方面的影响，选择最优的送货路径。当无人机抵达接驳点之后：一个途径是通过升降机或传送带等设施送至地面快递员，由快递员派送给客户；另一个途径是无人机直接投递到预设地点。

3. 空中配送中心

亚马逊在 2016 年 4 月获得了"空中配送中心"（AFC）的专利。这是一项有关将"空中飞船"用作仓储和送货无人机基地的专利。实质上，AFC 可以看作是一个空中仓库。

此项专利显示，该仓库会停留在 4.5 万 ft[⊖] 的高空，搭载着带有温控设备的无人机。

⊖ 1ft = 0.3048m。

第 11 章 智慧物流应用案例

一旦接到订单，无人机便能第一时间携带新鲜食物从 AFC 发出，将用户订购的商品配送到用户指定的地点。还有一个值得关注的点——从 AFC 发出的无人机的耗能会低于从陆地发出的无人机。

从专利图来看（见图 11-7），AFC 就像架在了齐柏林飞艇上，亚马逊还为其准备了穿梭飞艇，它可以将工作人员、补给和无人机送至 AFC。至于这套 AFC 正式投入使用的时间，亚马逊尚未提供详细信息。

4. 无人机送货集群

2016 年 12 月底，亚马逊又一项专利——关于无人机送货集群（见图 11-8）的专利获得了批准。这项专利主要是针对运输大件货物而设计的。这款"巨型运输机"集群由小型四轴无人机组成，根据需要无人机进行不同的排列，并形成不同的形状和矩阵，以便满足不同形状、尺寸的货物运输需求。

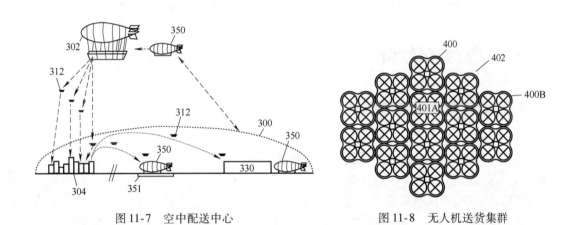

图 11-7　空中配送中心　　　　　　图 11-8　无人机送货集群

5. 快递无人机塔

2017 年 6 月，亚马逊提交了一份关于快递无人机塔（见图 11-9）的专利申请，意图打造设计独特、形似蜂巢的运营中心塔楼。其内部配备机器人，无人机也能够在快递无人机塔上停靠以及装载货物。这项专利的主要目的是弥补当前配送中心大多位于郊区导致的配送不利，服务于人口密集的市区。

6. 移动物体上的无人机技术

2017 年 8 月，亚马逊又申请了一项新专利，是关于在运输船、货车等移动物体上启用无人机的技术，可视为一个"无人机移动飞行平台"（见图 11-10）。亚马逊要在大型移动运输设备上搭建高度自动化的集装箱，里面设置可旋转停机坪用于无人机起飞，控制机械臂为无人机装载电池和货物后，货柜顶部随之打开，无人机起飞。整个过程也是全自动化并有摄像机进行监控。

在智能物流无人机的开发上，亚马逊是业界内当之无愧的"先行者"。除了以上几项之外，亚马逊还提交了多项尚未获批的专利申请，但亚马逊目前已投入应用中的只有 Prime Air 无人机。

智慧物流与现代供应链

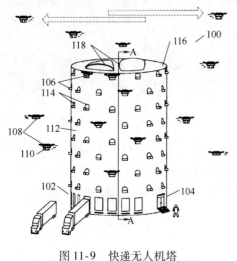

图 11-9　快递无人机塔　　　　　　图 11-10　无人机移动飞行平台

11.3　京东智慧物流

11.3.1　京东智慧物流系统

1. 智慧信息系统

京东智慧物流在大数据、物联网、云计算、机器人、AR/VR、区块链等新技术的基础上，研发出了一系列智能系统。

（1）京东配送信息系统"青龙"。

1）预分拣子系统。在京东"青龙"系统中，实现快速配送的核心就是预分拣子系统。预分拣子系统根据收货地址等信息将运单预先分配到正确的站点，分拣现场依据分拣结果将包裹发往指定站点。"青龙"系统在预分拣中采用深度神经网络、机器学习、搜索引擎技术、地图区域划分、信息抽取与知识挖掘，并利用大数据对地址库、关键字库、特殊配置库、GIS 地图库等数据进行分析并使用，使订单能够自动分拣，且保证 7×24 小时的服务。

2）其他核心子系统。整个"青龙"系统是由一套复杂的核心子系统搭建而成的，在各个环节当中有相应的技术进行配合。

① 终端系统。终端系统包括 PDA[⊖]一体机、可穿戴的分拣设备、配送员 App、自提柜系统等。终端系统在逐步覆盖用来完成"最后一公里"配送业务的操作、记录、校验、指导、监控等内容，极大地提高了配送员的作业效率。

② 运单系统。运单系统既能记录运单的收货地址等基本信息，又能接收来自接货系统、PDA 系统的操作记录，实现订单全程跟踪。同时，运单系统对外提供状态、支付方式等查询功能，供结算系统等外部系统调用。

⊖　PDA 为 Personal Digital Assitant 的简写，译为个人数字助手，又称为掌上电脑。

第 11 章　智慧物流应用案例

③ 质控平台。质控平台对业务系统操作过程中发生的物流损失等异常信息进行现场汇报收集，由质控人员进行定责。质控系统保证了对配送异常情况的及时跟踪，同时为降低损耗提供质量保证。

④ GIS。GIS 分为企业应用和个人应用两个部分：①企业方面，利用 GIS 可以进行站点规划、车辆调度、GIS 预分拣、北斗应用、配送员路径优化、配送监控、GIS 单量统计等功能；②个人方面，通过 GIS，个人能够获得 LBS、订单全程可视化、送货时间预测、用户自提、基于 GIS 的 O2O 服务、物联网等诸多有价值的物流服务。

(2) 京东仓储管理信息系统"玄武"。仓储生产主要包括验收、上架、拣货、复核、打包、内配、盘点、移库补货八大环节，库房内这些操作的每个动作都需要借助 WMS 进行管理。下至普通库房的纸单作业，上至自动化立体库作业，京东 WMS 正在逐步走向功能多样化、运行智能化、系统产品化。

(3) 京东大运输信息系统"赤兔"。"赤兔"系统可实现运输服务统一化、数据采集智能化、操作流程标准化和跟踪监控透明化，形成完整的物流供应链体系。

京东通过技术手段实现了运输业务的信息化管理，形成了公司级完整统一的运输管理平台，它将运输运营、车辆调度、地图监控等业务统一管理，实现运输运营数据分析、运营调度管理智能化，从而满足仓储、配送业务的运输运营要求。同时，系统也会提供运输运营开放服务，形成专业的社会化运输共享平台。最终实现京东车辆和社会化车辆、京东内部货源和社会货源的资源共享大融合。

2. 智慧仓储系统

在仓库领域，京东建立起智能仓库，甚至无人仓。智能仓库的特点是部分环节实现无人化，目前京东天狼仓、地狼仓、亚洲一号中的 shuttle 仓均属于此类。而无人仓已经实现了入库、存储、包装、分拣等全流程、全系统作业的智能化和无人化。

在京东智能仓库内，有包括地狼、天狼、分拣 AGV、交叉带分拣机、AGV 叉车、机械臂等在内的 12 种京东自主研发的机器人投入使用，应用场景覆盖家用电器、美妆个护、电脑办公、服饰内衣、医疗保健五大品类。

(1) 天狼系统。天狼系统是典型的货到人系统，拣货人员无须行走，货物通过输送系统到达拣货人员身边，由人员进行拣选作业，配合电子标签指示系统，每人每小时可完成 1000 件拣选，相比于传统人工拣货效率可提高 4～5 倍。天狼系统由多层货架、穿梭车、输送系统组成。每层每巷道有一台小车可完成入库和出库任务；巷道一端的货物提升机将货物送至输送系统；立体库采用双伸位设计，一次处理两箱，可以满足大流量的需求。天狼系统具有高吞吐量的作业特点，占用面积小，集成度高，员工动线短，拣货效率高。其中，shuttle 货架穿梭车是天狼系统重要的硬件设施。

(2) 地狼系统。地狼仓采用"货到人"存储拣选作业方式，通过二维码导航 AGV，将被拣选货架搬运至拣货人员身旁，作业过程包含小件仓储上架、拣选，解决仓储人员作业时间长、奔袭路径长等问题，大大提高了生产效率，节省了人力成本。目前有 DL-500 轻载型地狼和 DL-1000 重载型地狼。DL-1000 载重能力较强，适用于商品重量较大的仓库的货到人拣选。DL-1000 货架可作为 DL-500 的保管位，常与机械臂组合使用，用于重型件原包出库拣选，拣选效率达 400 件/h。DL-500 轻载型地狼载荷小于 500kg，通过调度系统可灵活地改变路径使效率最优。

智慧物流与现代供应链

（3）无人仓。相比于天狼、地狼智能仓，京东无人仓更加能体现出京东仓储的智能性，是目前京东仓储的顶级成果。

京东无人仓日处理订单的能力超过 20 万单。核心技术主要包括自动存储、混合码垛、视觉检验、自动拣货与分类等。在分拣场景中，京东引进了三种不同型号的智能搬运机器人执行任务。京东还使用了 2D 视觉识别、3D 视觉识别以及由视觉技术与红外测距组成的 2.5D 视觉技术，为这些智能机器人安装了"眼睛"，实现了机器与环境的主动交互。

3. 智慧运输系统

京东自主研发的首款 L4 级别无人重卡，采用视觉定位和高精地图结合，现有方案已经实现车辆的厘米级定位，可以自动完成高速行驶、自动转弯、自动避障绕行、紧急制动等绝大部分有人驾驶功能。后文将详细介绍。

4. 智慧配送系统

在末端配送方面，出现了无人机、无人车。

京东发布的新型无人机 JDY-800 无人机是第一架具有 100% 自主知识产权的重型无人机，无人机目标有效载重量达到 40~60t，飞行距离超过 6000km。截至目前，京东已出动无人机超 2 万架次，飞行总里程达 10 万 km。

京东无人车研究不仅应用于日常配送，更立足于打造京东智能物流体系中的智能运载装备，以自动驾驶核心技术为基础，根据不同场景的用户需求，研发并生产多种系列、多种型号的自动驾驶无人车产品。针对物流运输和配送场景，生成自动驾驶货车和配送机器人；针对仓库、厂区、园区、社区等场景，生成安防巡检机器人；针对办公楼内场景，生成服务机器人。

11.3.2 京东无人仓

无人仓的特点是仓储作业全流程（收货、存储、拣货、包装、分类、发货）都实现了无人化。系统具备自感知、自适应、自决策、自诊断、自修复的全套能力。2017 年 10 月，京东物流首个全流程无人仓正式亮相，这是全球首个正式落成并规模化投入使用的全流程无人作业物流中心。

截至 2018 年 6 月底，京东已经有 27 个不同层级的无人仓投用，分布在北京、上海、武汉、深圳、广州、沈阳等全国多地，使京东的日订单处理能力同比增幅达 14%~15%。

1. 软件方面

无人仓的核心技术，在软件方面，京东物流自主研发了能操控全局的智能控制系统——"智能大脑"，从仓储到拣货、打包，再到分拣、出仓，所有环节的无人化操作都由"智能大脑"自主决策与指挥。例如，在上海亚洲一号全流程无人仓内，智能大脑能在 0.2s 内计算出 300 多个机器人的 680 亿条可运行路径，并做出最佳选择。智能控制系统反应时间为 0.017s，而人的生理反应时间都大于 0.1s，也就是说，无人仓智能大脑的反应时间是人的 1/6。智能大脑主要通过人工智能、大数据、运筹学等相关算法和技术，从整体上对全局进行调配和统筹安排，最大化设备的运行效率，充分发挥设备的集群效应，实现作业流、数据流和控制流的协同。

第 11 章　智慧物流应用案例

作为无人仓技术的核心,人工智能算法更是京东的优势所在。例如,利用算法自动推荐最适合商品的存储货位;平衡拣选区和仓储区的库存量分布,并决定最适合被拣选的货位和库存数量等;进行机器人调度及路径规划等。

2. 硬件方面

在硬件方面,主要是像对应存储、搬运、拣选、包装等环节有各类自动化物流设备,如存储货架、AGV 等。

在收货存储阶段,亚洲一号使用的是高密度无人存储货架(见图 11-11),存储系统由八组穿梭车立库系统组成,可同时存储商品 6 万箱,可以简单将其理解为存储量更大的无人货架。货架的每个节点都有红外射线,这是因为在运输货物的过程中无人,需要以此确定货物的位置和距离,保证货物的有序排放。

在包装阶段,无人包装区则应用到了六轴机器人(见图 11-12)、自动供包机器人、视觉检测仪器等多种设备。从存储区输送过来的商品,经六轴机器人机械手臂智能抓取的同时,也经视觉检测仪器检测(特征、缺陷检测)、测量(规格)、识别(条码等)。它们会根据商品本身的条码、订单信息条码来判断如何对商品进行排列组合和输送。分好类别的商品随后经传送带输送到自动供包机器人处自动打包。京东投放使用自主研发的、全球最先进的自动打包机,分为两种,包括纸箱包装和纸袋包装。

图 11-11　高密度无人存储货架

图 11-12　六轴机器人

无人分拣区也是京东无人仓应用机器人密度最大的地方,三种 AGV 各司其职,井然有序:小型 AGV(也被称为"小红人",见图 11-13)负责将每个订单小包裹按照订单地址投放入不同的转运袋中;中型 AGV 完成第二轮分拣和搬运;大型 AGV 则直接把要送往京东终端配送站点的大包裹送上伸缩输送机,经传送带直接将包裹输送到库房外的运输车上。

11.3.3　京东无人设备

现在物流智能化的最高追求即实现无人化操作。京东在无人化探索中成果显著。运输过程中有无人重卡,配送系统中则有无人机和配送无人车。

1. 无人机

2017 年,京东无人机全国运营调度中心落户宿迁。

智慧物流与现代供应链

图 11-13　小型 AGV（小红人）

在无人机全国运营调度中心，工作人员对航线以及无人机的状态等进行全面管理与实时监控，随着全流程智慧化无人机机场的落成，运营调度中心与无人机机场已经完美对接，无人机配送的完整流程都可以通过运营调度中心来指挥。而且无人机机场的智慧化程度有了质的提高：不但提供了精确导航、通信、任务规划的能力；还可以使无人机自动在起飞及降落平台之间流转，并在流转过程中自动完成充电、货物装载、位置校正等全流程操作工序；1000W 全自动充电桩仅需一小时就能为无人机完成充电；无人机自动装卸货可达到毫米级精度标准，高精准度天窗起落技术能够让无人机自主起降在 2m×3m 的区域中央。整个过程虽然复杂，但是仅需要一名工作人员在后台系统运营与监督，即可控制多个机场与无人机，这正是得益于远程中央控制系统的有力保障。

京东无人机飞行高度约为 120m，一般在晴天或多云天气下风力不高于 4 级时即可起飞，当到达终点时，会下降到距离地面 1m 高度，自动抛货。京东无人机机型主要有六款，分别是京东 Y-1 多旋翼、Y-2 多旋翼、Y-3 多旋翼、VT1 倾侧旋翼、京东巡检无人机 X-1、CT120 油动小壮。Y-3 具有三轴共桨六旋翼结构，电动动力，具有良好的飞行稳定性和抗风性，采用外挂式载货方式，全自主定点悬停抛货，能够自主卸货并返航，可全程监控飞行状态，是 Y 旋翼系列最新改进版本。Y-3 具有感知和视觉导航系统，满足精准定位的需求，摆脱 GPS 的依赖，能主动避障防撞击，能够辨识人和动物，对降落环境进行判定；同时具备自主航迹规划系统，降低航线规划工作量，可以实现自主决定航线轨迹、智能选取更改路线、强化迭代生成最优路径等功能。京东巡检无人机 X-1 主要用于仓库巡检，具备多种航拍功能、红外热成像功能、实时监控功能，可单机作业。

京东无人机技术在 2018 年又有重大突破，自主研发了大型载货无人机——JDY-800 无人机。JDY-800 无人机的翼展超过 10m，起飞重量达到 840kg，巡航高度 3000m，巡航速度超过 200km/h，具有全天候全自主的飞行能力，可以连续飞行 1000km 以上。

截至目前，京东无人机已经在陕西、江苏、海南、青海、广东、福建进行了常态化的物流配送。

2. 无人重卡

京东自主研发的首款 L4 级别无人重卡车头长 9m，高 3.5m，宽 2.5m，拖车长度约为 14m 左右。车顶车身搭载多个激光雷达以及摄像头等多传感器，无人重卡可以实现远距离范围内的物体检测、跟踪和距离估算，自动判断并做出驾驶行为。

无人重卡的落地主要应用于改变未来长途运输形态，解决干线物流存在的耗时长、人工多、安全性低等问题，让干线物流具备更高的安全性和便捷性。京东表示这些自动驾驶的无人重卡未来会承担起干线货运中转和长途运输任务，预计 2020 年将在中国完成商业化试运营部署。

3. 配送无人车

京东无人车项目早自 2016 年就开始研发，目前京东正在研发多款无人配送小车，并且已经开展中大型无人车的开发。

当下的无人车体积较小，具备六个不同大小的载货舱，可以按照既定路线自动导航行驶，并具备路径规划、智能避障、车道保持、智能跟随等功能。无人车在配送站完成商品装载，根据目的地进行自主路径规划，寻找最短路径并规避拥堵路段，在行驶过程中，遇到行人、宠物、车辆等障碍物，绕路行驶，遇到十字路口，可以识别红绿灯并做出相应行驶决策。自动行驶到目标建筑的指定位置后，它会通过京东 App、手机短信等方式通知用户收货，用户到无人车前输入提货码就可以打开货仓，取走自己的包裹。

京东无人车技术配备如下：①深度学习。通过深度学习算法，无人车可以敏锐地识别交通标志和车道线，任何情况下都能保证行驶遵守交通规则。②路线规划和导航定位。基于高精度立体影像数据结合全球卫星系统（GNSS），它能进行精准路线规划和导航定位，定位精度达到厘米级。③自主定位与地图创建。基于多线激光雷达的 3D 全局地图重建和定位技术，实现了无人车自主定位与地图创建。④环境感知。基于多线激光雷达 360°全视角的实时环境感知，无人车对自主行驶中的行人、车辆、马路沿和交通标示牌等实现识别分类，并依据被检测物的动态信息实现提前预测决策，提升整车运行智能性。

11.4 菜鸟智慧物流

11.4.1 菜鸟智慧物流系统

1. 智慧仓储系统

（1）IoT 应用。2018 年，菜鸟率先推出全球首个基于 IoT、人工智能等技术的未来园区，并在无锡落地，实现了园区管理智能化、仓储生产自动化。

菜鸟利用 IoT 物联网技术打造的未来园区，采用边缘计算、人工智能等核心技术，构建数字化物流园，把人工作业模式变成了实时在线和自动化作业。物流园区的 IoT 智能设备可以自动识别人员进出，指引货车行驶和装卸，也能对周界安全、消防通道，甚至抽烟等细节行为进行识别和自动报警。在仓库内，带上算法的摄像头，不再只是记录和保存视频画面，还可以不间断动态扫描仓内，自动计算货物存储堆积和进出情况，实时反馈到调度系统。

1）园区内"一切设备均有传感器"。通过传感器，整个园区内的各种设备、设施

智慧物流与现代供应链

将连接在一起,从而实现对园区温度、湿度,甚至井盖下的水位等环境进行实时感知,一旦出现异常,可立即报警。

2)园区内"一切摄像头自主运算"。未来园区里分布的摄像头,每个都能通过捕捉的影像,实时计算分析,可以实现车辆的智能调度、备货的科学管理以及员工异常行为预警,这意味着,不再需要人工在监视器前24h值守。

3)园区内,菜鸟AGV"小蓝人"(见图11-14)也正式启用,组成了中国目前规模最大的机器人军团,近3万m^2的库区内,近700台机器人形成一个繁忙的智能运输和工作系统,它们会互相避让、自己充电。无锡未来园区的高密度自动存储仓库储量是普通仓库的5倍。

(2)人工智能应用。2018年,菜鸟发布了"物流天眼"。所谓菜鸟"物流天眼",简单来说,就是视频云监控系统。菜鸟为摄像头加载智能算法,将这百万个摄像头全部升级为IoT设备。将百万个摄像头连接起来,就能让所有物流要素实时在线,智能调度,形成一张覆盖全国的安全网。通过摄像头智能实时识别场站堆积、作业情况,加速物流场站的流转速度。

图11-14 菜鸟AGV"小蓝人"

(3)AR智慧物流系统。菜鸟借力AR技术助力物流服务流程,可实现仓内智能拣选、智能导航等功能,让未来仓库中各种操作不仅变得可视化,而且可以有效解放工作人员的双手,提升工作效率与愉悦度。

如图11-15和图11-16所示,只要带上AR眼镜,打开操作系统,工作人员就可接到订单,此外,还可直观看到商品的质量、体积等各种信息,进行快速分类。系统会指导工作人员按照最优路线行走,迅速找到货架上的商品,并进行合作扫描等操作。AR眼镜还能帮助工作人员迅速地完成质量检测、包装等工作。

图11-15 AR助力进行商品分类

第 11 章　智慧物流应用案例

2. 智慧配送系统

配送系统的智能性体现在菜鸟语音助手、智能快递柜、菜鸟小盒、菜鸟快递塔以及无人机械等的使用。

（1）菜鸟语音助手。菜鸟语音助手技术复杂度已经超过谷歌，能听懂人类的语言，和人类自如交流，已经被大规模用于帮助快递员、菜鸟驿站工作人员完成配送前电联客户。按照快递员

图 11-16　工作人员商品入库操作

平均每天要派送 150 个快递包裹来计算，菜鸟语音助手每天可为全国 200 万名快递员节省 16 万 h。

（2）智能快递柜。应用生物识别技术的菜鸟智能快递柜可以实现刷脸取件。用户收到取件通知后，在智能快递柜操作界面上选择"刷脸取件"，系统将进入人脸识别状态。识别成功后，箱门自动打开，整个过程仅需 2s。

针对快件安全问题，智能快递柜用的是金融级的人脸识别技术。一般的人脸识别技术，可以允许千分之一的误识，而金融级技术的误识率至少是十万分之一，甚至是百万分之一，即不会存在照片可以打开智能快递柜的问题。

菜鸟驿站智能快递柜还搭载了独立的温度系统。快递员把生鲜放入智能柜中，打开制冷模式，把柜子的温度调到生鲜所需要的范围，生鲜就如同在冰箱中保鲜。

（3）菜鸟小盒。菜鸟小盒解决了需要下楼取快递的痛点，这个设备可安装在家门口的墙壁上，快递员可通过人脸识别开启盒子将包裹放进去。菜鸟小盒还能屈伸，完全展开状态下相当于 28in$^\ominus$ 行李箱的容量。未来菜鸟小盒升级版可以实现刷脸开盒、语音交互、温度调节储存生鲜、支持授权共享空间等更多功能。

（4）菜鸟快递塔。快递塔（见图 11-17）现坐落在阿里巴巴西溪园区，由菜鸟和杭州东城电子联合开发，拥有多项国家专利。该快递塔高度超过 5m，呈正八面体形，配备自动传动系统，通过对接无人机、无人车，将实现 24h 全天候无人传送投递。

快递塔具备超大容量，可以存储 600～800 件包裹，而且空间可灵活调整，满足人口密集、用地紧张的需求，一座快递塔就能方便一座商场、一个社区、一栋写字楼乃至一座校园；有独有的批量投递功能，有 16 个投递口，方便快递员批量投递提高效率；同时，消费者能够扫脸取件，让像立体车库一样的自动设备会将包裹自动送达消费者面前的取物口，不用为寻找快递格口烦恼。除包裹收取之外，菜鸟快递塔还能面向所有"最后 100m"服务开放，不仅可以作为存储及提货点，方便收取；还能进行新零售探索，满足即时仓储和配送需求。

除上述黑科技外，菜鸟同样对无人机械展开研究。关于智能无人机械的应用，包括

$\ominus$　1in = 2.54cm。

智慧物流与现代供应链

超级机器人、配送无人车、无人机等，在本书后面篇幅具体介绍。

11.4.2 菜鸟超级机器人仓

超级机器人旗舰仓上文介绍过的 IoT 未来园区为中国目前最大的超级机器人仓，除此之外，下面介绍超级机器人旗舰仓。正在上海、天津、浙江、广东、湖北等地纷纷上线。旗舰仓的最大特点就是由机器人自主搭建。传统的仓库转移搭建，仅仅是对商品做搬仓移库就要耗费大量时间和人力，既可能造成商品破损，还会影响仓库正常运营，进而严重影响商家和消费者利益。

图 11-17　菜鸟快递塔

但是机器人旗舰仓的搭建，包括数万个 SKU 的商品转移，却完全没有人工参与，都是由机器人自动完成。通过前期在计算机内进行模拟，计算出最高效的方案。海量商品的移动过程中，由菜鸟"智能大脑"统一调度，动态过程中也丝毫不影响订单的操作。这种仓内算法和自动化设备的完美搭配运营在全球都属首次。

惠阳机器人旗舰仓另一个特点为 AGV 机器人应用。这里的 AGV 机器人改变了以往人工在仓库找货的工作方式，由机器人将货物带到拣货员跟前，以往一个拣货员一天需走六七万步，拣货量为 1000 件左右，在机器人的帮助下，现在一个拣货员一天只需走两三千步，拣货数量提升为原来的三倍多。

此外，菜鸟的算法会基于商品销售的历史数据，把关联商品存储在一起。

11.4.3 菜鸟无人设备

1. 菜鸟无人机

菜鸟无人机应用较少，目前只在 2017 年进行过编组飞行运输。2018 年菜鸟应对无人机研究发布了新目标。在菜鸟主办的 2018 全球智慧物流峰会上，菜鸟宣布联合长鹰信质、一汽解放、速腾聚创等合作伙伴，共同打造名为"驼峰"的无人物流计划。其中，长鹰信质将倾力打造国内首款专为物流场景设计的无人机。

2. 无人车技术

菜鸟的无人车研究从 2016 年开始，推出无人物流车小 G。现在菜鸟无人车车型有三种：菜鸟小 G、菜鸟小 G2 代、菜鸟小 G plus（见图 11-18）。菜鸟无人车可以实现智能规划配送路线，与运输管理系统（TMS）

图 11-18　菜鸟小 G plus

第 11 章　智慧物流应用案例

对接，规划最优配送路径，将包裹及时高效地送到指定位置；同时具备动态识别、及时避让功能，通过利用激光与视觉并行的 SLAM 方案，基于深度学习识别环境中的行人、车辆等不同的实体，运用自适应粒子滤波算法，对动态实体进行准确的轨迹预测。

11.5　日日顺智慧物流

11.5.1　日日顺智慧物流系统

日日顺是大件智慧物流领域的领先者。在智能化方面，日日顺物流建立了行业内首个智慧无人仓，率先实现了从商品入库到出库全过程的无人化作业模式，加快了智慧物流的发展。在专业化方面，凭借在大件智慧物流领域的探索，日日顺物流形成了包括智能多级云仓方案、干线集配方案、区域可视化配送方案、领先 1km 送装方案、价值交互增值方案在内的智慧物流五大核心解决方案，从仓储到配送到安装，无断点式为用户提供全流程的解决方案。

1. 智慧信息系统

在信息系统方面，日日顺物流已经实现信息系统全网覆盖提供城乡无差异物流服务。在智慧物流的推进下，日日顺物流持续完善网络配送系统，建立了国内大件物流行业首个全国共享的三级分布式云仓网络，并实现了与多元化干线集配网、仓配一体化网、最后一公里末端网、连接城村服务网的融合，组建起了大件物流领域唯一全网覆盖、送装同步、到村入户的服务网络。

日日顺物流自主研发了预约管理系统、订单管理系统、配送管理系统、仓库管理系统四大信息系统和资源协同平台、车辆轨迹平台、移动应用平台、服务质量平台四大平台（见图 11-19），实现了全流程时刻化管理，并通过与用户零距离交互不断挖掘需求，为用户提供一体化生活解决方案，得到越来越多用户的支持与认可。

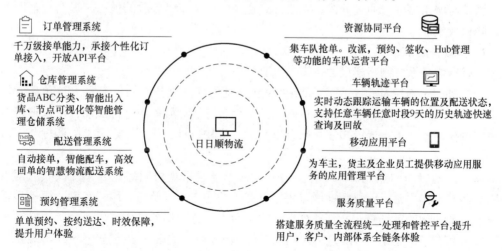

图 11-19　日日顺四大信息系统和四大平台

智慧物流与现代供应链

在信息化物流仓储和流程管理的助力下,日日顺物流已建立起辐射全国的三级物流网络布局,拥有 136 个智慧仓、6000 多家微仓、3300 多条班车循环专线。

2. 智慧仓储系统

日日顺的仓储系统网络是以三个维度来搭建的:

(1) 量身定做 2~3 套仓储管理系统,支持仓库内多业务板块的所有操作。因为不同的业态对于仓储要求的差别很大,日日顺有家电、家居、快消品等多样的物流服务,其中,快消品电商物流强调短时间爆发式的运单处理能力,大家电板块则注重优化仓内存储路径和存放位置。

(2) 大件物流三级云仓体系。三级云仓体系和 600 多万 m^2 的仓库,实现用最少量的仓容和最少量的库存,满足其对于销售量的需求。在此基础上,开发了云仓库存管理和共享系统,能够对于全国的仓库进行数据共享、监控和相互调拨,将单点的仓库连点成网。

(3) 大件物流的自动无人仓建设。日日顺在 2019 年上线全国最大的大件物流智能配送中心。基于人工智能的决策系统,如数据采集、运筹优化智能算法、数据挖掘分析、人工智能决策模型,再结合自动化和机械化的设备和技术,包括 RFID 扫描、图像识别技术、龙门机器人、AGV 机器人、关节机器人技术以及视觉技术,实现从商品入库到出库全过程的无人化作业模式。

3. 智慧配送系统

对于配送系统网络的设计与打造,主要集中在以下两方面:

(1) 物流业务基础管理模块。与其他物流企业一样,日日顺依托一套运输管理系统实行有效的订单管理、车辆管理。该系统包含对车辆、订单的管理、调度,以及全流程的可视化、定位跟踪。

(2) 针对网点向消费者的配送,日日顺做了路由规划和路径优化。末端配送的路径优化,主要是通过大数据和数据引擎、算法引擎,结合地图技术与大数据技术,帮助配送车辆用最短的距离、最优的成本、满足消费者预定的时间窗口要求。路由的优化注重在城市与城市之间,通过分拨、直线方式选择,以及车辆装载的规划,提高运输的时效,降低成本。

4. 智慧服务系统

日日顺服务系统网络建设的逻辑重点有以下三个方面:

(1) 通过系统赋能服务网点,帮助网点提供更好的服务。一件商品下订单后,从仓库通过干线车辆送到城市,再通过网点到达消费者。对服务网进行赋能,可以通过全流程的可视化,让网点提前知道将来订单数量、货物数量,从而做好运力的调度与人员的安排,实现服务的高效。

(2) 打造针对网点的协同工作平台。物流是非常重视协同的业务,日日顺为网点定制了协同工作平台,能够帮助网点将所有业务的操作,以及与仓库、车辆、服务兵甚至与消费者的预约等场景,全部整合在一个平台上,方便业务操作。

(3) 细化终端服务。为驾驶员与服务兵进行导航,提醒车辆安全驾驶,实现路径的优化,在服务兵与客户接触的过程中,提供人脸识别、影像识别。

服务网的建设目标是将日日顺物流打造成物联网时代以诚信为核心、以社群为基本

第 11 章 智慧物流应用案例

单元的交付平台,通过创造高附加值的体验服务,转化终身用户。

11.5.2 日日顺智能仓

作为大件物流领导品牌,日日顺物流率先建成了国内首个大件物流智能仓。

智能仓占地面积 1.8 万 m^2,货架存储总量达 2 万个托盘,储位 14505 个。智能仓分为原材料中心和成品中心两部分,配备 AGV15 台、RGV5 台、堆垛机 10 台,仓库总处理能力达 13440 托盘/24h,可满足原材料及厨电、电热成品共计 2800 多个 SKU 的存储。仓内货架和 AGV 为特殊定制,能同时满足大、小托盘的使用。

1.8 万 m^2 的智能仓里布局了多排高达 20 多米的立体货架,同时在硬件领域实现了多个突破,如 AGV 首次在大件物流领域的广泛应用。整个仓库内,AGV、RGV、堆垛机、输送机等针对大件商品定制化的多种不同功能和特性的机器人全流程无缝隙协同运转,实现了商品入库、上架、摆放、出库等全过程都由自动化设备在大数据的精准指引下完成。

智能仓用到的主要黑科技软硬件设施是自动化立体库、RGV、AGV 和数据总控系统,具体介绍如下:

1. 自动化立体库

自动化立体库目前已成为无人仓的标配,它可以实现仓库高层合理化、存取自动化、操作简便化。立体库就像一个黑匣子,在密集货架内,调度高位货架精准配合穿梭车、堆垛机实现全自动作业。它还借助多层阁楼立体货架和高密度的存储方式,增加了拣选面积,实现了存储空间最大化。

2. RGV

日日顺物流黄岛智能仓的 RGV(见图 11-20)主要在轨道上运行,以往复或者回环方式,将大件货物运送到指定地点或接驳设备。RGV 配备有智能系统,可以自动减速加速,可谓名副其实的轨道精灵,大大提升了大件物流的仓储运作效率。同时,订单量突增和骤减时,可以通过增减 RGV 来应对,真正实现了产能的柔性化。

图 11-20 RGV

3. AGV

AGV 是双舵轮全方位无人搬运车，采用二维码导航实现柔性设计行驶路线，上位系统下达搬运指令，地面控制系统接收到指令对车辆进行调度和任务分配。AGV 根据车载控制器计算最优路径执行搬运任务，并可通过无线通信与地面控制系统进行信息实时交互，接收任务并反馈任务完成情况。动力部分采用锂电池供电，当电压达到预设值以下时会自动充电。相较于传统大件物流输送线的搬运方案，AGV 凭借其超高的灵活性，可以实现自由调度，在广阔的智能仓内有条不紊地运行。

4. 数据总控系统

除了可见的硬件设施外，日日顺物流黄岛智能仓的技术核心还在于数据总控系统。它可谓智能仓的超级"智能大脑"。

数据总控系统既是数据中心，也是监控中心、决策中心和控制中心，让整个仓库能够有序运转，实现了所有货品的"零搬运、零差错、零货损"。在数控中心下，日日顺物流在全国的资源分配情况以及订单的执行情况实现透明。例如库内智能设备的任务状态、出库区的出库客户单数、出库订单进度、出库单量趋势等都可时时监控优化，大大提高了仓储的合理性和工作效率。与传统的仓库相比，黄岛智能仓的作业效率可有效提升约1倍，人工成本降低50%。此外，数控中心也可时时显示用户评价，并根据用户评价进行优化迭代，目前在用户评价方面，日日顺物流做到了大件物流行业第一，领先同行业平均水平近30%。

黄岛智能仓不仅仅是一个智能仓库，也是连接用户与产业的端到端的大件物流供应链一体化智能仓平台，满足了供应商与用户的个性化需求。智能仓前端对接产业，原材料即需即供，满足了智能工厂柔性生产，后端服务用户，商品流转时间小于24h，实现了产品的按需聚散。黄岛智能仓不仅在智慧物流技术方面实现了引领，也为整个供应链的智慧化提供了新模式。

11.5.3 日日顺车小微服务平台

在"人单合一"模式的指导下，日日顺物流整合社会化资源，搭建起开放的"车小微"服务平台，将社会上闲散的汽车、驾驶员等资源聚合起来，形成一张覆盖全国的触点网络，实现区县24h内送到服务。

作为日日顺物联网上的末端触点，车小微已经从原来单一的送装服务发展成为同城用车、售后维修、代发快递、产品推荐等场景化的服务平台。20万名服务兵深入全国各地，不只是为用户提供配送服务，还可以根据用户需求提供定制化服务，如为用户提供家电维修服务、商品退货服务、揽件寄件服务等，通过对用户需求的持续满足，为用户创造终身价值。

2017年开启大件物流送装3.0时代。新的服务体系将用户融入，用户需求与服务匹配，改变了单一的仓配模式，支持用户自提、店配、一单多址等多场景配送体系，还实现了基于社交关系的全流程可视化、可追溯、可互动，通过日日顺上线的智慧物流迭代系统，用户可以通过网络清楚地知道购买的商品所处环节、位置等信息，进而有效地安排自己的时间。实现配送货物从发货到送达的全流程实时展示，不但增强了用户的参与度与交互性，同时也为用户对货物安全信息的了解提供了途径，让用户更有参与感和掌

第 11 章　智慧物流应用案例

控感,提升了用户体验。

除了全流程掌控商品之外,用户还可以提前联系送货驾驶员,调换送货地点与时间,而无须再通过卖家、客服中心等渠道,实现以用户为主导的精准送达,让用户在整个配送环节有了话语权,实现了用户体验的全面提升。

新零售时代下,消费入口、消费场景的逐步复杂化为末端物流网络带来增长缓、集约难、盈利难、转型难等问题。面对这些问题,日日顺将送装车小微转型为温度车小微、智慧车小微、科技车小微,借助超值服务、智慧系统、人工智能等让传统物流的送装服务更加时尚化、生态化。

1) 温度车小微致力打造日日顺品牌及形成线上线下标准化。以"三心"为基础,强调与用户面对面,有交互,能够实现相对于传统服务来说的超预期服务。传统的物流服务将货物送到用户即为结束,而超预期服务还会给用户提供安装、清洗等更多类型的服务。

2) 智慧车小微依托的是现代化的智能物流 SaaS 系统,拥有全客群的物流方案或产品,实现了用户、创客、资源和商品在线化。例如,通过系统升级,"6·18"期间的地址解析错误率从之前的 8% 下降至 3%,对每天几万单的用户数据处理来说,减少了人工派单;另外 App 的签收率达到 84%,无纸化签收对资源配置和效率均有极大提升。

3) 科技车小微全面升级业务流程的软硬件,连接产业生态解决方案的资源,优化应用大数据。从移动终端到物流硬件再到人工智能,从增值服务到社群生态,利用新能源汽车、爬楼机、手持终端、智能捆绑带,打造科技元素与时尚相统一的服务模式,摆脱现有单一的靠背、抬、拉等靠体力的服务模式。

思考题

1. DHL 的仓内机器人类型众多,各类型机器人的特点不同且应用在不同领域。简述 DHL 的仓内机器人都有哪些类型?主要应用领域是什么?

2. DHL 物流中人工智能技术应用包括哪些?

3. 亚马逊智能物流系统主要由仓储、运输、配送以及信息四大系统组成,其仓储系统在全球处于领先地位。简述亚马逊智能仓应用的主要技术与设备。

4. 亚马逊的无人机技术世界领先,拥有世界多项无人机世界专利。2017 年 6 月,亚马逊申请了哪项无人机专利?该项专利的应用模式及优点是什么?

5. 截至 2018 年 6 月底,京东已经有 27 个不同层级的无人仓投用,分布在北京、上海、武汉、深圳、广州、沈阳等全国多地,使京东的日订单处理能力同比增幅达 14%~15%。此外,京东还拥有众多天狼、地狼等智能仓。解释无人仓与智能仓的区别。

6. 京东无人车已实现既定路线自动导航行驶,并具备路径规划、智能避障、车道保持、智能跟随等功能,这些功能实现需要依靠哪些技术?

7. 菜鸟智慧配送系统的智能性设备包括哪些?

8. 日日顺作为大件物流领导品牌,率先建成国内首个大件物流智能仓。智能仓内的主要硬件设施包括自动化立体库、RGV、AGV 等。请简要介绍日日顺 AGV 的运行模式。

参考文献

[1] 邮呗智慧物流共享平台. 智慧物流技术应用方向及趋势 [EB/OL]. (2018-01-22) [2019-10-30]. https://mm.mbd.baidu.com/bntpuqw? f=cp&u=91f1292358c17aa9.

[2] 欣彤Iris. 除了耳熟能详的Kiva机器人, 亚马逊还有哪些智能物流应用案例? [EB/OL]. (2017-09-12) [2019-10-30]. https://mr.baidu.com/uvewumu? f=cp&u=bcb9592c9a3204d6.

[3] 上海国龙生物科技有限公司. 活着的仓库——亚马逊十大智慧物流技术 [EB/OL]. (2016-02-02) [2019-10-30]. https://mp.weixin.qq.com/s/2_gi6xU-X-v6ZVP4fVJxQQ.

[4] 京东X事业部. 常态化运营业绩骄人 宿迁成"全球无人机第一城" [EB/OL]. (2017-11-29) [2019-10-30]. https://x.jdwl.com/news/detail/14/1.

[5] 京东X事业部. 京东建成全球首个无人机运营调度中心, 全力加速智慧物流落地 [EB/OL]. (2017-11-28) [2019-10-30]. https://x.jdwl.com/news/detail/11/1.

[6] 京东X事业部. 产品概述. [EB/OL]. [2019-10-30]. https://x.jdwl.com/drone/detail/summary/3.

[7] 物流CTO. 探秘京东物流无人仓前沿技术! [EB/OL]. (2018-11-19) [2019-10-30]. https://mp.weixin.qq.com/s/UBEwNdyMSsA7uzx0oK9y3A.

[8] 物流技术与应用. 人工智能到底如何应用于物流? [EB/OL]. (2018-05-02) [2019-10-30]. https://mp.weixin.qq.com/s/ABcSWsgLc92uYIX3dYbB-Q.

[9] 亿欧. 菜鸟宣布启动物流IoT战略, 首个"未来园区"亮相 [EB/OL]. (2018-05-31) [2019-10-30]. https://www.iyiou.com/p/73693.html.

[10] 每日互联网. 解决快递"拥堵"烦恼!继菜鸟小盒后, 菜鸟新推神器"快递塔" [EB/OL]. (2018-06-06). [2019-10-30]. https://mr.baidu.com/fjm6yaq? f=cp&u=247c6f2afbcd19cb.

[11] 菜鸟ET物流实验室. 遇见未来. [EB/OL]. [2019-10-30]. https://www.cainiao.com/markets/cnwww/et-logistic-lab? spm=a21da.44372.0.0#cnxg.

[12] Frank. 日日顺智慧物流探索 四网融合建立 [EB/OL]. (2018-09-19) [2019-10-30]. https://mp.weixin.qq.com/s/UeecTONwufv9dlKuY06-Tw.

[13] 蔡月. 智慧仓储物流火了, 来看看日日顺是怎么做的? [EB/OL]. (2018-09-20) [2019-10-30]. https://mp.weixin.qq.com/s/DwelJnxAkOvFoV3NbLXiiA.

[14] 日日顺快线. 日日顺车小微袁舰: 末端服务向温度化、智慧化、科技化转型 [EB/OL]. (2017-07-18) [2019-10-30]. https://mp.weixin.qq.com/s/Zk_ca2uFTIrkEJhxrfq7mA.

第12章 现代供应链概述

引言

十九大报告明确提出要在现代供应链领域培育新增长点,形成新动能,建设现代化经济体系。我国供应链的创新与实践正逐步迈入一个新的发展阶段,如何对现代供应链进行学术上的思考与研究成为本书的重点内容之一。本章是第 13~16 章的基础,从微观和宏观两个层面描述了现代供应链的基本知识。本章首先阐述现代供应链的背景、定义、内涵及特征,在此基础上,提出了现代供应链的体系结构,最后总结出在不同层面上实现我国现代供应链创新发展的必要路径。

12.1 现代供应链的基本概念

12.1.1 现代供应链的提出

1. 现代供应链的提出背景

(1) 技术背景。近年来,随着新兴技术的发展,特别是互联网、人工智能、物联网的运用以及云计算和大数据水平的提高,信息技术对社会经济的推动作用从企业运营层面逐步扩展至产业发展领域,不仅企业利用新兴技术来进行生产、服务、管理方式改造,包括制造、医疗、农业、交通、运输等在内的各行各业都将在未来实现信息化。现代供应链正是在这样的背景下得以实现的,其形成过程并不是一蹴而就的,必须经过一定的发展阶段,即通过单个企业业务层面的信息化逐步扩展到全产业链活动的信息化,最终实现供应链的现代化。

(2) 政策背景。十九大报告提到"现代供应链",这是第一次将"现代供应链"写入党的全国代表大会报告中,将我国供应链发展提到新高度。加快供应链体系建设,已经成为深化供给侧结构性改革、建设现代化经济体系的重要内容。2017 年国务院办公厅印发《关于积极推进供应链创新与应用的指导意见》,这是我国首次发布的关于供应链建设和发展的政策指导意见,第一次将供应链上升到国家战略层面作为促进产业组织方式、商业模式变革和政府治理方式创新,特别是供给侧结构性转型的重要举措之一。文件提出,到 2020 年,形成一批适合我国国情的供应链发展新技术和新模式,基本形成覆盖我国重点产业的智慧供应链体系,重点产业的供应链竞争力进入世界前列,中国成为全球供应链创新与应用的重要中心。

蔡进认为,《关于积极推进供应链创新与应用的指导意见》,基本形成了我国供应链宏观体系。这个宏观体系定位非常明确:①明确了创新与发展现代供应链的基本目标,就是推进经济转型升级,推动中国经济的发展方式由规模速度型向质量效益型转

智慧物流与现代供应链

变；②明确了供应链创新与发展的宏观任务就是降低成本，创造新价值，创造新动能；③明确了现代供应链是我国经济发展方式、组织形态创新的根本途径之一；④明确了推动现代供应链由微观层面向宏观层面发展，把微观供应链创新与宏观供应链发展有机结合起来，微观供应链的深入发展，也有利于打造宏观供应链的发展基础。

2. 供应链的基本概念

"现代"两字为我国供应链创新与实践赋予了明显的时代特征，应将现代供应链概念与供应链概念区分开来。根据国家标准 GB/T 18354—2006《物流术语》，供应链是指：生产及流通过程中，涉及将产品或服务提供给最终用户所形成的网链结构。其基本模型如图 12-1 所示。

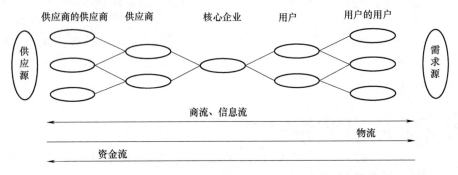

图 12-1　供应链的基本模型

一般来说，供应链由所有参与的节点企业组成，一般有一个核心企业（可以是产品制造企业，也可以是大型零售企业），在生产及流通的过程中，节点企业在需求信息的驱动下，通过供应链的职能分工与合作（生产、分销、零售等），以资金流、物流和商流为媒介实现整个供应链的不断增值。信息流首先产生于需求源，促成商流、信息流在核心企业和各级供应商、各级用户节点之间流动；物流沿供应商的供应商、供应商、核心企业、用户、用户的用户等节点企业上游至下游的顺序，由供应源向需求源传递；资金流则沿相反方向，由需求源向供应源传递。

3. 供应链面向现代化的发展要求

进入新的发展阶段，供应链既要从微观层面推动企业内部和企业之间的组织协同，又要在宏观层面推动产业之间、地区之间、国家之间的组织协同。在微观层面，供应链是产业链的基础，现代供应链在区域内的协同和集群发展形成了产业融合、产业集群和区域协同发展。现代供应链强调从生产、流通到消费的整个产品生命周期全过程产业链上下游的创新、协调、开放和协同管理，将供应链效率和效果作为产业竞争力的主要体现，使得现代供应链成为产业升级的重要力量，并且推进产业组织、协同技术和管理模式变革，促进产业创新和产业融合发展。在宏观层面，现代供应链突破了企业、部门、区域的界限，强调全球化布局和网络化发展，获取全球价值链增值，助推全方位对外开放，保障国家经济安全，成为国家竞争力的重要表现形式。现代供应链凭借全球配置资源和组织供应网络的能力，进一步将产业竞争力的影响上升至获取国际贸易增值、提升对外开放水平，以及保障经济安全等国家竞争力高度。

12.1.2 现代供应链的定义与内涵

1. 现代供应链的定义

自"现代供应链"提出以来,不少学者从不同特点对其概念进行了解读。宋华认为,现代供应链的形成是伴随着互联网尤其是产业互联网的发展而发展的,现代供应链要求企业利用物联网以及大数据等技术构建生态协作系统,重塑产业链整体的要素、行为,力争整体决策的优化,其创新主要体现在产业供应链整体的智能化、生态化、服务化以及可视化方面。何明珂等人认为,现代供应链是采用现代科学技术和组织管理模式的供应链,与传统的供应链相比,现代供应链体现了互联网时代科学技术飞速发展、组织管理变革日新月异、生产要素全球配置的特征。蔡进认为,现代供应链的创新与实践就是要把微观供应链与宏观供应链有机结合起来,构建中国供应链宏观体系。上述研究主要对于原有的供应链概念进行了一系列创新衍变。综合现有观点,原有的供应链概念多是在微观层面,虽然供应链是从企业微观经营组织着手,但是供应链发展到今天势必走向宏观。微观上,现代供应链的运营发展重点在于信息技术发展带来的供应链"智慧化"变革;宏观上,现代供应链已经被提升到了国家战略层面,推进现代供应链创新发展的目的在于构建中国的供应链体系。

现代供应链的概念对于供应链管理的现代化发展提出了新要求,微观运营层面体现在现代供应链管理的手段、方法和目标上,宏观战略层面体现在建设中国的现代供应链体系战略上。本书从微观和宏观两个层面对"现代供应链"做如下定义:微观上,现代供应链是以客户需求为导向,通过智慧物流和云端的商流、信息流、资金流,将产品或服务提供给最终用户的智慧、创新、协同、绿色、开放、共享的供应链(给出现代供应链的基本模型,如图 12-2 所示);宏观上,现代供应链是通过创新发展供应链新理念、新技术、新模式,高效整合各类资源和要素,提升产业集成和协同水平,建设大数据支撑、网络化共享、智能化协作的现代供应链。

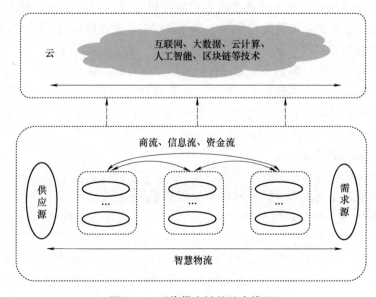

图 12-2 现代供应链的基本模型

智慧物流与现代供应链

本书同时提出"现代供应链管理"的概念,并基于现代供应链的发展特色,将其定义为:微观上,现代供应链管理是以整合上下游资源为手段,以互联网、大数据、云计算等技术为依托,以实现商流、物流、信息流、资金流协调管理为目标,对从原材料采购、产品制造到最终配送至终端消费者涉及的全部活动进行计划、组织、协调与控制;宏观上,现代供应链管理是以提高发展质量和效益为中心,以供应链与互联网、物联网深度融合为路径,以信息化、标准化、信用体系建设和人才培养为支撑,通过思路指引、任务指导、组织领导、项目保障建设中国供应链体系,达到推进供给侧结构性改革、提升我国经济全球竞争力的目的。

由图12-2可以看到,生产及流通过程中,供应链中上游与下游企业共同建立的网链状组织并未改变,互联网、大数据、云计算、人工智能、区块链等新兴技术成为不可或缺的技术支持,实现商流、信息流、资金流在云端的互联互通,协助供应链各节点企业联通商流、共享信息流、传输资金流,此外,智慧物流取代传统的物流形式。在现代供应链的结构中,物流、商流、信息流、资金流不再是简单的流动媒介,可以说新兴技术在各个阶段中都起到了极为重要的作用,进一步印证了现代供应链的产生背景。

2. 现代供应链的概念创新

许多学者对于"现代供应链"的新概念进行了解读,阐述其与原有"供应链"概念的区别。

在微观层面,"智慧化"是现代供应链的重要标志。随着科学技术日新月异,人类正处于由信息化进入智慧化时代的开端,发展供应链既要实现如整合、优化、协同的核心功能,形成如创新、协同、共享、开放的核心理念,落实如降本增效的基本目标,又要适应智慧化发展的时代要求,发展智慧化的供应链,把握住现代供应链发展的大方向。

在战略层面,现代供应链的内涵得到延伸。供应链作为一种组织方式变革,作为中国新时代转型发展的新动能、供给侧结构性改革的重要抓手以及实现降本增效的根本途径,将是今后经济与社会发展的新常态。传统的供应链的目标是针对现有存量降低成本、提高效率,由此提高经济运行质量。现代供应链在完成传统目标以外,更重要的是通过供应链创新发展,改造供给体系创造新的价值、新的财富、新的动能,这样才能发挥创造中国未来新价值、新财富、新动能的重要抓手作用。从全球来看,人类共同目标是构建人类共同命运体,关键在于实现人类的互联互通。要站在国家战略层面整合全球资源,打造完整高效的现代供应链体系,在全球供应链、产业链、价值链中占据有利位置,提高综合竞争力。

3. 现代供应链的内涵

为了更好地理解现代供应链的概念,基于王继祥、何明珂等学者的分析,本书将现代供应链的内涵总结为发展方式、发展阶段和发展目标三个方面。

(1) 发展方式。现代供应链管理以需求为导向,通过供给侧结构性改革和整合上下游资源来推动经济发展。现代供应链的一大特征就是以顾客为核心、以市场需求为原动力。通过商流、信息流、资金流在供应链上下节点之间不断顺畅流动,核心企业迅速收到来自上下游的反馈,再加上智慧物流快捷便利的运作,企业通过密切关注用户、紧密联系供应商,缩短订单处理时间,提高订单处理效率和订单满足率,降低库存水平,

第 12 章 现代供应链概述

提高库存周转率,减少资金积压,提高用户响应能力,来满足不同用户不同时段的不同需求。由于新兴技术提供了技术支持,预测客户需求信息的准确性得到了提升,进行供应商管理的成本得到了降低,从而使得供应链企业可以根据客户需求的变动,不断创新业务发展模式,打造竞争新优势。

(2) 发展阶段。现代供应链的一个重要标志就是智慧化。新兴技术的渗透性更强,使得可视化、透明化、协同化等功能得以实现。可视化是指过程与流程信息可追溯、可交互和在线播放;透明化是指供应链内信息共享、不对称弱化,能无缝对接;协同化是指信息传递性的增强使供应链参与者能更好地了解供应链内部信息,并根据信息,调整供应链内容,从而在加快整体效率的同时增强供应链的协同性。智慧化是推动商流、物流、信息流、资金流高效协同的关键。以智慧化为抓手,是打造现代供应链的重要举措。

(3) 发展目标。现代供应链关注的是通过供应链创新发展,改造供给体系,创造新的价值、新的动能。企业或产品的设计、生产、销售、配送及相关服务的每个环节每个活动都会产生价值,沿着供应链形成价值链,供应链是价值链的基础,供应链塑造价值链。现代供应链高度强调专业分工基础上的资源整合,即各参与者基于各自的核心资源、知识和能力,通过跨界融合推动产品设计、采购、生产、销售、交付等全过程的高效运营,从而实现供应链运营的同步化、交互化、协同化和价值创造。供应链创新不仅仅是停留在降成本的阶段,应进一步深入,创造新价值、形成新动能。

12.1.3 现代供应链的特征

基于现代供应链的定义和内涵理解,现代供应链体现出了明显有别于传统概念的特点。本章首先介绍现代供应链本身对比传统意义的供应链所具备的核心特征;其后,由于现代供应链是一个新提出的概念,对当今社会经济发展具有突出意义,根据其在经济学意义上的特征进行阐述;最后,根据传统供应链向现代供应链转变时应有的趋势特点,提出现代供应链变革趋势特征。

1. 核心特征

(1) 资源整合。资源整合是现代供应链实现其巨大竞争力的重要来源之一。新兴技术能够加强供应链内的资源共享,促进各个部门、各个环节的资源共享和整合,提升现代供应链的资源优势。在实际的资源整合和资源共享的过程中,现代供应链可以在不降低资源利用价值的基础上,统一分配资源,让各种资源得到最大的利用,进而实现最大的利益。同时,现代供应链这一特性还会让参与其中的合作伙伴们获得利益并降低风险发生的可能性。

(2) 共享开放。根据关利欣等人的研究,现代供应链对不同层级上下游企业的资源、流程、组织进行共享开发作业,强调上下游企业之间高水平的信息共享和相互信任,使得各成员之间建立信息共享、风险共享、利益共享的合作伙伴关系,从而为提高供应链的整体竞争力而进行协调与合作。在共享开放方面,供应链上下游企业不仅加深了对网络、通信、物流等新兴技术的共享程度,而且更加重视在策略和战略层面加强合作,达成战略一致和策略共享,实现整体供应链效率的升级、成本管理优化和消费者满意度的提高。

智慧物流与现代供应链

（3）深度协同。现代供应链是一个整体合作、协调一致的系统，它有多个节点作为合作者，以网链状结构连接在一起，为了满足客户需求这个共同的目的，协调运作紧密配合。新兴技术助力每个现代供应链成员企业都与整个网链的动作一致，更好地服从于全局，提高整个供应链的协作效率，更好地服务于客户需求。现代供应链的深度协同体现在供应链战略目标、供应链组织结构、供应链业务流程等方方面面。

（4）协调管理。借助新兴技术和先进管理思想，现代供应链能够产生一个协调市场、销售、生产、采购、物流的有效的管理机制。在供应链的日常运作中，供应链上的节点企业之间发生着频繁的商流、物流、信息流、资金流的交换，彼此之间的运作协调性对供应链的整体绩效影响很大。新兴技术帮助商流、物流、信息流、资金流在各节点企业之间顺畅运行，减少供应链中的不确定性，有效缓解供应链管理中"牛鞭效应""曲棍球棒效应"等现象，极大地提高了协调管理的可操作性和便利性。

（5）创新发展。随着社会和市场的快速变化，商流、物流、信息流、资金流的运转方式正在发生变革，需要企业实时、合理地应对这些变化。现代供应链从技术、管理、模式、制度等各方面都对供应链进行了创新。由于采取了新技术，企业活动的组织方式随之变化，对于商流、物流、信息流、资金流问题采取创新的处理方式，极大地提高了其在供应链上下游企业间流动的效率和顺畅性，减少了许多可能存在的壁垒和风险。

2. 经济学特征

（1）体现价值网络。价值网络理论认为目前复杂的市场和激烈的竞争，促使企业不能仅仅考虑自身的能力和价值，而是必须分析各种阶层的消费者和不同的竞争对手，在供应链各节点企业和用户之间设计一种交互式的策略，实现原有的价值链向价值网的转变，建立一个由核心竞争力、用户价值和相互之间互动的价值网络。由于现代供应链具有上述需求拉动、信息共享、产业协同、创造价值等特点，价值网络在其中得到了很好的体现。

现代供应链所体现的价值网络是由供应商、核心企业、用户和它们之间产生的价值链构成的动态网络，价值网络是由真实的客户需求触发，并能快速、可靠地对用户偏好做出反应的一个虚拟网状架构。价值网络的概念突破了原有的价值链的范畴，它在更大的范围内根据最终用户的需求来组成一个由各个协同共享、相互协作的企业所构成的虚拟网络，它为所有的参与者都提供价值，并且参与者之间是基于智慧化的、相互协作的网络而运作的。

如图12-3所示，在现代供应链中，基于客户需求，核心企业、供应商、用户等各节点都创造价值，然后在物料供应、产品生产、流通加工、渠道分销、运输配送等环节将各个节点的价值连接起来，并将价值重新分配，从而使得时间价值创造和空间价值创造联系起来，最终形成价值网络，每个现代供应链成员创造的价值都是最终价值不可分割的一部分，产品或服务的价值是由价值网络的每个成员创造并由价值网络整合而成的，由各节点产生的价值通过四流的流动产生的虚拟价值网络则存在于现代供应链的协同运作之中。

（2）体现聚集经济。聚集经济是指各种产业和经济活动在空间上集中产生的经济效果以及吸引经济活动向一定地区靠近的向心力，也是人口和产业活动因地理集中而产生的经济效益。聚集经济也是导致城市形成和不断扩大的基本因素。

第 12 章　现代供应链概述

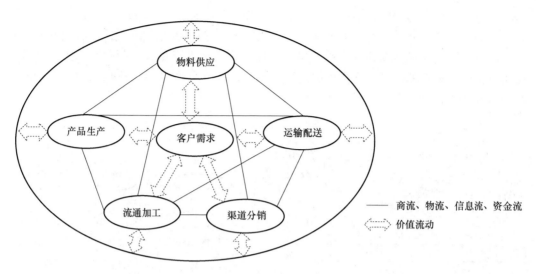

图 12-3　现代供应链体现价值网络示意图

现代供应链的本质是一种新型的聚集经济,因而能够将聚集经济的聚集性、共享性、规模效应、成本优势等特点展现出来,并在体现聚集经济的同时保持自身独特的特点。聚集经济的聚集性通常体现在基于地理空间的聚集、产业的聚集、区域性市场竞争上,对应这些特点,现代供应链拥有虚拟空间的聚集、供应链网络的聚集、全球范围内市场竞争的体征。

基于杨雪琴等人的研究,现代供应链通过整合各种优势的资源,可以把产品的研发、生产、销售、结算等整个过程全部协同起来,将各个行业、各个地方有独特优势的合作伙伴聚集起来,让整个现代供应链得到巨大的竞争力,并且获得规模性、范围性的经济效应和网络效应。基于供应链网络带来的联通、开放优势,不同产业在现代供应链所创造的虚拟空间中聚集起来,扩大了市场规模,降低了产品成本,促使不同企业广泛协作、推广技术、开展竞争,从而刺激企业改进生产、开发产品、提高质量,产生更大的社会经济效益和环境效益,创造出更多的社会财富,这就是现代供应链所带来的聚集经济效益的体现。

3. 变革趋势特征

(1) 构成有机化。通过减少供应商、分销商层级,供应链的构成向有机化发展,对于牛鞭效应有减弱作用。随着现代供应链规模的扩大以及新兴技术的发展,商业流程的中间环节越来越少,如图 12-4 所示,因为现代供应链协同管理的实现,物流供应、生产制造、分销配送的联系更为紧密,而无须经过几重供应商和用户,为终端客户节约了购买成本和支付的税金。同时,商流、信息流、资金流在各个流程中互相连接,物流从上游至下游顺畅通行。由于接触到的供应商与用户的层级少,现代供应链中的不确定性较小,核心企业也能以更低的成本研究用户的行为和偏好,做出更有效的决策,减弱整个网链上的牛鞭效应。

有机化使现代供应链的结构不再复杂,随着有机化的推进,现代供应链的上下游的商流、信息流得以缩短,管理模式逐渐符合高效管理的要求。对于制造业而言,要重视各节点企业之间信息流的畅通交互,使产品生产到销售的周期尽可能地缩短。由于现代

智慧物流与现代供应链

供应链以客户需求为导向,因而各节点企业需要在客户需求的基础上,设计并建立与之相适应的物流管理系统,提高货物配送的效率,也减少甚至避免库存积压和断货的情况。同时,与生产制造商共享分销商与零售商的用户反馈意见,从而对产品进行优化,使其更符合消费者的需求,这样可提高行业效率,避免无效成本的产生,并且重视与生产制造商建立良好的合作关系,从而形成良性循环的局面。

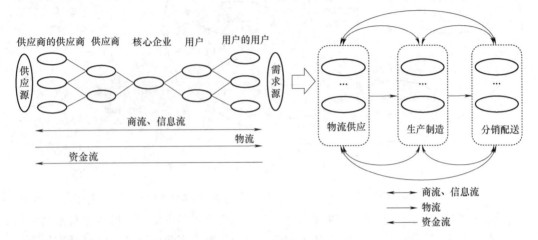

图 12-4　现代供应链构成有机化示意图

有机化也是流通业中的现代供应链发展的一大发展趋势。根据张建军等人的研究,现代供应链从传统的单渠道、多流通环节、单一产品运营以及企业间竞争与博弈的运营模式转变为全渠道融合、少流通环节、产品与服务融合以及企业间合作共赢的管理模式,从各节点企业重资产布局的运营管理模式转变为资源共享、数据驱动的轻资产运营管理模式。因此,运营管理模式需立足全渠道,整合全渠道客户需求、营销策略、数据资源、采购策略、零售终端以及物流资源,通过运营流程的整合、重组和优化,实现全渠道供应链的一体化运营。现代供应链恰好可以满足流通业的数字化和共享化发展要求,实现企业间资源的整合、全渠道库存等物流资源的共享,并且通过现代供应链的有机化构成实现末端消费方式逆向牵引流通方式和生产方式,从而缩短供应链,实现从 B2C 向 C2B 和 C2M① 运营模式的转变。

(2) 信息传递网络化。现代供应链上任何节点的企业都能及时掌握市场的需求信息和整个供应链的运行情况,每个环节的物流信息都能透明地与其他环节进行交流与共享,减弱了牛鞭效应。

如图 12-5 所示,信息流传递的改变是现代供应链结构的变革与发展的核心之一,信息流由供应链中在相邻上下游企业之间逐级传递变为现代供应链中沿各节点企业组成的网络传递。在供应链结构中,各节点企业只根据来自相邻的下级企业的需求信息进行生产或供应决策,需求信息的不真实性会沿着供应链逆流而上,产生逐级放大的现象,达到最源头的供应商时,获得的需求信息和实际消费市场中的客户需求信息发生了很大

---

① C2M 为 Customer-to-Manufacturer 的简写,译为用户直连制造。

第 12 章 现代供应链概述

偏差,需求变异系数比分销商和零售商的需求变异系数大得多。由于这种需求放大效应的影响,上游供应商往往维持比下游供应商更高的库存水平,这就是"牛鞭效应"的基本思想。而这一问题在现代供应链中得到了较好的缓解,基于现代供应链共享开放的特征和信息传递网络化,节点企业可以通过信息共享这一最有效的手段减弱牛鞭效应;基于现代供应链的深度协同特征和信息传递网络化趋势,节点企业还可集中客户需求信息,由零售商对终端客户的需求进行预测和共享,使得现代供应链上每个节点企业都能看到需求信息,避免多方进行需求信息的预测,降低现代供应链上的总库存成本,提高供应链成员对客户的响应速度,提高服务质量。现代供应链的信息共享还能加强现代供应链企业间的伙伴关系,减少合作伙伴的流失。

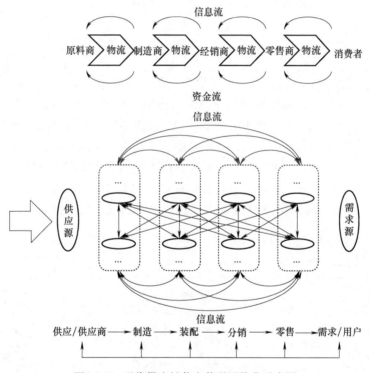

图 12-5　现代供应链信息传递网络化示意图

(3) 推拉结合点下移化。依据相对于客户需求的执行顺序,供应链上的所有流程可以分为推动流程和拉动流程:对客户订单的反应启动拉动流程,对客户预订预期的反应启动推动流程。在拉动流程执行过程中,需求是已知的、确定的;而在推动流程执行过程中,需求是未知的,因此必须进行需要预测。以图 12-6 所示的推拉流程为例,供应链上的客户订购和生产环节中的所有流程都是制造商由客户订单到达启动的,因此是拉动流程;而制造商从供应链获取原材料环节中的所有流程是对需求预测量的反应,因此是推动流程。二者之间由推拉结合点进行区分。

对于现代供应链而言,以需求为导向的供给侧结构性改革导致现代供应链的推拉结合点向终端客户(供应链下游方向)移动,允许前端推动流程根据需求预测信息进行标准化作业。当客户订单到达时,供应链上只有小部分拉动流程才在这个时候开始运

智慧物流与现代供应链

作,而上游企业已经将推动流程中的工作完成,因而减少了原有拉动流程中的层层作业以及层间物流的时间和成本,极大地提高了供应链整体效率,最终有利于快速满足客户需求,进一步体现现代供应链以客户需求为导向的核心特征。

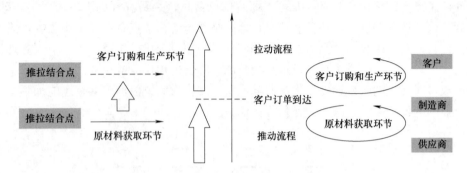

图 12-6　现代供应链推拉结合点下移化示意图

（4）整体流程去中心化。作为现代供应链的构成要素,供应链的整体流程是以去中心化为趋势发展的,这也是现代供应链高效协同的重要体现。如图 12-7 所示,一个整体流程去中心化系统中所表现出的复杂行为及决策制定,是通过每一个流程阶段的构成基于信息流传递的运作而产生的,并不是由一个总中心决定一切。现代供应链流程中的物料供应、产品生产、流通加工、运输配送都可依据现代供应链信息共享获取客户需求,从而每个流程阶段都平等地为客户需求负责,对于这些流程而言,每个阶段都有一个中心企业,因此,现代供应链显现出整体流程去中心化、局部节点多中心化的趋势来。

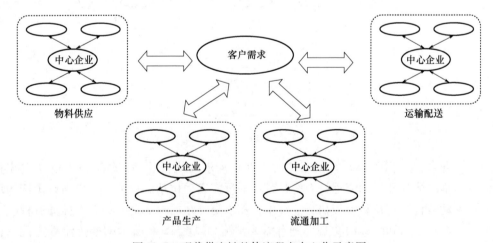

图 12-7　现代供应链整体流程去中心化示意图

现代供应链通过协调管理整体流程去中心化,使各流程阶段的各个企业都能够各自专注于核心业务,提高了供应链中非核心企业的议价能力,不仅能够保证现代供应链系统的高效运行和高效发展,还能调动各个环节中各企业的积极性,让整个现代供应链实现更高的效率,创造出更多的利益,如此打造互利共赢的和谐发展局面,提升供应链竞争力,实现现代供应链向协同、共赢方向发展。

12.2 现代供应链的体系结构

现代供应链在本身的流程、媒介上有很大创新点，同时，在现代供应链发展的过程中，不同管理模式的出现也将现代供应链的特征与优势进一步体现出来，而新兴技术的创新和应用是促成现代供应链自身改进和模式层创新的根本动力，因而由供应链本身、技术、模式三者所构成的体系可以较好地反映现代供应链的内涵。基于现代供应链的基本概念，本书分别从基础层、技术层、模式层三个层面提出现代供应链的体系结构，如图 12-8 所示。

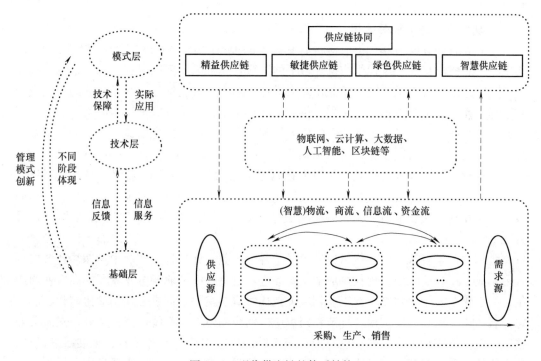

图 12-8 现代供应链的体系结构

现代供应链体系结构的各个层面将在下面三个小节中进行具体分析。

12.2.1 现代供应链体系结构的基础层

在供应链创新的背景下，现代供应链依然保持着网链状的结构，其构成要素和媒介并无增减。但是，现代供应链的媒介在供应链管理实际运作时产生了不同于传统供应链管理的方式和特点。

1. 现代供应链的"四流"

（1）物流。智慧物流取代传统的物流形式。如本书第 2 章内容所讲，智慧物流有明显不同于传统物流的特征，此处不再赘述。在现代供应链中，智慧物流仍然是"落在地面上"的，即代表着物品从供应地向接收地的实体流动，但在智慧物流活动中，由于新兴技术的应用，物流效率以肉眼可见的方式得到极大提升。

(2) 现代供应链的商流、信息流、资金流。商流、信息流、资金流不再需要落地，而是可以完全在云端进行。新兴技术允许商流、资金流和信息流都以信息的方式在供应链各节点企业之间流通。现代供应链可以在线上进行上下游企业买卖的流动，如接受订货、签订合同等商业流程，并且所有流通的数据都可以保存于云端；现代供应链可以在线上进行商品及交易信息的流动，新兴技术允许对现代供应链中的信息在云端进行创建、存储、分析、分享等操作，并且系统具有基于云端信息进行自主分析和自主决策的能力；现代供应链可以在线上进行货币的流通，资金由消费者经由零售商、批发与物流、厂家等指向供货商，一切资金流都可在云端进行，并且能够保证支付的安全性。商流、信息流、资金流的信息化、智慧化特征是现代供应链在媒介上创新和发展的又一鲜明体现。

2. 现代供应链的业务流程

在业务流程方面，现代供应链也有其自身的独特之处。基于现代供应链协调管理、共享开放的核心特征，现代供应链环境下的采购管理可以实现即时制采购、全球采购与电子采购，通过现代供应链的智慧化能力进行采购决策自主优化，并且能够助力供应商的选择、评价与考核过程。基于现代供应链的资源整合、协调管理、深度协同、共享开放的核心特征，现代供应链环境下的生产管理可实现：需求信息以最小的变形传递给上游并与之共享，供需同步化，可靠灵活运作，与供应商集成，具有战略性管理的能力，对于需求量的预测准确性提高，可以发挥延迟策略的优势。基于现代供应链创新发展、深度协同、共享开放的核心特征，现代供应链下的销售管理可以实现信息共享、过程同步、合作互利、交货准时、响应敏捷和服务满意的要求，实现供应链系统整体利益最大化。

关利欣等学者认为，现代供应链集成了各个产业，并在各个产业中加速渗透，应用效果明显。在农业领域，现代供应链主要促进农村一二三产业融合发展，提高农业组织化、科学化、安全化程度。在工业领域，现代供应链主要是促进工业制造协同化、服务化、智能化，提高供应链内各环节和跨供应链的协同效率，系统性降本增效。在服务业领域，现代供应链主要是建立跨行业、跨区域的供应链综合服务平台，拓展研发设计、分销物流、质量管理、金融服务等新型功能，提高流通效率，降低流通成本，提高核心竞争力。

12.2.2 现代供应链体系的技术层

包括互联网、大数据、云计算、人工智能、区块链等在内的新兴技术对于现代供应链的流通媒介和管理流程提供了信息服务和技术保障。

1. 物流技术

物流行业利用互联网等技术创新发展模式，在时空匹配、运营监控、资源配置等方面实现在线化、互联化，改变物流业的运作模式和流程，使智慧物流成为可能。在具体的操作中，物流与新兴技术的融合推动了物流智慧化的发展，移动互联网、物联网等新的感知、传输技术与手段使整个物流过程都能够通过实时的反应和控制来增强管理的透明度，提高管理的效率和效益，促进信息流、商流以及物流在供应链中的无缝传递，推动整个供应链一体化发展。同样，边缘计算、雾计算等新型计算技术能够通过及时分析

第 12 章 现代供应链概述

物流状态，提前测算并模拟出最佳的物流流程，指导实际的物流过程，使得货物的实际仓储、输送变得相对自动化，甚至是精准，消除了无效物流和冗余物流，缩短了等待时间，再加上以自动化设施支撑的物流操作和即时的服务响应，使得"按需生产""零库存""短在途时间""无间隙传送"成为网络物流的理想状态。

2. 金融业中的技术

除了物流的发展，现代供应链下的金融业也在利用新兴技术创新发展模式。银行等传统金融机构都在积极建设基于互联网的信息系统，运用新兴技术，提升传统业务的电子化和自动化水平，大力发展电子银行、手机银行、直销银行等新型业务模式，加快推进自身的转型升级。不仅有金融机构在推动，这样的发展方式目前也已成为产业企业发展的重要手段，特别是在进行产业链价值重构时需要考虑整个产业链的金融布局，将产业链的"金融资源"联网发展。金融助推产业链发展的典型模式是企业运用 IT 和互联网技术，通过掌握供应链"四流"动向，推动和发展供应链金融业务。

3. 全产业链业务活动中的技术

随着物流和金融等局部活动利用技术进行创新，互联网的推进作用将逐渐嵌入企业的产品设计和运营设计中，使企业能够运用人工智能、区块链、大数据、物联网等新的技术和手段对产业的整体运营流程与结构安排进行重新思考，进而改变整个产业的价值创造方式。这种全产业链业务活动的技术创新主要反映在四个方面：

（1）通过将物联网、智能工业机器人、智能制造等技术运用于生产过程中，推进生产装备智能化升级、工艺流程改造和基础数据共享。

（2）利用互联网采集用户的价值诉求，并对接个性化需求，推进设计研发、生产制造和供应链管理等关键环节的柔性化改造，实现 C2B2M 个性化产品的服务模式和商业模式创新。

（3）通过互联网与产业链各环节的紧密协同，促进生产、质量控制和运营管理系统全面互联，推行众包设计研发和网络化制造等新模式。另外，企业还可以通过构建网络化协同制造公共服务平台，向细分行业提供云制造服务，促进创新资源、生产能力、市场需求的集聚与对接，提升其服务中小微企业的能力，推动全社会多元化制造资源的有效协同，提高产业链资源整合能力。

（4）基于区块链技术可以促进物流领域的商流、物流、信息流、资金流四流合一，通过区块链技术，在多方互信的基础上快速聚合优质资源，打造立体化供应链生态服务。通过物联网技术确保供应链数据收集过程的真实可信，同时，区块链分布式账本打破信息孤岛，确保数据存放的真实可靠，促使实物流向信息流的映射速度、广度和深度急剧提升，进一步强化可信信息流，拉近资金流和实物流的距离。最后，库存持有和现金流是企业财务成长性必须权衡的重要指标，区块链技术确保企业财务数据的真实性和实时性，并能够显著提升实体企业融资的便利性，数据的真实性和实时性会缩短结算周期，实现准实时结算。

12.2.3 现代供应链体系的模式层

现代供应链的发展，经历了各个阶段的技术创新、模式创新。在供应链创新与发展的过程中，供应链协同、精益供应链、敏捷供应链、绿色供应链、智慧供应链等新的供

智慧物流与现代供应链

应链管理方式、模式不断涌现出来,最终融汇成为形成现代供应链的特征和优势的参考形态与参考模式。本节简要介绍在供应链创新与发展形成现代供应链过程中的代表性管理模式,详细内容见后续章节。

1. 供应链协同

供应链协同管理方式助力现代供应链实现深度协同、共享开放。供应链协同的重点是达成供应链成员企业的彼此协调和互相合作,使整个供应链像一个实体一样运作,将供应链成员转变为有机的企业群体,使其获得更强的竞争优势。对于供应链协同管理含义的理解,主要有以下三种观点:

(1) 认为供应链协同管理是对企业供应链管理、产品供应链管理、供应链协同关系(契约)三方面的协同管理,各节点企业通过制定一个共同的目标而组成战略同盟,合作激励,优化运营。

(2) 认为供应链协同管理是对各节点企业的整合管理,将不同价值和特定优势的企业进行结合,取长补短,共同合作。在形成特定运营机制的基础上,通过相关信息技术的支持,做到最基本的信息共享。

(3) 认为供应链协同管理是一种"妥协"行为,主要目的是提高产品的市场占有率和竞争力。供应链上的成员企业通过供应链契约或战略联盟等方式结成网络状供应链,在协同的过程中,各节点企业共享动态生产信息、销售信息等,相互协调,实现共同的战略目标。

2. 精益供应链

精益供应链模式体现了现代供应链资源整合、协调管理的特征。供应链管理学家结合精益思想与精益生产理论提出了精益供应链的新概念。精益供应链的出现标志着供应链管理模式由效能型供应链向响应型供应链转变,建造模式由大批量生产模式向精益建造模式转变。精益供应链要求以快速响应客户需求为目标,整合供应链从产品设计到客户收取产品各个节点的资源,其核心是消除供应链中的浪费,用最少的资源最大限度地满足客户需求。精益供应链的特点包括简洁的结构体系、面向对象的一体化供应链模式、松散的耦合集成模式以及智能神经元型生产模式。实现精益供应链需要进行生产过程优化、全面质量管理、全员参与和持续改善。

3. 敏捷供应链

敏捷供应链模式体现了现代供应链深度协同、共享开放的核心特征。敏捷供应链是指在竞争、合作、动态的市场环境中,由若干供应商(供方)、客户(需方)等(自主)实体围绕主导企业构成的快速响应市场环境变化的动态供需网络。动态联盟和敏捷制造的不断发展促使了敏捷供应链概念的产生。满足客户个性化需求、快速响应、降本增效是敏捷供应链的最大优势。敏捷性主要体现在通过对各实体的合理调度和协调使供应链能够对不可预测、不断变化的市场环境做出快速响应。敏捷性也体现在供应链对于不断变化、不可预见的环境的驾驭能力,并在变化中进行自我调整,从而快速、有效地响应市场变动,满足客户个性化的需求,最终赢得竞争优势的能力。

4. 绿色供应链

绿色供应链体现了现代供应链的协调管理、资源整合、创新发展的核心特征。绿色供应链的基本含义是把环保节能等"绿色"因素融入整个供应链,使企业充分利用具有绿色优势的外部资源，并与具有绿色竞争力的企业建立战略联盟，使各企业分别集中精力去巩固和提高自己在绿色制造方面的核心能力和业务，达到整个供应链资源消耗和环境影响最小的目的。绿色供应链以可持续发展原则、全生命周期管理、多元化行为主体为特征，通过绿色采购、绿色生产、绿色营销、绿色物流的构成实现供应链的绿色化。相比于传统的供应链以经济效益为主要目标，绿色供应链的追求在于获取经济效益的同时做到节约资源和保护环境的协调发展，考虑资源、环境问题，重视资源的合理利用、环境保护及废弃物的回收与利用。

5. 智慧供应链

智慧供应链是现代供应链一种较为相近的模式，与现代供应链密切相连，体现了新兴技术在供应链创新发展中的重要性。目前的研究还多聚焦于智慧供应链的产生原因和意义上，当前的研究成果也从不同的角度分析这些问题，但尚未得到统一的认识，智慧供应链的定义也尚不明确。

智慧供应链是一种新型的概念。从目前的研究来看，虽然已有文献对智慧供应链的技术创新和管理创新都做出了一定的分析，但基本处于定性研究层面，技术创新与管理创新之间的关系尚不清楚，智慧供应链的创新方式与方法尚未明确，难以为学术研究和行业实践提供有效的决策参考。

供应链管理具有极强的实践性，其发展演化也是随着行业实践的变化而不断变革。当前，各个行业的市场需求相比以往更大，市场更复杂，需要对传统的供应链体系进行创新，通过发展新理念，使用新技术和新模式，高效整合各类资源和要素，提升产业集成和协同水平，打造大数据支撑、网络化共享、智能化协作的智慧供应链，从而有助于打造我国的现代供应链体系。

12.3 现代供应链的创新路径

12.3.1 提升现代供应链的核心能力

现代供应链的核心能力包括技术能力、决策能力、管理能力。

1. 现代供应链的技术能力

现代供应链的技术能力是建设现代供应链体系的硬件基础，通过广泛应用互联网、大数据、物联网、云计算、人工智能等新一代信息技术与设备，提升供应链的智能化、自动化水平。

2. 现代供应链的决策能力

智能决策部分或全部代替人力和人工决策是现代供应链"智慧化"特点的核心体现，基于现代供应链的技术创新和应用能力，提高供应链系统的感知学习、分析计算、智能决策、自动执行的能力。

3. 现代供应链的管理能力

发展现代供应链，除了技术能力和决策能力，还需要制度和管理能力的保障，通过对供应链进行全过程管理、信息化管理、系统动态化管理，创新供应链运营模式，降低成本、提升运作效率和服务水平。本书第 13~16 章重点介绍了现代供应链中体现的管理模式。

12.3.2 构建微观现代供应链战略运行体系

根据何明珂等人的研究，为实现我国现代供应链的创新发展，应构建我国的微观现代供应链战略运行体系和宏观战略保障体系。其中，微观现代供应链战略运行体系基于经济运行层面，可从四个方面考虑：产品供应链、企业供应链、供应链平台、产业链。现代供应链以需求为导向，通过现代需求链拉动并通过供给侧结构性改革来更好地满足需求。企业或产品的设计、生产、销售、配送及相关服务的每个环节每个活动都会产生价值，沿着供应链形成价值链，供应链是价值链的基础，供应链塑造价值链。供应链是产业链的微观基础，供应链结构决定产业结构，供应链关系决定产业关系，供应链实力决定产业实力，供应链整合促进产业融合，供应链在区域内的协同和集群发展形成了产业融合、产业集群和区域协同发展。

12.3.3 构建宏观现代供应链战略保障体系

1. 构建供应链基础设施体系

要实现我国现代供应链的宏观目标，供应链基础设施就要得到充分保障和加强。供应链基础设施包括供应链商流基础设施（供应链销售网络及平台）、供应链物流基础设施（铁路、公路、水路、航路、港口、机场、海关、物流园区等）、供应链信息流基础设施（计算机通信、移动通信、互联网、卫星定位系统、传感系统等）、供应链资金流基础设施（支付工具、投融资平台等）、供应链平台基础设施（集成"四流"的综合性基础设施网络）。

2. 建立供应链标准与认证体系

为适应部分中国产品、中国企业、中国供应链快速走向世界并成为世界一流的新趋势要求，应该尽快建立围绕中国产品供应链、中国企业供应链、中国供应链平台的供应链标准体系，供应链标准体系不同于现有的针对单个产品和单个企业制定的技术标准，是一套涵盖供应链所有环节、所有产品、所有相关企业的相关技术标准体系，以供应链的思维制定这样的标准体系可以重塑供应链和价值链，有助于中国产品、中国企业和中国供应链在世界获得竞争优势。

3. 建立供应链政府协同机制

政府协同是供应链整合和优化的保证，供应链政府协同的基本要求有两点：一是对涉及众多政府部门的关于产品、企业、平台、产业的决策事项，每个部门的决策都要从供应链角度去考虑，部门利益应该服从供应链整体利益；二是必须由一个部门牵头对供应链决策负总责，包括进行供应链整体规划，明确总体要求，设定总体目标，在此前提下确定各个政府部门的具体要求及完成的分目标。

4. 建立供应链法律政策体系

中国涉及产品、企业、供应链平台和产业的法律、政策大多没有从供应链角度考虑，也没有形成基于供应链思维的法律、政策体系。站在政策法律角度，应当对涉及产品、企业、供应链平台和产业的相关法律法规、政策进行梳理、调整和修改，形成指导企业供应链实践的法律法规、政策体系。

第 12 章 现代供应链概述

思考题

1. 查询并了解我国关于"供应链创新发展"的最新政策,试列举出来。
2. 如何理解现代供应链在微观层面的概念?
3. 如何理解现代供应链在宏观层面的概念?
4. 如何理解"现代供应链"中的"现代"一词?
5. 概述供应链向"现代化"变革的趋势特征。
6. 概述现代供应链的体系结构。
7. 试举例说明现代供应链中的管理方式、模式。
8. 对于新提出来的"智慧供应链",如何理解其与"现代供应链"概念上的异同?

参考文献

[1] 宋华. 基于产业互联网的现代供应链及其创新路径 [J]. 中国流通经济,2018 (3):10-15.
[2] 蔡进. 推进我国现代供应链创新与发展的现实意义 [N]. 现代物流报,2017-10-25 (A01).
[3] 何明珂,王文举. 现代供应链发展的国际镜鉴与中国策略 [J]. 改革,2018 (1):22-35.
[4] 王继祥. 推进流通领域供应链体系建设的重要抓手 [J]. 物流技术与应用,2018,23 (6):72-73.
[5] 杨雪琴,田桂瑛,谢建军. "互联网+"背景下供应链平台生态圈模式创新探究 [J]. 商业经济研究,2019 (1):5-8.
[6] 关利欣,梁威,马彦华. 现代供应链国际比较及其启示 [J]. 国际贸易,2018 (8):40-45.
[7] 孙清华. 基于价值网的汽车供应链协同管理研究 [D]. 北京:北京交通大学,2010.
[8] 张建军,赵启兰. 新零售驱动下流通供应链商业模式转型升级研究 [J]. 商业经济与管理,2018,325 (11):6-16.
[9] 中国物流与采购联合会,京东物流,物流+区块链技术应用联盟. 中国物流与区块链融合创新应用蓝皮书 [R]. 北京:中国物流与采购联合会,2019:6-8.

第 13 章 供应链协同

引言

协同的思想最早起源于赫尔曼·哈肯（Hermann Haken）创立的"协同学"（Synergetics）。伊戈尔·安索夫（Igor Ansoff）首先研究并提出了企业管理领域中的协同和协同效应。其后，以计算机通信技术为基础的协同管理软件蓬勃发展，协同的理念深入人心。本章首先梳理了协同理念的起源、发展和应用，在此基础上提出了供应链协同的概念和内涵，介绍了供应链协同度的评价方法和指标体系，并给出了四个供应链协同的企业案例。

13.1 供应链协同的基础知识

13.1.1 协同学

协同学英文为 Synergetics，该词源于希腊文，意为"协调合作之学"。协同学是系统科学的一个分支，它由德国理论物理学家赫尔曼·哈肯（Hermann Haken）于20世纪70年代创立，主要研究开放的、复杂的系统内各部分（子系统）之间的协作机理。哈肯的协同学思想主要包括：①系统的各子系统能够按照统一的基本规律，自发地组织起来，在宏观尺度上形成空间、时间或功能有序结构（自组织理论）；②系统受一个或多个序参数的控制，其宏观性质（有序结构）常常通过序参数之间的协同或竞争反映出来；③序参数表征系统内部的有序程度，它由子系统之间的协作而产生，但又反过来支配各子系统的行为；④系统序参数的变化过程可以使用演化方程来研究。协同学思想的应用为物理学、化学、生物学等自然科学以及经济学、社会学等社会科学指出了新的方向。

13.1.2 战略协同

伊戈尔·安索夫（Igor Ansoff）首先在企业管理领域提出了"协同"的概念。他通过一个例子来说明了什么是协同：假设有一个可生产所有产品的大公司和一个由若干独立的小企业（每个小企业只生产一种产品）组成的集合体。一般说来，大多数公司中都存在着规模效益，即对于产品系列齐全的大公司来说，当其销售收入与若干小企业的总和相同时，其运营成本可能会低于这些小企业的运营成本的总和，或者其总投资小于这些小企业的总和。因此，当销售收入相同时，大公司的整体投资收益率高于独立企业集合体的投资收益率。类似地，当投资总额一定时，大公司可以比这些独立小企业集合体实现更高的销售收入和/或较低的运营成本。这种使公司的整体效益大于各独立组成

第 13 章 供应链协同

部分总和的效应,经常被表述为"1+1>2",即"协同"的概念。协同的概念自提出以来,一直是企业实施多元化经营战略和资产重组的理论基础。

安索夫认为,协同效应的产生主要来自于企业内部的规模效益、固定成本分摊、生产资源的共享以及产品知识、技能和管理经验的传播。而日本战略专家伊丹广之(Hiroyuki Itami)则指出,企业对厂房、设备、人员、生产技术或技能等资源(企业有形资产)的共享,更多的是产生互补效应(也即规模效益),而非协同效应。因为它只是实现了对现有资源的充分利用,并不能创造出新资源,其效果是非常有限的。伊丹广之认为,协同效应主要出现在销售渠道、技术优势、企业形象、商品品牌等企业无形资产的共享中。例如,卡西欧(Casio)公司通过生产电子计算器等产品培育了自己在集成电路技术方面的优势。利用这一技术,它们成功地开发出了电子表和电子乐器。企业无形资产具有同时性(可被同时使用)、无磨损性(可以多次重复使用)和合成性(可以合成产生新的资源,例如信息、知识的合成)等特性,因而为协同效应的产生提供了可能。此外,相比于互补效应,协同效应产生的企业竞争优势既具有实质性,也具有持续性。这主要是因为企业的无形资产是通过长期的努力创造出来的,竞争对手在短期内难以获得。

同样,罗伯特·巴泽尔(Robert Buzzell)和布拉德利·盖尔(Breadley Gale)也认为,协同指的是企业整体的业务表现,而不是企业各独立组成部分(下属企业)简单汇总而形成的业务表现。协同效应是指作为组合中的一个下属企业比作为一个单独运作的企业能够获得的更高的盈利能力。协同创造的价值主要来自对资源或业务行为的共享(产生规模效益)、市场营销和研究开发的扩散效益、知识和技能的共享、企业形象的共享。需要指出的是,巴泽尔和盖尔的研究表明,存在负向的协同效应。例如,一个企业集群(集团公司)中信誉极差的极少数企业可能会从其他主流企业良好的质量信誉中受益,从而取得比其单独运作时更好的业务表现。但其他主流企业却深受其害,只能取得比单独运作时更低的业务表现。最终的结果是,企业集群的整体业务表现不断下降。

13.1.3 协同管理系统

计算机支持的协同工作(Computer Support Cooperative Work,CSCW),由艾琳·格雷夫(Irene Greif)和保罗·卡什曼(Paul M. Cashman)于1984年提出。它是指能够支持分散在不同地点的人们协同工作的计算机软件和技术。例如以 Novell Netware 为代表的工作组类软件、微软的 Exchange、IBM 的 Lotus Notes,到后来的电子邮件、办公自动化(Office Automation,OA)、CRM、ERP 等,都有协同的概念在里面。

一些协同软件的开发者和研究者认为,协同是指组织中多人共同完成同一或多个事务的行为方式和过程,所谓"协同管理软件",是指能帮助企业各个职能部门各个员工,围绕统一的目标,步调一致地执行各项管理活动、完成各项管理任务,最终实现企业目标的管理软件系统。从技术角度看,协同体现在三个层面:①基于通信技术的人与人之间的协同;②基于工作流技术的组织与组织之间的协同;③基于企业信息集成技术的系统与系统之间的协同。相应地,市场上的协同管理软件也主要分为三类:①传统的协同管理软件。这类产品主要是在传统 OA 软件的基础上发展起来的,主要关注人员的

智慧物流与现代供应链

协同，如视频会议、在线聊天等即时通信软件。②应用协同管理软件。这类产品融入了流程的概念，同时包含了企业的人力资源、客户管理、财务管理等各个方面。③平台化协同管理软件。这类产品主要集中在工作流和应用集成，利用平台本身的优势，充分发挥企业现有专业软件的力量；同时，充分利用现代化的移动办公设备扩展企业协同的空间。

国内有学者认为，协同管理软件对于企业来说不仅仅是一个管理软件，其核心是协同理念的应用。他们定义了协同管理系统（Collaborative Management System，CMS）的概念。企业协同管理系统是一套基于协同思想，由文档、资产、人力资源、客户、项目、财务、工作流等模块组成，具有强大门户功能的管理软件。该软件以人力资源为核心，通过工作流驱动，达到各个模块之间的紧密联系、协同运作。它整合企业内部和上下游资源，实现除生产制造以外对企业内外各项资源的全面协同管理。

协同的理念在企业运作中主要体现在对信息的高度共享、对业务的整合以及对资源的调配和优化。但随着企业信息化建设的不断深入发展，协同已不仅仅局限于企业内部各部门之间信息、资源、业务的协同，例如采购、生产、库存、销售、财务间的协同，而是要将客户、供应商、分销商和其他合作伙伴纳入进来，实现更大范围的信息、资源、业务的协同。具体而言，就是以部门之间、跨部门以及企业内部与外部的工作流程，来带动知识信息流、物流、资金流等在企业内外的流动，使传统的资金流、物流、信息流三流合一，走向增加了工作流在内的四流合一。

13.1.4 供应链协同的相关概念

1. 供应链的协作、协调与协同

一般认为，协同供应链（Synchronized Supply Chain）最早是由 David Anderson 和 H. L. Lee 于 1999 年提出的。Ciancimino 等人认为，Anderson 和 Lee 所说的供应链协同（Supply Chain Synchronization）是供应链协作（Supply Chain Collaboration）的概念在运作层面的体现，主要是指供应链上的信息交换和供应链网络的全局优化。受此影响，国内很多学者都把 Supply Chain Collaboration 解释为"供应链协同"。实际上，供应链协作（Supply Chain Collaboration）主要是指供应链成员之间在计划、预测、库存补充等方面的无缝合作，像供应商管理库存（Vendor Managed Inventory，VMI）、CPFR 和连续补货（Continuous Replenishment）等都属于供应链协作的范畴。由此可见，供应链协作强调供应链运作层面的协同，而供应链协同既要求供应链成员之间业务上的协作（Collaboration），又要求作业节奏上的同步（Timing）。

另外一个常见的误区是把供应链协调（Supply Chain Coordination）和供应链协同混为一谈。供应链协调是指在供应链上下游企业之间形成的博弈问题中，虽然博弈双方都基于各自期望收益最大化的原则来选择最优策略，但最终都会选择使供应链整体最优的策略。由于供应链成员之间的利益冲突，供应链协调一般通过供应链契约（Supply Chain Contract）来实现，例如批发价格契约（the Wholesale Price Contract）、回购契约（the Buy-back Contract）、收益共享契约（the Revenue Sharing Contract）、数量柔性契约（the Quantity Flexibility Contract）、返利契约（the Sales-rebate Contract）和数量折扣契约（the Quantity-discount Contract），达到供应链上的帕累托改进（Pareto Improvement）。供

第 13 章 供应链协同

应链协调注重供应链决策的集成优化，但这仅仅是供应链协同的一个方面。

2. 供应链协同的概念

从字面意思来看，供应链协同（Supply Chain Synchronization）的产生显然受到了协同学（Synergetics）的影响。供应链是一个复杂系统，供应链上各节点企业是系统内各组成部分（子系统）。按照协同学的思想，供应链协同就是将供应链上各节点企业组织起来，按照统一的供应链战略目标，实现从原材料供应到产成品销售等各环节在信息、资源、业务上的协调一致、无缝衔接（系统有序状态），从而最大限度地实现供应链增值（协同效应）。

企业的横向一体化战略形成了一条从供应商到制造商再到分销商的贯穿所有企业的"链"——供应链（Supply Chain）。有学者认为供应链的这种从供应商到最终用户的网链状结构本身就包含了协同的理念。本书则认为，供应链是将供应商、制造商、分销商、零售商以及最终用户组织起来，形成一个能够满足最终用户需求的复杂系统。而供应链协同研究的则是这个复杂系统内各组成部分（供应链节点企业）之间如何互相协作，从而获得市场竞争优势的问题。

供应链上的协同效应不会随着供应链的形成而自然产生，这是因为供应链各成员之间存在着利益冲突、供应链绩效指标之间存在着"效益背反"现象。供应链与供应链之间的竞争，更像是组织一批人（一个供应链上的成员）与另外一批人（另外一个供应链上的成员）进行拔河，在自然状态下，大家发力的方向和节奏各有偏差，无法形成最大合力，有时甚至还会相互干扰；而在有效的组织下，大家发力的方向和节奏趋于一致，才能够发挥出最大力量，从而有机会赢得比赛。供应链与供应链之间的竞争也一样，只有通过协同使供应链上的节点企业达到同步、协调运行，才有可能使链上的所有企业都能受益。

3. 供应链协同管理的概念

与巴泽尔和盖尔提到的企业集群（集团公司）协同相似，供应链协同也存在负向效应。也就是说，业绩表现糟糕的供应链成员会严重影响供应链特别是供应链核心企业的绩效。例如，2000 年 3 月 17 日，一场暴风雨导致飞利浦设在美国新墨西哥州的芯片厂发生大火，该工厂生产的 40% 的芯片由诺基亚和爱立信订购。火灾发生后，诺基亚积极与飞利浦芯片厂进行沟通合作，一方面督促飞利浦挖掘潜力组织生产，另一方面组织技术人员和工程师重新设计芯片，降低生产条件要求（使其他工厂也能制造），缩短生产工期，从而使其手机生产基本上没有受到太大的影响。而爱立信却坐等飞利浦芯片厂自行恢复生产，直至出现芯片供应危机，最终导致 4 亿美元的手机销售收入流失。再加上营销和其他管理方面的问题，爱立信手机部门当年总共亏损 16.8 亿美元。诺基亚从爱立信的手中抢夺了 3% 的全球手机市场份额，从一年前的 27% 扩大到了 30%，爱立信则从 12% 下降到 9%。2001 年 1 月 26 日，爱立信宣布退出手机市场。

需要指出的是，当协同学的思想应用于企业管理领域时，就不再过于强调发挥系统自组织的作用了，而是更注重通过对系统的管理来实现各个子系统的协调同步。我们用一个例子来说明这种差别：想象音乐会上刚刚欣赏完一支乐曲的观众，当演奏完毕，某位观众起立鼓掌，其他人纷纷跟随，刚开始掌声纷乱，慢慢地，大家找到了鼓掌节奏，掌声开始整齐起来。这个过程就是哈肯所描述的自组织协同，系统内部自发地达到有序状态。而舞台上进行演奏的乐队，则需要通过乐队指挥来将不同的乐器和乐手组织起来，控制演奏速度，保持作品结构与形式的统一，使乐队能够正确、统一地演奏作品。这个过程就类似于包括供应链协同在内的企业管理领域的协同，它需要通过计划、组织、指挥、协调、控制等手段来使系统达到有序状态。由此，我们可以引出供应链协同管理的概念。供应链协同管理是指为了实现供应链上各节点企业同步、协调运行而进行的计划、组织、协调与控制。

13.2 供应链协同的内涵

供应链协同包括战略层的协同和战术层的协同。其中，战略层的协同主要是指供应链战略协同，而战术层的协同主要包括供应链信息协同、供应链运作协同和供应链决策协同。

13.2.1 供应链战略协同

1. 供应链战略

供应链战略是企业的一项职能战略，它确定了原材料采购和运输，产品的制造或服务的提供，以及产品配送和售后服务等业务的方式和特点。供应链战略不仅关注企业自身的业务，而且还关注供应链上其他成员的角色定位，它要求供应链各成员按照统一的战略目标相互配合、无缝连接地工作。因此可以说，供应链战略是一种互补性企业联盟战略。此外，供应链战略也是一种企业核心竞争力强化战略，通过寻找优秀的供应链合作伙伴，改善价值链上的薄弱环节，强化其核心竞争优势。

企业的竞争战略规定了企业所提供的产品和服务能够满足的、区别于其竞争对手的客户需求集合，例如大超市的竞争战略是满足客户对商品质优价廉的需求，而便利店的竞争战略则是满足客户对商品的即时购买需求。企业成功的前提条件是必须实现供应链战略与企业竞争战略的匹配，即供应链战略所构建的供应链能力与企业竞争战略中所要优先满足的客户需求相适应。这就要求供应链合作伙伴的选择、供应链业务流程的设计和供应链资源的配置都必须围绕统一的企业竞争战略目标来进行，以消除不同的供应链成员之间可能存在的功能性目标冲突。例如，如果在销售环节要求快捷地向客户提供多样化的产品，而在配送环节要求尽可能地降低运输成本，则两者必然会出现运作冲突。负责配送环节的供应链成员一定会选择成本低、速度慢的运输方式，并会延迟部分订单的交付进行集货，以便通过规模效益进一步降低成本。其结果是，整个供应链无法满足既定的客户需求——快速提供多样化的产品，从而导致战略匹配的失败。

2. 供应链能力

供应链能力一般被分为两类：供应链响应能力和供应链效率。供应链响应能力是指供应链在应对不可预测的市场需求和不可靠的产品供给等市场不确定因素时的能力。供应链响应能力的提高需要进行大量的投资。而供应链效率则刻画了供应链满足客户需求所花费的成本大小。成本越高，供应链效率越低。因此，供应链响应能力和供应链效率是效益背反的。在供应链成本和响应能力组成的有效前沿曲线上，供应链响应能力的增加一定是以降低供应链效率为代价的；反之亦然。企业需要在供应链效率和响应能力之

第 13 章　供应链协同

间进行权衡，选择它们最恰当的组合。需要指出的是，仅在下列两种情况下存在同时改进供应链效率和响应能力的可能：①企业的管理运行并未达到有效前沿曲线所代表的最佳状态；②企业通过技术革新、流程再造等措施促使了有效前沿曲线的右移。

由此可见，供应链战略所要确定的供应链能力，实际上就是确定供应链应该具备何种程度的响应能力/效率。而实现这种既定的供应链整体能力则可以通过供应链各环节不同的能力组合来完成。例如，在由一个零售商和一个制造商组成的供应链中，供应链响应客户多品种、小批量需求的能力既可以通过提高零售商的响应能力（设置大量库存）来实现，也可以通过提高制造商的响应能力（投资柔性生产线）来实现。对于前者来说，零售商可以提高其库存控制的效率，而对于后者，制造商则可提高其生产的效率。这就意味着，供应链的设计可能是多样化的，但各个环节的功能必须相互配合形成既定的供应链整体能力，使之与企业竞争战略中所确定的满足客户需求的能力相匹配。

3. 供应链战略协同的实现

当这种战略匹配在整个供应链的范围内实现时，这就意味着供应链战略实现了协同。乔普拉和迈因德尔（2012）把它描述成供应链战略与企业竞争战略匹配的一种极端状态——供应链上所有环节的所有职能部门相互配合形成统一的供应链整体战略/能力，实现供应链增值的最大化。而另一个极端状态则是供应链上各环节/各职能部门仅考虑自身效益最大化，各自提出自己的职能战略。在这种情况下，供应链上各方由于彼此之间的利益冲突而导致战略冲突，并引起随之而来的运作冲突。例如，在供应链上下游企业之间，双方都希望对方持有更多的库存，以便减轻本方的库存持有成本，从而提高自己的收益。其结果往往是双方互不相让或者弱势的一方屈服，但无论如何最终都会影响供应链的整体绩效。而在供应链战略协同下，双方的目标从最小化自身的库存水平变为最小化供应链的整体库存水平，根据供应链整体最优的目标来决定该由哪方持有库存，从而消除了不必要的供应链冲突。更重要的是，由于供应链的整体绩效得到了改善和提高，供应链各成员也因此而获益。

此外，需要注意的是，供应链战略协同也是动态的。随着市场需求的变化和企业竞争战略的调整，供应链上节点企业动态地更新。这要求供应链上的核心企业具备足够的敏捷性，能够在一个动态变化的环境中与其他企业组成供应链并实现战略协同。

综上所述，供应链战略协同就是使供应链上所有节点企业的所有职能部门相互配合形成统一的供应链整体能力。供应链战略协同可以通过以下三个步骤来实现：①确定供应链战略协同的目标，即供应链需要拥有的整体能力。供应链整体能力的确定既要考虑供应链资源的限制，又要考虑供应链战略的要求。②战略匹配与协调。分析供应链上各个节点企业的各个职能部门所具备的战略能力，按照职能部门、节点企业、供应链三个层次进行战略匹配与协调，消除战略差异和运作冲突，使其形成既定的供应链整体能力。③协同效果评价和改进。对战略协同所形成的供应链整体能力进行评价和改进。

13.2.2　供应链信息协同

供应链信息协同的核心是信息共享。信息共享被认为是减轻供应链"牛鞭效应"的有效手段之一。牛鞭效应是指市场需求的波动沿供应链向上游逐级放大的现象，它的实质是供应链上需求信息传递的扭曲和时滞。供应链上的信息共享最初侧重于从下游向

智慧物流与现代供应链

上游传递的信息,如销售终端(Point of Sale,POS)数据、需求信息、订单信息和销售预测等,随后逐渐扩大并转移到上游向下游传递的信息,如交付时间安排及产品计划、生产进度安排、预先到货信息等。

企业信息共享包括内部信息共享与外部信息共享。前者是指在企业内部生产、经营、管理活动中的信息交流与传递,包括不同职能部门之间的横向信息共享以及不同管理层次上的纵向信息共享。后者是指企业与外界环境间的信息交流与传递,包括企业之间为了更好地实现供应链协同而进行的数据交换与传递。下面使用李宏宽和李忱(2017)提出的一个由供应商、制造商(核心企业)、经销商组成的三级汽车供应链的例子来说明供应链的信息协同。

1. 企业内部信息协同

制造商企业内部信息协同是指在销售、生产和物料之间的信息共享,如图13-1所示。销售部门接收来自经销商的订单信息、来自物料部门的库存信息和生产部门的生产计划和能力信息,确定订单交付日期并按时向外部交付产品。生产部门根据销售部门提供的订单信息和相应的预测信息及物料部门提供的提前期信息下达生产计划,同时将生产计划和能力信息传递给物料部门,以方便其制订采购计划和调整库存。

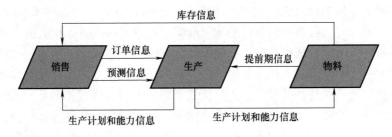

图13-1 制造商企业内部信息协同

2. 企业外部信息协同

供应链系统内企业外部信息协同主要包括制造商与经销商之间的信息协同、制造商与供应商之间的信息协同、供应商与经销商之间的信息协同,如图13-2所示。

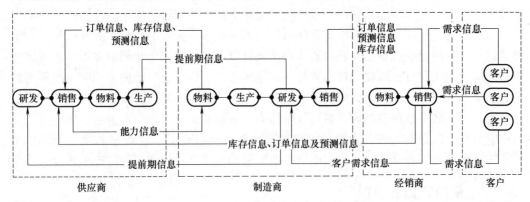

图13-2 供应链系统内企业外部信息协同

(1)制造商与经销商之间的信息协同。制造商与经销商之间的协同信息包含订单信息、客户需求信息、库存信息及经销商对于市场的预测信息等。经销商根据以往的经

第 13 章 供应链协同

验对市场进行预测，并将预测信息与库存信息及未完成的订单信息一起传递给制造商，以便其能适时调整生产计划，减少因需求波动而产生的库存。同时，在与客户达成购车协议之前，经销商首先根据自己的成品车库存水平及制造商的库存水平，对客户做出相应的承诺，并告知其成品车供应可能存在的问题，以提高客户满意度。除此之外，对于客户的需求还应进行相应的调查和分析，并将此类信息传递给制造商的研发部门，这样有利于新产品的开发。

（2）制造商与供应商之间的信息协同。制造商与供应商之间的协同信息包括订单信息、库存信息、预测信息和能力信息等。制造商的物料部门会将订单信息、库存信息、预测信息传递给供应商的销售部门，销售部门根据以上三种信息做相应的生产计划。与此同时，供应商的销售部门也要将自身能力信息反馈给制造商的物料部门，以避免产生缺货损失。在产品研发上，制造商的研发部门必须将提前期信息传递给供应商的生产部门和研发部门，保持两部门内产品内容的同步更新。因此，新产品的研发速度得以提高，加快新产品的量产化。

（3）供应商与经销商之间的信息协同。供应商与经销商之间的协同信息包括库存信息、订单信息、预测信息等。这个协同过程主要涉及的是备件流。经销商根据客户的需求，查询库存信息，如果库存满足需求，则立刻为客户提供产品，如果客户需求超出库存水平，则选择具有优先级的客户提供服务。同时，将未满足的订单信息和库存信息传递给供应商的销售部门，以方便其及时配货。对于备件的市场需求量，经销商需要做出准确的预测，并将此预测信息传递给相应的供应商，以减少缺货损失。

由此可见，供应链上共享的信息既有来自企业内部的信息（如生产进度安排），也有来自企业外部的信息（如订单数据）；既有现实数据（如销售数据），也有非现实数据（如预测需求）；既有静态数据（如生产能力、产品信息），也有动态数据（如库存信息、运输信息）。除了上述业务信息之外，伊丹广之认为，企业内部的知识、技能、管理经验等无形资产本质上也是一种信息，这些以信息为基础的无形资产可以被同时用于多种用途（使协同成为可能），并能够在传播和共享的过程中创造出新的价值（协同效应）。例如，企业的一个技术人员对某种特殊工艺有比较深入的研究，如果他把自己的知识传授给其他同事，那么其他同事就可以与他同时使用这些知识。此外，其他同事在学会了这项技术之后，也有可能把它与其他信息结合起来，进而创造出新的生产技术。因此，供应链信息协同是指信息资源在供应链成员之间的有序传播、共享，并合成产生新的、有价值的信息资源。

从技术角度看，供应链信息协同体现在三个层面：①基于通信技术的供应链各职能部门内部以及跨职能部门的员工之间的信息协同；②基于工作流技术的供应链各职能部门之间的信息协同；③基于企业信息集成技术的供应链各节点企业之间的信息协同。支持供应链信息协同的技术和相关系统主要有 EDI、GPS、GIS、电子订货系统（Electronic Ordering System，EOS）、自动识别和数据捕获（Automatic Identification and Data Capture，AIDC）、电子商务系统（Electronic Commerce System，ECS）、多智能体技术（Multi-agent Technology，MAT）、工作流管理技术（Workflow Management Technology，WfMT）、虚拟供应链技术（Virtual Supply Chain Technology，VSCT）、企业门户技术、Petri 网技术和 CSCW 等技术以及 ERP、SRM、CRM、VMI 等供应链管理应用软件。

13.2.3 供应链运作协同

供应链运作协同主要是指供应链运作层面的业务协同,包括具有直接供需关系的上下游企业之间的生产协同、采购协同、运输协同、库存协同、销售协同和产品设计协同。

1. 生产协同

生产协同是指生产企业依据采购计划、销售计划以及当前库存情况等联合制订生产决策,实现协同效应。生产协同包括生产计划协同、生产过程协同和质量控制协同三部分:联合生产企业的采购人员、销售人员和生产人员共同制订生产计划,增进计划精度,加强计划稳定度,实现生产计划协同;推行精益生产,让上游供应商和下游客户都参与到生产当中,实现生产过程协同;生产质量需要层层检验、段段控制,生产企业必须实施全面质量管理,阻断错误流向下一环节,进行质量控制协同。

2. 采购协同

采购协同是指生产企业根据原材料供应情况、需求计划以及当前库存情况等联合制定采购决策,它多发生在供应商和生产商之间,包括采购计划协同和采购订单执行协同。实现采购协同要求生产企业把对最终产品的中长期预测、期望客户服务水平、部分库存情况以及近期采购计划传达给上游供应商,供应商根据自身生产能力实时调整生产计划;同时供应商将采购订单的执行情况实时反馈给生产企业,使企业能够根据需求变动及时调整订单,最终更高效地将正确的产品、合适的数量在正确的时间以合适的价格交付到正确的地点。

3. 运输协同

运输协同是指原材料、半成品和产成品等从供应链上游供应商配送至下游零售商直至消费者的过程中,实现准时化、高效化协作,实现产品和信息的有效对接,即消除运输过程中的多余环节、重复环节,减少装卸货等待时间、账单错误情况以及运输空载率,优化运输路线并保证运输物资的安全准确。运输情况在供应链上的可视化使各企业能掌握产品的实时情况,及时制订和修改企业计划,加强供应链风险应对的及时性,推进节点企业间物流整合和重组步伐,实现供应链上的协同效应。

4. 库存协同

库存协同是指供应链上各节点企业库存管理的共同化。实现库存协同的方法是推行联合库存管理,它要求供应链节点企业共同参与制订库存计划,供应链上中下游环节间责权利相互分担和共享,最大限度地减少供应链库存管理的系统风险,保证供应并降低库存成本。

5. 销售协同

销售协同是指在了解实时库存情况、生产情况及配送情况的前提下,基于供应链的信息共享和同步传递,实现供应链供应、生产和销售等环节协作化的管理过程,最终实现供应链上销售过程的协调化和柔性化。销售协同的实现主要借助于供应链协同计划、预测和补货,在低库存、低成本条件下提高整个供应链的收益及客户满意度。

6. 产品设计协同

产品设计协同是指根据节点企业的内外部条件,将所能调配的资源进行有效合理的

第 13 章 供应链协同

整合与配置，在设计出满足客户某种需求的过程中，实施并行工程（平行作业）和同步工程（分摊作业），通过集成作业、平行作业和标准化设计，以更快的速度、更好的质量和更低的成本来实现产品设计任务。产品设计协同的更深层次是产品创新协同，它覆盖了产品原材料到产成品的每个阶段，其实质是知识投入、知识共享和知识转化，最终提高供应链的整体竞争力。

由此可以看出，供应链运作协同就是供应链上各节点企业在供应链协同理念的指导下，相互配合，使任务和活动在节点企业间统一协调和优化分配，合理解决客户服务最优、总成本最低、物流质量最优、库存最小和库存周转时间最短多个目标之间的冲突，实现供应链整体收益的最大化。

13.2.4 供应链决策协同

供应链决策协同是指供应链各环节的联合决策，上下游企业通过谈判促使节点企业个体与供应链整体同时优化，最终达成一致，其谈判结果以供应链契约形式呈现，其目的是通过供应链企业合理利益分配产生协同效应。供应链契约主要包括批发价格契约、回购契约、收益共享契约、数量柔性契约、返利契约、数量折扣契约等。

1. 批发价格契约

批发价格契约是指供应商仅向零售商收取所订购货物的批发费用，执行时最简单。此时，供应商倾向于高批发价获得最大利润，因此该契约无法产生协同效应，但它仍是实际中很常见的契约。当为达到契约协同而导致供应商行政负担增加远超潜在利润的增加时，供应商更倾向于使用该契约。

批发价格契约存在以下两种模式：①推动模式，即零售商只在销售季到来之前订货并支付费用，此时零售商承担剩余库存的处理成本（假设存在剩余库存）；②拉动模式，即零售商在销售季开始之前订购部分产品并支付费用，在销售过程中可以随时补货，但补货时批发价格明显要高于之前，此时，供应商承担剩余库存的处理成本（假设存在剩余库存）。若能够通过给予零售商一定的批发折扣，同时考虑推动和拉动两种模式，则供应链效益会明显上升。

2. 回购契约

回购契约又叫退货契约，即供应商在产品销售季结束后以回购价格（低于零售商订购时的批发价）从下游企业将未售完产品收回。其目的是供应商与零售商共担需求不确定带来的风险，刺激零售商增加订购量，平衡双方的边际收益和边际成本。但这种说法并不准确，事实上只有供应商的净残值优于零售商的净残值时才会出现回购，并且要同时调整价格折扣率和回购率，以此来阻止零售商对剩余商品打折促销削弱品牌形象，但回购契约会在一定程度上降低零售商努力提高市场需求的动力，因此，需要常和其他契约结合使用，例如回购与惩罚策略结合、回购与返利契约结合以及回购与数量柔性契约结合等。

回购契约同时也是解决因信息结构的非对称和决策激励的不一致所导致的供应链低效的一种协调机制，它大量地应用于对时间性要求较严的产品，如杂志、报纸、音像制品、计算机软件和硬件、贺卡以及医药产品等。

3. 收益共享契约

收益共享契约是指零售商除支付产品批发费用之外，还从自身收入中支付一定比例给供应商，双方共享供应链整体收益。也可以说，当零售商从自身收入中提取给供应商的金额与回购契约中零售商因回购而产生的利润损失相同时，收益共享契约与回购契约的结果是等价的，但执行过程是不同的。

收益共享契约的重点在于调整零售商的收入和分配给供应商的比例，实现供应链节点企业之间的协调和整体效率的提高。收益共享契约实质是上下游企业风险共担，从而刺激零售商增加订购量，但执行的管理成本过高并且可能降低零售商的营销积极性是其不可避免的缺陷。收益共享契约的典型应用是在音像租赁行业以及国内常见的特许经营模式上。

4. 数量柔性契约

数量柔性契约是指供应商对零售商未售出的部分产品（选取契约规定的补偿数与零售商剩余库存数两者之间较小的）给予补偿。数量柔性契约为零售商的部分订单提供了充分保护（剩余库存仍保留在零售商手中），而回购契约是为零售商的整个订单提供了部分保护。与回购契约相比，数量柔性契约重点关注订购量的调整，其回收价格还是批发价，而回购契约是对回购价格的调整。数量柔性契约在电子和计算机产业中应用广泛，如 IBM、HP 以及 Solectron 等大公司。

5. 返利契约

返利契约是指供应商根据最终销量给予经销商一定的转移支付。返利契约有两种常见的形式：一种是线性返利契约，即供应商依据最终销量给予零售商一定比例的返利；另一种为增量返利契约，即当零售商最终销量超过一定数量时，供应商针对增量部分给予零售商一定比例的返利。这两种形式的目的都是激励零售商增加产品销售量，实现供应链上的利益共赢。

返利契约主要取决于批发价格、返利金额以及返利数量临界值三个参数，任一参数的改变都会重新分配供应链收益，并且总有一个参数组合是能够产生协同效应的。返利契约在易逝品行业应用较多，如计算机硬件、软件和轿车行业。

6. 数量折扣契约

数量折扣契约是指供应商依据零售商在期初的订购量大小给予不同的价格折扣，其原则是订购量越大，价格越低，以零售商的订购量为基准。数量折扣契约也可以刺激零售商增加订购量，减少供应商库存。它还有多种形式，如多组数量折扣、全部数量折扣、二部定价等。数量折扣契约应用于所有商业范围，尤其是零售业。

除了以上几种供应链契约外，还有许多由以上六种契约变形或组合形成的供应链契约，如期权契约、回馈与惩罚契约、预购契约、延迟补偿契约、数量承诺契约等，这些契约在供应链节点企业面临的实际问题中能够得到更好的应用。在签订供应链契约时，假定所有相关企业都是风险中性的，供应链节点企业通过博弈确定契约条款，而且这些契约也只有在特定条件下才能产生供应链协同效应。

13.3 供应链协同度评价

13.3.1 供应链协同度内涵

协同度，即协同程度。张令荣（2018）认为，协同度的高低取决于各子系统自身的有序程度的高低及子系统之间匹配程度的高低,其中有序程度是指供应链各子系统内部协调的程度,而子系统之间协调与合作程度用有序的匹配度来评价。

供应链是一个复杂系统,各子系统的有序程度反映了供应链协同可能性的大小,是供应链协同度的核心,但各子系统有序程度的差异对其协同匹配度的影响,也会在一定程度上制约供应链的协同度。所以在构建评价指标体系及评价方法时应综合考虑以上两种因素。

13.3.2　供应链协同度评价指标体系构建

为了全面综合地评价供应链的协同程度,避免出现主观臆断,在设计评价指标体系的时候,应遵循:①科学性原则,即保证指标的准确性、代表性和操作性及指标间的不相关性;②系统性原则,即需要从供应链整体来分析问题,能从不同角度反映出供应链的协同程度;③客观性原则,即要反映评价客体及供应链协同度的真实情况;④定性与定量指标相结合原则,即对于无法量化的指标使用定性指标分析;⑤通用性与重点性相结合的原则,即选取可以反映不同行业不同种类供应链协同度的通用指标,但在具体设计时,应着重分析那些反映供应链协同度的关键指标。

1. 评价指标来源分析

(1) 信息流方面。供应链要实现协同效应,要综合考虑供应链上各节点企业的特点和相关内外联系,同时要充分共享企业信息,成为动态合作的联盟关系。供应链中信息共享包括战略和战术两个层级,战术层级信息受战略层级信息影响,信息共享层级越高,节点企业间信息协作和利用的水平就会越高,信息共享产生的价值(即信息协同效应)就越大。与此同时,供应链中存在的大量虚假或无用信息,导致节点企业利用信息的成本增加,信息准确性无法保证,真正有用信息的时效性也无法保证,整个供应链对市场变化的反应速度则会受到明显影响。

(2) 商流和物流方面。供应链上各节点企业都会根据市场情况预测未来市场变化及需求,不可避免地会产生"牛鞭效应",此时就需要企业通过和其他节点企业进行协同预测来加强各企业的备货计划,增强抵抗风险的能力,根据预测信息及库存情况制订采购计划并上传给供应链上下游企业,上游供应商安排生产并将生产情况及时共享,需求方随时了解产品准备情况,调整产品销售策略,增强客户满意度。同时,供应链上的节点企业要实时掌握原材料、半成品及产成品的流动情况,有效控制各企业的作业进度,增强供应链运作稳定性。

(3) 资金流方面。供应链上的财务状况也是各企业需要关心的问题,不仅仅是自身,还包括其上下游合作伙伴,关键在于如何有效地提高整个供应链上的资金使用率及使用效益。将运营资金视为投入的资金成本,要以最小的流动资产投入获得最大的销售收益,降低运营资金占用、加速资金周转、提升运营资金效率,充分协调节点企业间的决策和资金配置,加强企业之间的资金管理合作。

(4) 知识流方面。供应链上蕴含着丰富的异质知识资源,知识流动是长期潜移默化的过程,包括传播和交换显性知识与隐性知识、个体知识及集体知识,并将知识相互转化和反复提炼,增强供应链上知识的相容性和整体知识容量,在知识交流和运用中产生价值并实现知识创新。最后,将供应链知识应用到产品设计、技术研发或其他业务流程,形成新的竞争优势。

智慧物流与现代供应链

2. 评价指标体系确定

根据以上分析,需要对提取指标的可信性和有效性进一步确认。可信性是指指标具有权威性,指标的内容清晰明确,有较高信服度;有效性是指指标能够全面、完整、真实地反映实际情况。

通过运用专家打分法对指标体系中的指标进行筛选,剔除专家认为不可信的指标,同时增加大部分专家一致公认的可行指标,以确保指标体系的覆盖范围以及在确定指标体系可信的基础上,运用大样本问卷调查法来考察指标对实际问题的反映和解析情况,进一步对指标进行筛选和修正,以确保指标体系的有效性。

张令荣在可信性指标体系确定的基础上,运用问卷调查方法,面向各企业的中高层管理者,对指标有效性进行分析,确定最终有效的指标体系,见表13-1。

表13-1 供应链协同度指标体系

目标层	一级指标	二级指标
供应链协同度	商流有序程度	信息全面性
		需求预测一致性
		平均采购提前期
		成本(价格)期望率
		交货准确率
		退货处理速度
	信息流有序程度	信息广度
		信息强度
		信息敏捷度
		信息准确度
		信息共享价值
	物流有序程度	平均库存周转率
		物资平均供应时间柔性
		物资平均准时交货率
		物资平均破损率
		物资平均货差率
	资金流有序程度	货款及时结算率
		流动资金周转率
		回款周期差值
		应收账款坏账率
		现金周转周期
	知识流有序程度	知识存量水平
		知识共享广度
		共享知识丰富度
		知识创新水平
		创新收益率

第 13 章 供应链协同

3. 评价指标解释

（1）商流有序指标。

1）信息全面性 I_1。供应链商流活动从收集相关商品信息和市场信息开始，信息全面性可以用以下公式来计算：

$$I_1 = \frac{1}{n}\sum_{i=1}^{n}\frac{A_i}{B_i}$$

式中　A_i——实际查找到的第 i 种信息数量；
　　　B_i——需要收集的第 i 种信息数量；
　　　n——需要搜集信息的产品种类数。

2）需求预测一致度 I_2。需求预测一般以供应链上制造企业的预测结果为准，需求预测的一致性可以用制造企业对某种需求的预测量除以供应链其他节点企业对这种需求预测量的总和来表示，结果越接近 1，说明一致性越好，也即供应链商流的有序程度越高。其计算公式如下：

$$I_2 = \frac{C}{F} \times 100\%$$

式中　C——制造企业的某个需求预测；
　　　F——供应链其他节点企业对某需求的预测总和。

3）平均采购提前期 I_3。节点企业间的合作关系越好，则采购提前期越短，相应的企业间商流越有序。平均采购提前期可以用企业各种材料的采购提前期天数总和除以采购材料的种类数表示。其计算公式如下：

$$I_3 = \frac{1}{n}\sum_{i=1}^{n} T_i$$

式中　n——采购材料的种类数；
　　　T_i——第 i 种材料的采购提前期。

4）成本（价格）期望率 I_4。成本（价格）期望率反映的是企业商流活动的预期成本（包括商品价格、交易谈判费用、商品运输成本等）与实际成本之间的比率，成本（价格）期望率越接近 1，商流协同度越高。其计算公式如下：

$$I_4 = \sum_{i=1}^{n}\frac{Q_{qi}}{Q_{si}}$$

式中　Q_{qi}——对第 i 种商品的预期成本；
　　　Q_{si}——第 i 种商品的实际成本。

5）交货准确率 I_5。交货准确是指供应商把准确质量、准确数量的准确商品在准确的时间交付给采购方。交货准确率可以用下式来计算：

$$I_5 = \frac{1}{n}\sum_{i=1}^{n}\frac{D_{ti}}{D_i}$$

式中　n——商品种类总数；
　　　D_{ti}——第 i 种商品准确交货的次数；
　　　D_i——第 i 种商品总交货次数。

6）退货处理速度 I_6。退货处理速度可以用下式来表示：

智慧物流与现代供应链

$$l_6 = \frac{1}{N}\sum_{i=1}^{n} Q_i$$

式中　n——商品种类总数；

　　　N——退货商品的总次数；

　　　Q_i——第 i 种商品的退货处理时间。

(2) 信息流有序指标。

1) 信息广度 H_1。信息广度是指与该节点企业进行信息交换和共享的节点企业在供应链中处的最远层级。该范围的大小，关系到供应链中参与信息交换和共享的节点企业的多少。信息广度计算公式如下：

$$H_1 = \sum_{i=1}^{n} W_i \left(l_1 \frac{S_j}{S_i} + l_2 \frac{C_j}{C_i} \right)$$

式中　n——供应链中节点企业的个数；

　　　W_i——节点企业 i 的信息广度的权重，由其在供应链中的地位决定，且 $\sum_{i=1}^{n} W_i = 1$；

l_1、l_2——节点企业 i 赋予的权重，且 $l_1 + l_2 = 1$；

　　　S_j——该节点企业所能得到供应商方向信息的最远的供应商所处层级；

　　　S_i——该节点企业到达供应链最初供应商所经历的总层级；

　　　C_j——该节点企业所能得到客户方向信息的最远的顾客所处层级；

　　　C_i——该节点企业到达供应链最终客户所经历的总层级。

2) 信息强度 H_2。信息强度用下式来计算：

$$H_2 = \frac{M}{N}$$

式中　M——参与交换和共享过程中的战略层级的信息类型的总数；

　　　N——参与交换和共享过程中的信息的类型的总数。

3) 信息敏捷度 H_3。它通过下式来确定：

$$H_3 = \sum_{i=1}^{n} W_i \frac{N_i}{M_i}$$

式中　n——在一定时间内与某节点企业进行信息交换的企业个数；

　　　W_i——某节点企业接收信息及时的重要程度；

　　　N_i——某节点企业接收信息及时的次数；

　　　M_i——某节点企业接收信息的总次数。

4) 信息准确度 H_4。信息准确度用下式表示：

$$H_4 = \sum_{i=1}^{n} l_i \frac{N_i}{M_i}$$

式中　l_i——节点企业 i 在供应链中的重要程度；

　　　N_i——节点企业 i 接收到正确信息的次数；

　　　M_i——节点企业 i 接收到信息的总次数。

5) 信息共享价值 H_5。信息共享价值即节点企业信息共享行为给其他节点企业带来的有益影响，体现在因信息共享带来的收益的增加；同时，信息共享价值受到信息共享层级的影响，企业将其他节点企业分为非合作伙伴、次要合作伙伴、重要合作伙伴，根

第13章　供应链协同

据不同的合作伙伴类型，对信息共享进行分级：一级共享、二级共享、三级共享。其中，一级共享针对非合作伙伴，二级共享针对次要合作伙伴和重要合作，三级共享只针对重要合作伙伴。信息共享价值的计算公式如下：

$$H_5 = \sum_{i=1}^{3} \frac{1}{n_i} \frac{H_{ij}^* - H_{ij}}{H_{ij}}$$

式中　n_i——i 级信息共享中的企业个数；

H_{ij}^*——i 级信息共享中节点企业 j 信息共享后的收益；

H_{ij}——i 级信息共享中节点企业 j 信息共享前的收益。

（3）物流有序指标。

1）平均库存周转率 L_1。库存周转率一般用一定时间内物资的销售总金额占该期间内物资的库存平均金额的比例来表示：

$$L_1 = \frac{\sum_{i=1}^{n} S_i}{\sum_{i=1}^{n} R_i}$$

式中　n——供应链物资种类；

S_i——一定时间内供应链第 i 种物资的销售总金额；

R_i——该期间内该种物资的库存平均金额。

2）物资平均供应时间柔性 L_2。供应链的时间柔性是指供应链响应客户需求的速度。物资平均供应时间柔性的计算公式如下：

$$L_2 = \frac{1}{n} \sum_{i=1}^{n} \left(\frac{1}{k_i} \sum_{j=1}^{k_i} \frac{L_{ij} - T_{ij}}{L_{ij} - E_{ij}} \right)$$

式中　n——供应链物资种类；

k_i——一定时间内供应链第 i 种物资的订单数量；

E_{ij}——该期间内该种物资第 j 笔订单的准备日期；

L_{ij}——该期间内该种物资第 j 笔订单的计划交货期；

T_{ij}——该期间内该种物资第 j 笔订单的完成日期，且 $T_{ij} \leq L_{ij}$。

3）物资平均准时交货率 L_3。物资平均准时交货率的计算公式如下：

$$L_3 = \frac{1}{n} \sum_{i=1}^{n} \frac{D_i^r}{D_i}$$

式中　n——供应链物资种类；

D_i^r——一定时间内供应链第 i 种物资的准时交货次数；

D_i——该期间内该种物资的总交货次数。

4）物资平均破损率 L_4。物资平均破损率的计算公式如下：

$$L_4 = \frac{1}{n} \sum_{i=1}^{n} \frac{Y_i^r}{Y_i}$$

式中　n——供应链物资种类；

Y_i^r——一定时间内由供应商提供的第 i 种物资的破损数量；

Y_i——该期间由供应商提供的该种物资总量。

智慧物流与现代供应链

5)物资平均货差率 L_5。货差是由发生短少、错装、错卸、错运、交接差错等造成的。物资平均货差率的计算公式如下:

$$L_5 = \frac{1}{n} \sum_{i=1}^{n} \frac{U_i^r}{U_i}$$

式中 n——供应链物资种类;

U_i^r——一定时间内由供应商提供的第 i 种物资的货差量;

U_i——该期间应由供应商交付的该种物资总量。

(4)资金流有序指标。

1)货款及时结算率 P_1。货款及时结算率的计算公式如下:

$$P_1 = \frac{1}{m} \sum_{j=1}^{m} \frac{t_j}{T_j} \times 100\%$$

式中 m——供应商数量;

T_j——第 j 个供应商下游节点企业的总货款结算金额;

t_j——第 j 个供应商的下游节点企业货款按时结算金额。

2)流动资金周转率 P_2。流动资金周转率是指企业一定时期内流动资金周转额与流动资金平均占用额的比率。它是反映核心企业流动资金使用效率的重要指标。其计算公式如下:

$$P_2 = \frac{1}{m} \sum_{i=1}^{m} \frac{Sk_i}{Q_i} \times 100\%$$

式中 m——核心企业上游供应商数量;

S——核心企业销售收入总额;

k_i——第 i 种零部件采购及组装费用成本占产品全部成本的比率;

Q_i——核心企业采购第 i 个零部件的流动资金平均占用额(按年度平均额计算)。

3)回款周期差值 P_3。供应链节点企业之间的回款周期应尽可能保持一致。回款周期差值的计算公式如下:

$$P_3 = \left| \frac{1}{m} \sum_{i=1}^{m} M_i - \frac{1}{n} \sum_{j=1}^{n} N_j \right|$$

式中 m——核心企业上游供应商数量;

n——核心企业下游客户数量;

M_i——核心企业对其供应商 i 的平均付款期限;

N_j——核心企业下游客户 j 的平均付款期限。

4)应收账款坏账率 P_4。应收账款是企业对外销售产品或者提供服务等形成的尚未收回的销售款项。经营期内应收账款坏账率计算公式如下:

$$P_4 = \frac{1}{n} \sum_{i=1}^{n} \frac{c_i}{(a_i + b_i)/2} \times 100\%$$

式中 n——供应链节点企业数量;

a_i——第 i 个节点企业期初应收账款;

b_i——第 i 个节点企业期末应收账款;

c_i——第 i 个节点企业经营期内到期而未收回的应收账款。

第13章 供应链协同

5) 现金周转周期 P_5。现金周转周期是指单位货币从原材料投入到市场价值实现的周期时间。其计算公式如下:

$$P_5 = \frac{1}{m} \sum_{i=1}^{m} (D_i + E - F_i)$$

式中　m——核心企业上游供应商数量;
　　　D_i——核心企业零部件 i 的平均存货周期;
　　　E——核心企业的平均应收账款周期;
　　　F_i——核心企业对其零部件供应商 i 的平均应付账款周期。

其中:

$$平均存货周期 = \frac{存货价值}{产品销售成本} \times 365$$

$$平均应收账款周期 = \frac{应收账款}{净销售额} \times 365$$

$$平均应付账款周期 = \frac{应付账款}{产品销售成本} \times 365$$

(5) 知识流有序指标。

1) 知识存量水平 T_1。从学历和职称两个角度测量企业的知识存量水平,并根据企业的类型给予一定权重。知识存量水平的计算公式如下:

$$T_1 = \frac{1}{n} \sum_{i=1}^{n} \left(l_{i1} \frac{p_i}{N_i} + l_{i2} \frac{q_i}{N_i} \right)$$

式中　n——供应链中节点企业的个数;
　　　l_{i1}——节点企业 i 对学历重视度权重;
　　　l_{i2}——节点企业 i 对职称重视度权重,且 $l_{i1} + l_{i2} = 1$,l_{i1}、l_{i2} 的权重值是由节点企业 i 赋予的;
　　　N_i——节点企业 i 员工总数;
　　　p_i——节点企业 i 本科以上学历人数;
　　　q_i——节点企业 i 具有中等以上职称的人员。

2) 知识共享广度 T_2。知识共享广度是指知识在流动过程中被共享的范围。其计算公式如下:

$$T_2 = \sum_{i=1}^{n} w_i \left(l_{i1} \frac{s_{ij}}{s_{im}} + l_{i2} \frac{c_{ij}}{c_{im}} \right)$$

式中　n——供应链中节点企业的个数;
　　　w_i——节点企业 i 的知识共享广度的权重,由其在供应链中的地位确定,且 $\sum_{i=1}^{n} w_i = 1$;
　　　l_{i1}——节点企业 i 面向供应方向知识共享广度的重要性;
　　　l_{i2}——节点企业 i 面向客户方向知识共享广度的重要性,且 $l_{i1} + l_{i2} = 1$,l_{i1}、l_{i2} 的权重值是由节点企业 i 赋予的;
　　　s_{ij}——节点企业 i 实际共享给供应商方向知识的供应商层数;
　　　s_{im}——节点企业 i 到达供应链最初供应商所经历的供应商方向总层级;
　　　c_{ij}——企业实际共享给客户方向知识的客户方层数;

c_{im}——到达供应链最终客户所经历的客户方向总层级。

3）共享知识丰富度 T_3。共享知识丰富度是指节点企业共享的知识被其他节点企业共享的程度，其计算公式如下：

$$T_3 = \frac{1}{n}\sum_{i=1}^{n}\left(\frac{l_{i1}}{r_1}\sum_{j=1}^{r_1}\frac{Q_{ij}}{Q_{im}} + \frac{l_{i2}}{r_2}\sum_{c=1}^{r_2}\frac{P_{ic}}{P_{im}}\right)$$

式中　n——供应链中节点企业的个数；

j——节点企业 i 的供应商级数，与节点企业最近的定为 1 级，以此类推；

c——节点企业 i 的客户级数；

r_1——重要供应商层级数；

r_2——重要客户层级数；

l_{i1}——节点企业 i 面向供应商向知识共享丰富度的权重；

l_{i2}——节点企业面向客户方向知识共享丰富度的权重，且 $l_{i1} + l_{i2} = 1$，l_{i1}、l_{i2} 的权重值是由节点企业 i 赋予的；

Q_{ij}——节点企业 i 实际共享给供应商 j 的知识；

Q_{im}——节点企业 i 共享给供应商方向的所有知识；

P_{ic}——企业实际共享给客户 c 的知识；

P_{im}——节点企业 i 共享给客户方向的所有知识。

4）知识创新水平 T_4。供应链上知识创新水平可用全部节点企业平均每年创新的新产品或服务水平等创新成果表示。知识创新水平的计算公式如下：

$$T_4 = \frac{1}{k}\sum_{i=1}^{n}\sum_{j=1}^{k}U_{ij}$$

式中　U_{ij}——节点企业 i 在第 j 年知识创新成果量；

k——累计年数（假设开始计算的第一年为 1）；

n——供应链中节点企业的个数。

5）创新收益率 T_5。创新收益率是指创新的新知识所带来的收益占总收益的比例，它反映了共享知识实现的最终的价值。创新收益率的计算公式如下：

$$T_5 = \frac{1}{k}\sum_{i=1}^{n}\sum_{j=1}^{k}\frac{M_{ij}}{P_{ij}}$$

式中　M_{ij}——第 j 年节点企业 i 创新知识所获取的收益；

P_{ij}——第 j 年节点企业 i 的全部收益；

k——累计年数（假设开始计算的第一年为 1）；

n——供应链中节点企业的个数。

13.3.3　供应链协同度模型构建

对供应链协同度进行评价，必须综合考虑各个要素之间的联系。供应链协同度的好坏将直接影响整个供应链的收益，在评价过程中，首先应充分明确评价的目标和方向，了解评价的范围、内容等，接着对评价指标进行合理设计与选取，最后选择合适的评价方法。

由第 13.3.1 小节可知，供应链协同度与子系统有序程度以及子系统之间有序匹配

第 13 章 供应链协同

度存在密切联系,因此从子系统的角度对供应链协同度进行度量。构建供应链协同度评价模型。首先,选取各子系统的有序程度相关度量指标,对各个指标功效进行评价,对其各自的有序程度进行考察;其次,计算子系统有序程度之间的差异及离散程度;最后,通过一系列数学方法计算供应链协同度。

供应链的协同能力和供应链各子系统之间相互配合协调的程度之间相互影响,基于此,张令荣采用供应链协同能力(CC)及上述指标中五个子系统协同有序匹配度的乘积来表示供应链协同度。即供应链协同度 CI 的计算公式如下:

$$CI = CC(1-D) = \sqrt[n]{\prod_{j=1}^{n} OC_j(S_j)} \left\{ 1 - \sqrt{\sum_{j=1}^{n} \frac{[OC_j(S_j) - CC(S_j)]^2}{n-1}} \Big/ CC(S_j) \right\}$$

式中 $OC_j(S_j)$——供应链第 j 个子系统的有序程度;

$CC(S_j)$——第 j 个时间点供应链的协同能力;

$(1-D)$——供应链五个子系统协同有序匹配度;

n——观察数据的时间节点数。

1. 供应链有序程度的计算

要计算供应链有序程度,首先要计算序参量分量对供应链子系统有序程度的功效系数,它对系统有序性的贡献用功效系数 EC 来表示,当目标最好时取 EC=1,目标最差时取 EC=0,因此,$0 \leq EC \leq 1$。考虑供应链中任意一个子系统 $S_j(j=1,2,\cdots,5)$,序参量在该子系统中的分量为 $V_j = (V_{j1}, V_{j2}, \cdots, V_{jm})$。

定义 X_{ji} 为序参量分量 $V_{ji}(i=1,2,\cdots,m)$ 在子系统中的实际表现值,α_{ji}、β_{ji} 为序参量分量 V_{ji} 在子系统稳定时的上下限,并且 $\beta_{ji} \leq X_{ji} \leq \alpha_{ji}$。定义功效系数 $EC_j(X_{ji})$ 为

$$EC_j(X_{ji}) = \begin{cases} \dfrac{X_{ji} - \beta_{ji}}{\alpha_{ji} - \beta_{ji}} & i \in [1, k] \\ \dfrac{\alpha_{ji} - X_{ji}}{\alpha_{ji} - \beta_{ji}} & i \in [k+1, m] \end{cases}$$

假定供应链各个子系统的权重和序参量分量的权重是相等的,采用几何平均的方式来衡量供应链子系统的有序程度,令 $EC_j(V_j)$ 为序参量在该子系统的各个分量对该子系统功效系数的集成,则供应链有序程度 $OC_j(S_j)$ 表示为

$$OC_j(S_j) = \sqrt[m]{\prod_{i=1}^{m} EC_j(X_{ji})}$$

由于 $EC_j(X_{ji}) \in [0,1]$,则供应链子系统 S_j 有序程度 $OC_j(S_j)$ 也是介于 0 和 1。当 $OC_j(S_j) = 0$ 时,供应链子系统 S_j 有序程度最低;当 $OC_j(S_j) = 1$ 时,供应链子系统 S_j 有序程度最高。

2. 供应链协同能力计算

供应链协同能力与供应链各个子系统平均达到的有序程度或共同能够达到的有序程度有关,是供应链各个子系统有序程度的集合。因此,将供应链协同能力定义为供应链各个子系统有序程度的集合平均数。具体公式为

$$CC = \sqrt[n]{\prod_{j=1}^{n} OC_j(S_j)}$$

3. 供应链有序程度标准离差率的计算

在求得各个子系统有序程度之后,还需要求出各子系统有序程度之间的差异,实际上是指各个子系统距离平均有序程度的差异程度的总和,总和越大,匹配就越困难。用标准离差率(D)来表示子系统有序程度之间的离散程度,其计算公式如下:

$$D = \frac{\delta}{CC(S_j)} = \sqrt{\sum_{j=1}^{n} \frac{[OC(S_j) - CC(S_j)]^2}{n-1}} / CC(S_j)$$

式中 δ——供应链各子系统有序程度的标准差。

13.4 供应链协同案例

13.4.1 宝洁-沃尔玛的供应链协同

沃尔玛是美国最大的连锁零售企业,宝洁是全球最大的日化用品制造商,两企业确定了一种全新的供应商-零售商关系,即"沃尔玛-宝洁协同商务模式"。

首先,宝洁开发并给沃尔玛安装了一套"持续补货系统",借助此系统,宝洁能迅速知晓其在沃尔玛物流中心内的库存情况,以及在沃尔玛店铺的销售量、库存量、价格等数据,能及时制订出符合市场需求的生产和研发计划,同时对沃尔玛的库存进行单品管理,做到连续补货,防止出现商品结构性机会成本(即滞销商品库存过多、畅销商品断货)。沃尔玛根据所获信息,及时决策商品的货架和进货量,并由制造商管理库存(Manufacturers Managed Inventory,MMI)系统实行自动进货,大大减少了其物流业务量。

在持续补货的基础上,宝洁和沃尔玛合力启动了 CPFR 流程。这是一个有九个步骤的流程,它从双方共同的商业计划开始,到市场推广、销售预测、订单预测,再到最后对市场活动的评估总结,构成了一个可持续提高的循环。流程实施结果是双方的经营成本和库存水平都大大降低,沃尔玛分店中的宝洁产品利润增长了 48%,存货接近于零。而宝洁在沃尔玛的销售收入和利润也大幅增长 50% 以上。

基于以上成功尝试,宝洁和沃尔玛又在信息管理系统、物流仓储体系、客户关系管理、供应链预测与合作体系、零售商联系平台以及人员培训等方面进行了全面、持续有效的合作。"宝洁-沃尔玛模式"大大降低了整条供应链的运营成本,提高了对客户需求的反应速度,为双方带来了丰厚的回报。

13.4.2 现代汽车公司的供应链协同

现代汽车公司成立于 1967 年 12 月,于 1968 年通过组装福特汽车公司的进口零部件开始生产乘用车,它在国内外共拥有约 400 家一级供应商、2500 家二级供应商以及众多的三级及以下供应商,其供应链上合作伙伴数量庞大。现代汽车公司在国内的 700 家销售办事处和 200 个经销商仅展示模型,客户订单从工厂直接发货,并且其大部分生产设施都位于韩国蔚山,其目的是将成品库存降至最低。

为缩短交货时间和降低成本,现代汽车公司成立了组织生产和销售控制(Produce/Sales Control,P/SC)部门,以协调生产、内销、外销与采购等部门之间的冲突。该部门面临五个关键问题：①同步销售和工厂生产能力；②平衡国内外销售部门需求；③解决生产计划变更导致的库存短缺和过剩；④协调新产品导入和零部件变更；⑤同步订单的启动和交付。

P/SC 部门负责制订现代汽车公司国内的所有生产计划，包括主生产计划（六个月）、月生产计划、周生产计划等。首先，P/SC 根据国内外销售部门提出的需求以及生产和控制部门定时提交的产能信息，制订初步生产计划交给相关部门审核。与此同时，采购部门向供应商提供未来几个月所需零部件的预测情况，供应商 EDI 系统进行调度通信，以便及时更改生产计划。

P/SC 部门成功促进了各职能部门之间的相互理解和尊重，集成各部门业务活动来提高客户满意度。

13.4.3　飞利浦公司的供应链协同

飞利浦公司 2003 年销售额已超 300 亿美元。该公司在 150 多个国家拥有 16.4 万名员工，从事消费电子、医疗系统、照明、半导体、家用电器和个人护理等行业。它的研发预算超过 25 亿美元。从 1999 年开始，飞利浦公司就发现其供应链存在大量"牛鞭效应"，并开始开发一种合作规划流程和工具来应对，即创新的规划概念和支持性软件系统。

飞利浦公司成立了一个指导委员会和一个由两家子公司（飞利浦半导体（PS）和飞利浦光存储（POS））的员工和业务人员、管理顾问和业务研究专家组成的项目团队。团队首先确定了四个关键需求：①要与合作伙伴建立紧密合作的关系；②必须共享供应链的关键信息；③在高波动性下对产能和物料流动的决策要同步；④对供应链问题的决策要非常快。由此，引入协同计划（Coordination Plan，CP）流程。

CP 流程是每周例行的用来进行短期规划的流程，它包括四个阶段：①收集数据，收集关于实际库存、预定收入和运输情况的实时数据，将数据传输至数据库进行更新，确保数据的正确性和一致性；②决策，计划人员回顾上周行动、查看新的销售预测和物流状况，利用支持工具计算和评估备选方案，实现交互式问题解决；③升级，对于计划人员无法达成协议或超出其职责范围的决定，他们就把问题提交给适当的管理人员；④部署，将决策下达给执行组织。该流程大大缩短了信息交付时间，提升了承诺交付的可靠性。

该项目的实施使飞利浦公司的库存减少、报废减少，增强了对市场回升的反应能力，每年至少可从 3 亿美元的营业额中节省约 500 万美元。更重要的是，供应链中合作伙伴之间建立了深度信任关系，POS 有了一个更加灵活可靠的供应商。

13.4.4　华为跨国经营中的供应链协同

华为主要经营交换、传输、无线和数据通信类电信产品，为客户提供网络设备、服务和解决方案，服务于全球 100 多个国家及 36 个全球前 50 强的运营商。华为推行集成供应链（Integrated Supply Chain，ISC）变革，通过对供应链中的信息流、物流和资金流进行设计、规划和控制，保证实现供应链的两个关键目标：提高客户的满意度，降低供应链的总成本。

智慧物流与现代供应链

1. 华为内部供应链的协同管理

华为从 1994 年的物料需求计划（Material Requirement Planning，MRP）系统到 2000 年的 ISC 的建设，其供应链内部运作结构不断升级。同时，根据各产品的市场需求及物料库存召开销售与运营规划（Sales and Operation Planning，S&OP）会议，及时在供应和降低库存方面建立了良好的平衡，保证供应链服务的协同。

2002 年，华为委托西门子德马泰克在生产中心附近建造一座具有世界先进水平的自动化仓库。从 2005 年开始，华为联合 i2 公司进行全球供应链（Global Supply Chain，GSC）的建设，通过企业资源计划 ERP、高级计划与排程（Advanced Planning and Scheduling，APS）等 IT 系统支撑供应链全球资源的调配。

2. 华为外部供应链的协同管理

华为对供应商实行分层分级的管理，通过供应链协作系统与供应商的供需状况做到实时交互，2004 年加入 Rosetta Net 组织，和战略供应商实现了 B2B 贸易方式，极大地方便了采购流程，提高了信息的准确性。

在全球范围内，华为供应链通过了当地物流服务供应商（Logistics Service Provider，LSP）的认证，了解当地清关派送情况，再加上全球将近 500 条运输线路覆盖及与先进物流伙伴的战略性合作，华为的产品能精确运送到世界的各个角落。此外，华为在供应链内部建立风险管理流程，每个执行环节都按照风险管理的识别、分析、评价、处理等步骤进行控制，全面保证供应的连续性。

供应链协同管理使华为的订单及时交货率和准确率大大提高，经营成本大大降低，客户个性化需求得到完美解决。

思考题

1. 本章对供应链协同的定义是什么？你如何理解供应链协同？
2. 本章供应链协同管理的概念是什么？它是如何发展来的？
3. 简述本章中供应链协同的内涵。
4. 如何实现供应链战略协同？
5. 如何实现供应链战术协同？
6. 供应链协同度评价指标体系的构建原则是什么？
7. 本章的四个案例分别从哪个方面实现了供应链协同？为其带来的益处是什么？
8. 你还知道哪些供应链协同的案例？

参考文献

[1] 哈肯. 协同学——大自然构成的奥秘 [M]. 凌复华, 译. 上海：上海译文出版社, 2001.
[2] 哈肯. 协同学导论 [M]. 张纪岳, 郭治安, 译, 江仁寿, 校. 西安：西北大学出版社, 1981.
[3] 坎贝尔, 卢克斯. 战略协同 [M]. 任通海, 龙大伟, 译. 北京：机械工业出版社, 2000.
[4] Techopedia. Computer-supported Cooperative Work（CSCW）[EB/OL]. [2019-10-30]. https://www.techopedia.com/definition/11264/computer-supported-cooperative-work-cscw.
[5] 杜栋, 田卿, 刘小健. 企业信息化的第 3 股热潮——协同管理系统（CMS）[J]. 信息系统工程, 2009（1）：46-48.
[6] 杜栋. 协同管理系统的理论与应用 [M]. 北京：清华大学出版社, 2013.

第 13 章 供应链协同

[7] 杜栋，田卿. 协同管理系统（CMS）的理念和观点［J］. 中国管理信息化，2008，11（10）：58-60.
[8] ANDERSON D，LEE H L. Synchronized supply chains：the new frontier［J］. ASCET，1999，6（1）：12-21.
[9] CIANCIMINC E，CANNELLA S，BRUCCOLERI M，et al. On the bullwhip avoidance phase：the synchronized supply chain［J］. European journal of operational research，2012，221：49-63.
[10] HOLWEG M，DISNEY S，HOLMSTRÖM J，et al. Supply chain collaboration：making sense of the strategy continuum［J］. European management journal，2005，23（2）：170-181.
[11] HAHN CK，DUPLAGA E A，HARTLEY J L. Supply-chain synchronization：lessons from Hyundai Montor Company［J］. Interfaces，2000，30（4）：32-45.
[12] CACHON，G P. Supply chain coordination with contracts［M］//GRAVES S，de KOK J. Handbooks in operations research and management science：supply chain management. Amsterdan：North-Holland，2003.
[13] 施先亮. 供应链管理［M］. 3 版. 北京：机械工业出版社，2016.
[14] 桂华明，马士华. 基于供应驱动的供应链协同运作模式［J］. 湖北大学学报（哲学社会科学版），2012，39（1）：82-87.
[15] 王红春. 供应链协同管理研究［M］. 北京：中国建筑工业出版社，2018.
[16] 乔普拉，迈因德尔. 供应链管理：战略、规划与运作［M］. 影印版. 北京：清华大学出版社，2012.
[17] 蔡淑琴，梁静. 供应链协同与信息共享的关联研究［J］. 管理学报，2007，4（2）：157-162.
[18] 李宏宽，李忱. 协同供应链及其突发事件应对机制研究［M］. 北京：清华大学出版社，2017.
[19] 吴健. 现代物流与供应链管理［M］. 北京：清华大学出版社，2011.
[20] 张令荣. 供应链协同度评价［M］. 北京：科学出版社，2018.
[21] 姜阵剑. 基于价值网的建筑施工企业供应链协同研究［D］. 上海：同济大学，2007.
[22] 胡治杰. 汽车行业精益供应链协同管理绩效评价研究［D］. 大连：大连海事大学，2017.
[23] 张令荣. 供应链协同度评价模型研究［D］. 大连：大连理工大学，2011.
[24] 何国军. 基于协同理论的出版供应链管理研究［D］. 武汉：武汉大学，2014.
[25] 齐旭高. 供应链协同产品创新影响因素与运行管理机制研究［D］. 天津：天津大学，2013.
[26] 孟庆峰. 供应链契约协调优化及其计算实验［D］. 南京：南京大学，2012.
[27] 崔爱平. 基于供应链契约的物流服务供应链能力优化与协调研究［D］. 上海：上海海事大学，2009.
[28] 徐经意. B2B 电子市场下的供应链契约随机模型研究［D］. 大连：大连理工大学，2006.
[29] 侯如靖. 供应链契约协调与社会偏好的影响研究［D］. 天津：南开大学，2014.
[30] 刘玲. 基于需求波动的 VMI 供应链契约的研究［D］. 北京：中国矿业大学，2015.
[31] 张全喜. 流通企业商贸物流一体化运作的策略［J］. 企业研究，2010（4）：54-56.
[32] 李康，吴育华. 发展供应链的协同商务理论［J］. 成都信息工程学院学报，2005（3）：358-361.
[33] 崔吉前，白庆华. 网络经济新模式——协同商务［J］. 物流技术，2002（8）：36-38.
[34] 朱庆. 供应链企业间的知识共享及其知识交易研究［D］. 重庆：重庆大学，2006.
[35] de KOK T，JANSSEN F，van DOREMALEN J，et al. Philips Electronics synchronizes its supply chain to end the bullwhip effect［J］. Interfaces，2005，35（1）：37-48.

第 14 章 精益供应链

引言

精益供应链来源于精益管理,其核心是减少和消除浪费,用尽可能少的资源最大限度地满足客户需求,要求上下游共同努力消减整个流程的成本和浪费情况。本章通过介绍精益供应链产生的过程,给出其定义与特点,明确实施精益供应链所具备的条件和应满足的要求,再从精益供应链管理技术框架和实现两方面进行深入讨论,最后通过案例分析使读者从实践中了解精益供应链。

14.1 精益供应链的提出

14.1.1 精益供应链的产生历程

1. 精益生产方式的产生

第二次世界大战结束不久,汽车工业中统治世界的生产模式是以美国福特制为代表的大量生产方式,这种生产方式以流水线形式少品种、大批量地生产产品。当时,大批量生产方式即代表了先进的管理思想与方法,大量的专用设备、专业化的大批量生产是降低成本、提高生产率的主要方式。与处于绝对优势的美国汽车工业相比,日本的汽车工业处于相对幼稚的阶段,丰田汽车公司从成立到 1950 年的十几年间,总产量甚至不及福特公司 1950 年一天的产量。汽车工业作为日本经济倍增计划的重点发展产业,日本派出了大量人员前往美国考察。丰田汽车公司在参观美国的几大汽车厂之后发现,采用大批量生产方式降低成本仍有进一步改进的余地,而且日本企业还面临需求不足与技术落后等严重困难;第二次世界大战后日本国内的资金严重不足,没有大量的资金投入以保证日本国内的汽车生产达到有竞争力的规模,因此他们认为在日本进行大批量、少品种的生产方式是不可取的,而应考虑一种更能适应日本市场需求的生产组织策略。

以丰田的大野耐一等人为代表的精益生产的创始者们,在不断探索之后,终于找到了一套适合日本国情的汽车生产方式:准时制生产,全面质量管理,并行工程,充分协作的团队工作方式和集成的供应链关系管理。后来,丰田逐步创立了独特的多品种、小批量、高质量和低消耗的精益生产方法。1973 年的石油危机使日本的汽车工业闪亮登场。由于市场环境发生变化,大批量生产所具有的弱点日趋明显,而丰田公司的业绩却开始上升,与其他汽车制造企业的距离越来越大,精益生产方式开始为世人所瞩目。精益生产方式的诞生为精益供应链的产生奠定了基础。

2. 精益思想的产生

在市场竞争中遭受失败的美国汽车工业,在经历了曲折的认识过程后,终于意识到

第 14 章 精益供应链

致使其竞争失败的关键是美国汽车制造业的大批量生产方式输给了丰田的精益生产方式。1985 年，美国麻省理工学院的 Daniel T. Jones 教授等筹资 500 万美元，用了近 5 年的时间对 90 多家汽车厂进行对比分析，于 1992 年出版了《改造世界的机器》一书，把丰田生产方式定名为精益生产，并对其管理思想的特点与内涵进行了详细的描述。四年之后，该书的作者出版了它的续篇《精益思维》，进一步从理论的高度归纳了精益生产中所包含的新的管理思维，并将精益方式扩大到制造业以外的所有领域，尤其是第三产业，把精益生产方法外延到企业活动的各个方面，不再局限于生产领域，从而促使管理人员重新思考企业流程，消灭浪费，创造价值。就这样精益思想的理论诞生了。

3. 精益供应链的产生

精益思想与精益生产的诞生为精益供应链的发展提供了前提条件。当时，全球市场日趋成熟，需求千变万化，客户需求更趋个性化和多样化，使得产品生命周期日渐变短，制造企业都要和时间赛跑，满足客户第一时间的要求，防止他们选择其他替代品。在这种情况下，制造商和销售商面临着各种各样的挑战，为了满足现代消费者的市场需要，必须有一种与时俱进的全新供应链方式，而建立在 JIT 管理理念上的精益供应链恰好符合了这一要求，逐渐受到了制造企业的青睐。20 世纪 90 年代以来，全球科学技术和生产力水平都得到了显著提升，全球经济环境发生了重大变化，基于这种情况，企业面临着新的压力与挑战。在激烈的全球化买方市场竞争环境下，企业需要提高自身的竞争力，同时提升产品的质量和服务的水平来满足多变的市场需求，而这就需要快速响应的柔性化生产体系和低成本高效的供应链系统，因此建立准时、高效的精益供应链体系迫在眉睫。

供应链管理学家从供应链管理的角度对比进行了大量的借鉴工作，结合精益思想与精益生产理论提出了精益供应链的新概念。精益供应链的出现标志着供应链管理模式的一次重要转变，即由效能型供应链向响应型供应链转变，建造模式由大批量生产向精益建造模式转变。传统供应链的柔性增强，通过快速响应客户需求来捕捉商机，最终实现精益供应链。

14.1.2 精益供应链的定义与特点

1. 精益供应链的定义

吴光东等在《精益供应链的竞争优势分析》一文中将将精益供应链定义为"一组通过产品流、服务流、资金流和信息流在上下游之间直接连接起来的机构或组织，它们通过高效和有效的拉动，满足客户所需的产品或服务来减少浪费，以降低成本。"

安进在《精益供应链物流运作模式探究》一文中将精益供应链定义为"在正确认识价值链的前提下，运用精益思想对供应链活动进行构建与运作，以客户需求作为价值链的动力，保证价值流的顺畅流动，并通过消除浪费，把浪费降到最低程度，使供应链活动不断改进和完善的一个动态发展过程。精益供应链的根本目的是在提供满意的供应链服务水平的同时，通过各种方法和途径消除供应链活动中的浪费。"

美国精益企业研究所的精益物流专家 Robert Martichenko 在《设计并实施精益供应链》中将精益供应链定义为"一个有计划的、稳定的、可视化的，以及上下游相互紧密合作的供应作业过程。精益供应链鼓励消除没有价值的活动，也就是浪费，来严格地缩短产品的交付时间,通过精密的流程管理减少库存以及不合格品来达成目标。供应链随着客户需求的'节拍'拉动生产,其目的是以最小的投入,提供给客户最高的价值。"

本书给出的精益供应链的定义为:"精益供应链是指能够以最低成本进行产品创新与设计,并将原材料转换成零部件、半成品、成品,以及分销给客户和进行服务的一种动态过程。其目的是以最小的投入,提供给客户最高的价值。"

2. 精益供应链的特点

精益供应链的出现,成为减少浪费、降低成本、缩短操作周期、强调客户价值、增强供应链整体竞争优势的一种"伟大的方法"。精益供应链有如下几个特点:

(1) 简洁的结构体系。这是供应链建模的重要原则,它可以减少不确定性对供应链的负面影响,并且可以缩短订单处理周期和生产周期,减少非创造价值的活动环节,使生产和经营过程更加透明。

(2) 面向对象的一体化模式。精益供应链具有供、产、销一体化的模式特征,其采购过程由订单驱动。例如海尔的"一流三网"物流模式:①"一流"即订单信息流,强调没有订单不生产,生产的是订单,而不是库存;②"三网"即"计算机信息网""全球供应资源网"和"全球配送资源网",从而使海尔的准时制采购、准时制生产和准时制配送有机地结合起来,实现了"一个流供应、一个流生产、一个流分销"的精益模式。

(3) 松散的集成模式。精益供应链的集成不是简单的企业兼并式集团化,而是一种松散的耦合集成、凝聚与扩散的有机结合。这其中有企业间的技术交流与扩散,有交叉学科间的集成,有不同形式的企业组织的集成。从精益的角度来看,它能获得较好的成本效率,其成本效率来自优化的成本结构和虚拟结构冗余的减少,从而使系统实现"$1+1>2$"的总体效果。

(4) 智能神经元型生产模式。网络化制造使企业组织形式从"机械型"向"生物型"转变,相应的精益供应链生产模式向智能神经元型模式转变。智能神经元型生产模式的生产单元具有自我组织优化的能力。为此,精益供应链上的企业需要进行业务流程重组,实行强强联合,简化关系结构,使每个企业都专注于自己的核心竞争力,通过现代电子商务技术,以虚拟组织的形式建立起跨部门、跨地区的动态联盟。

14.1.3 精益供应链运作的条件与要求

1. 精益供应链运作的主要条件

(1) 信息化水平高。信息对提高供应链资产的利用率及保证供应链流动的协同性至关重要。对于要求供应商进行准时化,小批量供应进行精益生产以减少库存,在满足市场需求的情况下避免多余浪费的精益供应链,信息的有效利用更加重要。精益供应链要求供应链的不同阶段相互协调,具有高效率和敏捷的响应性,从而实现供应链总利润最大化的目标。例如:生产商利用信息进行需求预测,建立主生产计划从而确定供应商作业计划;分销商根据市场迅速变化的需求信息选择最合适的供应商进行采购。如今有许多技术用来共享和分析信息,如 EDI 技术、RFID 技术、ERP 系统、供应链管理软件系统。这些技术使传递信息的时间显著缩短,供应链各个阶段得以协调,大大提高了供

第 14 章 精益供应链

应链对市场需求信息的响应能力,提高了整个供应链的运作效率。

(2) 物流运作模式完善。对于企业物流体系而言,采用何种物流运作模式大致决定了物流系统总体效率的高低。精益供应链要求供应商实现小批量、频繁的准时化供应,但小批量的频繁运输势必会增加运输成本。对于制造类企业而言,其所需物料的种类和数量远远大于产成品的种类和数量,因此其采购物流的复杂程度远远大于流出物流的复杂程度。对于供应商而言,要想满足制造企业准时供货的需求,有效实现精益供应链,其难度非常大,而且原材料供应物流要做到精益并非只是供应商自己的事情。为了降低运输成本,制造企业必须建立完善的物流运作体系,积极寻求把多个供应商的物料供应有效整合,以达到既可以保证物料的准时供应、又可以降低成本的目的。

(3) 合作紧密。精益供应链是一个上下游相互紧密合作的供应作业过程。精益供应链要求进行精密的流程管理以整体最小的投入提供给客户最高的价值。购买产品的消费者是供应链的唯一服务对象,也是唯一为供应链提供正现金流的一方,其他都是供应链内部的资金交换。供应链中的信息流、物流、资金流都产生成本,精益供应链需要供应链各方企业共同合作,对供应链整体资产进行有效管理,从而实现供应链总盈利最大化。因此,应从整个系统角度齐心协力地消除一切不合理的现象,杜绝浪费,并以满足最终客户需求为中心,形成一种鼓励创新的氛围,在不断完善的基础上实现跨越式的提高,从而充分体现精益供应链效益决策的内涵。

2. 精益供应链运作的要求

对参与精益供应链的企业来说,必须正确认识企业所处的经营环境条件,就是与企业经营活动相关的法律法规、政策以及与之相配套的政府机构、上下游企业、中介服务机构等的发展状况和服务水平,认清自身状况。

(1) 对企业环境的要求。

1) 对宏观社会环境的要求。企业要生存和发展,就必须有稳定持久的政治、经济环境,尤其对于实施精益供应链管理方式的企业来说,任何政治、经济环境的动荡都会引起市场的波动,影响市场供求关系,给企业的经营活动带来极大的不便。

2) 对相关法规和政策体系的要求。实施精益供应链管理方式,需要从法律和政策角度得到保证和支持。对于实施精益供应链管理方式的企业而言,需要有法规和政策体系来保障企业自身、上下游企业、中介服务机构等的行为规范,确保合同得以履行,企业得到应有的社会支持和保障。

(2) 对企业思维的要求。精益供应链系统的成功实施需要体现以人为本的原则,任何先进的设施和系统都要由人来完成,人的因素往往起着关键作用。在正确认识资金流、信息流、物流等一系列价值流的基础上,应对包括管理层和全体员工在内的企业所有人员进行精益思维的灌输,使他们正确理解并接受精益思维的精髓。精益供应链要求能在精准的时间精准地提供给客户真正需要的产品。而精益思维一方面指导企业以客户需求为导向审视产品的设计生产,避免不符合客户需要的冗余服务;另一方面识别产品生产及价值传递过程中的关键环节,减少因停滞导致的浪费。精益供应链目标的实现是尽善尽美的动态过程,企业人员只有具备精益思维,才能在价值流动过程中不断发现非增值环节,改进流程并提高效率。

(3) 对企业技术的要求。精益生产过程需要保证每个环节和产品的正确性,任何

智慧物流与现代供应链

一个错误都会导致产品价值连续传递受阻，例如废品和返工造成的过程中断。而稳定的技术可以保证在产品生产和价值传递过程中，识别真正能赋值的有效环节，从而消除既消耗资源又无法带来价值提升的无效活动，减少浪费，同时也能缩减环节，降低失误，提高合格率。在客户需求发生变化时，供应链能迅速做出反应，立刻进行产品的设计和生产，保证供应链整体的敏捷性。同时生产企业为实现节约成本和提高客户需求反应速度的双重目标，往往建立多种生产模式，稳定的技术有利于生产企业在与上下游供应链伙伴分享生产计划时，降低对接难度和成本，提高供应链整体的响应能力。

14.2 精益供应链管理技术框架

精益理论最初来源于生产过程，但精益的思想和技术方法可以并应当加以扩展，在除了生产过程之外的供应链管理中的其他业务中加以运用，才能实现精益供应链管理，最终实现对供应链整体效率的提高。企业要实现精益供应链运作，就必须利用各种管理技术加以管理和优化。通过分析精益技术的特征，基于管理目标的一致性，结合精益技术和供应链管理方法，构建了精益供应链管理技术框架，如图14-1所示。

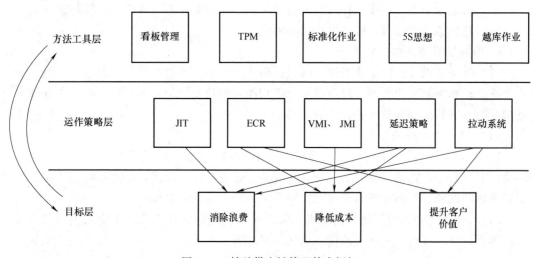

图 14-1 精益供应链管理技术框架

整个管理技术框架由三个层次组成：方法工具层、运作策略层和目标层。方法工具层集成了精益生产、物流及管理工具，构成精益供应链运作策略的基础；运作策略层综合了精益供应链的各种策略，是实现精益供应链特征的支撑平台；目标层是精益供应链应具备的特征，是供应链精益改进的目标。通过三个层次的相互作用，形成持续改进的精益供应链管理模式。下面将对这三个层次分别进行分析。

14.2.1 目标层

1. 消除浪费

精益原则的核心思想便是消除生产中的各种浪费。同样地，在供应链管理层面，消除供应链管理业务中的各种浪费，是精益供应链管理所追求的主要目标。消除浪费的前

第 14 章 精益供应链

提是识别浪费。精益生产中提到的浪费主要有七种,包括等待、运输、过度加工、库存、返工、移动和产品缺陷。而在供应链层面,浪费的概念会有所扩大。

精益生产中的浪费在供应链中继续存在,性质可能会有所变化,如:供应商的成品库存在供应链中会成为在制品(WIP)库存;加工过程中的等待会对应物料或产品在不同节点企业之间的闲置等。另外,区别于生产过程的是,在各级企业的相互业务关系中,会存在大量信息浪费。由于各种冗余、不准确的数据以及数据和信息在传递过程中的延迟、缺失等问题,会产生信息浪费,而且信息浪费会随着供应链层次的增加呈指数型的变异。识别并消除上述的各种浪费是精益供应链管理技术的基本目标。

2. 降低成本

降低成本是精益供应链的主要目标,供应链企业需要运用精益供应链的方法工具与运作策略来实现降低成本的目标,使得成本达到最小化。

要想降低供应链成本,就必须分析整个生产活动中出现的问题,提高产品流、资金流、信息流的效率,降低供应链的复杂度。在当前全球化的市场竞争环境中,单一的优势已经无法让企业脱颖而出,世界级的企业必须利用精益供应链的策略才能保证领先地位。通过供应链管理优化,可以帮助企业不断消除不必要的成本,提高产品流、资金流、信息流的效率,获得更大的利润。

实现供应链的最小成本是精益供应链运作最主要的目标,也是判断一个供应链是否精益的主要标准。故精益供应链目标层之一便为降低成本。

3. 提升客户价值

客户对于企业来说是利润的来源,是企业竞争的基础,是企业持续发展的重要因素,而对于企业来说,客户的价值可影响到企业的发展规模、发展状况和发展前景等,每一个好的客户价值养成可以为企业带来可观的利润收益,促进企业的不断壮大,可以说企业与客户之间是相辅相成的状态。因此,提升客户价值也成为精益供应链的目标之一,成功利用精益供应链的方法工具和运作策略来达到提升客户价值的目的是十分重要的。客户价值的意义在于表达忠诚客户对企业生存和发展的重要和长远影响。一个企业重视自己的客户价值代表重视自己的未来发展,挖掘客户价值是起步,提高客户价值是过程,保证客户价值是努力的结果。

14.2.2 运作策略层

1. JIT

JIT 就是要保持物质流和生产流在生产过程中的同步,让合适数量的物料在合适的时候进入合适的生产车间,生产出合适质量的产品。JIT 强调的是将必要的零件以必要的数量在必要的时间送到生产线,并且只将所需要的零件、只以所需要的数量、只在正好需要的时间送到生产线。这是为适应 20 世纪 60 年代消费需求变得多样化、个性化而建立的一种生产体系及为此生产体系服务的物流体系。所以 JIT 的出发点就是不断消除浪费,减少库存,进行持续的循环式的改进。

JIT 的生产管理方式其实起源于 20 世纪 60 年代的日本丰田公司。在这之前,世界上的汽车生产公司都在采用福特式的大规模生产模式。但是随着市场需求多样性的不断增加和汽车需求市场的不断扩大,这种大规模的生产方式越来越不适应市场发展的需

智慧物流与现代供应链

要。这种生产方式容易导致大量的库存堆积，造成资源的浪费。而 JIT 模式就避开了这些缺陷，将适量的原材料和配件，在合适的时间送往合适的生产地点，大大提高了当时丰田公司的生产效率，JIT 模式很快在许多国家和企业流行起来。

JIT 模式中，要求消除不合理的因素，使每一道工序都生产出合格的产品，大大降低了生产中的废品量；实行定量生产，并且将生产线和装配线进行紧密结合，大大减少了生产线内的运输，而且能够把库存量降到最低。

2. ECR

有效客户反应（Efficient Consumer Response，ECR）是指以满足客户需求和最大限度降低物流费用为原则，能及时做出准确反应使提供的物品供应和服务流程最佳化的一种供应链管理策略。ECR 通过生产厂家、批发商和零售商等供应链组成各方相互协调和合作，达到以更好、更快、成本更低的服务满足客户需求的目的。

ECR 采用的技术主要有 POS 扫描、电子收货系统、EDI 计算机辅助订货（CAO）、持续补货（CR）、数据库营销、品种管理和越库等。ECR 以引入有效商品管理、有效补货、有效促销和有效新产品四大管理方法为显著特征。有效商品管理通过了解客户购买行为和偏好，将商品范围限制在高销售率的产品上，定期适当调整商品的分配空间，有效地利用店铺空间和店内布局来最大限度地提高商品获利能力。有效补货通过 POS 数据共享、电子数据交换、CR 和 CAO 将正确的商品在正确的时间，以正确的价格、正确的数量和最有效的配送方式送给客户，努力降低交货时间和系统成本，从而降低商品售价。有效促销主要是简化贸易关系，将经营重点从采购转移到销售。零售商把更多的时间和资金用来进行促销，消费者将从这些新型的促销活动所带来的低成本中获利。有效新产品就是最有效地开发新产品，进行产品的生产计划，以降低成本。零售商和制造商应为了双方共同的利益而紧密合作，包括把新产品放在一些店铺内进行试销，然后按照消费者的类型分析试销的结果。

对于功能型产品，应当侧重于降低物流成本，采用有效性供应链，实施 ECR 策略，从提高商品供应的效率入手，与上游供应商和制造商之间利用现代信息技术建立相互协调的供应模式。零售商总部利用 POS 系统提供的商品销售信息，以及对销售量的预测，利用 CAO 系统向供应商订货，并由供应商或区域配送中心向各零售商提供即时补货，拉动制造商进行产品生产，形成销售和配送的同步运转，共享物流设施和仓库资源，降低配送成本，最大限度地减少生产流通环节可能产生的各种浪费。

3. 供应商管理库存（VMI）、联合库存管理（JMI）

（1）VMI。VMI 是一种基于供应链理念的横向库存运作模式。与传统的订单模式不同，VMI 策略通过博弈和调研等方法预测消费需求和库存量，以预测所得数据作为补货依据，是一种拉式补货驱动模式，这样供应商就可以更有效地计划生产，更高速地反映市场需求变化。

实施 VMI 策略，订单的处理方式就一定要改变，需要更新为标准化的托付订单处理模式。VMI 策略的关键就是库存的透明性和可预测性。实施 VMI 策略有四点优势：①缓和了需求与供给之间的不确定性，提高了整条供应链的柔性，缩减了库存成本；②明显提高了补货的效率，缩短了提前期，缓解了"牛鞭效应"，供需双方都受益；③由供应商承担客户的库存管理决策费用及管理责任，使物流服务得到改善，有效化解

第 14 章 精益供应链

了存货水平与客户服务水平的冲突,使双方联系更加紧密;④双方信息在一定程度上共享,买方有可能实现零库存。

(2) JMI。联合库存管理(Jointly Managed Inventory,JMI)策略是在 VMI 策略基础上发展起来的一种由供应商和用户联合管理库存的新模式,主要是解决供应链体系中的"牛鞭效应"问题。JMI 策略要求上游企业与下游企业权责对等并且风险共担,把供应链管理系统集成为上游和下游两个协调管控中心。从供应链整体出发,库存连接的供需双方打破了传统各自为政的库存管理模式,有效控制了供应链上库存环节产生的费用与风险。

应用 JMI 策略有以下三点优势:①该策略的成功实施是供应链同步化运作的前提条件和保证;②缓解了供应链中需求扭曲的现象,降低了库存需求的不确定性,提高了供应链的稳定性;③有效降低了缺货成本和库存缺货风险,是零库存管理、JIT 采购以及精细化供应链管理的前提保证。

4. 延迟策略

供应链管理的延迟策略是指尽量延迟产品的生产和最终产品的组装时间,就是尽量延长产品的一般性,推迟其个性实现的时间。一般情况下,预测点与需求发生点越接近,对需求量的预测就会越准确。这是因为随着时间的延迟,人们可以获得更多关于实际需求的信息,从而降低不确定性,提高预测精度,减少不必要的库存积压或缺货。

延迟提供了一种减少预估风险的战略。在传统安排中,大多数采购、生产、运输和存储是通过对未来交易的预测而进行的。如果将一种产品的最后制造和配送延迟到收到了客户的订单后再进行,那么由于预测风险带来的不合适或错误的生产及库存就能自动被减少或被消除。在当今时代,为了满足客户多样化的需求,企业就必须采用产品多样化的策略。这样一来必然会带来分销中心库存的增加,增加企业的投资和占用资金,相应成本的增加可能会削弱产品多样化的优势。而在延迟策略中,地区性客户化的产品是到达客户所在地之后以模块化方式进行组装的,分销中心不需要存储所有的最终产品,只需存储产品的通用组件,这就大大降低了库存成本。同时,使用延迟策略前后分销中心的功能也发生了转变。

5. 拉动系统

在精益供应链里的拉动系统中,整个供应链的驱动力产生于最终的客户,产品生产是受需求驱动的。生产是根据实际客户需求而不是预测需求进行协调的。在拉动系统模式中,需求不确定性很高,周期较短,主要的生产战略是按订单生产、按订单组装和按订单配置。整个供应链要求集成度较高,信息交换迅速,可以根据最终客户的需求实现定制化服务。

实施拉动系统的策略也是实现精益供应链目标的重要一步,实施拉动系统可以有效降低供应链上企业的库存,进而降低库存成本。且因为拉动系统是按订单生产,能更有效地对需求的变动做出较快响应,可以有效提升客户价值。

14.2.3 方法工具层

1. 看板管理

通常,一个拉动系统用信号请求上游部门生产和交货。只有信号出现的时候,上游部门才会生产或者进行补给。执行这个过程的工具叫看板。它本质上是一种利用可视化

智慧物流与现代供应链

控制连接各生产环节的方法,可以控制原料和其他资源的流动。只有当下游的库存无法满足时,才会更换看板,从而决定生产和补给计划。

在供应链中,看板应用在很多方面。看板从供应商原料补给环节开始提供明显信号,当库存渐减时,看板被"拉动"。看板上有项目基本信息,如再订货数量、价格等。

看板同样适用于供应补给和物料包装。看板在分销中心最好的用途是供应补给,如标签、胶带和在办公室或者工作区域的变形纸箱的供应。它甚至可以简单到只是在墙上画一条线,从而决定再订购点。

2. 全面生产维护(TPM)

TPM 关注的是与设备相关的浪费,设备维护是经常被忽略的浪费领域。TPM 将维修变成了企业中必不可少的和极其重要的组成部分,维修停机时间也成了工作日计划表中不可缺少的一项,而维修也不再是一项没有效益的作业。在某些情况下可将维修视为整个制造过程的组成部分,而不是简单地在流水线出现故障后进行,其目的是将应急的和计划外的维修最小化。

TPM 有两个组成部分:

(1) 全面预防性维护。预防性维护是基于时间和使用计划的设备维护方法,在计划的时间/或使用间隔内实施,以防止机器故障的发生。

(2) 全面预测性维护。预测性维护是基于状态的设备维护方法,在有明显的信号时或采用诊断技术实施,以防故障发生。

TPM 就其内部和本身而言,并不是一个预防性维护项目,然而,可以在适当的时候实施这样一个项目。

3. 标准化作业

标准化作业指的是将真实生活中实际完成的最佳工作实践进行标准化,其宗旨是通过尽可能少的差别操作达到高生产力,以使工作具有安全性和可重复操作性。改善创新是使企业管理水平不断提升的驱动力,而标准化则是防止企业管理水平下滑的制动力。没有标准化,企业就不可能维持在较高的管理水平。

标准化的作用主要是把企业内的成员所积累的技术、经验,通过文件的方式来加以保存,使其不会因为人员的流动而跟着流失,达到个人知道多少,组织就知道多少,也就是将个人的经验(财富)转化为企业的财富。更因为有了标准化,每项工作即使换了不同的人来操作,也不会因为不同的人,在效率与品质上出现太大的差异。

4. 5S 思想

5S 是整理(seiri)、整顿(seiton)、清扫(seiso)、清洁(seiketsu)和素养(shitsuke)这五个词的缩写。

(1) 整理。

1) 定义:区分要与不要的东西,除了要用的东西以外,一切都不放置。

2) 一个判定原则:未来 30 天内用不着的任何东西都可移出现场。

3) 关键道具:"红单运动"。

4) 目的:将"空间"腾出来活用。

(2) 整顿。

1) 定义:要的东西依据规定方法摆放整齐,明确数量,明确标示,即实现"三

第 14 章 精益供应链

定":定名、定量、定位。

2)目的:不浪费"时间"找东西。

(3)清扫。

1)定义:清除垃圾、污垢,并防止污染的发生。

2)目的:保持所有设备在最佳的状态,以便它们随时可供使用。

(4)清洁。

1)定义:将上面3S实施的做法制度化、规范化,创建一个完成各项任务和规程的统一方式,并维持其成果。

2)目的:通过制度化来维持成果。

(5)素养。

1)定义:培养文明礼貌习惯,按规定行事,养成良好的工作习惯。

2)目的:提升"人的品质",成为对任何工作都讲究认真的人。

5S的实施带来了干净、有序、安全和有条不紊的工作环境,也使员工变得主动,从而达到减少事故、提高效率、减少寻找时间、减少污染、可视化工作场所控制、为所有其他改善活动奠定基础的目的。

5. 越库作业

越库作业是指通过越库设施接收来自各家供给商的整车货件,立即依客户需求及交货点加以拆解、分类、堆放,进而装上预备好的出货运具,送往各客户交货点,其中所有货件均不进入仓库的储存空间。越库作业非常适合于快速处理的紧急订单,适合于要求零售商向客户直接运送商品的情况。在越库作业中,货物是流经仓库或配送中心而不是储存起来。通过越库策略大幅降低库存水平,可以降低库存治理成本,减少货物损失率、丢失率及加快资金周转等。

越库作业与传统的仓储库存的不同之处在于:传统的仓储模式中,仓库持有存货,直到客户订单到达后,工作人员依据订单从货架上拣选货物,然后打包运出。其补货策略主要基于仓库存货量来制定。

在越库作业中,配送中心库存极少,在接到客户订单后向上级供给商提货,其补货策略是基于客户订单需求而制定,货物不进行长期储存。与仓储库存相比,越库作业优势显而易见,如:降低分销成本,减少货物的仓储空间,降低零售商的库存,减少整个供应链的仓库数量,降低库存成本及装卸成本,降低货物破损率,提高分销中心的利用率,整合订单以提高客户响应水平等。同时,该种配送模式完全符合准时制策略,可为企业实施准时制造提供保障。

14.3 精益供应链的实现

14.3.1 供应链中各环节的实现

1. 精益采购

(1)合理核定采购计划。由各部门根据实际需要提供物资计划,主管部门根据总量需求和阶段性计划要求制订物资采购计划。制订物资采购计划,是在具体实施物资采

智慧物流与现代供应链

购行为之前对物资采购成本的一种估计和预测,是对整个采购资金的一种理性规划。它不单能对物资采购资金进行合理配置和分发,还能同时建立一个资金的使用标准,以便对采购实施行为中的资金使用进行随时检测与控制,确保采购资金的使用在一定的合理范围内浮动。有了采购计划的约束,能提高采购资金的使用效率,优化采购管理中资源的调配,有效控制采购资金的流向和流量,从而达到控制物资采购成本的目的。

(2) 构建物资采购档案,扩大采购渠道。建立价格动态机制,对物资价格保持敏感度,在当地供应商价格过高的时候可选择外地供应商,借助现代物流实现异地采购。在目前市场经济条件下,许多企业都在网上设立了自己的产品专栏,产品价格一目了然,市场透明度越来越高,我们能很快了解需要购买产品的各项信息。要利用网上信息,建立起自己的价格档案,定期收集有关供应价格的信息,分析、评价现有价格水平,并对归档的价格档案进行评价和更新,以降低企业采购成本。

(3) 对采购人员进行培训和教育。进一步规范物资采购人员的选用程序,可以根据实际,在企业内部选取人员来充实物资采购队伍,对其展开业务知识培训,提高其规范意识和采购工作的基础水平,并定期对采购组的部分计划员、采购员进行岗位轮换。这样既可以让他们熟悉更多工作岗位,掌握更多业务知识,又可以避免计划、采购人员在同一业务岗位上长期对外联系、单一交往供应商而产生滥用职权的行为。

(4) 加强基础台账资料管存,提高精细化管理水平。加强基础台账资料的管存,目的是让物资采购过程中所有的经手人员、采购记录都留下印迹,以供日后查证,对物资采购的进一步规范有着重要意义。台账资料往往还蕴含着对一个项目的评价:评价程序是否合法规范,进度是否按期,采购价是否为同期市场最低价,采购人和供应商的满意程度,如此种种。遇到的问题和改进建议、优秀供应商名单和不良记录供应商名单,都能从一份完整的台账资料中得以体现。加强基础台账资料管存、提高精细化管理水平是实现精益采购的必要措施。

2. 精益生产

精益生产的核心是对设计及生产过程的控制工作,因此为发挥精益生产的最大化经济效益,应该对其生产及设计过程给予相应的重视。在产品市场、生产设备没有任何变化的情况下,生产制造的过程和技术一般较为固定,只做技术或流程上的优化。为了更好地管理精益生产,需要进一步优化过程控制,通过应用数据逻辑过程重新认识产品的生产过程,从而根据生产现场的实际情况有效地控制生产计划,最终在较低的生产消耗下生产出价格比和性能比更好的产品。这就需要企业根据工艺顺序、劳动定额、工序节拍、定额消耗等基础数据,最小化生产批次,规范化生产过程,有效优化生产过程。

(1) 小批量生产。一个制造企业应该小批量、高频次地从供应商进行采购,并且小批量、多规格地生产产品。但是许多企业都尝试过并且都失败了,最终又回到高库存水平、大批量生产,没有应对和解决精益生产实施中产生的许多问题。然而,通过整个生产流程的沟通以及与外部供应商的交流而提出的小批量等级规划是实现精益生产所必需的。

通过减少采购、半成品和制成品的库存,可以降低小批量生产的成本,这也使得企业能够更加灵活地满足不同客户的需求。让供应商参与货物运输的预测和规划,形成一套标准的小批量生产计划,也可减少延迟交付。

第14章　精益供应链

总部设在得克萨斯州的国家联轴器有限公司（National Coupling Co.）自2002年以来一直使用精益生产方式，今天已可以每周生产约1500个连接组件，安装组件涉及60~80个产品族。这相当于在它们的装配线上每10min大约有6个组件。运营副总裁Ken Oberholz说："随着准备时间减少到不到5min，我们可以保持高速度、高多样性的生产线。"这种灵活性使他们总是能根据客户需求在合适的时间生产合适的组件。

（2）精益布局。精益布局（Lean Layout）的主要设计目标是减少员工、客户或半成品的浪费，并且实现整个工厂内产品流的平稳。到处移动生产车间的零件或人员是不会增加价值的，精益布局就是让人力或物资在被需要时能尽快运送到合适的地点。因此，只要有可能，加工中心、办事处或那些频繁转移零件、客户或工人的部门应该尽量互相靠拢，以最大限度地减少这种移动或浪费的时间。

精益布局非常直观，流水线很通畅，使操作者在一个加工中心能够轻松地监视发生在其他中心的工作。在工厂，所有外购和半成品库存都放置在底层，同时良好的物料直观性使当瓶颈出现时很容易识别库存储备。生产问题发生时，能够被迅速发现并纠正。相对靠近的加工中心提升了团队精神和共同解决问题的能力，相较于传统的生产布局，精益布局需要更少的地面空间。

进行精益布局可以从以下四方面进行：

1）可以根据流量生产线进行布局改造，对大部分情况下的布局情况进行分析，完成设备之间的最佳组合；保证在相同数量和质量设备的基础上发挥设备的最大作用，从而降低企业的生产成本，保证生产质量。

2）需要对产品加工给予更多的关注。例如在产品的加工过程中，要明确不同产品的加工需求，结合企业为各个领域提供的产品特点进行分析，然后合理划分企业加工的空间，提高空间利用效率。

3）产品生产后需要合理规划成品，注意摆放的方式和位置，可以扩大成品区以及质量检测区的面积，保证成品区有充足的空间进行搬运以及调整，增加面积以后可以实现业务量的扩张。

4）对设备提出更高的要求。使用专业化的设备，可以有效节约人工成本，使企业的生产加工更加专业化和技术化，提高设备的使用效率。因此可以增加设备投入，保证设备周转的效率。

（3）减少库存和准备时间。依据精益的说法，过度的库存被认为是一种浪费，它们往往隐藏着组织内部的一些采购、生产和质量问题。正如水下隐藏着对船有破坏性的礁石，因此过度的库存隐藏着供应链中的价值损失问题。另外，正如降低水平线会使礁石浮出水面一样，库存水平的降低也会使在组织内部以及合作伙伴之间的问题浮现出来。解决这些问题后，就能在较低库存水平下，提升产品价值，进而使整个系统更有效地运转。但是，当运输延迟发生时，减少外购物料的安全库存可能产生库存短缺和潜在中断生产的问题。因此，企业要么与供应商共同找出解决运输问题的方法，要么找到一个更可靠的供应商。无论是哪一种方法，最终的结果都是以较少的库存投资形成更顺畅的供应链。

由于减少产品批量会导致准备时间的增加，同时会花费下一步生产线调试生产设备的时间，因此公司必须找到减少准备时间的方法。减少准备时间有很多方法，包括：在前一批产品还在加工时就做好前置准备工作，将机床移至靠近机器的地方，改进机床安

智慧物流与现代供应链

装或接头,安装过程标准化,联系多种方法来减少安装时间,以及购买需要较少准备时间的机器。

最后,一旦库存减少,流程中的问题被发现并解决,企业就可以进一步减少库存,同时会发现另外一些需要解决的问题。随着不断减少库存,公司将更精简、更便宜、更快地运行,同时也会拥有更高水平的产品质量。

3. 全员参与

(1) 企业员工全员参与。精益供应链的成功,需要具有奉献精神的员工在工作过程中不断发现并提出问题,并进行持续改进。企业要为员工提供技术、时间和其他一些必需资源来保证员工可以在工作中确定问题并采取解决措施,这样才能保证精益供应链的运作。

1) 营造文化氛围。供应链企业首先必须营造一种文化氛围,在这种氛围中,鼓励员工发现问题,并勇敢将问题提出来。通过开展全员培训,提升全员精益意识;后续结合培训管理体系,相继开发精益供应链管理的系列课程,帮助员工提升精益知识和工作技能。同时,还可通过在车间设立精益管理看板、精益宣传手册、精益知识专栏等方式营造氛围。

2) 建设流程。精益系统中,为保证员工能在发生机器故障或人员缺勤的不确定情形中,有足够的能力进行应对,就需要对员工在多种多样的生产流程中进行交叉培训。同时为保证各部门、各层级人员按照精益管理思路开展工作,公司根据现场问题的类型自上而下建立起了不同的现场服务管理流程,及时解决现场问题,提高员工发现问题、暴露问题、解决问题的能力和意识。员工在生产过程中,能对进入工作单元的物品进行质量检查,当发现质量问题时,工人有权停止生产流程并提出遇到的问题。为避免车间岗位出现改进瓶颈,公司应对生产岗位进行全面梳理。此外,还应组织专家团队定期到现场帮助车间解决问题,在引导职能部门关注生产现场需求、快速解决现场存在的问题方面,建立相应的职能部门响应流程。

3) 建立激励机制。在引导全员参与精益管理中,公司建立各项管理激励机制,引导各部门的精益管理从员工需求出发,根据不同层级需求进行调查,运用各种沟通渠道收集员工意见与诉求,不断改善员工的工作与生活质量,使各项举措都让员工从接受到满意、从满意到感动;使每个参与管理、生产的员工都将自己当作企业的一分子,融入企业这个大家族当中,不仅关心自己分内的工作是否完成,还应当对企业的管理和经营进行积极的建言献策,共同参与到企业的建设中来;每月组织开展先进表彰会,对参与精益项目的基层优秀员工给予表彰激励,以形成企业和谐共进的管理氛围。

(2) 供应链成员全员参与。精益供应链的实现要求核心企业与上下游合作伙伴共同携手以确定客户需求、消除浪费、降低成本、提高产品质量和客户服务。

作为一个由多个相互独立的合作伙伴构成的精益供应链,其中的合作关系管理是关系到精益供应链运作成功与否的关键因素之一。想要达到企业外部全员参与的目的,就需要建立供应链合作伙伴关系。这就需要供应链成员做到如下几点:

1) 相互信任。作为一种行为,信任通常意味着合作,而低水平的信任则意味着只顾为自身利益进行的明合作、暗斗争。供应链合作伙伴之间信任关系的建立可以避免供应链管理中的冲突,降低合作伙伴之间的交易成本。在供应链节点各个企业的组织结构、文化背景等方面都存在着较大差异的情况下,信任关系的建立可以大大降低伙伴之

第 14 章 精益供应链

间协调的工作量,从而有利于形成稳定的供应链合作关系,使供应链管理总成本最小。

2) 信息共享。在合作过程中,如果伙伴之间始终能保持信息共享,那么相互之间的信任程度也会提高,合作效果会更加明显。为此,供应链各合作伙伴之间必须借助 Internet/EDI 技术,构建供应链管理信息系统,使各合作伙伴之间能共享信息。制造商必须让供应商了解制造企业的生产程序和生产能力,使供应商能够清楚地知道企业需要产品或原材料的期限、质量和数量;制造商还应向供应商提供自己的经营计划、经营策略及相应的措施,使供应商明确其希望,以使自己能随时达到制造商的要求。

另外,各伙伴之间必须相互沟通所获取的最新的市场信息,了解客户需求变化,以调整各自的生产和经营计划,达到双赢或多赢的目的。

3) 权责明确。正如企业内部的分工要明确一样,各合作伙伴也要明确各自的责任,并对其余各方负责。供应链伙伴之间不能为了自身利益而不负责任,牺牲他人利益。企业在合作过程中不要希望竭尽全力地将利益收归自己的囊中,同时将责任、风险、成本等转嫁给合作企业,这种做法对供应链合作是极其有害的。

由此可见,全员参与能互惠互利,提高产品附加值和所有合作伙伴的竞争力。全员参与也是实现精益供应链运作的必要一步。

4. 持续改善

所谓持续改善,就是运用不断改进、不断完善的管理理念,通过全员参与各个领域的目标化、日常化、制度化的改进活动,促进企业不断减少浪费,形成科学高效的生产系统,使企业持续进步,稳定发展。

持续改善是一个持续循环、不断渐进的过程,需要通过一系列实践活动改变企业和员工的思想和行为习惯。持续改善需要员工发挥核心作用,员工应当形成敢于并善于发现流程中存在问题的习惯。以此为目标,首先,企业应该激发员工的参与和管理热情,提高他们主动发现并提出问题的积极性,制定一套激励措施和奖励机制,让每一位员工在工作中感受到自己在参与管理企业生产活动;加强员工之间的交流沟通和经验分享,发挥员工的潜力,使其在共同讨论中改进提高。其次,企业应当对员工展开培训,通过讲解并分析成功的改善案例帮助他们了解发现问题的重要性和必要性,形成精益管理理念;同时进一步提高员工发现问题的能力,使其形成打破陈规的习惯。作为企业管理人员,持续改善的理念必须时刻谨记,以主动自发的精神预防问题,使现场管理不仅仅是被动的补救。

持续改善需要员工丢掉对工艺原有的僵化的看法,有打破陈规的观念和能力;对待流程中出现的问题,不要忽视或者找借口躲避,要勇于对现有方法提出质疑;即使不能实现预期目标,也要立刻纠正错误将解决方案付诸实施;精益供应链各阶段实施改善的可能性是无穷无尽的,企业应当秉承工作不停改善不止的观念。

标准化和持续改善是实现精益供应链必不可少的环节,只有通过持续改善发现供应链中的问题,并实行标准化操作才能提高供应链的效率,最终实现精益目标。

14.3.2 全面质量管理的实现

1. 全面质量管理对于精益供应链实现的必要性

全面质量管理是实施精益供应链的前提条件,只有实施全面质量管理,才能让每个

智慧物流与现代供应链

环节加以重视,生产出质量更好的产品,才能保证更少地生产出残次品,避免造成浪费。在供应链环境下,产品的生产、销售、售后服务必须由供应链所有成员企业共同完成,产品质量客观上来讲是由供应链全体成员企业共同保证和实现的,但是产品质量的形成和实现过程实际上分布在整个供应链范围内。因此,进行全面质量管理是实现精益供应链必不可少的前提。

质量低劣对供应链的影响以及对一个公司声誉的潜在影响可以通过例子进行说明。2007年8月,玩具制造商美泰宣布它们正在将900万件芭比娃娃、波利口袋和其他玩具下架;仅两周后又将150万件费雪牌(Fisher-Price)婴幼儿玩具下架。涉及的质量问题包括使用铅涂料以及使用可能被吞下的微小磁铁,将对孩子身体产生伤害。美泰以及它的供应商、零售商为此付出了高昂的代价。

2. 全面质量管理的有力工具——六西格玛质量管理

六西格玛质量管理经常简称为六西格玛,是1987年由全球通信领导者摩托罗拉首先倡导的。它是一个以数据统计为基础的决策制定框架,用于在价值增值流程中进行重要的质量改进。

质量完美被六西格玛所替代,西格玛"σ"是希腊文的一个字母,在统计学上用来表示标准偏差值,用以描述总体中的个体离均值的偏离程度,测量出的 σ 表征诸如单位缺陷、百万缺陷或错误的概率性,σ 值越大,缺陷或错误就越少。6σ 是一个目标,这个质量水平意味着所有的过程和结果中,99.99966%是无缺陷的,也就是说,做100万件产品,其中只有3.4件是有缺陷的。这表示在流程中瑕疵品发生的概率当时只有0.00034%,即每百万抽查中只有3.4件的残次品,非常接近完美。这样的描述使得它听起来应被称为4.5西格玛。剩下1.5西格玛的差异是很多争论的主题,它是指一个有些使人不易懂的术语叫作西格玛漂移(Sigma Drift)。西格玛漂移假定,伴随着流程测量逐渐偏离目标,流程的变化逐渐增加。事实上,通过质量控制图,任何表现出1.5个标准差的流程变量的进程都将被发现,这就预示着要改进工作以使流程回到目标上来。表14-1显示了通过使用六西格玛方法,在多种西格玛情况下所预计的每百万机会的瑕疵品数(Defects per Million Opportunities,DPMO)。

表14-1 每百万机会的瑕疵品数

平均值以上标准差数	无瑕疵品百分比(%)	DPMO
2	69.15	308537
2.5	84.13	158686
3	93.32	66807
3.5	97.73	22750
4	99.38	6210
4.5	99.865	1350
5	99.977	233
5.5	99.9968	32
6	99.99966	3.4

第 14 章 精益供应链

当今,许多组织都实施了六西格玛,六西格玛已不仅是一种单纯的、面向制造性业务流程的质量管理方法,同时也是一种有效提高服务性业务流程的管理方法和战略。

3. 全面质量管理的实现路径

(1) 认真分析产品质量和质量管理的现状,明确树立奋斗目标。推行全面质量管理,必须坚持从实际出发,切忌生搬硬套。要做到坚持从实际出发,首先要回答的是产品质量和质量管理的现状如何,即已经达到什么样的水平,还存在哪些问题、原因何在等。围绕产品质量来分析质量管理,是正确认识管理现状的重要措施。做到"知己"是一方面,同时还要做到"知彼",即知道国际已经达到的水平,明确差距,并在此基础上树立自己的奋斗目标,制订实现这个目标的措施计划。

(2) 开展质量管理培训工作。通过培训教育使企业员工牢固树立"质量第一"和"顾客第一"的思想,营造良好的企业文化氛围,采取切实行动,改变企业文化和管理形态。

(3) 建立严格的质量责任制。全面质量管理是同产品质量有关的各个工作环节的质量管理的总和,它包括市场调研的质量管理、研究设计的质量管理、工艺技术的质量管理、生产准备的质量管理、机械动力的质量管理、协作配套的质量管理、物质供应的质量管理、生产过程的质量管理和销售服务的质量管理等。同时,这个总和也不是各个环节质量管理的机械相加,而是一个围绕着共同目标的协调运行的统一体。因此,为了顺利推行全面质量管理,必须明确规定各个有关部门在质量管理方面的职能,以及围绕一定的质量目标所承担的具体工作任务。

14.4 精益供应链的发展实践

14.4.1 可口可乐(中国)公司的精益供应链管理

1. 可口可乐(中国)公司概况与供应链分析

(1) 可口可乐(中国)公司概况。1927 年,可口可乐公司在上海成立第一家装瓶厂,在短短 6 年时间里,上海装瓶厂迅速成为美国境外最大的可口可乐厂,并于 1948 年一跃成为美国境外第一家年产超过 100 万箱的装瓶厂。1993 年,可口可乐公司与轻工业部签署合作备忘录,双方提出了一个基于"真诚合作,共同发展"原则的长期发展规划。根据这个规划,可口可乐公司在此后 5 年里将发展 10 家装瓶厂。如今,可口可乐已成为中国著名的消费品牌。

(2) 供应链分析

1) 供应链关系(见图 14-2):将公司定位于广告商和浓缩液制造商,通过特许合同的方式,以固定的浓缩液供货价格和区域独家经营的方式,将销售的权限授予装瓶商,最终可口可乐被分销商销售到消费者手里。

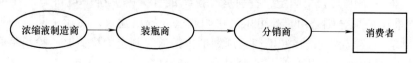

图 14-2 供应链关系

智慧物流与现代供应链

2）供应链结构：在可口可乐的供应链中，有一种物品起着非常关键的作用，那就是浓缩液。在可口可乐公司旗下的饮料中，浓缩液在每升饮料中的含量有着严格的规定，饮料中必须含有浓缩液才具有特定的风味，否则就成了碳酸化糖水。可口可乐公司通过控制浓缩液的生产，间接掌控了整个供应链，在该供应链的物流中，可口可乐公司购买一定量的糖和包装物，而最终卖给消费者的是相当数量的可口可乐。由于可口可乐公司垄断了浓缩液的供应，因而它可将向装瓶商收取的特许经营费、广告费用、市场推广费等，这些费用已包含在浓缩液价格中，并且这些费用同销量成正比，使资金流顺利地从消费者到分销商到装瓶商再到可口可乐公司手中。另外，浓缩液的销售量同饮料销售量成一定比例，通过统计卖给装瓶商的浓缩液数量和种类，也掌握了每种饮料的销量的信息。可口可乐（中国）公司的供应链如图14-3所示。

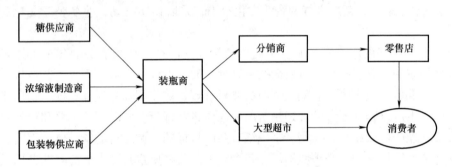

图14-3 可口可乐（中国）公司的供应链

2. 可口可乐（中国）公司供应链的采购和制造过程

（1）采购（供应商的选择）。在主要原材料包括糖和包装物的供应商选择中，可口可乐（中国）公司起主导作用，其技术部门根据这些原材料供应商的地理位置、规模、设备水平、管理水平、供求状况，选择一批认可供应商，装瓶商只能从这些认可供应商中购买原材料。可口可乐（中国）公司选择这些供应商的首要依据为原材料的质量，通过控制原材料的质量，从根本上保证了可口可乐产品的质量。在此基础上，再考虑其他方面的因素，通过控制这些因素来降低成本。

（2）制造过程。可口可乐（中国）公司在中国有三大合作伙伴：嘉里集团、太古集团和中粮集团，拥有分布在全国不同区域的装瓶商共25家。虽然合作伙伴不同，但运作模式却基本相同，同时，合作伙伴之间也有合作，互为代加工部分产品。

3. 可口可乐（中国）公司供应链的分销过程

在这一过程中，可口可乐（中国）公司起主导作用，但与装瓶商之间也有着明确的分工。可口可乐系列产品分销策略总体上分为两部分：①"拉"，即通过广告、促销、公共关系等市场推广策略吸引消费者购买可口可乐产品；②"推"，即通过各种渠道、价格促销、赊销手段等销售策略，将可口可乐产品销售到零售商手中。市场策略一般由可口可乐（中国）公司制定，特别是"拉"的部分是完全由可口可乐（中国）公司包办，"推"的部分则是由可口可乐（中国）公司提出建议，然后由装瓶商根据实际情况自行制定，装瓶商在选择经销商、规划销售渠道、制定价格策略、赊销手段上拥有最终决定权。具体来说，其业务分工如图14-4所示。

第 14 章 精益供应链

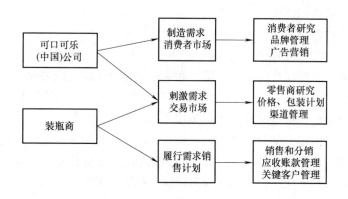

图 14-4 业务分工

4. 可口可乐（中国）公司的供应商库存管理和订单管理

VMI 是建立在良好的信息技术设施的基础上的，由于客户的信息化程度不同，因此是否采用要区别对待。可口可乐（中国）公司对大型超市、连锁店、大批发商和有条件的中小批发商采取 VMI，如图 14-5 所示。

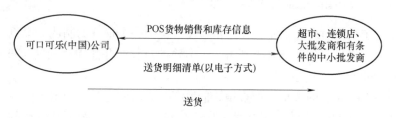

图 14-5 VMI 模式

要说可口可乐（中国）公司的物流运作速度，其一直引以为豪的 101 系统立下了汗马功劳。所谓可口可乐 101 系统，是指装瓶商在某地区找一家批发商（即 101 客户）为合作伙伴，该批发商负责该地区可口可乐产品的配送，并赚取一定数量的配送费。而装瓶商则负责派驻业务员在该地区进行业务推广，双方各司其职，共同发展。与其他公司一样，可口可乐（中国）公司的销售环节曾经也是通过一级批发商到二级批发商，再到终端客户。虽然那时公司也有业务代表随时保持与客户的沟通，但毕竟力度不够，很多情况下是将货发给一级批发商，就不再过问。在这种传统营销模式下，基本上是批发商自己寻找下线客户，拉来订单后向公司要货，公司只负责生产，却不清楚货物究竟被卖到哪个区域，市场分布情况如何。客户管理非常松散，公司难以准确把握市场。

随着业务代表对市场的不断深入，公司调整了营销策略，推出了 101 系统，将一部分批发商定义为 101 客户，省略二级批发商环节，由 101 客户直接面对零售终端。

这些 101 客户主要由大的批发商和原来的区域配送中心转变而来。转为 101 客户后，批发商不再需要到处寻找客户，而可以"坐享其成"。由作为可口可乐（中国）公司正式员工的业务代表直接从终端拿到订单，交给 101 客户，再由 101 客户在最短时间内按订单将产品送到每一个终端客户。

可口可乐（中国）公司的新营销策略优点不止表现在铺货上，在卸下了压在批发商肩上的订单重担的同时，整个系统的物流运作也加快了速度。

智慧物流与现代供应链

可口可乐产品出厂之后，由厂方用大型货车直接运往设在分公司的仓库，每个分公司再根据订单，借助当地第三方物流将货物运往每个101客户自己的小仓库。因为每个101客户所管辖的范围都比较小，配送方法又是多样化的，货车、三轮车、自行车，任何方式都可以采用，配送变得非常简捷。如果哪家饭馆在客人用餐时发现没货了，只要马上给101客户打个电话，5min后货就能送到。即使在一个比较大的销售区域，货物需求量特别大的时候，配送时间也不会超过6h。

库存也不再是问题。如果按照过去的模式，产品生产出来后直接送到批发商，再由批发商进行销售，可口可乐（中国）公司的物流成本虽然很低，公司却无法完全控制市场，生产和物流都不能跟随市场而及时反应。在启用101系统之后，业务代表们掌握了每个终端客户的需求和销量，对于101客户每天卖掉多少货物、库存多少都一清二楚。每个分公司的系统都与总部联网，101客户每销售1瓶产品，总公司在第一时间都可看到，可以及时通过第三方为其补充库存。

可口可乐（中国）公司在采购、制造、分销、库存、订单等方面进行精益管理，最终形成了精益供应链管理。

14.4.2 戴尔公司的精益供应链管理

在大众化定制的时代，戴尔公司是精益供应链中一个很好的制造业案例。戴尔公司能够在24h内完成从接到客户订单到组装、运输的过程，并使库存周转率高达90+次/年（在40~140次/年之间波动）。

戴尔公司拥有完善的策略，如直销、低库存、逆向现金流动（Reverse Cash Conversion）（指的是在收到客户的款项之后才向供应商支付货款，而不是以往的做法——在此之前就支付），还有一个使戴尔公司能够建立起顶级精益商业模式的必要条件，它就是：戴尔公司的供应商需要将零部件保管到生产前的最后一分钟。戴尔公司所建立的这种商业模式颠覆了高科技制造行业。

1. 在定制化模式下实现"零库存"的 VMI 供应链

整个供应链最关键的地方在于对生产和制造过程的控制，包括物流。戴尔公司供应链高度集成，上游或下游联系紧密，成为捆绑的联合体。不同于IBM（注意力横跨整个设计、制造、分销和市场的全过程），戴尔公司在装配和市场上做足了功夫。IT行业有它的特殊性，"计算机配件放在仓库里一个月，价格就要下降1~2个百分点"。如果没有一个很好的供应链管理和生产控制，计算机的利润只会更低。

戴尔公司的营运方式是直销，在业界号称"零库存高周转"。在直销模式下，公司接到订货单后，将部件组装成整机，而不是像很多企业那样，根据对市场预测制订生产计划，批量制成成品。真正按客户需求定制生产，这需要在极短的时间内完成，速度和精度是考验戴尔公司的两大难题。

戴尔公司的做法是，利用信息技术全面管理生产过程。通过互联网，戴尔公司和其上游配件制造商能迅速对客户订单做出反应：当订单传至戴尔公司的控制中心时，控制中心把订单分解为子任务，并通过网络分派给各独立配件制造商进行排产；各制造商按戴尔公司的电子订单进行生产组装，并按戴尔公司控制中心的时间表来供货；戴尔公司所需要做的只是在成品车间完成组装和系统测试，剩下的就是客户服务中心的事情了。

第 14 章　精益供应链

"经过优化后，戴尔公司供应链每 20s 汇集一次订单。"通过各种途径获得的订单被汇总后，供应链系统软件会自动分析出所需原材料，同时比较公司现有库存和供应商库存，创建一个供应商材料清单。而戴尔公司的供应商仅需要最多 90min 的时间用来准备所需要的原材料并将其运送到戴尔公司的工厂，戴尔公司再花 30min 时间卸载货物，并严格按照制造订单的要求将原材料放到组装线上。由于戴尔公司仅需要准备手头订单所需要的原材料，因此工厂的库存时间仅有 7h。

这一切取决于戴尔公司的雄厚技术基础——装配线由计算机控制，条码使工厂可以跟踪每一个部件和产品。在戴尔公司内部，信息流通过自己开发的信息系统，和企业的运营过程及资金流同步，信息极为通畅。

戴尔公司的供应商经过严格的挑选，供应商根据戴尔公司的订单需求预测提前将物料存放在 Hub 仓，Hub 仓存放的物料有零配件、包装材料等，所有供应商采取"补货"方式进行生产和调拨物料到 Hub 仓，戴尔公司根据订单情况每间隔 2h 向 Hub 仓发出备料指令，供应商在 1~1.5h 内将物料送到戴尔公司工厂的收货码头，戴尔公司收货并使用后才算真正意义上的"采购物料"，真正实现了零库存。

2. 供应链通过价值流分析、精准计划、缩短物料配送时间来实现精益

戴尔公司作为供应链管理的典范、业界供应链快速反应的标杆，其信息化集成程度相当高，从客户下订单到产品出库，可以实现 20h 内备料、生产和出货。对于其他公司来说是不可能的事，但是戴尔公司却做到了，不仅如此，戴尔公司自从与 M3 公司合作后，坚持消除浪费的理念，精益求精，在业界看来已经很好的基础上充分挖掘改善空间，努力将原来的生产在制时间 8h 缩短到 5.5h。

3. 实现物流管理智能化（WMS），减少物料在库、在制时间，降低资金成本，实现精益目标

戴尔公司在工厂收货码头从 Hub 仓收到物料后，直到打印生产订单配料上线前，这一段时间内的物料管理出现了"管理真空"：如何将上线前这些管理起来，减少期间的在制物料，减少呆滞料，快速查找物料，将物料从叉板中拆包配送等问题。M3 公司与戴尔公司经过前期详细调研，规划物流区域布局、规划物流线路，以及梳理这一区域的出入种类，设置信息反馈看板等，通过信息化系统 WMS 解决了上述问题。

总之，产品的定制化程度越高，客户对供应链服务的快速反应时间要求也越高，从客户下订单到物料筹备、配送、上线生产、产品配送等环节，均需要精益求精。戴尔公司多年的产品定制化模式，无论是其信息化系统、供应链库存模式上（如 VMI），还是供应链生产模式（生产延迟模式），生产计划物料配送时间点控制以及物流管理等，经过与 M3 公司合作后，都得到了一定的提升。

思考题

1. 精益供应链来源于什么？它是怎么产生的？
2. 简述精益供应链的定义。
3. 解释什么是 JIT。
4. 实施 VMI 策略有什么优势？
5. 什么是精益供应链管理的延迟策略？为什么要实施延迟策略？

6. TPM 由哪几个部分组成？
7. 5S 分别是什么？
8. 越库作业与传统的仓储库存有什么不同？

参考文献

[1] 王茂林. 供应链环境下的制造企业精益物流运作研究 [M]. 北京：中国物资出版社，2010.
[2] 李严锋，解琨. 精益物流 [M]. 北京：中国财富出版社，2012.
[3] 吴光东，苏振民，俞璐. 精益供应链的竞争优势分析 [J]. 建筑经济，2007（S2）：280-282.
[4] 高志艳. 基于精益供应链的第三方物流管理研究 [D]. 保定：河北大学，2008.
[5] 赵常荣. 基于精益供应链的精益供应商管理研究 [J]. 中小企业管理与科技（上旬刊），2018（5）：57-59.
[6] 吴波. 浅谈精益生产提高效率的策略 [J]. 东方企业文化，2015（16）：133，135.
[7] 杨冬琴. 探究某机械加工企业的生产管理策略——基于精益化生产理论 [J]. 科技风，2018（6）：143.
[8] 孙艳花. 基于质量的精益生产管理 [J]. 口腔护理用品工业，2018，28（6）：43-47.
[9] 黄昭美，王毅，何有志. 打造燕京漓泉的精益生产管理模式 [J]. 中国质量，2013（10）：24-27.
[10] 林丽华. 精益生产理论在供应链库存管理中的应用 [J]. 厦门科技，2013（3）：54-57.
[11] 魏仁干. 精益营销 6R 策略系统提升汽车销售终端效率 [J]. 企业活力，2006（8）：42-43.
[12] 殷绍伟. 精益供应链：从中国制造到全球供应 [M]. 北京：机械工业出版社，2016.
[13] MYERSON P. 精益供应链与物流管理 [M]. 梁峥，郑诚俭，译. 北京：人民邮电出版社，2018.
[14] 安进. 精益供应链物流运作模式探讨 [J]. 安徽科技，2006（11）：32-34.
[15] 潘果. 浅谈电子商务时代精益供应链 [J]. 物流科技，2012，35（3）：89-91.
[16] 于赫，王忠吉. 以 VMI 理论与 JMI 理论为例浅析供应链库存管理 [J]. 科技创新与生产力，2016（4）：82-84.
[17] 顾海鸿. 供应链管理策略快速反应（QR）与有效客户反应（ECR）研究 [J]. 中国高新技术企业，2009（19）：89-90.
[18] 王莉，朱纪铭，王清海. JIT 生产管理方式分析 [J]. 民营科技，2018（4）：173.
[19] 李冬，明新国，尤静，等. 精益供应链管理技术框架研究 [J]. 中国制造业信息化，2009，38（1）：1-4.

第 15 章　敏捷供应链

引言

本章从基于快速响应的敏捷供应链基础理论出发，介绍敏捷供应链的背景、定义、特点及作用。在此基础上，探讨敏捷供应链管理的三个重要组成部分，进一步分析敏捷供应链的运作模式。最后通过案例来研究敏捷供应链在不同领域的应用及其产生的效果。

15.1　敏捷供应链概述

15.1.1　敏捷供应链的背景

1. 产生的原因

自 20 世纪末以来，经济全球化的快速发展导致市场环境发生了重大的转变。生活水平的提升致使消费者对产品的需求不仅限于关注产品的质量和价格，更加注重产品的多样化和个性化。同时，科技的进步推动生产能力的极大增强，使企业面临来自内部产能过剩和外部竞争日益激烈的双重压力。企业只有快速把握市场需求，赢得市场先机才能够在激烈的竞争中生存下来。因此，敏捷供应链应运而生，通过结合网络化、信息化的技术，以实现市场需求的快速响应。

2. 理论发展的过程

敏捷供应链的理论发展过程主要是从敏捷制造的提出开始的。1991 年，里海（Lehigh）大学艾克卡（Iacocca）研究所完成的《21 世纪制造企业战略：一个工业主导的意见》报告中首次提出了敏捷制造的概念，帮助制造企业利用现代化信息技术手段，实现制造敏捷性，提高企业对外部环境变化的应变能力。在此基础上，企业和学者们深刻意识到敏捷性的重要并进行了深入研究。敏捷性是敏捷供应链的显著特征和重要功能，保证敏捷供应链快速响应市场需求。2000 年，美国斯坦福大学全球供应链管理协会提出了全球供应链敏捷性模型，并将敏捷性定义为：供应链响应全球市场竞争环境、提供良好产品或服务的能力。徐章一（2004）认为敏捷性是一种战略竞争能力，是一种在无法预测的持续、快速变化的竞争环境中生存、发展并扩大其竞争优势的能力。敏捷性响应的是企业驾驭变化的能力，同时也是一种客户价值创造能力。

为了使供应链系统支持以动态联盟为形式的敏捷制造，快速适应内外环境的变化，在传统供应链和敏捷制造概念的基础之上，产生了敏捷供应链的概念。H. L. Lee（1995）认为：从某种意义上讲，敏捷供应链就是虚拟企业。敏捷供应链强调各个节点企业通过合作形成一个直接面向市场和用户的虚拟企业，整合优化供应链各个节点企业

智慧物流与现代供应链

的内外资源,使节点企业能够主动、默契地协调工作,其供应链上的各项业务活动能够与客户需求无缝对接,实现低成本、优服务和快速响应的目标,进而实现供应链的柔性化运营。

15.1.2 敏捷供应链的定义

敏捷供应链的定义最早是 1995 年由美国斯坦福大学的 H. L. Lee 提出的,他认为敏捷供应链是对供需链上的随机变化做出快速响应,并能应对外来干扰。1997 年 Marshall L. Fisher 按产品需求模式将产品分为功能性产品和创新性产品,并以此将供应链划分为有效性供应链和反应性供应链。其中反应性供应链蕴含着"敏捷"的思想,即快速地对产品需求进行反应。因此从某种程度来说 Fisher 将敏捷供应链理解为反应性供应链。2001 年国内学者柴跃廷等提出敏捷供需链的概念:在竞争、合作、动态的市场环境中,由若干供方、需方等实体(自主、半自主或从属)构成的快速响应环境变化的动态供需网络。此后,学术界对敏捷供应链的概念较为统一,经过进一步的研究,最终定义为:敏捷供应链(Agile Supply Chain,ASC)是指在竞争、合作、动态的市场环境中,由若干供应商(供方)、客户(需方)等(自主)实体围绕主导企业构成的快速响应市场环境变化的动态供需网络。

由敏捷供应链的定义可以看出,敏捷供应链是在传统的供应链基础之上融入了动态联盟的思想。动态联盟(Dynamic Alliance)或称虚拟企业(Virtual Enterprise)是敏捷制造模式下的企业、公司组织形式,是企业间合作形式的虚拟化与合作过程的敏捷性结合。动态联盟的范围较为广泛,根据项目任务要求可由企业的不同部门合作构成,也可由不同企业联合而成。它不仅注重企业间的动态合作关系,更注重企业合作的整体效率及自适应能力。联盟中的每个企业都有自己的核心竞争力,需要共同承担风险和分享利益。因此敏捷供应链可以根据动态联盟的形成和解体(企业重组)进行快速的重构和调整,能够很好地适应市场竞争的要求。

15.1.3 敏捷供应链的特点

同普通的供应链相比,敏捷供应链具有以下显著特点(见图15-1):市场敏感性、组织虚拟性、过程集成性、基于网络。

1. 市场敏感性

市场敏感性是敏捷供应链最本质的特征,是指企业能够及时从外部市场获取信息,察觉市场的变化,并做出快速反应的特点。随着现代信息技术的发展,企业不再只依据经验或历史数据进行预测,而是从市场上直接、快速、便捷地获取市场和消费者的相关信息,以市场

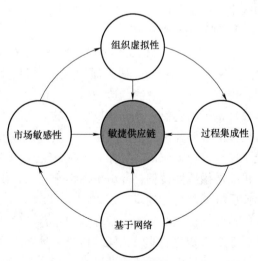

图 15-1 敏捷供应链的特点

需求为驱动,以最快的速度利用供应链响应个性化和差异化的客户需求,保持整个供应

第 15 章　敏捷供应链

链的动态。

2. 组织虚拟性

组织虚拟性是指供应链网络内部的各个环节之间可通过使用信息技术实现数据共享。供应链上的企业能够根据需求变化迅速解体或重组，从而实现资源共享和双赢的目的。以前许多供应链上游的企业通常不能掌握供应链末端最终用户的实际需求，而只能根据其直接下游客户的订单安排生产计划，使得最终用户的实际需求在供应链上的传递过程中产生扭曲，最终形成"牛鞭效应"。通过构建虚拟供应链，这一问题能够得以有效解决。

3. 过程集成性

敏捷供应链不是简单的信息交换和信息共享，而是必须打破组织界限，站在供应链整体的高度来进行跨企业的业务过程集成或重组，在供应链内相关实体之间，共同进行新产品开发、系统管理及共享信息。企业必须将其注意力集中在有核心竞争力的业务过程和功能上，通过外购、协调等手段，将非核心业务交给供应链伙伴来处理。只有实现业务过程的集成，才能真正缩短供应链物流渠道，协调各实体对市场变化的实时性响应。

4. 基于网络

敏捷供应链将各个节点企业联系在一起，形成网链结构，建立合作伙伴关系。各节点企业不再是以单独个体的形式进行竞争，而是以供应链网络来进行竞争。最终能够在此竞争中胜出的，将是那些有能力组织、协调其合作伙伴关系的企业，这些企业能够使其所处网络提供更好、更贴近和更快的服务给其最终用户。

15.1.4　敏捷供应链的作用

1. 满足客户个性化需求

依靠敏捷制造技术、动态组织结构和柔性管理技术三个方面的支持，敏捷供应链解决了品种单一的问题，实现了多产品、少批量的个性化生产，从而满足客户个性化需求，尽可能地扩大市场。

（1）敏捷制造技术的突破。计算机辅助设计（CAD）、ERP等是敏捷供应链的主体核心技术。敏捷制造技术推动了敏捷供应链的发展，丰富了敏捷供应链思想的具体内容。

（2）动态变化的组织结构形成虚拟组织。敏捷供应链突破了传统组织的实体有界性，在信息技术的支持下，各个企业间根据业务需求以动态联盟的方式进行更加精准、默契的合作，充分利用供应链上各个企业的资源，使整条供应链保持良好的组织弹性和快速的市场需求响应速度。

（3）柔性管理技术。敏捷供应链强调打破传统的严格部门分工界限，实行职能的重新组合，让个体获得独立处理问题的能力，充分发挥自身的长处，以便做出最优决策。

2. 提高响应速度

通过实行敏捷供应链，企业能够及时地为客户提供所需要的个性化产品和服务。在传统企业运作方式中，按照工艺流程完成订单常常会产生必备作业时间外的等待时间，从接受订单到成品交付的过程变得尤为漫长。然而企业如果使用敏捷供应链独特的订单驱动生产组织方式，就可以在敏捷制造技术支持下以最快速度响应客户需求。通过合作企业间的信息共享，敏捷供应链增加了企业对市场反应的灵敏度，可以更加快速、全面地对市场情况做出响应。同时，供应链上各个企业都在发挥自己的核心优势，在一定程度上能减少产品的生产与物流时间，实现供应链的即时供应、即时生产和即时销售，将消费者的订货提前期降到最低。

3. 降低成本

成本是影响企业利润最基本、最关键的因素，供应链管理是降低成本、增加企业利润的有效手段。成本管理涉及企业生产经营的全部过程和环节，只有对企业活动进行全过程、全方位的系统化管理和控制，才能获得良好的效果。敏捷供应链通过流程重组，在企业之间形成利益一致、信息共享的关系，通过提高敏捷性改造来提高效率从而降低成本。因此，企业通过对供应链整体的合作与协调，产生拉动式的需求与供应，可以在加快物流速度的同时减少各个环节的库存数量，避免不必要的浪费。同时，由于供应链上各个企业之间是一种合作关系而不是竞争关系，因此避免了不必要的恶性竞争，降低了企业之间的交易成本，使整个供应链的成本降低。

15.2 敏捷供应链管理

敏捷供应链管理的核心是通过企业间的协同合作，实现降低成本、提高效率、快速响应市场变化的目标。企业间密切的合作伙伴关系是敏捷供应链管理的基础，是敏捷供应链成功组建与运营的关键。合作伙伴间不仅要获得公平合理的利益分配，也要共同承担风险，以保障敏捷供应链运营过程的稳定。同时，积极对敏捷供应链的各个环节进行调度优化有助于提高敏捷供应链的效率和效益。此外，为了保证敏捷供应链的更好运营，方便核心企业对合作伙伴监督以更好地实现动态重构，必然要进行敏捷供应链绩效评价，从而使敏捷供应链获得更大的竞争力。

目前，国内外学者对敏捷供应链的合作伙伴关系管理、利益分配管理、调度优化、风险管理以及绩效评价这五个方面的研究较为广泛。但由于敏捷供应链的动态特性对敏捷供应链的调度优化、风险管理和绩效评价所产生的影响变化更大，本节将重点介绍这三个部分。

15.2.1 敏捷供应链的调度优化

1. 敏捷供应链调度的内涵

在敏捷供应链中，为了实现以最低的成本、最短时间、最高的质量满足客户个性化需求的目标，要合理利用敏捷供应链中有限的资源，制订生产计划并依据条件的变化进行相应的计划调整与调度优化。因此，敏捷供应链调度（Agile Supply Chain Scheduling，ASCS）是指在新的市场需求出现后，盟主企业在各供应商既定调度约束的基础上，根据新生需求时间和数量约束选择供应商并安排调度计划，完成供应链系统的重构和生产供应调度决策，以尽量低的供应链成本准时、适量地满足市场需求的过程。

根据敏捷供应链的运作特点，可以将供应链调度问题划分为静态调度和动态调度两

第 15 章　敏捷供应链

类。在动态调度问题中,供应链在静态调度的基础上运作,同时根据环境的变化进行供应链成员的动态重组、订单重构和资源调度方案的重新生成,以达到供应链的敏捷性。

敏捷供应链调度优化是体现敏捷供应链效率和效益的关键环节,它的研究方向有很多,如生产调度优化、运输调度优化、库存优化等。

2. 敏捷供应链的调度优化方法

(1) 调度优化问题分类。调度优化问题存在于敏捷供应链的各个环节之中,可以运用最优化理论即运筹学的方法解决此类问题。调度优化问题根据不同的条件产生不同的分类。

以目标函数的数量分类,可分为单目标优化问题和多目标优化问题;以决策变量的性质和取值特点分类,可分为数值优化问题和组合优化问题;以是否有约束分类,可分为有约束问题和无约束问题;以目标函数以及约束函数特性分类,可分为线性规划、非线性规划、整数规划、二次规划;以所包含变量确定性的性质分类,可分为确定性规划、非确定性规划、随机规划。

供应链调度优化要实现的目标有很多,如达到资源利用率最高、成本最低、效率最高、时间最短等,应根据具体问题设定目标函数,从而选择合适的调度优化方法解决问题。从资源配置的角度来看,敏捷供应链的调度是基于有限的资源而产生的,具体方法如排队论;从效率的角度来看,优化方法有探索性数据分析(EDA)模型;从成本的角度来看,优化方法有作业成本法。

(2) 调度优化算法。经典调度理论最初主要解决的是生产调度问题,其核心是对调度算法的研究,即按照目标函数的要求计算出最优的或近似最优的任务安排方案。经典调度算法有属于精确算法的分支动态法、精确规划法,属于近似算法的启发式算法等,属于智能搜索算法的遗传算法、人工神经网络、模拟退火算法等。

但经典调度理论还是具有不足之处。经典调度理论难以适应基于动态联盟的敏捷供应链的重构与调整。同时,敏捷供应链调度优化问题本身很复杂,涉及多目标规划和多种约束。经典调度理论无法解决这种复杂的分布式调度决策问题。因此,引入 agent 技术,建立具有分布、开放、智能、柔性等一系列特点的 Multi-agent 系统来模拟敏捷供应链。Multi-agent 系统既能处理单一目标问题,也可以处理多目标问题,可以把一个复杂、难以把握的问题分解为一组易于处理的子问题,可更简便地解决敏捷供应链调度优化问题,并得到更准确的模拟结果。

15.2.2　敏捷供应链的风险管理

在敏捷供应链中,由于市场竞争环境和客户需求的变化导致动态联盟发生改变,敏捷供应链的不确定因素增多。同时敏捷供应链运营过程中的动态特性增加了风险产生的概率和风险发生的可能性,因此风险管理是敏捷供应链管理研究中极其重要的研究内容。企业应通过准确的风险识别、分析、决策并采取合理的敏捷供应链风险防范方法,最大限度地降低风险造成的损失,以保障敏捷供应链的正常稳定运营。

1. 敏捷供应链风险的含义

敏捷供应链风险就是在敏捷供应链稳定运作过程中,由于不确定性因素的影响,成员企业的实际收益与预期收益发生偏差,而蒙受损失的机会或可能性。这里强调风险的

智慧物流与现代供应链

主体是敏捷供应链上的所有成员企业。

敏捷供应链风险具有两个方面的含义：

（1）风险的出现会导致整个供应链都遭受损失和威胁。

（2）风险的出现不一定会给敏捷供应链造成损失或威胁。风险造成的后果是具有不确定性的随机现象，不能直接判断是否会出现，但可以用概率来表示其出现的可能程度。

2. 敏捷供应链风险管理的过程

风险管理是风险主体（敏捷供应链的各个成员企业）旨在避免和减小风险的一种认识风险、分析风险、风险决策、控制风险以及处理风险等管理活动的总称。

风险管理的过程归纳起来可以形成 DADCD 风险管理过程模型：风险识别（Discern）是指搜集整理风险信息，分析风险环境，判别风险类别；风险分析（Analysis）是指综合评估不同情况下的损失程度，计算风险度，确定风险级别；风险决策（Decision）是指决定决策主体冒风险的程度，选定收益最大、最有利的方案；风险控制（Control）是风险管理中最重要的环节，主要包括建立风险控制机制，建立风险信息监控体系、风险历史信息获取框架，确定为避免和减小风险应采取的行为等；风险处理（Dispose）是指在风险发生后采取措施阻止风险范围和损失的扩大，或者转移风险的损失，并及时总结，完善风险控制机制。

3. 敏捷供应链风险分析的方法

风险分析一般可分为定性分析和定量分析，现阶段比较成熟的风险分析方法见表 15-1。

表 15-1 敏捷供应链中风险分析方法

风险分析方法	定性分析方法	德尔菲法
		头脑风暴法
		场景分析法
		故障树法
		SWOT 法
	定量分析方法	期望值分析法
		标准差分析法
		风险度分析法
		边际分析法
		马尔可夫过程分析法

4. 敏捷供应链的风险防范方法

敏捷供应链中存在着各种风险且具有各不相同的特征，对此企业应该采取相应的防范对策来阻止风险的发生。主要有以下几种防范方法：

（1）建立完善的激励机制。完善的激励机制可以充分调动供应链上各合作伙伴的积极性，增强各合作伙伴之间的信任度和默契度，有力地保证资源的充分提供，降低组织重构、流程再造的风险。同时，完善的激励机制在一定程度上保障了利润分配的公平公正，避免供应链节点企业之间出现的利润侵占或者腐败的道德风险。

（2）加强信息共享。供应链节点企业之间应该建立共享的信息系统，通过互相之间的信息交流和沟通来消除信息扭曲，减少信息不对称或者信息不完全所带来的风险。

第 15 章　敏捷供应链

信息在敏捷供应链中快速、透明的流动能有效降低供应链中的总库存持有水平，降低了库存持有成本，也降低了产生"牛鞭效应"的风险，使企业对市场需求的响应速度大大提高，也避免了缺货等风险的产生。

（3）建立风险预警系统。为了掌握供应链运行过程中的合作状况，预防合作风险的发生，必须构建风险预警系统。风险预警系统会在风险来临之前发出预警信号，有助于企业获得足够的时间预先化解或制止风险，避免造成灾难性后果。同时也可对供应链现有状况进行监测，一旦发生风险，企业可以及时调整。

15.2.3　敏捷供应链的绩效评价

在敏捷供应链管理中需要建立一套完整的绩效评价指标体系并采用合理的绩效评价方法来对敏捷供应链进行评价。敏捷供应链绩效评价指标体系并不是单一地对某一个节点企业的运营状况进行评价，而是帮助决策者掌握敏捷供应链运作的效果，判别敏捷供应链运营过程中整个供应链及节点企业存在的问题。具体是对整个敏捷供应链实施效果的评价、对敏捷供应链运营过程的评价、对敏捷供应链节点企业的评价以及对各节点企业激励关系的评价。

1. 敏捷供应链绩效评价的原则

（1）建立与敏捷供应链的战略目标一致，反映整条供应链的运营情况和业务流程，可以有效推动敏捷供应链的持续改进，同时具有良好的柔性，适应市场和周围环境变化的绩效指标体系。

（2）实时运营信息的分析评价要比事后分析评价有价值得多，敏捷供应链中的评价应及时准确。同时，由于敏捷供应链节点企业之间合作关系的紧密，共享信息的增多给实时的绩效评价带来可能。

（3）根据敏捷供应链节点企业之间合作关系约束机制、利益分配和激励机制的要求，在敏捷供应链绩效评价过程中，能够有选择地对合作伙伴进行绩效评价。

（4）突出重点，面向敏捷供应链运营过程的稳定与绩效的改进，能够对敏捷供应链管理中某个关键的运营过程中的绩效指标进行重点分析与评价。

（5）对敏捷供应链的评价不仅仅以经济效益和盈利能力作为评价目标，更应重视敏捷供应链绩效评价中对敏捷性、竞争力和未来发展等方面的需求。

2. 敏捷供应链绩效评价的过程

敏捷供应链绩效评价的过程主要分为以下五个步骤：

第一步：确定评价内容与评价目标。

第二步：建立绩效评价指标体系。

第三步：确定评价标准。

第四步：对绩效评价指标进行加权计算。

第五步：输出评价结果，确定改进目标。

敏捷供应链评价应考虑敏捷供应链的运营特点，根据评价内容和评价目标建立评价指标体系。建立敏捷供应链绩效评价基准，从而提供敏捷供应链的绩效评价的参照系，使绩效评价结果具有可比性。采用适当的绩效评价算法，对评价内容确定的评价指标体系进行加权计算，最终得到绩效评价的结果，并通过对评价结果分析为决策者提出改进的目标。

敏捷供应链绩效评价的各个过程都有其自身的特点，根据敏捷供应链绩效评价应遵循的原则，可以多方面、多层次、多主体地建立敏捷供应链的绩效评价指标体系。

3. 敏捷供应链绩效评价指标体系的建立

绩效评价指标体系的建立是敏捷供应链实施绩效评价的先决条件。

供应链的绩效评价涉及供应链的方方面面，存在很多主体。可以从所有者、经营者、客户、社会四个主体出发考虑关键指标。销售收入的增加有赖于销量的增加，而销量的增加取决于客户满意度；所有者作为股东更关注供应链的当前盈利能力和持久盈利能力，即运营成本和创新能力；经营者作为管理者更关注供应链的客户满意度、运营成本、创新能力、供应链协调性、敏捷性；社会更关注供应链的绿色、可持续发展。

敏捷供应链绩效评价指标也可分为三个层次：战略层指标、过程层指标和活动层指标。

根据敏捷供应链运营过程的特点，提出了一组用于敏捷供应链战略层决策的绩效评价指标，用以评价与监控敏捷供应链整体的绩效，见表15-2。

表15-2 敏捷供应链整体绩效评价指标体系

评价内容	关键绩效评价指标		说明
敏捷性 A	响应时间 T	主导企业发现机遇的时间 T_1	反映敏捷供应链把握市场机遇、对市场需求变化做出快速反应并保持竞争优势的能力
		合作关系建立的时间 T_2	
		产品上市时间 T_3	
	柔性 F	产量柔性 F_1	反映敏捷供应链调整期产出水平、计划交货期、产品类型或品种的能力
		交货柔性 F_2	
		组合柔性 F_3	
客户满意 S	订货满足的比例 S_1		反映客户对敏捷供应链提供的产品品质或服务与客户愿望的一致程度，对产品的产量、交货情况、服务等的综合认可程度
	完成准时交货订单比例 S_2		
	响应客户时间 S_3		
	交货循环时间与提前期 S_4		
	客户满意度 S_5		
合作关系 R	交货提前期 R_1		反映敏捷供应链节点企业之间的协调计划和生产能力，产品或服务的质量信息在合作伙伴间的共享程度
	制造提前期 R_2		
	按计划供货的比例 R_3		
	提供产品/服务的质量 R_4		
	企业间合作关系满意度 R_5		
	企业之间信息沟通的水平 R_6		
创新能力 I	创新研发能力 I_1		反映敏捷供应链中核心优势组合及对于市场机遇的实现能力，反映在多变的市场竞争环境中吸收新知识、新思想和新技术的素质，以及培养建立学习型组织的意识
	生产能力 I_2		
	销售能力 I_3		
	机遇实现能力 I_4		
	人力资源构成和学习能力 I_5		

第 15 章 敏捷供应链

（续）

评价内容		关键绩效评价指标	说 明
运营成本 C	管理成本 C	信息系统开发运作成本 C_1	反映整个敏捷供应链运营与管理水平、管理效果、资源利用率等
		计划成本 C_2	
		库存管理成本 C_3	
		物料需求成本 C_4	
		订货管理成本 C_5	
	资金管理 M	资金周转时间、周转率 M_1	反映敏捷供应链的资金利用率和资金管理能力
		库存周转时间、周转率 M_2	
		净资产收益率 M_3	
其他 E		制造过程及产品绿色度 E_1	反映敏捷供应链未来的发展等
		跨企业管理与文化兼容性 E_2	

该组指标主要从敏捷供应链的敏捷性（Agility，A）、客户满意（Custom Satisfaction，S）、合作关系（Cooperation Relationship，R）、创新能力（Innovation，I）、运营成本（Operation Cost，C）来考虑敏捷供应链整体绩效，此外为了适应可持续发展的要求，环境因素也应给予考虑。

4. 敏捷供应链绩效评价的方法

目前用于供应链的评价方法有很多种，如标杆法，供应链运作参考模型（Supply Chain Operation Reference-model，SCOR）、资源、输出、柔性（Resources，Output，Flexibility，ROF）模型，平衡计分卡模型，模糊综合评价（Fuzzy Comprehensive Evaluation，FOE）法等。敏捷供应链绩效评价方法大多引用供应链绩效评价方法，再加入"敏捷性"的衡量指标综合建立绩效评价方法体系。在选择方法时应考虑该方法是否适合敏捷供应链的特点和绩效评价原则。

15.3 敏捷供应链运作模式

15.3.1 敏捷供应链的集成化

1. 敏捷供应链的集成化内涵

集成（Integration）就是将一些孤立的事物或元素通过某种方式集中在一起，产生联系，从而构成一个有机整体的过程。

由此可将敏捷供应链理解为以信息技术为核心，建立一个开放式、集成化的数据环境，把全球范围内的优势企业集成起来，进行资源整合及共享，达到敏捷地提供原材料、产品及服务的目的。同时敏捷供应链将企业内部部门、企业外部其他供应链成员集成起来形成动态联盟，克服了原有采购、生产、销售之间的障碍，力求达到整个敏捷供应链全局的动态最优。

2. 敏捷供应链集成化的表现形式

（1）平台。平台本质上是对各种资源的全面整合。平台可通过聚集供应链上多家

智慧物流与现代供应链

合作企业整合更多的资源,让资源提供者和使用者能够更有效地结合,并且平台聚集的资源越多,供需双方越容易匹配和交易,整个生态体系就越完善,越具有吸引力。平台化结构打破了企业界限,可以将全球资源整合在一起,全面实现资源的有效整合,提高效率、促进交易。

开放性是企业平台发展的首要含义。平台发展将以客户为中心,围绕客户需求,企业边界的概念将逐步弱化。平台将会从各个方面全面开放,让资源无障碍地整合,努力打造一个灵活、动态、有创新、有活力的商业体系。这种以客户需求为中心思维的转变,使得企业能够集中一切资源为客户做好服务,增强企业抵抗市场风险的能力。

基于不同的战略目标可以发展成不同的平台。其中一些比较有代表性的平台企业有电商平台淘宝、京东、亚马逊等,搜索引擎平台谷歌、百度等,社交平台Facebook和腾讯等,云计算平台阿里云、百度云等。这些平台拥有全球范围内基数庞大的消费者、供应商和服务者,它们可通过平台扩大交易范围,进行全球化、在线化的市场交易。企业可充分利用平台提供的网络基础设施、支付平台、安全平台、管理平台等共享资源有效、低成本地为全球的消费者提供商品以及服务。

(2) 园区。园区是指政府集中统一规划指定区域,在区域内专门设置某类特定行业、形态的企业、公司等进行统一管理。园区大致可以分为工业园区、农业园区、科技园区、物流园区以及文化创意产业园区等。

园区是产业发展的推动者,也是优势资源的整合者。园区的本质就是资源的集约化。通过园区的有效运作,可实现土地资源的高效配置、政策资源的有效落地、产业资源的有效导入、金融资源的有效利用、高校资源引入与高端人才的培养,提升单位土地产出效益,增强产业竞争能力和城市功能,解决资源低效利用、错配甚至闲置放空等瓶颈问题。将优质资源集中化有助于提升园区内企业的核心竞争力,实现园区与企业、企业与企业的资源共享和合作共赢。比较知名的科技园区有美国硅谷、日本筑波科学城、中国的中关村科技园等;知名的物流园区有德国不来梅货运村、日本东京和平岛、葛西、板桥和足立四大流通基地等。

(3) 孵化器。孵化器在企业方面是指一个集中或虚拟的空间,能够在企业创办初期举步维艰时,提供资金、管理等多种便利,旨在对高新技术成果、科技型企业和创业企业进行孵化,以推动合作和交流,使企业"做大"。传统孵化器注重创业,但众创空间、科技园、创意园等机构,均可以根据实际情况被纳入孵化器的范畴内。

从本质上来看,孵化器是一种资源集成的平台,通过将人、财、设备、信息等资源集成到孵化器,为创业者提供更加专业化、多样化的创业服务。大多数孵化器可提供办公场地、培训、投融资、法务等方面的服务,少数孵化器提供市场营销服务、供应链服务,仅有少部分的孵化器具备科研条件。

在美国,孵化器已有相对成熟的模式。2005年创建的Y Combinator孵化了超过400家创业公司,毕业的公司总融资额达到了30亿美元,总市值超过了300亿美元。在中国,微软创投加速器成立三年总计孵化了超过100多个创新型的创业团队,估值超过200亿元人民币。启迪之星依托十多年的孵化和投资经验,以一对一导师、顾问式服务的方式整合产业资源,平台内有多个入驻基金,天使投资资源丰富。随着对大学生创新创业的日益重视,很多高校为学生提供了诸如创业导师制度、资金扶持等多种帮扶,众

第15章 敏捷供应链

多高校也成立了创新创业孵化器。例如西南交通大学为学生搭建了300多个校外创新创业实践基地，还有上海交通大学的交大慧谷孵化器、清华大学的X-lab，以及北京大学的创业训练营等。

15.3.2 快速响应模式

1. 快速响应的含义及特点

（1）快速响应的含义。快速响应（Quick Response，QR）是指在供应链中，为了实现共同的目标，零售商和制造商建立战略伙伴关系，利用EDI等信息技术，进行销售时点的信息交换及订货补充等其他经营信息的交换，用多频度、小数量配送方式连续补充商品，以实现缩短交货周期、减少库存、提高客户服务水平和企业竞争力的供应链管理方法。

一般说来，供应链中的共同目标包括以下两点。

1）提高客户服务水平。即在正确的时间、正确的地点用正确的商品来响应客户的需求。

2）降低供应链的总成本。即增加零售商和厂商的销售额，从而提高零售商和厂商的获利能力。

（2）快速响应的特点。快速响应的特点主要有以下几个方面：

1）快速响应是建立在供应链中的，由多个企业协同合作。当今面对客户的需求，单个企业是难以满足的，都必须通过供应链中的合作伙伴的协同努力来完成。

2）快速响应的关键之处是速度，即对市场需求的反应速度。在以速度取胜的市场中，速度是快速响应策略的重要指标，且是供应链的核心竞争力之一。

3）快速响应是建立在满足市场需求的基础上的，企业的所有活动都要围绕需求和客户行为同步发展。客户满意度是快速响应策略的一项重要评价标准。

4）快速响应提倡企业与外部供应商合作。这种方式打破了传统上单一企业独霸市场的局面，企业之间因市场需求的驱动而建立同盟和协作。

2. 快速响应的优点

（1）快速响应对厂商的优点。

1）提供更好的客户服务。由于厂商送来的货物与承诺的货物是相符的，因此厂商能够很好地协调与零售商间的关系，提供更好的客户服务。长期良好的客户服务会增加厂商的市场份额。

2）降低流通费用。由于快速响应集成了对客户消费水平的预测和生产规划，因此可以提高库存周转速度，这样需要处理和盘点的库存量就减少了，从而降低了流通费用。

3）降低管理费用。快速响应避免手工输入订单，提高了采购订单的准确率。额外发货的减少也降低了管理费用。货物发出之前，仓库对运输标签进行扫描并向零售商发出提前运输通知，这些措施都降低了管理费用。

4）进行更好的生产计划。由于可以对销售进行预测并能得到准确的销售信息，厂商可以准确地安排生产计划。

（2）快速响应对零售商的优点。

1）提高销售额。条码和POS扫描使零售商能够跟踪各种商品的销售和库存情况，

智慧物流与现代供应链

这样零售商就能够：准确地跟踪存货情况，在库存真正降低时才订货；降低订货周期；实施自动补货系统，使用库存模型来确定什么情况下需要采购，以保证客户需要商品时可以得到现货。

2）减少削价的损失。由于具有了更准确的客户需求信息，店铺可以更多地储存客户需要的商品，减少客户不需要商品的存货，这样就减少了削价的损失。

3）降低经营费用

① 降低采购成本。商品采购成本是企业完成采购职能时发生的费用，这些职能包括订单准备、订单创建、订单发送及订单跟踪等。实施快速响应后，上述业务流程大大简化了，采购成本降低了。

② 降低流通成本。厂商使用物流条码标签后，零售商可以扫描该标签，减少手工检查到货所发生成本。

③ 加快库存周转。零售商能够根据客户的需要频繁小批量地订货，从而降低了库存投资和相应的运输成本。

④ 降低管理成本。管理成本包括接收发票、发票输入和发票例外处理时所发生的费用，由于采用了电子发票及预先发货清单（ASN），管理成本大幅度降低了。

总之，快速响应可通过频繁小批量地采购商品来提高客户服务水平，帮助零售商适应市场的变化，同时降低其他成本，如库存成本和清仓削价成本等，最终提高利润。

3. 快速响应的实施步骤

实施快速响应需要经过六个步骤，如图 15-2 所示，每一个步骤都需要以前一个步骤为基础，且比前一个步骤有更高的回报，但是需要额外的投资。

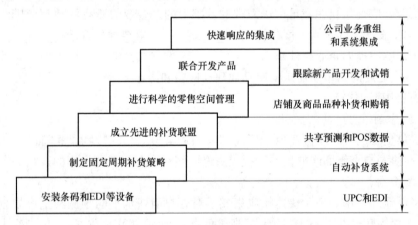

图 15-2 实施快速响应的六个步骤

（1）安装条码和 EDI 等设备。零售商首先必须安装条码（UPC 码）、POS 扫描和 EDI 等技术设备，以加快 POS 机收款速度，获得更准确的销售数据并使信息沟通更加流畅。POS 扫描在收款检查时用光学式条码阅读器来阅读条码，然后将条码转换成相应的商品代码，扫描后可以快速准确地检查价格并记录交易。

EDI 是在计算机之间交换商业单证。公司可将其业务单证转换成行业标准格式，并传输到某个增值网（VAN），贸易伙伴在 VAN 上接收到这些单证，然后将其从标准格式转换为自己系统可识别的格式。EDI 可传输的单证包括订单、发票、订单确认、销售和

第 15 章　敏捷供应链

存货数据及提前运输通知等。

（2）制定固定周期补货策略。快速响应的自动补货，要求供应商更快、更频繁地运输重新订购的商品，以保证店铺不缺货，从而提高销售额。通过对商品实施快速响应并保证这些商品能敞开供应，零售商的商品周转速度更快，消费者可以选择更多的花色品种。

某些基本商品每年的销售模式实际上都是一样的，一般不会受流行趋势的影响。这些商品的销售量是可以预测的，因此不需要对商品进行考察来确定重新订货的数量。

（3）成立先进的补货联盟。成立先进的补货联盟是为了保证补货业务的流畅。零售商和制造商联合起来检查销售数据，制定关于未来需求的计划和预测，在保证有货和减少缺货的情况下降低库存水平。而且还可以进一步由消费品制造商管理零售商的存货和补货，以加快库存周转速度，提高投资毛利率。

（4）进行科学的零售空间管理。可以根据每个店铺的需求模式来规定其经营商品的品类和补货业务。一般来说，制造商可以参与甚至制定品类、数量、店内陈列及培训或激励售货员等决策。

（5）联合开发产品。厂商和零售商建立极为密切的合作关系并联合开发服装等生命周期很短的商品，可以缩短新产品从设计、生产到上市的时间，也利于新产品实行试销。

（6）快速响应集成。通过重新设计业务流程，将前五步的工作和公司的整体业务集成起来，用以支持公司的整体战略。前四步的实施有助于零售商和制造商重新设计产品补货、采购和销售流程。前五步可以改进配送中心，使其适应频繁的小运量运输，增加配送业务的流畅性。

4. 快速响应成功实施的条件

1991 年，David J. Blackburn 在对美国纺织服装业快速响应研究的基础上，总结出快速响应成功实施应具备以下几个条件：

（1）改变传统的经营方式，革新企业的经营意识和组织形式。

1）企业要树立与供应链各方建立合作伙伴关系，努力利用各方资源来提高经营效率的现代经营意识。

2）零售商在垂直型快速响应系统中起主导作用，零售店铺是垂直型快速响应系统的起始点。

3）在垂直型快速响应系统内部，通过 POS 数据等销售信息和成本信息的相互公开和交换，来提高各个企业的经营效率。

4）探讨垂直型快速响应系统内各个企业之间的分工和协作范围及形式，消除重复业务和作业，建立有效的分工协作框架。

5）必须改变传统的事务作业方式，通过利用信息技术实现事务作业无纸化和自动化。

（2）开发和应用现代信息处理技术。开发和应用现代信息处理技术是成功进行快速响应活动的前提条件。现代信息技术有条码技术、EOS、POS 数据读取系统、EDI 系统、ASN、电子支付系统（EFT）、VMI、连续补货计划（CRP）等。

（3）与供应链各方建立战略伙伴关系。应积极寻找和发现战略合作伙伴，在合作伙伴之间建立分工和协作关系，以便削减库存，避免缺货现象的发生，降低商品风险，避免大幅度降价现象的发生，减少作业人员和简化事务作业。

（4）必须实现信息的充分共享。必须改变传统的对企业商业信息保密的做法，实现信息的充分共享。在销售信息、库存信息、生产信息、成本信息等方面与合作伙伴交流分享，并在此基础上，要求各方在一起共同发现问题、分析问题和解决问题。

（5）供应商必须缩短生产周期，降低商品的库存。具体来说，供应商应努力做到：缩短商品的生产周期；进行多品种、少批量生产和多频次、小数量配送，降低零售商的库存水平，提高客户服务水平；在商品实际需要将要发生时采用JIT生产方式组织生产，减少供应商自身的库存水平。

15.3.3　CPFR模式

1. CPFR的定义及特点

（1）CPFR的定义。CPFR是在共同预测和补货（Collaborative Forecast and Replenishment，CFAR）的基础上，进一步推动共同计划的制订，即不仅合作企业实行共同预测和补货，同时原来属于各企业内部事务的计划工作（如生产计划、库存计划、配送计划、销售规划等）也由供应链各企业共同参与。

（2）CPFR的特点。CPFR是现代企业供应链整合的发展概念，是一种协同式的供应链管理方法。CPFR的本质特点表现为以下几个方面：

1）协同。CPFR要求双方长期承诺公开沟通、信息分享，从而确立其协同性的经营战略。这种战略的实施必须建立在信任和承诺的基础上。协同的第一步就是保密协议的签署、纠纷机制的建立、供应链计分卡的确立及共同激励目标的形成。但在确立目标时，不仅要建立起双方的效益目标，更要确立协同的盈利驱动性目标。只有这样，才能使协同性体现在流程控制和价值创造的基础之上。

2）规划。CPFR在已有的CFAR结构上增加"P"，即合作规划（品类、品牌、分类、关键品种等）及合作财务（销量、订单满足率、定价、库存、安全库存、毛利等）。此外，为了实现共同的目标，还需要双方协同制订促销计划、库存政策变化计划、产品导入和中止计划及仓储分类计划。

3）预测。CPFR强调买卖双方必须做出最终的协同预测，尤其是对供应商和零售商都是十分重要的信息进行共同预测能促进更好的产品销售，节约使用整个供应链的资源。CPFR推动的协同预测不仅关注供应链双方共同做出最终预测，同时也强调双方都应参与预测反馈信息的处理和预测模型的制定和修正，特别是如何处理预测数据的波动等问题，只有把数据集成、预测和处理等各方面都考虑清楚，才有可能真正实现共同的目标，使协同预测落在实处。与此同时，最终实现协同促销计划是实现预测精度提高的关键。

4）补货。销售预测必须利用时间序列预测和需求规划系统转化为订单预测，并且供应商约束条件，如订单处理周期、前置时间、订单最小量、商品单元及零售商长期形成的购买习惯等，都需要供应链双方加以协商解决。根据美国产业共同商务标准协会（VICS）的CPFR指导原则，协同运输计划也被认为是补货的主要因素。此外，需要将例外状况出现的比率转化为存货的百分比、预测精度、安全库存水准、订单实现的比

第 15 章 敏捷供应链

例、前置时间及订单批准的比例,这些都需要在双方公认的计分卡基础上定期协同审核。对于潜在的分歧,双方应事先及时加以解决。

2. CPFR 的实施

从 CPFR 全球实施和进展的情况可以看出,CPFR 不同于以往的管理实践,它关注的是企业间业务合作关系的建立,而不是单一企业内管理框架的建立。不仅如此,它不是简单地挖掘单一的相关数据,而是从多个组织中发现可比较的数据,进而对这些数据进行整合、组织,并以此确立组织间的商业规则,这正是 CPFR 之所以取得巨大绩效的关键,也是 CPFR 实施推广的难点。

从 CPFR 实施的基本框架看,其实施过程基本包括以下四个步骤:

(1) 识别可比较的机遇。CPFR 有赖于数据间的比较,这既包括企业间计划的比较,又包括一个组织内部新计划与旧计划和计划与实际绩效之间的比较。这种比较越详细,CPFR 的潜在收益越大,因此,CPFR 实施框架的第一步就是识别比较性机遇。在识别可比较的机遇方面,应当意识到其关键在于以下几个方面:

1) 订单预测的整合。CPFR 为补货订单预测和促销订单提供了整合、比较的平台。CPFR 参与者应该搜集所有的数据资源和拥有者,寻求一对一的比较。一对一的比较虽然对于高促销产品,其绩效要大打折扣,但是它比起根本不做比较产生的效果要好得多。

2) 销售预测的协同。CPFR 要求企业在周计划促销的基础上再做出客户销售预测,这样将这种预测与零售商的销售预测相对照,就可能有效地避免销售预测中没有考虑促销、季节因素等产生的差错。

基于上述两个方面的考虑,CPFR 的实施要求 CPFR 与其他供应和需求系统相整合,这样通过综合运作,就可以识别可比较的机遇。对于零售商,CPFR 需要整合比较的资源有商品销售规划、分销系统、店铺运作系统;对于供应商,CPFR 需要整合比较的资源有 CRM、APS 及 ERP。应当看到,CPFR 的这种资源整合和比较,不一定都是 CPFR 系统与其他应用系统的直接相连,但是这种比较的基础至少是形成共同的企业数据库,即这种数据库的形成是来源于不同企业计划系统在时间整合和共同数据处理的基础上的。在识别比较机遇阶段,定期数据的输入和协同数据处理与比较是 CPFR 运作的关键。在实施过程中,需要注意例外情况的识别。任何在数据输入、计划对比过程中发生的例外都需要事先考虑,并且一旦发生就需要调整,所有这些弥补手段也需要供应链参与方进行细致的规划。

(2) 数据资源整合。在发现和整合了各方的数据资源后,CPFR 实施的第一个阶段就是数据资源的整合运用。这种整合运用不仅是集合、调整数据,而且也需要供应链参与方调整相应的业务政策,以使 CPFR 可以实施。

数据资源的整合运用主要反映在如下方面:

1) 不同层面的预测比较。不同类型的企业由于自身的利益驱使,计划的关注点往往各不相同,造成信息来源不同,从而导致信息不一致。CPFR 要求协同团队寻求到不同层面的信息,并确定可比较的层次。例如,一个供应商提供四种不同水果香味的香水,但是零售商不可能对每一种香味的香水都进行预测,这时供应商就可以在系统中输入每种香水的预测数据,运用 CPFR 解决方案将这些数据搜集起来,并与零售商的品类预测相比较。

2）商品展示与促销包装的计划。CPFR 系统在数据整合运用方面一个最大的突破就是它能对每一个产品进行追踪，并且销售报告可以用包含展示信息的形式反映出来，预测和订单就不再只是需要多少产品，而是包含了不同品类、颜色及形状等特定的展示信息。这样数据之间的比较不再是预测与实际绩效的比较，而是建立在单品基础上、包含商品展示信息的比较。CPFR 实施过程中还有一个很重要的因素是，建立在预测、追踪及协同计划上的促销装商品的管理。CPFR 交易双方在事前就对促销计划进行协同，因此对促销商品的预测、追踪和管理相对来说比较容易。

3）时间段的规定。CPFR 在整合利用数据资源时，非常强调时间段的统一。由于预测、计划等行为都是建立在一定时间段基础上的，因此如果交易双方对时间段的规定不统一，就必然造成交易双方的计划和预测很难协调。正是因为如此，供应链参与方需要就管理时间段的规定进行协商统一，如预测周期、计划起始时间、补货周期等。

（3）组织评判。一旦供应链参与方有了可比较的数据资源，就必须建立一个企业特定的组织框架体系以反映产品层次、地点层次、分销地区及其他品类计划的特征。一般而言，一个企业有多种组织框架。例如企业可以按照配送中心确立分销体系，也可以按照销售区域确立分销体系。通常企业采用多种组织管理方法，CPFR 能在企业界定组织管理框架后，支持多体系的并存，体现不同框架的映射关系。

（4）商业规则界定。当所有的业务规范和局部资源整合以及组织框架确立后，最后在实施 CPFR 的过程中需要决定的是供应链参与方的商业行为规则，这种规则主要表现在例外情况的界定和判断上。

3. CPFR 实施过程中应当关注的因素

（1）以"双赢"的态度看待合作伙伴和供应链相互作用。企业必须了解整个供应链过程，以便从中发现自己的能力在何处有助于供应链，进而有益于最终消费者和供应链合作伙伴，完成从"赢/损"的传统企业关系到"赢/赢"合作关系的转变。

（2）为供应链成功运作提供持续保证，并共同承担责任。这是基于 CPFR 的供应链成功运作所必需的企业价值观。每个合作伙伴对供应链的保证、权限和能力不同，合作伙伴应能够调整其业务活动以适应这些不同。无论在哪个职责层，合作伙伴坚持其保证和责任将是供应链成功运作的关键。

（3）抵御转向机会。由于产品转向会较大地抑制合作伙伴协调需求和供应计划的能力，因此它不能与 CPFR 共存。抵御转向机会的关键是了解其短期效益和建立有良好计划、低库存的供应链的长期效益的差别。这也是对 CPFR 必要的信心和承诺的检验。

（4）实现跨企业、面向团队的供应链。建立跨企业的团队会造成一个新问题，即团队成员可能参与其他团队，并与他们合作伙伴的竞争对手合作。这些竞争对手互相有"赢/损"关系，团队联合的深度和交换信息的类型可能造成多个 CPFR 团队中人员的冲突。在这种情况下必须有效地构建支持完整团队和个体关系的公司价值系统。

（5）制定和维护行业标准。公司价值系统的一个重要组成部分是对行业标准的支持。每个公司有一个单独开发的过程，这会影响公司与合作伙伴的联合。行业标准必须既便于实行的一致性，又允许公司间的不同，这样才能被有效应用。开发和评价这些标准，有利于合作伙伴的信息共享和合作。

第15章 敏捷供应链

CPFR 是供应链管理的一个新模式，该模式中许多新的企业观很有价值。从其实施条件也可看出，供应链中的管理模式不是一个部门、一个企业自己就能执行的，供应链管理需要一种整体观。

15.4 敏捷供应链的实践案例

15.4.1 ZARA 的快速响应

ZARA 是西班牙 Inditex 集团最出名的服装品牌。截止到 2019 年，ZARA 在全球共有 7500 家的门店，中国的门店数量已达 500 家，其业务流程图如图 15-3 所示。ZARA 的供应链可划分为四大阶段，即产品组织与设计、采购与生产、产品配送、销售与反馈。

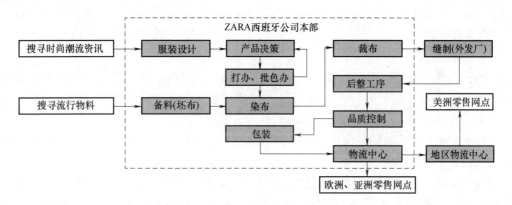

图 15-3 ZARA 的业务流程图（虚线框内表示相关业务流程在总部完成）

1. 产品组织与设计

ZARA 从客户需求最近的地方出发并迅速对客户需求做出反应，始终迅速与时尚保持同步，不需要提前较长周期预测。这是因为 ZARA 的产品开发主要是依靠模仿高端品牌的设计，通过设计师参加时装周和大牌的新品发布会、时尚买手捕捉流行趋势、专人收集流行元素和服装细节、供应商的设计师提供部分设计、终端门店的消费趋势反馈来获得设计素材，重新组合现成的产品。最后由总部设计师快速绘出服装样式并给出详细尺寸和相应的技术要求。设计专家、市场分析专家和买手组成的专业团队共同探讨设计思路、成本、零售价格、是否投产等问题。

2. 采购与生产

在原材料采购计划和生产计划的制订方面，先通过评价指标确定产品是自产还是外包。决定自产则可直接领用现成布料开始生产，这样可以缩短制作样衣的时间；如果没有现成的面料，可以选择采购已染色的面料生产，或采购/领用原纱然后进行染色后整理再生产。

一般内部工厂只安排生产下季预期销量的 15%，为当期畅销产品补货预留了大量产能。自产的面辅料有 50% 的布料是未染色的，能迅速应对市场上花色变换的潮流。投入生产后所有的缝制工作全部外包。ZARA 一般在一段时间内让一个工厂集中做一款服装且指令简单以便减少差错。其运作模式达到成组单元的效果，因此 ZARA 在几天内就能完成别家公司几个月的工作。外协缝制厂把衣服缝制好之后，再送回 ZARA 最后处理并接受检查，然后送到物流配送中心。ZARA 在西班牙拥有 22 家工厂，约 50% 的产品是通过它自己的工厂完成的，其他 50% 的产品由 400 余家外协供应商完成。

3. 产品配送

每个专卖店的订单都会独立放在各自的箱子里，运送到配送中心。为确保订单配送的准确性，ZARA 借用激光条码读取工具（出错率不到 0.5%），它每小时能挑选并分拣超过 80000 件衣服。

为加快物流周转，ZARA 总部还设有双车道高速公路直通配送中心。通常订单收到后 8h 以内货物就可以被运走，每周给各专卖店配货 2 次。物流中心的货车都按固定的发车时刻表不断开往各地。从物流中心用货车直接运送到欧洲的各个专卖店，利用附近的两个空运基地运送到美国和亚洲，再利用第三方物流的货车送往各专卖店：可实现欧洲的专卖店在 24h 内收到货物，美国的专卖店可 48h 内收到货物，日本的专卖店可 48～72h 之内收到货物。

4. 销售与反馈

通过上述环节的快速、有效运转，ZARA 以最快的速度把潜能变成现实。大多数服装零售商的周期达到了 6～9 个月甚至更长，而 ZARA 的快速模仿和物流配送无疑会使产品提前进入市场，使其他设计师的创造性大大贬值。

ZARA 专卖店反馈销售信息并且根据当前库存和近两周内销售预期严格按照规定时间每周向总部发两次补货订单。此举保证了订单的集中批量生产，从而减少生产转换时间和降低成本。总部会根据销售信息取消滞销产品原定的生产计划，把预测风险控制在最低水平，产品超过 2～3 周的时间还没销售出去就会到专卖店去处理。一个销售季节结束后，ZARA 最多有不超过 18% 的服装不太符合消费者口味，而行业平均水平约为 35%。如果产品畅销，则用现有面料迅速通过高效的供应链体系追加生产、快速补货。没有面料则会停产。一般畅销品最多补货两次，主要是为了减少同质化产品的产生，满足市场时尚化、个性化的需求，制造人为的"断货"。此外，一年中 ZARA 只在两个明确的时间段内进行有限的降价销售，一般是 8.5 折以上，而不是业内普遍采用的连续降价方法。

可以发现，所有这些供应链上的环节协同起来，都在围绕着其品牌的目标客户运作，整个物流体系在全程敏捷供应链计划体系下运作。ZARA 也对其供应链进行了非常有效的"剪裁"，把与时尚关联度不高的简单工作外包。同时 ZARA 有 35% 的产品设计和原材料采购、40%～50% 的外包生产、85% 的内部生产都是在销售季节开始之后进行的。这是由于 ZARA 实行的敏捷供应链能达到对市场需求的快速响应。它做到了以消费者为中心，通过供应链各环节的紧密结合缩短前置时间并规避潜在风险，减少或取消不能带来增值的环节，以小批量多品种营造"稀缺"，最终实现了快速响应满足市场需求。

15.4.2　腾讯众创空间，搭建"互联网+"创业创新生态圈

腾讯众创空间通过线下实体空间、线上创业服务平台、腾讯"双百计划"、青腾大学、腾讯全球合作伙伴大会五大引擎的服务能力，全方位扶持创业者。截至 2017 年，

第 15 章　敏捷供应链

腾讯开放平台合作伙伴总数已超1300万个，创造就业岗位2500万个。孵化项目已经达到100个，估值超600亿元。2018年线下空间已布局34个、落地32家，遍布全国28个城市，总面积超过100万 m^2。它的落地为当地区域发展注入了新的活力，同时也助力了区域经济发展、人才吸引、投资拉动。

1. 运作模式

腾讯公司搭建了"互联网＋"创业创新平台，汇聚内部的优质产品与能力，连接外部的合作伙伴资源，共同构成独具特色的线上线下一体化、全要素创业孵化生态系统，为创业者提供全要素立体化的服务（见图15-4）。

图15-4　腾讯公司联合政府、运营方共同为创业者提供全要素立体化服务

腾讯公司的优质资源包括海量用户平台、移动分发平台（腾讯应用宝）、效果营销平台（腾讯广告）、云端计算平台（腾讯云）、创新技术平台（VR、AI、无人驾驶、智能硬件）等。腾讯公司合作伙伴资源包括全国34个线下众创空间基地、全国知名创投机构、长江商学院等培训机构，以及人力资源、财务、法律咨询、税务服务创业服务公司等。

腾讯众创空间构建了体现互联网思维的五大标准化、开放性"互联网＋"创业创新服务体系，具体包括：

（1）打造开放性的创业服务体系。腾讯众创空间充分利用腾讯开放平台的优势资源，已接入数百家创业服务商，创业服务包括标准化需求和非标准化需求。众创空间也采用了新的运作模式，即腾讯扶持、政府政策保障和当地资深运营方运营的三合一模式，多维度扶持创业者。其中，腾讯给予资源和平台支持，地方政府给予政策与场地等支持，运营方除了负责日常众创空间的维护外，同时也参投创业公司。

（2）建设生态型的创业孵化体系。腾讯众创空间借助腾讯及合作伙伴的互联网资源优势，营造了良好的创新创业氛围，搭建融合了线上服务资源的线下优质孵化平台。线下创业园区内部整体设计和办公氛围都是轻松、自由的格调，让互联网创业团队通过自由讨论和高校研讨会能尽情发挥创新思路，产生思想的交流与碰撞。此外，集创业办公服务、产业科技园区、居住生活于一体的腾讯"双创"基地将成为更有效的创业形态。

（3）构建全方位的创业投资体系。腾讯众创空间提供了风险投资的资金支持，以及早期的资源扶持。具体为资源投资的"双百计划"与资本投资的"创投联盟"组成的全方位式的投资体系。截止到 2017 年，成功扶持包括拼多多细分领域在内的 100 家优质创业企业，成功孵化社交电商、直播、众筹等超 20 个移动互联网赛道领先者。2018 年发布了腾讯兴趣内容基金（TOPIC 基金），通过生态扶持推动内容创业项目的投资孵化。

（4）建立多元化的创业教育体系。腾讯众创空间开设多维度的培训课程，依据创业阶段与诉求匹配课程和资源，帮助创业者快速成长。其中首期精英学员项目总估值半年间就从 280 亿元飞跃到近 1000 亿元。此外，腾讯众创空间还与当地高校和教育机构联合组织创业团队与大学生团队进行交流与沟通，充分激发了大学生的创业热情。

（5）培育创新型的创业文化体系。腾讯众创空间借助网络与传统媒体的力量，帮助众多创业者和创业项目进行宣传报道和信息曝光，树立创业者和创业项目的优秀品牌，加大"双创"的文化价值输出与经济价值输出，弘扬勇往直前的创业精神，让创业创新成为全社会共同的价值追求和行为习惯。

2. 运营效果

（1）平台开放聚集资源提升创业效率。腾讯众创空间面向各环节，打造了线上线下结合、全要素、一体化的创业创新服务体系，充分实现了创业创新资源和服务的开放共享、高效利用。通过共享创业创新数字资源，共享创业创新服务体系，帮助创业者解除了后顾之忧，使其专注于创新研发。

（2）多方合作共赢降低创业创新门槛。腾讯众创空间有利于降低创业门槛和成本，拓展创业者的创新空间。首先通过与政府合作提供各种补贴、税收优惠等政策降低创业创新成本；联合第三方金融服务机构，为创业者解决融资问题。其次，联合长江商学院推出青腾创业营，为创业者提供创业培训与指导，帮助创业者提升创业技能。

（3）创业服务要兼顾标准化与个性化。创业团队不仅需要投资及场地的支持，更需要一体化的、全流程的、伴随创业团队成长的资源支持。创业基地建设需要个性化与标准化相结合。地方政府及产业需要的是真正给地方带来发展和影响力的众创空间，能拉动地方经济、吸引人才以及助力产业转型升级。因此，腾讯众创空间将结合各地方的产业特色落地，联合各方优势资源，持续为创业者服务。

15.4.3　京东和美的 CPFR 项目

1. 业务流程

2015 年，京东和美的 CPFR 项目上线，重在打造京东和美的供应链的深度协同，实现京东和美的在销售计划、订单预测、订单补货等方面数据的充分共享，建立协同型供应链。该项目基于 EDI 电子数据交换技术实现数据有效及时的共享，构建了从计划到预测及补货流程的全面协同。其业务流程如图 15-5 所示。

京东和美的 CPFR 项目的协同体现在：

（1）协同销售计划。京东提前一个月向美的提报备货计划，美的接收并反馈供货计划，双方即以供货计划作为下个月采购及供货依据。然后美的根据供货计划制订每周

第 15 章　敏捷供应链

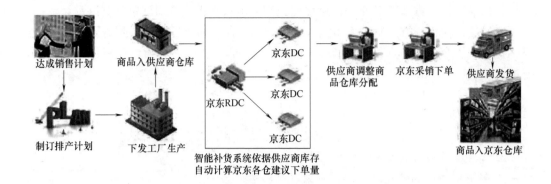

图 15-5　京东和美的 CPFR 项目业务流程

排产计划，并共享给京东。

（2）协同订单预测。美的排产完成商品入库后，同步库存数据给京东。京东应用自动补货系统，以仓到仓支援关系及供应商库存等为限制因素，计算出各仓补货建议，并将补货建议共享给美的，美的根据发货要求进行调整并反馈给京东。

（3）协同订单补货。美的评审后的补货建议自动形成京东采购单，美的接收系统自动发起仓库入库预约，收到预约号后进行发货，并反馈给京东发货单，京东仓库收到货物后回传给美的的收货确认。

2. 项目的效果

数据显示，双方 EDI 打通以来，实现了将近 50 个品类的对接，共享销量库存数据与补货建议均达到数千万条，商品评价数据数万条。同时，随着双方合作的日趋深入，EDI 深度协同项目的价值也越发凸显，它对京东和美的的业务均产生了显著的推动。

（1）对京东的效果

1）降低缺货风险。通过销售计划的协同，京东可介入供应商的商品生产环节，通过有效的数据共享，将商品的销售数据、销量预测等数据实时共享给供应商，使供应商提前进行排产，降低缺货的风险。

2）降低库存周转。实现供应商排产计划和库存数据共享后，美的等供应商可单独区分开给京东的库存，由此可将过去大批量低频率的补货方式优化为小批量多频次的补货方式，实现库存周转的有效降低。

3）提高数据共享效率。京东和美的的沟通方式由过去的邮件、电话等，变革为通过系统自动实现数据共享，这一模式可减少手工操作，显著提高数据传输和共享效率。

（2）对美的的效果。该项目推动了生产计划预测性加强和智能补货的优化。

1）在生产预测协同中，美的分享了京东的大数据分析能力。京东基于对历史销量数据的模拟，应用相应的数据模型，并参考促销、天气等复杂因素树立对未来销量的预测，为美的的生产计划和备货计划提供有力参考。

2）在订单预测协同中，美的分享了京东智慧采购能力，实现智能补货。京东参考销量预测、备货周期、送货时长、安全库存，以及京东和美的的仓库的支援关系，自动计算出京东每个仓库的建议补货量。建议补货量可以实现一键下采购单，也可以共享给美的，由美的自动下单并管理在京东的库存。

智慧物流与现代供应链

总的来说，双方基于 EDI 的深度协同，完成了从销售计划到订单预测以及订单补货的深度对接，使得双方运营效率得到大幅提升，库存率和缺货风险得到有效降低。更值得一提的，该合作案例具备巨大的推广价值。这一模式未来将会给行业和用户带来巨大变革。

思考题

1. 敏捷供应链的核心是什么？它采取的组织形式及其作用是什么？
2. 简述敏捷供应链的特点。
3. 敏捷供应链的风险有哪些？可采取哪些防范方法？
4. 简述敏捷供应链绩效评价的原则。
5. 快速响应成功实施的条件是什么？
6. 简述 CPFR 的实施过程。
7. 敏捷供应链集成化具体有哪几种表现形式？请简要说明其特点。
8. 敏捷供应链有哪些实际应用？请举例说明。

参考文献

[1] 郝玫. 敏捷供应链中的客户知识管理：产品评论视角 [M]. 北京：电子工业出版社，2013.
[2] SWAFFORD P, GHOSH S, MURTHY N. A model of global supply chain agility and its impact on competitive performance [C]. Standford Global Supply Chain Management Forum Working Paper，2000.
[3] 张申生. 敏捷制造的理论、技术与实践 [M]. 上海：上海交通大学出版社，2002.
[4] 徐章一. 敏捷物流：供应链一体化的价值实现 [M]. 北京：中国物资出版社，2004.
[5] LEE H L, BILLINGTION C. The evolution of supply-chain management models and practice at hewlett-packard [J]. Interface, 1995, 25 (5)：42-63.
[6] 柴跃廷，刘义. 敏捷供需链 [M]. 北京：清华大学出版社，2001.
[7] 綦方中，孙永军，仲智刚. 敏捷供应链管理：战略、运作与实施 [M]. 北京：科学出版社，2014.
[8] 贾国柱，张橙艳. 敏捷供应链的敏捷性分析 [J]. 工业工程，2006 (4)：7-11.
[9] CHRISTOPHER M. Logistics & supply chain management [M]. 4th ed. Harlow, Essex：Financial Times Prentice Hall.
[10] 郑艳玲. 供应链增值 [M]. 北京：中国人民大学出版社，2013.
[11] 邹峰. 基于最大最小蚁群算法的敏捷供应链合作伙伴选择研究 [D]. 阜新：辽宁工程技术大学，2013.
[12] 王冬冬. 供应链管理 [M]. 西安：西安交通大学出版社，2012.
[13] 王建华，李南，郭慧. 求解敏捷供应链调度优化问题的混合遗传算法 [J]. 计算机工程与应用，2011 (17)：224-228.
[14] 李伊松. 基于供应链的敏捷物流系统构建研究 [D]. 北京：北京交通大学，2010.
[15] 余文兵. 敏捷供应链构建研究 [D]. 上海：同济大学，2006.
[16] 马士华，林勇. 供应链管理. [M]. 3 版. 北京：机械工业出版社，2010.
[17] 樊磊. 敏捷供应链响应速度影响因素分析 [D]. 北京：北京交通大学，2012.
[18] 董安邦，廖志英. 供应链管理的研究综述 [J]. 工业工程，2002 (5)：16-20.
[19] 孔腾淇. 互联网：为企业平台化插上翅膀 [J]. 互联网经济，2016 (6)：38-41.

第15章　敏捷供应链

[20] 袁国华. 发挥品牌园区资源优化配置效用, 推进供给侧改革 [EB/OL]. (2018-04-25) [2019-10-30]. https://www.sohu.com/a/229433378_481760.

[21] 中国报告大厅. 孵化器行业的定义及分类 [EB/OL]. (2015-07-30) [2019-10-30]. http://www.chinabgao.com/k/fuhuaqi/18440.html.

[22] 投资潮. 孵化器模式盘点及案例分析 [EB/OL]. (2016-02-17) [2019-10-30]. http://henan.qq.com/a/20160217/014097.htm.

[23] 兰洪杰, 施先亮, 赵启兰. 供应链与企业物流管理 [M]. 北京: 北京交通大学出版社, 2004.

[24] 周艳军. 供应链管理 [M]. 上海: 上海交通大学出版社, 2008.

[25] 腾讯科技. 创业地图: 腾讯布局全国28城、34个众创空间 [EB/OL]. (2018-01-23). [2019-10-30]. http://tech.qq.com/a/20180123/026660.htm.

[26] 发改委高技术产业司. 腾讯公司: 腾讯众创空间, 搭建"互联网+"创业创新生态圈 [EB/OL]. (2017-06-09) [2019-10-30]. http://gjss.ndrc.gov.cn/zttp/zghlwjsj/201706/t20170609_850373.html.

[27] 赵建萍, 李朝霞. 京东和美的: 供应链实现数据充分共享 [J]. 条码与信息系统, 2016 (4): 23.

第 16 章 绿色供应链

引言

2017年，党的十九大报告明确指出，深化供给侧结构性改革中，要在绿色低碳和现代供应链等领域培育新增长点、形成新动能；2018年，商务部、生态环境部等八部门联合印发《关于开展供应链创新与应用试点的通知》，将构建绿色供应链列为重点任务，引导绿色供应链创新与应用。绿色供应链已经成为现代供应链的代表性管理模式之一，对于构建企业竞争优势、创造供应链协同效益、实现经济环境协调发展有着极为重要的作用。

本章介绍了绿色供应链的产生背景与现实意义，阐述了绿色供应链的概念与特征；提出了绿色供应链的概念结构图，分别介绍绿色采购、绿色生产、绿色营销、绿色物流四个环节的概念、方法/技术与实施策略；最后阐述了绿色供应链在制造业、零售业和物流业的实践。

16.1 绿色供应链概述

16.1.1 绿色供应链的产生背景

环境问题是全球商业活动关注的重要问题之一，众多企业面临着经济效益与环境绩效之间平衡的压力。在此基础上，绿色供应链管理的概念被提出。

绿色供应链的概念萌芽于20世纪70年代的美国，最早出现在物流管理行业中，以在供应链中增加对环境因素的考量为基本特征。20世纪90年代，西方开始出现针对绿色供应链的专项研究。Webb在1994年通过研究某些产品对环境的影响，提出建议通过环境准则来选择合适的原材料，同时注重再生利用，并最早提出了绿色采购的概念。但是此时仅仅是在采购环节考虑环境问题，并没有真正形成一种理论，上升到绿色供应链管理的层面。Bloemhof-Ruwaard在1995年提出供应链某些环节产生的废物是全球变暖、酸雨等环境问题的源头。Porter在1995年提出企业生产环节产生的废物是一种浪费，实施绿色生产可以为企业带来经济效益。以此为先导，美国密歇根州立大学的制造研究协会（MRC）在1996年进行的一项"环境负责制造"（ERM）的研究中，首次提出了完整的绿色供应链概念，认为绿色供应链要将环境因素整合到供应链产品设计、采购、制造、组装、包装、物流和分配等各个环节中。此时提出这个概念的目的，是基于对环境的影响，从资源优化利用的角度，来考虑制造业供应链的发展问题。绿色供应链只包含了环境保护和能源节约两层含义，即用最少的能源、最绿色的材料，制造出最环保的产品。

第 16 章　绿色供应链

21 世纪后，欧盟所倡议的绿色产品造成了绿色供应链效应。欧盟国家看到供应链各环节存在着相互影响和作用，对于一些环保诉求脱离最初道德劝说的层面转而开始立法，并且制订计划确定要执行，希望以欧盟庞大的商业市场为基础，带领全世界制造业进入一个更加环境友好的新时代。欧盟于 2002 年 11 月通过《废电机电子设备指令》（WEEE）及《电机电子设备限用有害物质指令》（RoHS），并于 2003 年正式公告 10 大类电机电子设备的回收标准，要求 2006 年 7 月 1 日后 10 大类电机电子设备中不得含有铅（Lead）、镉（Cadmium）、汞（Mercury）、六价铬（Hexavalent Chromium）、溴化耐燃剂（包括多溴联苯 Polybrominated biphenyls, PBBs）；多溴联苯醚（Polybrominated Diphenyl Ethers, PBDEs）六种物质，必须使用替代材质来代替被管制的材质，而这一指标性规定已演变成全球性环保要求。

国内对于绿色供应链的应用起步较晚，源于 2000 年对于世界绿色制造（Green Manufacturing）理论的探索和实践。我国在 2001 年加入世界贸易组织（WTO），面对其强制性环保技术标准，国内产品面临国际"绿色贸易壁垒"的严峻挑战。欧盟 WEEE 和 RoHS 指令的执行，以及由此带来的来自各方的压力促使了产业必须向"绿色"转型，以顺应国际上的绿色供应链风潮。在这种情况下，国内部分具备实力且眼光长远的供应商开始着手实施绿色供应链的管理模式，已经打破阻碍产品出口的绿色壁垒。2016 年以来，国务院及相关部门发布《国务院办公厅关于建立统一的绿色产品标准、认证、标识体系的意见》《"十三五"节能减排综合工作方案》等文件，推动了我国绿色供应链的发展，提升了企业绿色意识。随着我国企业环境保护意识的提高、环境保护法律法规的完善和实施以及企业管理制度的发展和通信手段的现代化等问题的逐步解决，绿色供应链管理模式会被越来越多的企业所接受，并将成为企业取得经济效益、环境效益和社会效益"三赢"的唯一模式。

16.1.2　绿色供应链的现实意义

1. 构建企业竞争优势

环境问题和环保法规日趋严格，企业必须改变、提升、优化生产方式，通过建立绿色供应链来规避环保要求并逐步建立领先的竞争优势。绿色供应链体系建设具有高投入、高使用成本和低边际成本等特点，建设成功后会成为企业所独有的竞争优势，短期内难以被竞争对手替代。此外，建立完整的绿色运作体系可以极大地改善企业员工的工作环境，进而有效促进员工的参与感和操作效率。同时，绿色供应链体系为客户带来绿色收益，可赢得客户的长远信任。

2. 创造供应链协同效益

供应链体系是一个复杂的系统工程，商誉商标、企业文化、专有技术等在供应链中可以产生协同效益。此外，通过绿色供应链的实施，供应链成员企业可以联合绿色供应链产业的上下游企业进行整合，优势互补，共同发展，为整个供应链带来更多的协同效益。

3. 经济与环境协调发展

近年中国经济的高速发展带来的环境问题逐渐凸显，自然资源日益紧缺，这些问题不仅限制了我国经济的可持续发展，也严重威胁着人类的生存。因此，企业通过实施绿色供应链，既可以有效地保护环境，节约资源，维护生态平衡，又有利于经济的持续稳定健康发展，实现经济和环境的双赢。

16.1.3 绿色供应链的概念与特征

1. 绿色供应链的概念

1996 年，美国密歇根州立大学的制造研究协会（MRC）提出了绿色供应链的概念："以绿色制造理论和供应链管理技术为基础，涉及供应商、生产商、销售商和消费者，其目的是使产品从物料获取、加工、包装、运输、使用到报废处理的整个过程中，对环境影响最小，资源效率最高。"

1998 年，Narasimhan 和 Carter 提出绿色供应链是采购部门在废弃物减少、再循环、再使用和材料替代等活动中的努力。

2000 年，我国学者但斌和刘飞提出，绿色供应链是一种在整个供应链中综合考虑环境影响和资源效率的现代管理模式，它以绿色制造理论和供应链管理技术为基础，涉及供应商、生产厂、销售商和用户，其目的是使得产品从物料获取、加工、包装、仓储、运输、使用到报废处理的整个过程中，对环境的影响（负作用）最小，资源效率最高。

2003 年，我国学者王能民等提出，绿色供应链是指在以资源最优配置、增进福利、实现与环境相容为目标的以代际公平和代内公平为原则的从资源开发到产品的消费过程中包括物料获取、加工、包装、仓储、运输、销售、使用到报废处理、回收等一系列活动的集合，是由供应商、制造商、销售商、零售商、消费者、环境、规则及文化等要素组成的系统，是物流、信息流、资金流、知识流等运动的集成。

综合以上定义，本书认为绿色供应链的基本含义是：把环保节能等"绿色"因素融入供应链的各个环节（包括采购、生产、营销、物流等），使企业充分利用具有绿色优势的外部资源，并与具有绿色竞争力的企业建立战略联盟，使各企业分别集中精力去巩固和提高自己在绿色制造方面的核心能力和业务，达到整个供应链资源效率最高和环境影响最小的目的。

2. 绿色供应链的特征

除了传统供应链的特征以外，绿色供应链还具有以下三个特征：

（1）可持续发展经济。传统的供应链管理主要是为了实现企业的盈利、满足客户要求、扩大市场占有率等，这些目标最终都是为了实现某一主体的经济利益，而绿色供应链管理的目标是在实现以上经济利益的目标之外还追求节约能源、保护环境这一既具有经济属性又具有社会属性的目标。尽管从宏观角度和长远利益来看，节约能源、保护环境与经济利益的目标是一致的，但对某一特定时期、某一特定经济主体却是矛盾的。按照绿色供应链管理的最终目标，企业无论是在战略管理还是在战术管理中，都必须从促进经济可持续发展这个基本原则出发，在创造商品的时间效益和空间效益以满足客户需求的同时，注重按生态环境的要求保持自然生态平衡和保护自然资源，为子孙后代留下生存和发展的权利。

（2）全生命周期管理。1999 年，Benita M. Beamon 在传统供应链的基础上加入再制造、回收和再利用这些活动流，提出了扩展型供应链，即产品全生命周期绿色供应链。

第 16 章 绿色供应链

绿色供应链在强调企业自身绿色化的同时,还侧重供应链节点上企业的协调与合作,考虑产品从设计、采购、生产、营销、物流、回收和再利用全生命周期的资源、能源与环保问题。因此,绿色供应链管理的活动范围包括了产品的整个生命周期。

(3) 多元化行为主体。首先,产品生命周期的每一个阶段都存在着环境问题,相对应地,供应链上的全体成员企业对每个流程的绿化都负有责任和义务。处于供应链上游的企业要和下游企业协同起来,从节约资源、保护环境的目标出发,制订绿色供应链管理战略规划,使企业获得持续的竞争优势。其次,各级政府在推动绿色供应链管理战略的实施过程中具有不可替代的作用。由于绿色供应链管理的跨地区和跨行业的特性,它需要政府的法规约束和政府支持。此外,公众是环境污染的最终受害者,公众的环保意识能促进绿色供应链管理战略的实施,并对绿色供应链管理战略的实施起到监督作用。

16.2 绿色供应链的构成

绿色供应链体系的环节主要有绿色采购、绿色生产、绿色营销、绿色物流。"绿色"的理念和目标覆盖了产品的全生命周期,而不是某一局部范围或阶段,仅靠单个企业内部的绿色化管理并不能体现供应链整体的"绿色度",而需要对供应链各个环节实施绿色管理和绿色运行(见图 16-1、表 16-1)。

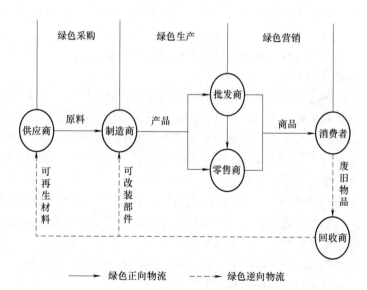

图 16-1 绿色供应链的概念结构图

表 16-1 绿色供应链主要内容列表

环 节	主 要 内 容
绿色采购	在原料采购过程中综合考虑环境因素,尽量采购对环境和生态无危害或危害小的产品和服务,并通过优先购买和使用可再生原材料,减少对环境不利的影响因素
绿色生产	将可持续发展战略应用于产品或服务的生产过程中,以自然资源利用率最大化、污染物排放最小化为目标。绿色生产包括绿色制造和绿色再制造

(续)

环节	主要内容
绿色营销	企业以绿色文化为指导,在充分意识到消费者日益提高的环保意识和由此产生的对清洁型无公害产品需要的基础上,发现、创造并选择市场机会,通过一系列理性化营销手段来满足消费者以及社会生态环境发展的需要
绿色物流	绿色物流是指以降低对环境的污染、减少资源消耗为目标,利用先进物流技术规划和实施运输、储存、包装、装卸、流通加工等物流活动。绿色物流包括绿色正向物流和绿色逆向物流

16.2.1 绿色采购

1. 绿色采购的概念

1994年,Webb在对一些产品的环境影响研究后,建议按照环境准则选择原材料以及加强资源再生利用,并强调了绿色采购的重要性,同时提出绿色采购的概念:绿色采购是指政府和企业经济主体一系列采购政策的制定、实施以及考虑到原料获取过程对环境的影响而建立的各种关系,其中与原料获取过程相关的行为包括供应商的选择评价。1998年,Narasimhan和Carter提出绿色采购就是采购部门在废弃物减少、再循环、再使用和材料替代等活动中所做出的努力。综上,本书认为绿色采购是指:在原料采购过程中综合考虑环境因素,尽量采购对环境和生态无危害或危害小的产品和服务,并通过优先购买和使用可再生原材料,减少对环境不利的影响因素。

2. 绿色采购的实施策略

政府绿色采购方法使得绿色采购活动能够更好地开展。同时,在采购过程中国家有了战略引导,行业有了指导方针,以及有关部门有章可循,各方面都能有条不紊地进行和发展。然而,绿色采购方法还需进一步地完善和发展,主要从以下几个方面分析:

(1) 对节能环保产品的认证制度的改善。只有进一步科学化和细化认证管理制度,才能更加公平有效地推行绿色建筑。

(2) 对绿色采购清单的公示制度和动态调整机制进行完善,与此同时还要加强监督管理,不让低能的产品浑水摸鱼进入绿色环保市场,以至于造成无法想象的后果,只有这样才能有效地保护先进产品淘汰落后产品。

(3) 对绿色采购执行机制进行完善。根据现行的绿色采购规章制度,努力探索最有利于市场优势的具有可行性的采购方法。

(4) 研究并建立绿色采购的绩效评价机制和责任追究机制。按照权利责任明确、目标相同、运作效率高等一系列原则,进一步健全各部门与各机构之间的协调配合机制,保证在采购过程出现不可预料问题时能够及时解决并保证绿色采购能够有效进行并发挥其积极作用。

3. 绿色采购的方法

参考美国联邦政府的绿色采购方法,根据我国政府节能采购与环保采购的情况,本书提出以下四种绿色采购方法:

(1) 最低价格法。制定采购说明书时,规定所采购的物品应符合相关环境要求,达

第 16 章　绿色供应链

到相应的环境标准。例如，联邦机构采购纸张时，要求所采购的纸张在制造时采用了30%以上的回收材料；采购节能产品时，要求贴有能源之星标志；采购电子产品时，规定其中某些有害成分含量的最高标准；等等。在此基础上，采购方选择最低报价者。

（2）生命周期成本法。政府采购不仅要考虑采购时的成本，而且要考虑使用者的成本，在综合计算产品生命周期成本后选择成本最小者，这些生命周期成本更小的产品往往更符合环境要求。例如，政府采购节能产品，对节能效果好、使用成本很低的产品，即使采购时的成本相对较高，也会被选择；对耐用、可循环使用的产品，虽然采购时的初始成本高，但采购时会考虑其维护成本和处理成本。

（3）价格优惠法。政府采购时，在环保产品和其他产品竞争的情况下，将对环保产品给予价格优惠。当环保产品的生产成本更高时，为弥补环保产品在竞争中的不利处境，美国政府采购视情况给予绿色产品 3%~15% 的优惠。

（4）最优价值法。首先，政府采购机构建立一系列环境标准，同时考虑价格和性能，给每个指标一定的权重，并在采购说明文件中予以明确；然后，采购方根据供应商产品情况计算出分数，选择得分最高者。

16.2.2　绿色生产

1. 绿色生产的概念

20 世纪 80 年代，联合国环境规划署工业环境活动中心提出"清洁生产"战略，谋求合理利用资源，减少整个工业活动对人类和环境的风险，达到经济可持续发展。20 世纪 90 年代，美国环保局提出"污染预防"，将其定义为：在可能的最大限度内减少生产厂地所产生的废物量，通过源削减、提高能源效率、在生产中重复使用投入的原料以及降低水消耗量等方式来合理利用资源。2006 年，叶生洪等提出"绿色生产"是将环境影响与资源消耗纳入生产管理之中的现代生产模式，是综合使用现代绿色生产技术、污染防治技术、绿色管理技术来达到资源的最大化利用和污染物最小化排放的一种可持续性生产体系。综上所述，本书认为绿色生产是指将可持续发展战略应用于产品或服务的生产过程中，以自然资源利用率最大化、污染物排放最小化为目标的现代生产模式，通过综合使用多种绿色生产技术，达到在产品全生命周期中对环境负面影响更小、资源利用率更高。

2. 绿色生产的分类

根据企业生产材料的来源，可以将绿色生产分为绿色制造和绿色再制造。

（1）绿色制造。绿色制造是一种综合考虑环境影响和资源效率的现代制造模式，其目标是使产品从设计、制造、包装、运输、使用到报废处理的全生命周期内对环境负面影响最小、资源效率最高。绿色制造从产品设计阶段就开始考虑资源和环境问题，以绿色工艺、绿色材料以及严格、科学的管理，使废弃物最少，并尽可能使废弃物资源化、无害化，从而使企业经济效益、生态效益和社会效益达到最优。

（2）绿色再制造。绿色再制造是以报废的机械设备作为毛坯，以产品生命周期理论作为依据，采用科技化、现代化的工业技术进行修复或改造报废产品的过程，是在原制造的基础上的一次重新制造，而且需要保证重新制造的产品在外观尺寸和性能品质上都不低于甚至优于原产品。绿色再制造以优质、高效、节能、节材、环保为目标，具有

智慧物流与现代供应链

显著的社会效益和经济效益,因此受到政府、社会和企业的广泛关注。

3. 绿色生产的实施策略

(1) 绿色制造与其他技术结合。绿色制造技术与智能制造技术的结合,可以使得生产制造更加智能化,生产效率更高,产品更加优化和资源利用率更高;与虚拟制造技术的结合使用,能够使工程人员在产品设计与开发等方面更加创新,能够让人类很好地体会到技术发展带来的优越性。

(2) 绿色再制造的产业化。绿色再制造的生产方式的实施必将导致一批新兴产业的形成与发展。这其中最为突出的就是实施绿色再制造的软件产业。各个企业进行绿色再制造,需要计算机辅助绿色产品设计系统、绿色再制造的决策系统、ISO14000 国际认证的支撑系统等。相关产业化的形成能够促进绿色再制造技术的发展,能够更加有效地利用资源,减少对环境的影响,有利于经济社会的长远发展。

(3) 绿色生产的集成化。因为绿色生产涉及产品生命周期的各个过程,并涉及企业生产经营的各个方面,所以绿色生产就成为一个复杂的问题。当前,绿色生产的集成化要求产品设计、工艺设计与材料选择系统的集成,绿色制造与绿色再制造技术体系的集成等,以上将成为绿色生产的重要内容。

(4) 绿色生产的政策支持。对于绿色产业,政府可出台相关的政策法规提供支持,为企业的绿色发展铺平道路,并用市场经济的机制对绿色生产进行引导。例如,利用更加严厉的经济手段来惩罚相关企业迫使其进行产业改造,让该企业的生产更加绿色健康。但是在出台相关政策的同时,要考虑到经济发展的规律,不要过急过猛。

4. 绿色生产的技术

(1) 绿色设计。绿色设计又称生态设计或环境设计,其基本思想是:在设计阶段将环境保护因素和预防污染措施纳入产品设计之中,将环境性能作为产品的设计目标和出发点,力求使产品对环境的负面影响最小。绿色设计的核心在于 3R,也即减少环境污染(reduce),减小能源消耗(reuse),产品和零部件的回收再生循环或者重新利用(recycle)。与传统产品设计相比,绿色设计需要考虑以下三个方面:①安全性,即产品设计不能危及使用者的人身安全以及正常的生态秩序;②节能性,即产品设计应以减少用料或使用可再生的材料为基础;③生态性,即产品设计应努力避免因设计不当和选材失误而造成的环境污染与公害。

(2) 绿色材料。绿色材料选用的基本思想是:在考虑材料环保性的同时,还必须考虑产品的功能、质量、成本等多方面的要求,减少不可再生资源和短缺资源的使用,尽量采用各种对环境影响较小的替代材料。绿色材料主要从以下四个方面考虑:①减少所用材料种类,不仅可以简化产品结构,便于零件的生产、管理和材料的标识、分类,而且在相同的产品数量下,可以得到更多的回收材料;②选用可回收材料或可再生材料,不仅可以减少资源的消耗,还可以减少原材料在提炼加工过程中对环境的污染;③选用能自然降解的材料,可以避免各类难以降解的生活塑料制品使用后被弃置成为固体废物,以致造成环境严重污染;④选用无毒材料,也即避免使用含铅、锡、镉、汞、苯类等化学品的毒性材料,尽量采用对人体、环境没有毒害、污染的材料作为替代物。

(3) 绿色工艺。绿色工艺的基本思想是:根据制造企业的实际应用场景,尽量开发与实施物料与能源消耗少、废弃物少、噪声低、对环境污染小的工艺方案。绿色工艺包括且不限于以下三个方面：①精确成形技术，要求零件成形后仅需少量的后续机械加工即可符合零件的尺寸及公差要求，成形零件局部重要位置不需后续机械加工即可符合零件的尺寸及公差要求，符合零件尺寸及公差要求的锻件不需后续机械加工；②干式和准干式切削技术，要求在无切削液或微量润滑、低温微量润滑、水蒸气冷却等条件下进行切削加工，同时保证高效率、高产品质量、高的刀具耐用度以及切削过程的可靠性；③生产废物再利用技术，其中热工技术主要包括能量的回收利用（水泥窑）、玻璃化、蒸馏、热解吸、热分解、蒸发、火法冶金、汞加热和干馏等，有关工程物理和软化学等技术则包括倾析、溶剂提取、冷冻结晶、电解冶金、爆炸物提取、离子交换、化学沉淀、反渗透、汞齐化、物理分离、净化和拆卸等。

(4) 回收处理。回收处理的基本思想是：在产品的生命周期终结后，及时进行回收和处理，从而避免造成资源浪费和环境污染。回收处理主要有以下三种方案：①产品再制造，提高旧产品的质量，使再制造的产品几乎与新产品具有相同的质量，促使消费者以比新产品更低的价格购买再造品；②零部件维修或翻新，如果使用的零件有故障，通过修理将该零件恢复到正常状态，否则对零件进行翻新，使其能够在二级市场独立销售，并被不同的行业再次使用；③废弃物或危险物回收后进行安全处理。

16.2.3 绿色营销

1. 绿色营销的概念

英国卡迪夫大学肯·皮提（Ken Peattie）教授认为："绿色营销是一种能辨识、预期及符合消费者与社会需求，且可带来利润及永续经营的管理过程。"对此，国内很多专家学者也提出了自己的见解：有的认为，在营销中要重视保护环境资源，防止不必要的污染以保护生态；有的认为，绿色营销是一种旨在保护环境、减少污染的行为，它要求企业把市场需求、环境保护和企业利益有机结合起来，在市场营销过程中不仅要维护企业自身利益，还要承担保护环境的社会责任。本书从供应链的角度出发，认为绿色营销是指企业在营销活动中寻求消费者利益、企业利益、供应链利益、社会利益、生态利益的统一，以可持续发展为最终目标，并在定价、渠道选择、促销、服务、企业形象树立等营销全过程中都要考虑以保护生态环境为主要内容的绿色因素。绿色营销的核心是按照环保与生态原则来选择和确定营销组合的策略，是建立在绿色技术、绿色市场和绿色经济基础上的、对人类的生态关注给予回应的一种经营方式。

2. 绿色营销的实施策略

(1) 树立绿色企业形象。在品牌和企业形象及环保意识日显重要的时代，树立企业的绿色形象无疑是非常重要的。要树立绿色形象，可以采取以下方法：①对内加强对员工和管理人员绿色意识的教育，使员工树立环保意识，使企业逐渐形成绿色文化，真正成为一家以减少环境污染为目标的绿色企业；②对外进行绿色宣传工作，宣传以绿色消费为原则的全过程服务。

(2) 建立绿色分销渠道。绿色产品的品质与非绿色产品的品质是有明显不同的，但却很难从外观上进行区分。因而，对于绿色产品的销售应建立绿色分销渠道，同时建立绿色分销渠道可防止商品的二次污染，维护绿色品质。建立绿色分销渠道的主要对策有：①在绿色市场较成熟的地方，应尽量选择与本企业有相同绿色意识、有良好的形象并能真正合作的中间商来经销企业的产品；②在绿色市场尚不成熟的地方，企业可以考虑自行建立分销渠道，如设立绿色专营店、绿色专柜等。

（3）实施绿色促销。绿色营销是一种观念。因此，企业要在公众中树立良好的绿色形象，同时要与有关环保部门保持和谐关系，寻求其支持，并积极参加各种与环保有关的事务，以扩大企业的绿色影响。另外，绿色营销又是一种行动。企业可利用各种传媒宣传自己在绿色领域的所作所为，包括如何遵守有关的绿色法规等，以实际行动强化企业在公众心目中的印象。

（4）提供绿色服务。所谓绿色服务，是指产品在售前、售中、售后过程中以符合再生资源、减少环境污染为原则的全过程服务。随着我国加入WTO，国内应尽快提高服务质量，对全体员工进行绿色服务的培训，使其真正意识到绿色服务的重要性，树立"绿色服务"的企业精神。

3. 绿色营销的方法

（1）绿色广告。通过广告对产品的绿色功能定位，引导消费者理解并接受广告诉求。在绿色产品的市场投入期和成长期，通过量大、面广的绿色广告，营造市场营销的绿色氛围，激发消费者的购买欲望。

（2）绿色推广。通过绿色营销人员的绿色推销和营业推广，从销售现场到推销实地，直接向消费者宣传、推广产品绿色信息，讲解、示范产品的绿色功能，回答消费者关于绿色的咨询，宣讲绿色营销的各种环境现状和发展趋势，激励消费者的消费欲望。同时，通过试用、馈赠、竞赛、优惠等策略，引导消费者的兴趣，促成购买行为。

（3）绿色公关。通过企业的公关人员参与一系列公关活动，诸如发表文章、演讲、播放影视资料、参与社交联谊、环保公益活动、提供赞助等，广泛与社会公众进行接触，增强公众的绿色意识，树立企业的绿色形象，为绿色营销建立广泛的社会基础，促进绿色营销业的发展。

16.2.4 绿色物流

1. 绿色物流的概念

绿色物流是20世纪90年代中期才被提出的一个新概念。绿色物流是指以降低对环境的污染、减少资源消耗为目标，利用先进物流技术规划和实施运输、储存、包装、装卸、流通加工等物流活动。绿色物流是以经济学一般原理为基础，建立在可持续发展理论、生态经济学理论、生态伦理学理论、外部成本内部化理论和物流绩效评估的基础上的物流科学发展观。同时，绿色物流也是一种能抑制物流活动对环境的污染，减少资源消耗，利用先进的物流技术规划和实施运输、仓储、装卸搬运、流通加工、包装、配送等作业流程的物流活动。

2. 绿色物流的分类

（1）绿色正向物流。绿色正向物流是指以降低对环境的污染、减少资源消耗为目标，利用先进物流技术规划和实施运输、储存、包装、装卸、流通加工等物流活动。

（2）绿色逆向物流。绿色逆向物流是指对那些由于环境问题或产品已过时而回收产品、零部件或物料的过程，其最终目标是减少资源使用，并通过减少资源使用达到废弃物减少的目的，同时使正向以及回收的物流更有效率。

第 16 章　绿色供应链

3. 绿色物流的实施策略

（1）树立绿色物流观念。企业应提高认识和转变观念，着眼于企业和社会的长远利益，树立集体协作、节约环保的团队精神。将节约资源、减少废物、避免污染等目标作为企业的长远发展目标，把绿色物流作为供应链战略的重要组成部分。

（2）推行绿色物流经营。企业从保护环境的角度制定其绿色经营管理策略，以推动绿色物流进一步发展。具体措施包括实施绿色运输、提倡绿色包装、开展绿色流通加工等。

（3）开发绿色物流技术。企业目前的物流技术与绿色要求存在一定的差距，如物流机械化、物流自动化、物流的信息化及网络化等方面。绿色物流技术的应用和开发是绿色物流发展的关键，因此供应链链主企业应当大力开发并推广绿色物流技术。

（4）推行绿色物流法规。政府在宏观上对绿色物流进行管理和控制，尤其是要控制物流活动的污染发生源，主要包括：运输工具的废气排放、流通加工的废水排放、一次性包装的丢弃物等。此外，政府还应制定限制交通量、控制交通流等的相关政策和法规。

4. 绿色物流技术

（1）绿色运输。绿色运输的基本思想是：在抑制运输对环境造成危害的同时实现运输环境的净化，使运输资源得到最充分的利用。它要求从环境的角度改进运输体系，如提高尾气排放标准、推进高速公路采用自助发卡系统及 ETC、开发普及新能源电动汽车、推进运输与互联网融合发展、打造一站式票务服务平台、不断升级交通基础设施等，使人们改变出行方式，形成环境共生型的交通运输系统，进而减少对环境的破坏污染，实现绿色交通的目标。通过有效利用车辆，降低车辆运行成本，提高配送效率。例如，合理规划网点及配送中心、优化配送路线、提高共同配送效率、提高往返载货率；改变运输方式，由公路运输转向铁路运输或海上运输；使用绿色工具，降低废气排放量。

（2）绿色仓储。绿色仓储的基本思想是：通过合理设置仓储网络及各种设施实现节能减排，同时提高仓容利用率并降低物流成本。绿色仓储主要考虑以下四个方面：①仓库屋顶光伏发电，光伏屋顶分布式发电平均每平方米年发电量为 90～100kW·h，提供零排放的清洁能源；②仓库 LED 节能照明系统改造；③电动叉车的使用，电动叉车利用蓄电池作为动力源，除了完全没有废气污染外，也不会产生噪声污染；④标准托盘的循环共用系统，可以使托盘总量减少 1/3，从而节约物流费用，减少二氧化碳排放，同时保护森林资源。

（3）绿色包装。绿色包装的基本思想是：从对生态环境和人类健康无害的角度出发，优化包装方案，使得资源消耗和废弃物产生最少。绿色包装主要从以下五个方面实现：①包装减量化，在满足保护、方便、销售等功能的条件下，进行材料用量最少的适度包装；②包装应易于重复利用或易于回收再生，符合可持续发展的原则；③包装废弃物可以降解腐化；④包装材料对人体和生物应无毒无害；⑤包装制品从原材料采集、材料加工、产品制造、产品使用、废弃物回收再生，直至最终处理的全生命周期均不应对人体及环境造成公害。

（4）绿色流通加工。绿色流通加工的基本思想是：以减少环境污染和降低资源消耗为目的,在流通过程中继续对流通中商品进行生产性加工,以使其成为更加适合消费者需求的最终产品。绿色流通加工主要从以下两个方面考虑:①由消费者分散加工转向专业集中加工,以规模作业方式提高资源利用率,减少环境污染,如餐饮服务业对食品的集中加工可以减少家庭分散烹调所造成的能源浪费、空气污染;②集中处理消费品加工中产生的边角废料,以减少消费者分散加工所造成的废弃物污染,如流通部门对蔬菜的集中加工减少了居民分散垃圾丢放及相应的环境治理问题。

16.3 绿色供应链的实践

16.3.1 绿色供应链在制造业的实践:联想

1. 联想的绿色供应链战略

联想坚持实施绿色供应链战略,以合规为基础、生态设计为支点、全生命周期管理为方法论,构建"绿色采购+绿色生产+绿色包装+绿色物流+绿色回收"五个维度的绿色供应链体系(见图16-2),实现资源的可持续利用。

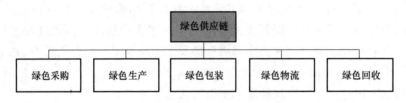

图16-2 联想的绿色供应链体系

2. 联想的绿色供应链体系

联想的绿色供应链体系包括绿色采购、绿色生产、绿色包装、绿色物流和绿色回收五个部分。

(1)绿色采购。联想关注供应商的环境表现,并将绿色理念写入多个领域的标准化程序,制定了全面的供应商操守准则,包括有害物质的减排、可再生材料的使用、温室气体排放透明度及减排、冲突矿产避免使用等。具体包括以下四个方面的举措:

1)全面评估供应商环境表现。联想于2015年实施《供应商行为操守准则》,覆盖可持续发展的各个方面,详细记载对供应商的环境表现期望,并将其导入公司级采购流程,进行供应商绿色管理、评估和监督;同时建立了碳报告体系,用于收集和分析全球供应链部门和环境事务部门确定的供应商碳足迹,并将供应商应对气候变化的表现和策略的评估将作为联想选择供应商的重要标准。

2)供应商有害物质管控。通过推动供应商导入材料全物质声明解决方案(Full Material Declaration,FMD)实现整个产业链有害物质的替代与减排。联想变革产品有害物质合规模式,提高环境合规验证效率,为产品废弃拆解、逆向供应链、材料再利用等提供依据,实现了有害物质的合规管理。

3)环保消费类再生材料。联想于2008年开始逐步引入环保消费类再生塑胶(PCC),是业内第一家使用PCC的厂商,这不但有助于材料的再利用、减少电子废弃

第 16 章 绿色供应链

物污染、降低二氧化碳排放，还避免了焚烧、填埋等处理方式带来的环境危害；此后还有意识地扩大 PCC 在产品种类中的使用比例，并且所有材料均通过环保和性能认证。据测算，截至 2018 年，联想共计使用了约 9 万 t 的 PCC，相当于减排了约 6 万 t 二氧化碳。

4）供应商针对性培训。联想自 2008 年开始定期举办全球供应商环境标准与法规大会，通过宣传其环境政策、方针、目标与指标，推动供应商全面合规、帮助供应商提升环境表现。2017 年，来自 300 家联想供应商的近 500 位代表参加了在乌镇和上海举办的大会。

（2）绿色生产。联想关注生产过程中的能耗问题，通过降低碳排放、使用可再生能源、开发绿色工艺等途径实现节能减排，具体包括以下三个方面的举措：

1）联想上线了智能制造 IT 系统，联想旗下生产研发基地联宝通过联想私有云解决方案，实现了同城异地双活数据中心，保证了关键业务的连续可用性，而且整体架构具备高扩展性，可随时满足新业务需求；同时也解决了以往多系统信息孤岛、重要数据无法共享的难题，大幅提升效率，降低耗电量，减少二氧化碳排放。

2）联想致力于在可行的情况下安装本地可再生能源发电装置。2016 年联宝光伏太阳能电池板安装完毕并开始发电。2018 年，依托公司的屋面和仓库资源，仍在建设中的智慧光伏电站预计总装机容量达到 11MW，完成后清洁电能使用率将超过 35%，每年可节约标准煤 3440t、减排二氧化碳 8500t，相当于每年植树 46 万棵。

3）联想与英特尔合作开发了低温锡膏（LTS）工艺，可以解决生产过程高热量、高能量、高二氧化碳排放量的难题，并且废除锡膏中有害物质铅的使用。联想合肥联宝工厂承担了该工艺的实际验证，发现其碳排放显著减少，技术全部导入产品生产后每年可以节省电能 344 万 kW·h，二氧化碳排放减少 2431t，相当于每年植树 13 万棵，对环境保护产生巨大的效益。

（3）绿色包装。联想通过增加包装中可回收材料种类、可回收材料的比例，减少包装尺寸，推广工业（多合一）包装和可重复使用包装等多种举措来减少资源浪费。2008—2018 年，联想共计减少超过 2000t 的包材消耗。具体情况如下：ThinkCentre 台式和 Lenovo 笔记本产品实现 100% 再生料的包装（纸浆模塑和热塑）的配套使用；Think 产品的纸箱已认证至少含有 50% 的可回收材料；对于整体瓦楞纸箱包装而言，回收料含量平均超过 70%；轻量化的包装将栈板利用率提升 33%，助力碳减排；取消纸版用户手册，每年节省大约 3.5 亿张印刷页。

（4）绿色物流。联想物流部门实施绿色运输，减少运输设备的温室气体排放，并聘请外部监管机构落实改善措施。2012 年，联想确定了产品运输的碳排放基准，用以协助监测联想的物流过程，并通过与 DHL 紧密合作持续优化物流方案，以最环保的方式运输产品。联想持续收集并计算产品运输排放量数据，具体措施包括：扩大排放数据收集范围到新增主要供货商，评估成本和排放量的关系，并仔细检查上游运输及配送的排放量。

（5）绿色回收。联想希望最大限度地控制产品全生命周期的环境影响，加大可再利用产品、配件的回收，尽可能延长产品的使用寿命；同时，针对生命周期即将结束的产品，在全球范围内为客户提供包括资产回收服务（ARS）在内的多种回收渠道，并进一步进行无害化处理，以满足特定消费者或地域需求。2005—2018年，联想共计从全球客户手中回收了约9万t废弃产品，自身运营和生产产生的废弃产品回收达到了6万t。

16.3.2 绿色供应链在零售业的实践：沃尔玛

1. 沃尔玛可持续发展战略

全球最大零售商沃尔玛制定了可持续发展战略，并设立了"可持续价值网络"(Sustainable Value Networks)，内容涵盖各个环保领域（温室气体、可持续建筑、替代燃料、物流、废弃物、包装、木产品和纸品、农产品和海产品、纺织品、珠宝、电子产品、高含量化学品），并对10万个供应商的可持续发展措施进行审查，具体过程涉及能源与气候、材料利用率、自然资源、居民和社区等方面。沃尔玛从绿色供应、绿色物流、绿色营销三个方面实施绿色供应链管理项目，如图16-3所示。

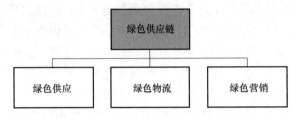

图16-3 沃尔玛的绿色供应链管理项目

2. 沃尔玛绿色供应链管理项目

沃尔玛属于零售企业，不存在生产制造活动。沃尔玛供应链的关键节点在于供应商、配送中心和卖场，其绿色供应链管理项目也就是从对应的绿色供应、绿色物流、绿色营销三部分实施，目标是使各个环节兼具环保性和经济性。

（1）绿色供应。沃尔玛对于所有的供应商进行反复的观念灌输："绿色就是金钱"。其绿色供应的具体措施包括以下三个方面：

1）沃尔玛在供货商中推行"环保平衡计分卡"，计分卡通过可以量化的指标来衡量供货商的环保资质并对其进行辅导及改善。在初始阶段，沃尔玛会和工厂负责人开会谈，确认供货商都意识到环境保护的重要性；随后，再统一发给供货商们一份评价标准单，供货商具体核对自己工厂在废水和废弃物处理等方面还有哪些不足；接着，沃尔玛会深入供货商的工厂，评估分析它们的情况，找出问题所在，然后立即制订行动计划，看是否需要做出改进。

2）沃尔玛于2014年对中国供应商启动"供应商能效提升项目"，截至2018年3月，超过800家工厂参与了该项目，节约了4000万美元的运营费用，每年减排超过27万t；同时宣布沃尔玛全球的"10亿吨减排项目"在中国正式启动，承诺在2030年前将其中国业务价值链中产生的温室气体排放减少5000万t，相当于4000万户中国家庭年均用电所产生的排放。

3）沃尔玛于2016年针对供应商提供的产品成分列出了一份化学制品"黑名单"，具体包括：化妆品防腐剂尼泊金丙酯、尼泊金丁酯；衣物清洁剂中所含的壬基酚聚氧乙烯醚；木制品及指甲油等产品所含的甲醛；肥皂和牙膏中所含有的三氯生；绘画颜料、指甲油及胶水中的甲苯等。

（2）绿色物流。沃尔玛在供应链中碳排放最多的物流方面，采取以下三个方面的措施：

1）绿色包装。沃尔玛通过精简产品包装，节约产品运输成本10%，包装材料回收量提高 10%。此外，沃尔玛还规定，凡是产品包装材料超过 300 美元的须报沃尔玛分管部门核准，超过 500 美元的须获得沃尔玛总部批准，而对于超过 900 美元的，则必须由行业组织专家委员会审核批准。沃尔玛在包装环节操作中坚持"五个 R"：①Remove，即去掉不需要的包装；②Reduce，即去掉不必要的包装，使包装达到正确的尺寸；③Reuse，即重复使用一些包装材料，如周转箱和托盘，过去托盘都是木质的，现在沃尔玛已经改用塑料托盘，这样就可以反复使用；④Renewable，即采用可回收利用、可自然降解的包装材料；⑤Recyclable，即可循环利用。据不完全统计，"五个 R"项目自 2005 年实施不到两年就为沃尔玛在其 16 个自有品牌的包装上节省了 212600m^2 的纸，相当于少砍伐 475200 棵树。

2）绿色仓储与运输。沃尔玛规定凡是冷藏货车在仓库、码头和堆场进行装卸货或者其他作业期间，必须停止发动机，改用现场电源帮助制冷。据估计，仅此一项，沃尔玛全球冷藏车队就可以减少排放二氧化碳 40 万 t，减少能耗费用 7500 万美元。此外，沃尔玛的环保配送中心采用阳光墙、屋顶自然光采集、LVD 照明设备及太阳能热水器系统等，可以实现节能减排。例如位于嘉兴的沃尔玛配送中心采用了多项先进的可持续性措施，每年能节约电能 715kW·h，二氧化碳排放量每年减少约 679t。

3）逆向物流。沃尔玛商场为消费者提供易拉罐、纸板的有偿回收服务，鼓励消费者实现资源再利用。目前，垃圾总量的 40% 以上都能得到有效的回收利用。

（3）绿色营销。沃尔玛中国自 2010 年开始在全国沃尔玛购物广场针对节能环保商品推出系列促销活动，为消费者提供优质、低价的绿色商品，涉及品类包括节能降耗的家用电器、绿色环保的家居用品、健康食品等。沃尔玛还在全国各地根据不同情况重点推荐不同的节能家电，如节能灯、节能电视、节水洗衣机、节能插座、节能压力锅等。在日化产品当中，沃尔玛重点推荐免洗洗手液、无磷洗衣粉等，可以在相当大的程度上节约用水，减少对水质的污染。家居卖场主推环保材料制成的家居用品，如以 28% 废弃农作物（玉米、麦粉、淀粉等）为原料制作的衣架、用天然竹纤维制成的厨房巾等。在鲜食区域，沃尔玛主推来自农超对接直采农场的绿色、有机蔬果、杂粮等。

沃尔玛的可贵之处在于，它不仅自己发展绿色零售，同时还要求上游的供应商一起做绿色供应，建立了一个成功的绿色供应链体系。在这个体系中，沃尔玛运用"绿色"手段，找到降低整体（沃尔玛、供应商、消费者、社会）成本的方式，使绿色成为沃尔玛公司新的经济增长点。

16.3.3 绿色供应链在物流业的实践：京东

1. 京东的可持续发展战略

京东于 2018 年宣布全面升级"青流计划"，从聚焦绿色物流领域上升为整个京东的可持续发展战略，从关注生态环境扩展到人类可持续发展相关的"环境""人文社会"和"经济"全方位内容。京东提出"一个宗旨、三个目标和十项准则"的可持续发展理念，倡议生态链上下游合作伙伴联动，共同建立可持续发展共生生态，从减量包装、绿色物流技术创新和应用、节能减排等多个方面切入推动绿色供应链发展。

2. 京东绿色供应链的具体措施

自 2013 年起,京东逐渐开始创立绿色供应链发展平台,多层次全方位地大力发展绿色供应链,并在 2016 年全面进入绿色供应链的时代,以下为具体措施:

(1) 推广电子发票。京东大力推动电子发票的应用,促进了商品交易行为更加低碳环保,降低了与交易相关的出行、交通、结算凭证等资源消耗。自 2013 年 6 月 27 日,京东开出我国内地第一张电子发票后,到 2018 年 12 月 31 日,京东已累计开出电子发票 30 亿张。京东通过推广电子发票来帮助企业降本增效,促进社会低碳环保,实现经济可持续发展。

(2) 开发全降解包装袋。京东物流不断改良包装袋,从普通手提袋和透明袋热封封口,到专利防撕袋,再到全降解包装袋,以降低快递包装袋带来的白色污染。早期包装袋缺少封口,打包时粘贴胶带并套上透明袋,拆封时容易撕毁袋身,难以回收和重复利用。2014 年,京东自主研发了专利防撕袋,既能保证商品安全,又便于拆封,还可以重复利用,使用的材料也更加环保。2016 年,京东在此基础上推出全降解包装袋,采用 100% 降解颗粒,可以在堆肥条件下三周内分解为二氧化碳和水,对环境无污染;此外,全降解包装袋上印刷使用的油墨是环保水性油墨,无刺激性气味,相较于以往的油性油墨也更加环保。

(3) 应用电子签收系统。京东快递应用电子签单替代传统的纸质小票签单方式,以消费者的电子签名作为收货和支付确认凭据。消费者如果已经现金支付或在线支付,则只需签物流小票。消费者如果选择货到付款刷卡,需要签两次姓名:第一次是刷卡时的 POS 小票,第二次是物流小票。京东电子签收系统由五部分组成,包括青龙电子小票管理系统、电子小票图片云存储系统、第三方电子签名 CA 认证前置系统、POS 一体机设备及基于"京牛"App(京东配送员专属 App)的加密通道。无论是对接消费者的使用环节,还是后台信息的安全存储能力,或是涉及国家法规的标准问题,京东电子签单系统都已兼顾。电子签收系统的采用对于环保有较为重要的作用,它省去了纸张的打印,节约了由上千吨物流小票和 POS 小票产生的物料库房租金运输成本等,因此可以减少二氧化碳排放和保护森林资源。

(4) 引进新能源货车。京东于 2016 年引进的首批新能源货车已在北京、上海、成都上路运营,这是国内快递行业大型货运车辆中首次采用环保纯电动车。京东已经上路运营的新能源电动车近百辆,百公里电耗仅为 31.50kW·h,换算成柴油消耗量相当于百公里 7L 多,而传统燃油车辆百公里油耗大约为 11L。新能源货车可以极大地降低能源消耗和二氧化碳排放。

(5) 建立包装实验室。京东与东港股份合作设立的京东包装实验室是国内首家基于电商物流包装领域的实验研发机构,其研发方向有两个:①通过压缩包装耗材的尺寸和面积减少材料成本,从而减少社会资源的浪费;②用更加环保的新材料替代旧材料,使包装物能够循环利用,进而实现节能环保。此前,京东仓库内拣货作业使用 A5 面单纸,不仅使用起来操作效率低下,且纸张消耗量巨大。京东无纸化作业系统上线后取消了 A5 面单纸,带来的成本节省是非常可观的。此外,电商行业广泛使用三层热敏标签,而京东在热敏纸和拉丝纸中间嵌入一层透明的双向拉伸聚丙烯薄膜(BOPP),既不影响标签信息的读取,又能防止不干胶的黏性太大不易揭开,更重要的是这种 BOPP 可以回

第 16 章 绿色供应链

收利用，真正实现节能环保。

（6）实施快递盒回收计划。京东自 2016 年起推出"纸箱回收，绿色环保"计划。在京东网购的用户收到交付的商品后，可自愿将京东纸箱交于京东的配送员进行回收再利用。京东对配送员进行培训，针对纸箱回收对现有配送系统进行开发和调试，制定回收纸箱的筛选标准和规范，并在很多配送站辟出专门区域用于纸箱的暂存，还采取多种形式对积极参与纸箱回收计划的用户提供回馈，以鼓励更多消费者参与这一行动。京东物流经过该计划已削减一次性快递废物 27000t，其间经过"胶带减肥"已削减运用胶带 5 亿 m，可循环快递箱"青流箱"已在全国近 30 个城市投进超越 1000 万次。

思考题

1. 绿色供应链的现实意义是什么？
2. 绿色供应链的定义是什么？
3. 绿色供应链与传统供应链有什么区别？
4. 绿色供应链具体包括哪几个环节？
5. 绿色采购的方法有哪些？
6. 绿色生产的技术有哪些？
7. 绿色营销的实施策略有哪些？
8. 绿色物流的实施策略有哪些？

参考文献

[1] WEBB L. Green purchasing: forging a new link in the supply chain [J]. Resource, 1994, 1 (6): 14-18.

[2] BLOEMHOF-RUWAARD J M, BEEK P V, HORDIJK L, et al. Interactions between operational research and environmental management [J]. European journal of operational research, 1995, 85 (2): 229-243.

[3] PORTER M E. Green and competitive: ending the stalemate [J]. Harvard business review, 1995, 28 (6): 128-129 (2).

[4] 张涛. 绿色供应链构建过程研究 [M]. 北京：中国人民大学出版社，2015.

[5] 周国梅，张建宇，李霞. 中国绿色供应链管理：政策与实践创新 [M]. 北京：中国环境出版社，2016.

[6] NARASIMHAN R, CARTER J R. Environmental supply chain management [Z]. Tempe, AZ, USA: The Center for Advanced Purchasing Studies, Arizona State University, 1998.

[7] 但斌，刘飞. 绿色供应链及其体系结构研究 [J]. 中国机械工程，2000，11 (11)：1232-1234.

[8] 汪应洛，王能民，孙林岩. 绿色供应链管理的基本原理 [J]. 中国工程科学，2003，5 (11)：82-87.

[9] BEAMON B M. Designing the green supply chain [J]. Logistic information management, 1999, 12 (4): 332-342.

[10] 丁望. 电子招标采购技术的现状及发展趋势 [J]. 中国招标，2018 (31)：35-36.

[11] 叶生洪，杨宇峰，张传忠. 绿色生产探源 [J]. 科技管理研究，2006 (7)：82-84.

[12] 王莹，韩兴宇，张霄洁. 绿色营销新论 [J]. 工业技术经济，2005 (1)：40-41.

[13] 郭宝东. 绿色采购特征及影响因素分析 [J]. 环境保护与循环经济, 2011, 31 (10): 69-71.
[14] 聂茂林, 张成考. 可持续发展与供应链一体化的绿色营销 [J]. 企业经济, 2005 (7): 65-66.
[15] 曾洁雯. 基于可持续发展与供应链一体化的绿色营销 [J]. 商场现代化, 2007 (20): 115-116.
[16] 章竟, 汝宜红. 绿色物流 [M]. 2版. 北京: 北京交通大学出版社, 2018.
[17] 张孝铭, 刘博宇. 发展绿色运输的主要途径 [J]. 中国道路运输, 2016 (11): 77-78.
[18] 王继祥. 十大绿色仓储与配送措施助绿色物流落地 [J]. 环境经济, 2018, 224 (8): 34-37.